KB120368

중국지역지식의 재구성과 로컬리티

이 저서는 2019년 대한민국 교육부와 한국연구재단의 지원을 받아 수행된 연구임
(NRF-2019S1A6A3A02102737)

국민대학교
중국인문사회연구소
총서 · 16

중국지역지식의
재구성과 로컬리티

박영순·장영덕·박찬근·정중석·서상민·문정진
정세련·최은진·박철현·유은하·김주아·이광수

學古房

4

서 문

　"중국 지식과 지식인"이라는 주제를 가지고 긴 시간 연구를 이어오고 있는 본 연구소는 금년에는 "중국지역지식 재구성과 로컬리티"라는 총서를 발간하게 되었다. 최근 국내외에 학계에서 중국 지역에 대한 연구가 활발하게 진행되고 있다. 하나의 시간, 하나의 공간으로서 "중국"을 넘어, 각기 다른 시간 속에서 사는 각기 다른 공간의 중국을 정밀하게 그리고 여유롭게 유심히 살펴보고자 하는 노력의 일환이라고 할 수 있다. 지난해 본 연구소는 "탈경계와 지식공간의 재창출"이라는 주제로 『중국 지식의 시공간과 탈경계』라는 총서를 출간한 바 있다. 그 연장선에서 2024년 올해 "로컬 공간과 지역의 지식화"라는 연구아젠다의 연구 결과로서 이 책을 기획하고 이렇게 출간하게 되었다.

　이 책은 "지역지식"과 "로컬리티(지역성)"이라는 두 가지 키워드를 담고 있다. 양대 키워드를 풀어내기 위해 "중국지역지식 연구의 새로운 패러다임 형성"이라는 1부와, "중국 로컬리티의 지식화"라는 2부로 나누었다. 먼저 상반부에서는 중국 지역지식의 새로운 연구 흐름과 관련된 국내 연구성과를 모아 담아, 최근에 시도되고 있는 중국지역 연구에 있어서 새로운 연구 방법과 대상 그리고 시각 그리고 이론을 다룬 논문들을 수록하였다. 그리고 하반부에서는 중국 지역의 로컬리티의 지식화와 관련된 국내 연구사례를 모아 중국의 지역성이 어떻게 지식화되고 있는지, 그리고 중국 지역성을 대상으로 하는 연구는 어떤 측면에서 어떻게 접근할 수 있는지를 보여주고자 하였다.

　제1부 중국지역연구의 새로운 흐름의 형성과 관련한 첫번째 글에서 박영순은 명말 청초 중국 동북(東北)지역의 유배 지식인을 연구대상으로 하여 이들의 활동과 업적이 유배지 문화발전에 미친 영향을 고찰하

고 있다. 지식인 집단으로서 유배 시사(詩社)를 특수한 시대적 환경에서 형성된 문인집단으로 간주하면서 강남 지식인이 동북 지역으로 유배되어 와서 형성한 유배 시사의 활동과 동북 지역 문화발전에 끼친 영향에 주목하고 있다. 대부분 유민이자 유배자라는 정치, 문화적 신분을 가지고, 척박한 환경 속에서 시사를 설립하여 작품 활동을 벌이거나, 동북 지역의 대외적 정치 요인으로 수(戍) 자리를 서거나, 지식인으로서 학술 문화 활동 및 저술 작업을 하면서 유배 생활을 보내면서 산출한 문인 활동과 업적이 동북 지역 문화 발전에 커다란 영향을 주었다는 점을 보여주고 있다.

장영덕은 시진핑 시기 빠르게 확산하고 있는 중국 내 변강(邊疆) 담론을 분석하고 변강에 내재된 의미와 의도를 파악하고자 한다. 공간으로서의 변강은 중국에서 물리적 개념으로써 영토적 의미 외에 '개척해야 할 대상' 혹은 추상적 의미인 '한계'와 같이 또 다른 차원의 '프런티어(frontier)'적 의미를 갖는 것에 주목하고 있다. 특히 시진핑 집권 이후 중국 내에서는 변강 담론이 새롭게 생산되고, 확산하기 시작했고 '중국 변강학'의 수립을 통해 체계적인 담론 생산을 시도하고 있다고 지적하면서 국내적 차원에서 시진핑과 중국공산당의 통치 정당성에 강한 이론적 기반을 제공하고, 지역적 차원에서 주변국과의 새로운 관계 규정과 중국 중심의 지역 질서를 구축하는데 이론적 근거를 제공하며, 글로벌 차원에서 중국의 글로벌 영향력 확대와 공세적 대외정책에 이론적 기반을 제공한다는 목적과 의도가 내재되어 있다는 점을 지적하고 있다.

박찬근은 구이저우(貴州) 청수강 유역 소수민족 사회를 다루고 있다. 이 지역에서 발견된 민간고문서(청수강문서)를 중심에 둔 연구 동향을 분석하여 한국과 중국 학계의 시각 차이를 분석하면서 청수강문서 연구가 현재의 '중국'을 이해하는 데 어떻게 활용되는지를 논하고 있다. 구이저우의 청수강은 임업에 종사하는 현지 소수민족들이 벤 나무를 중국의 주요 상업지대까지 흘려보내는 루트였고, '청수강문서'에는 임업에 관련한 계약 문서뿐만 아니라 일상의 다양한 계약 문서들을 수록하고 있는데, 이 문서에 담긴 지방 소수민족의 일상생활과 계약 관계 등을 통해 그들 나름의 사회 질서를 밝히려는 연구 소개한다. 이 글 속에서 저자는 청수강 유역이라는 지역과 '중국'의 관계 설정에 관한 시각이 뚜렷하게 대비되고 있으며, 어떻게 양자 간 관계의 역사를 서술하는가가 곧 현재의 '중국'의 모습이 어떠한가에 따라 현재 중국의 통일성이 얼마나 정당한가가 가늠되므로 청수강 유역 연구 역시 또 하나의 역사 연구의 격전장이 될 수 있음을 지적한다.

정중석은 장쑤(江蘇)지역 도시소설을 다루고 있다. 이글에서 저자는 도시소설에 대한 개념을 정의하고 중국 도시소설의 역사와 1990년대 도시화가 상징적으로 이루어진 장쑤(江蘇) 지역 도시공간을 고찰한다. 특히 장쑤지역을 배경으로 한 도시소설인 「나는 달러가 좋아(我愛美元)」(1995), 『상하이베이비(上海寶貝)』(1999), 『마사지사(推拿)』(2008)를 통해, 도시화로 인한 인구이동은 농촌에서 도시로, 소도시에서 대도시라는 일방향성으로만 일어나지 않고, 반대 방향으로도 일어남을, 도시공간 내 권력에 대해서는 도시 중심부에서 외곽까지 공간 가치에 대한 지불능력에 따라 도시민을 위계적으로 배열하고 있음을 고찰하였다. 이 글에서 중국 도시 간, 도농 간을 유동하는 소설 속 인물들이 도시화 건설에 착취되는 대상이며 도시화의 제도적 비용을 부담하고 도시의 위기를 흡수하는 타자화된 인물들임을 발견하고 있다.

서상민은 중국 동북(東北)지역의 지정학적 지위변화를 밝히고자 한다. 중국 동북지역의 지정학적 지위는 중국이 추구하는 국가전략의 목표에 따라 시기별로 변화되어 왔다고 지적한다. 일반적으로 국가전략변화에 따른 중국 각 지방의 국제정치적 위상과 가치가 변화가 있었다. 그중 동북 지방은 과거 전통적 강대국의 지위에 있던 중국에 전략적 중심 지위를 가지고 있다고 한다면, 신중국의 냉전기의 전략적 삼각 관계가 작동했던 시기는 그 전략적 위상을 회복했고, 개혁개방이 추진되면서 국가전략 목표가 바뀌고 중국 동북 지방과 접경하고 있는 국가들의 정치적, 경제적 상황이 바뀌면서 중국 동북 지방의 전략적 지위 또한 변화되었다는 점에 주목한다. 특히 대륙강대국과 해양 강대국을 동시에 추진하고자 하는 중국의 글로벌 대국화 전략에 따라 중국 동북 지방의 전략적 지위는 변화했으며, 최근 중국과 러시아가 블라디보스톡 항구 사용권을 승인하는 이면에는 중국의 동북 지역과 러시아의 극동 지역이 갖는 이른바 "핵심공간"으로 그 중요성에 대한 인식을 공유하고 있기 때문으로 이해할 수 있다고 한다. 이러한 중국과 러시아의 극동지역에 대한 전략 인식은, 첨예화되어 가고 있는 미국과 중국 간 전략경쟁 하에서의 이 지역에 대한 지정학적 전략과 지위 변화가 발생하고 있다고 판단하고 이를 "새로운 지정학"이라는 시각에서 분석해보고자 한다.

문정진은 근대 베이징(北京) 여행안내서 『도문기략(都門紀略)』을 연구대상으로 삼고 있다. 근대 초기 여행객들의 공간, 베이징에서 탄생한 타자의 도시 기억 및 장소성에 초점을 두어 『도문기략』의 물적 특성에 주목한다. 그리고 그 안내서의 각 권들이 서로 얽혀 베이징의 공간적 전회를 이끌며 여행객들을 위한 장소를 구성하기 시작하고 있음을 분석하고 있다. 저자에 따르면 베이징의 구획된 공간이 만든 경계는 깊숙이 감춰둔 성 안을 더욱 찬란하게 만들며 그 깊이를 굴절시켜왔다고 본다. 그리고 이 안내서의 시선은 정치와 군사 중심지 내성이 아닌 상업과 소비의 지류가 감지되는 주변 외성에 맞추어져 있으며, 천자의 교화가 미치는 상징이 아닌 사람과 물자가 모이는 통로로서의 도문에 대한 안내가 필요성으로 인한 것으로 본다. 이렇듯 객상들의 수요를 반영한 상업과 소비의 공간들을 담아낸 이 안내서는 고정된 지식이 아닌 공간의 유동적 정보들을 전이된 시선을 가지고 선별되었고 그리고 근대로의 변화과정에서 기획된 이 여행안내서 안 베이징이라는 공간은 객상들을 위한 장소로 재구축되기 시작했다고 지적한다.

2부는 중국의 "로컬리티(지역성)"을 주제로 하는 글로서, 장세련은 신해혁명 이후 중국 동북(東北) 지역의 토지문제를 다루고 있다. 저자에 따르면 중국 동북지역은 동아시아 근현대사의 중요한 교차점이자 치열한 민족 갈등의 현장이었고 기존 지배세력인 만주족의 입장에서는 영광과 고난이 교차하는 지역, 그리고 신해혁명 시기에는 관(官)-신(臣)-민(民)의 견제 구도 및 군벌 장쭤린(張作霖) 일가의 집권 등 여러 정치적인 격랑을 거친 공간이었다. 특히 신해혁명 이후 동북지역에서의 주도권을 둘러싸고 동아시아 각국의 국익을 위한 대립, 민족 간 갈등 등이 본격화되면서 경제적 기반으로서 토지 문제는 최대의 당면과제였다. 저자는 이 글에서 당시 동북지역의 토지문제가 발생한 원인 중 상당수가 기존 지배층이었던 만주족이 보유한 기지에 대한 것에 착안하여 신해혁명 이후 기존 지배층이었던 만주족과 새로운 기득권층으로 등장한 한족이 경제적 기반의 유지와 구축을 위해 어떻게 대립하고 타협하였는가를 살펴보고 있다.

최은진은 중국의 허베이(河北)의 향촌건설운동가 옌양추(晏陽初) 실험을 연구대상으로 삼고 있다. 옌양추의 실험이 중국 전역을 넘어 동남아, 남미, 인도로까지 확장해 나간 과정을 그의 활동을 중심으로 고찰하면서, 대중교육을 중심으로 또한 독자적 조직을 통해 국가와 거리를 둔 향촌건설운동을 시행한 경험과 지식이 중국과 해외지역에서 토착화된 과정을 규명하고자 한다. 특히 옌양추의 평민교육관이 3C(기독교, 쿨리, 공자)의 특징을 가지고 있으며, 이는 듀이의 평민주의와 평민주의 교육에 근거하고 있으며, 도시에서 농촌으로 평민교육을 확장하기 위해 기독교의 조직과 인맥을 활용했다는 점, 미국의 지원을 통해 동남아와 인도 등의 여러 국가의 농촌지역에서도 수용되어 시행되었다는 점 등을 밝혀내고 있다. 저자는 이 글에서 중국에서의 향촌건설운동과 관련한 지식이 제3세계에 토착화된 과정에서 중국에서의 경험과 유사하다는 점을 규명하고 있다.

박철현은 개혁기 베이징(北京)의 '중국 사상정치공작 연구회'의 사상정치공작을 분석하고 있다. 사상정치공작은 개혁기 중국의 포스트 사회주의로의 체제전환 과정에서 제기된 문제들에 대해서 노동자를 대상으로 국가가 투사하는 이데올로기적 정당화 작업을 말하는데, 이 글에서 저자는 개혁기 노동자에 대한 베이징의 사상정치공작을 분석하기 위해서, '베이징 사상정치공작 연구회'의 성립과 활동을 살펴보고, 학술지 『思想政治工作研究』에 게재된 논문에 대한 내용분석을 진행한다.

이를 통해서 1980년대와 1990년대 시기 수도라는 특수한 지위, 사회주의 대표 도시로서의 경험, 지식과 담론의 생산 주체인 대학과 연구기관의 밀집 지역인 베이징의 사상정치공작 연구회의 활동과 사상정치공작의 특징을 분석하고 있다.

유은하는 11·5 기간에 제반 환경이 유사한 구이저우(貴州)와 간쑤(甘肅) 지역에서 농민소득 정책 성과에 차이를 보인 것에 대하여 지방 엘리트 요인에 착목하고, 황(Huang)의 지방 엘리트 유형화를 적용하여 설명하고자 한다. 구이저우와 간쑤의 사례를 통해 그동안 중시되지 않았던 요인에 주목하면서 중국의 농민소득 증대에는 도시화나 경제성장 등 외에 지방 정부의 정책적 의지가 중요한 영향을 미칠 수 있다는 점, 지방 정부 시정(施政)의 영향은 특히 서부지역처럼 환경이 열악하고 지방 재정력이 약한, 그래서 농민소득 수준이 가장 낮은 지역일수록 더 크게 기능할 수 있다는 점, 모든 영역에서 당이 우위에 있는 중국의 체제 특성상 지방 정부의 정책적 우선순위 결정에 영향을 줄 수 있는 지방의 당 지도자—지방 엘리트의 역할이 중요한 요소가 될 수 있다는 점들을 밝혀 내고 있다.

김주아는 세계화 시대에 중국의 재외동포에 대한 교육이 어떻게 이루어지고 있는지, 그리고 이를 통해 무엇을 배울 수 있는지에 대한 내용을 다루고 있다. 6,000만 재외동포를 보유해 전 세계에서 재외동포가 가장 많은 나라인 중국은 오랜 역사와 다양한 문화로 인해 세계 곳곳에 분포된 재외동포 커뮤니티를 보유하여 화교·화인이라 불리는 이들 재외동포는 중국과의 문화적 유대성을 유지하며 중요한 연결고리를 형성하고 있는데, 재외동포에 대한 교육은 그들이 모국의 언어와 문화를 이해하는 동시에 거주국에서도 적응하고 성장할 수 있도록 돕는 중요한 역할을 한다고 본다. 저자는 이글을 통해 중국의 재외동포 교육시스템을 분석함으로써 중국의 재외동포 교육정책의 보편성과 특수성을 고찰하고 그중에서도 중국의 오랜 이민문화 유산이라고 할 수 있는 재외동포를 위한 '중국 내 교육기관'에 대해서 알아보고자 한다. 이들 화교학교의 설립 배경과 역할 및 기여를 통해 중국의 재외동포 교육정책은 물론 해외 인재 유치정책을 심층적으로 이해하고자 한다.

마지막으로 이광수는 이 글은 분단과 대립, 교류와 단절이라는 사회적 경험을 공유하는 대만과 한국의 대학생 세대의 통일인식을 비교하고 있다. 70여 년의 분단과 대립, 교류와 단절은 대만의 대학생과 한국의 대학생 모두에게 민족적 연대감을 강조하거나 통합된 국가로서의 통일을 추구하기보다는 독립적이고 자주적이며, 실용적인 교류 관계를 희망하는 방향을 선호하는 양상으로 작용했다고 보면서 분단의 장기화와 긴장 관계의 연속성 하에서 살아가는 대만 청년세대가 대만의 미래와 직접 관련 있는 중국과의 통일에 대해 어떻게 인식하고 있는가를 파악하려 했다.

중국 지역 지식과 관련한 이상 12편의 논문들이 이 책에 모여 있다. 이 책을 읽으면서 어떤 독자는 중국 전역을 한 바퀴 돌아보고 온 느낌을 받을 수 있고, 어떤 독자는 어느 곳에 여전히 머물러 있으면서 그곳을 세밀히 관찰하고 있을 수도 있다. 그동안 중국 지역과 관련한 많은 연구 성과가 국내외에서 산출되었지만, 아직 연구해야 할 지역이 너무 많이 남아 있기에 중국 지역 연구는 이제부터 시작이 아닌가 하는 생각하게

12

된다. "중국"을 언급할 때 이렇게 다양한 지역성과 지역 지식이 존재한다는 점을 이해하고 인식한다면, 앞으로는 중국을 당구공처럼 단일한 대상으로 인식하지 않았을 것이다. 바라건대 이 책을 통해 더 많은 독자께 무지개처럼 다양한 색을 지닌 공간으로서의 중국, 모자이크처럼 많은 무늬로 채워진 공간으로서의 중국, 그리고 다양한 문화와 역사 그리고 지역성과 지역 지식이 복합된 집합 공간으로서 중국이 인식되기를 기대해 본다.

이 책 출간을 위해 소중한 원고를 흔쾌히 보내주신 여러 선생님께 깊은 감사의 말씀을 먼저 드리고자 한다. 내외부의 어떤 사람의 추천도 받지 않았다. 단지 총서 편집위원회가 해당 직접 논문을 읽고 난 후 본 연구소의 연구 아젠다에 부합한다고 평가한 논문만을 선정했다. 그리고 저자들께 총서 참여 요청 메일을 드렸고 이를 수락한 분들의 원고로 2024년도 국민대 중국인문사회연구소 학술연구총서 16권을 출간하게 되었다. 본 연구총서에 참여해주신 연구소 내외 여러 선생님께 다시금 감사드린다. 그리고 마지막으로 늘 중국 지식연구와 중국 지식의 대외 확산에 크게 기여하고 계신 학고방 출판사 사장님을 비롯해 본 총서를 편집해 주신 조연순 팀장님과 출판사 여러분께 감사드린다.

2024년 6월
학술연구총서 편집위원회
서상민

목 차

제1부
중국지역지식 연구의 새로운 패러다임 형성

14

제2부

중국 로컬리티의 지식화

중국지역지식 연구의
새로운 패러다임 형성

유배 지식인의 시사(詩社) 활동과
동북 지역 문화의 영향

● 박영순 ●

I. 시작하며

이 글은 명말 청초 유배지식인의 유배 시사(詩社)를 특수한 시대적 환경에서 형성된 문인집단으로 간주하고, 특히 강남 지식인이 동북 지역으로 유배되어 와서 형성한 유배 시사의 활동과 동북 지역 문화의 영향에 주목했다. 명말 청초 동북 지역 문화업적의 일부는 대체로 강남지역의 유배지식인들이 이곳으로 유배를 와서, 정치·문화(학)·학술 활동을 벌이면서 이루어 낸 성과라고 할 수 있다. 명말 청초 가장 먼저 동북 지역 심양(瀋陽)으로 유배를 온 영남(嶺南) 출신 시승(詩僧) 함가(函可)는 동북 지역 최초로 빙천시사(氷川詩社)를 설립했고, 그 후 영고탑(寧古塔)으로 유배를 온 오강(吳江) 출신 문인 오조건(吳兆騫)은 칠자지회(七子之會)를 설립했다. 이들과 함께 온 지식인들은 대부분 유민이자 유배자라는 정치, 문화적 신분을 가지고, 척박한 환경 속에서 시사를 설립하여 작품 활동을 벌이거나, 동북 지역의 대외적 정치 요인으로 수(戍) 자리를 서거나, 지식인으로서 학술 문화 활동 및 저술 작업을 하면서 유배 생활을 보냈다.

---

* 이 글은 「유배 지식인의 유배 시사(詩社) 설립과 시 창작활동: 빙천시사(氷天詩社)를 중심으로」『외국학연구』, 제52집, 2020을 수정·보완한 것이다.

** 국민대학교 중국인문사회연구소 HK교수.

그들의 이러한 활동과 업적은 동북 지역 문화에 커다란 영향을 주었다.

그 특징을 구체적으로 파악하기 위해서는 먼저 유배자들의 신분이 문인이자 사대부라는 이중적 신분을 가진 문인 사대부라는 점을 인식해야한다. 그에 따라 사회, 문화적 측면에서 유배 문인을 인식하고, 창작활동의 플랫폼이 된 유배시사와 시 작품 및 지역 문화의 상관관계에 대한 분석이 필요하다. 따라서 이 글에서는 '주체(유배지식인)-조직(유배시사)-활동(작품)-지역(동북)'의 틀에서 유배 시사와 시 창작 및 동북 지역 문화에대한 영향 등에 대해 살펴보고자 한다.

청나라 초기는 정국의 안정을 꾀하기 위해 사상통제와 회유정책이 동시에 진행되었다. 그 과정에서 반청(反淸) 기조를 보이는 행위나 집단은허용되지 않았다. 당시 일부 지식인들은 문자옥, 과장안(科場案), 도인법(逃人法) 등으로 연루되었고, 동북 지역 심양(瀋陽), 상양보(尙陽堡), 영고탑(寧古塔) 등으로 추방되어 유배 생활을 했다. 순치(順治) 이후, 강희(康熙), 옹정(雍正) 시기를 이어가며 유배자의 수가 증가함에 따라 그들은 일종의 동북 지역의 사회집단을 형성하게 되었다. 당시 유배자들은 대부분 신사층의 관료, 문인 등이 많았기때문에 문인화, 학자화 된 경향을보였고, 유배지에서도 집단적 문화 활동을 하였다.

명말 청초는 문인들의 집단적 활동 무대인 문인결사, 유민결사가 특히강남, 영남지역을 중심으로 활발하였고, 문학 활동, 강학 활동 및 반청활동 등을 벌였다. 그래서 순치 17년에는 일시적으로 문인결사 금지령[社禁]이 내려지기도 했다. 이러한 배경 속에서 살아왔던 문사(文士)들은 동북 지역으로 유배된 후에도 여러 가지 제약 속에서 여전히 문인결사의형태인 유배시사(詩社)를 결성하여 시 창작활동을 가졌다. 대표적으로 청나라 초기 가장 먼저 문자옥으로 인해 심양으로 유배된 시승(詩僧) 함가(函可: 1611-1660)가 설립한 '빙천시사(氷天詩社)'와 과장안(科場案)으로 인해 영고탑(寧古塔)으로 유배된 오조건(吳兆騫)이 설립한 '칠자지회

(七子之會)'이다. 이들을 포함하여 함께 온 사람들은 대부분 문인결사, 유민결사 활동에 참여했던 문인들이며, 향후 동북 지역 문화와 시사 설립의 토대가 되었다.

유배지식인들은 대부분 정치적인 이유로 유배되었으므로 이들에 관한 연구 역시 정치, 역사 분야에서 많이 다루어져 왔다. 유배 요인이 정치, 역사적인 문제이긴 하지만, 그 구성원은 대부분 문인 사대부였기 때문에 그들이 창작한 작품과 시사 활동은 문학(화) 영역에 속한다고 할 수 있다. 그리고 유배 문인과 그들이 설립한 유배 시사는 단지 글 짓는 행위에 초점을 두고 명명하는 일반 문인과는 구별되는 정치, 사회적인 '특수한 문인집단'으로 간주하는 연구 시각이 필요하다. 하지만 기존의 단선적 시각은 유민집단, 유민결사, 유배시사 및 그들의 시 창작활동이 중국 고대 문학사나 청대 시가사에서 상대적으로 주목을 받지 못하는 요인이 되기도 했다.

또한 청초 동북 지역의 유배 문화는 대부분 강남지역의 지식인들이 이주해 와서 형성한 것이고, 그들의 문화업적은 동북 문화(문학)에 커다란 영향을 주었다. 그러므로 기존의 지역 문학 연구가 강남지역에 치중했던 점에서 동북 지역의 문학적, 지역학적 시각으로의 확장도 필요하다. 아울러 기존의 연구가 상대적으로 유배 문인에 대한 개별 인물, 작품에 치중하다 보니, 명말 청초의 문인결사, 유민결사, 유배시사의 연계성 및 이것이 동북 지역 시사에 미친 영향 등에 대한 체계적인 연구도 미흡하였다.[1]

이러한 문제의식에 따라 명말 청초 유배지식인의 유배 시사(詩社)를

---

1) 관련 연구 자료로 李興盛, 『東北流人史』, 黑龍江人民出版社, 1990. 何宗美, 『明末淸初文人結社硏究』, 南開大學出版社, 2003. 秦嘉, 『函可千山詩集硏究』, 東北師範大學碩士學位論文, 2013. 楊麗娜, 『淸代東北流人詩社及流人詩作硏究』, 蘇州大學碩士學位論文, 2011. 薛虹, 「函可和氷天詩社」, 『史學集刊』, 1984, 第1期. 張榮東, 「淸代東北流放文人的結社活動」, 『內蒙古師範大學學報』, 2016, 第2期. 박영순, 「청초 동북 지역의 유배 지식인: 함가와 시 창작을 중심으로」, 『중국문화연구』, 2020, 2 등이 있다.

특수한 시대적 환경에서 형성된 문인집단으로 간주하고, 특히 강남 지식인이 동북 지역으로 유배되어 와서 형성한 유배 시사의 활동과 동북 지역 문화의 영향에 주목하게 되었다. 이를 파악하기 위해서는 먼저 유배자들의 신분이 문인이자 사대부라는 이중적 신분을 가진 문인 사대부라는 점을 인식해야 한다. 그에 따라 사회, 문화적 측면에서 유배 문인을 인식하고, 창작활동의 플랫폼이 된 유배시사와 시 작품 및 지역 문화의 상관관계에 대한 분석이 필요하다. 따라서 청초에 처음 동북 지역으로 유배를 간 시승 함가가 설립한 빙천시사를 주요 연구 대상으로 한다(오조건의 칠자지회도 일부 포함).

함가는 명청 교체기에 명대 제신(諸臣)에 대해 서술한 사사(私史) 『재변기(再變紀)』로 인해 순치 5년(1648) 심양으로 유배되었다. 그 후 순치 7년(1650) 요동 지역의 유배자들로 구성된 빙천시사를 설립했다. 빙천시사 구성원들은 유민이자 유배자라는 이중적 신분을 가진 사람들이었고, 빙천시사는 동북 지역의 첫 번째 유배시사가 되었다.[2] 여기서는 빙천시사와 그 시가 창작집 『천산시집(千山詩集)』제20권 『빙천시사(氷天詩社)』를 주요 텍스트로 한다. 『빙천시사』는 '빙천사시서(冰天社詩序)', '동사명차(同社名次)', '사집시(社集詩)' 세 부분으로 나뉘어 있다. 이중 '사집시'에는 총 두 차례 모임에서 얻은 각 33편의 시와 함가가 보낸 '시사 가입 초청시'와 그에 대한 '답시' 20편을 포함하면 총 86편이 수록되었다.

---

2) 함가의 자는 조심(祖心), 호는 잉인(剩人)이며 광동 박나(博羅) 사람. 속명은 한종래(韓宗騋)이다. 작품집으로 『천산시집(千山詩集)』이 전한다. 함가의 생평에 관해서는 「청초 동북 지역의 유배 지식인: 함가와 시 창작을 중심으로」, 『중국문화연구』, 2020, 2 참고. 함가와 빙천시사에 관한 주요 문헌으로는 函可 撰·張春 編, 『千山詩集·不二歌集』, 黑龍江大學出版社, 2011. 函可 撰, 嚴志雄·楊權 點校, 『千山詩集』, 中央研究院 中國文哲研究所, 2008. 函可 撰·楊輝 校注, 『千山詩集校注』, 遼海出版社, 2007 등이 있다. 이 글에서는 函可 撰·張春 編, 『千山詩集·不二歌集』을 저본으로 한다.

이상, 기존의 연구 성과와 문헌 자료를 토대로 하여, 주요 연구 내용은 크게 네 부분으로 나눈다. 문인결사와 빙천시사의 설립 배경, 빙천시사의 활동과 구성원의 특징, 시 창작 특징 및 동북 지역 문화에 미친 영향 등에 대해 분석한다. 이러한 과정에서 명청 교체기 정치와 문학 관계, 유배지식인의 삶과 정서, 지식(인)의 이동과 지역 문화의 영향 등에 대한 대내외적 요인과 특징을 파악할 수 있을 것이다.

II. 빙천시사의 설립과 계승성

1. 문인결사, 유민결사와 유배시사의 상관성

청초에는 문자옥·과장안·당파투쟁 등으로 연루되어 동북 지역으로 유배 간 경우가 많았다. 청대의 유배지는 동북 지역에 집중적으로 분포했고, 유배자 수는 순치·강희·옹정 시기에 유배자 당사자와 연좌된 가족을 포함하면 약 10만 정도에 달한다고 한다(張玉興, 1988: 565). 처음에는 명의 멸망과 청 정부의 등장으로 수(戍) 자리를 간 포로 성격의 유배자가 주를 이루다가, 청 정부의 통치 질서를 확립하기 위해 사상적 통제 차원에서 유배당한 문인, 지식인들이 점차 많아지기 시작했다. 특히 문자옥, 과장안 등으로 인해 유배된 강남 지식인이 많아지면서 유배자 집단은 문인, 학자적 경향을 보였다. 이러한 배경 속에서 유배지에서 유민사회의 문인집단을 형성하고 유배시사를 설립하여 시 창작활동을 하기에 이르렀다.

동북 지역 최초로 심양에서 설립한 빙천시사와 영고탑에서 설립한 칠자지회 등은 유민이자 유배 문인이 설립한 유배시사이다. 이들의 일부는 명말 청초 강남지역, 영남지역에서 활발했던 문인결사에서 활동했던 문인들이거나 적어도 직접적인 교류가 있었던 문사들이다. 이처럼 유민결사,

유배시사는 하나의 사회문화 군체로서 명말 문인결사의 문화를 계승한 측면이 있다.

문인결사는 대체로 중당(中唐) 이후부터 생겨나 만당·오대(五代)를 지나 송·원 시기에 성행하다가 명대에 이르러 극성하였다. 순치 초기에는 결사 금지 조치도 있었기 때문에 상대적으로 줄어들긴 했지만그 여파는 20세기 항전 시기까지 계속 이어졌다. 문인결사는 특히 명대 가정(嘉靖) 연간부터 성행하다가 천계(天啓)·숭정(崇禎) 연간에 최고조를 보였다. 예를 들어, 운간(雲間)의 기사(幾社), 절서(浙西)의 문사(聞社), 강서(江西)의 칙사(則社) 등과 같은 결사나 일부 시회(詩會)는 시문(詩文)을 지으며 교류하거나 독서 강학(講學)을 통해 과거시험을 준비하기도 했다.

그러나 명말 청초는 전란이 잦고 이민족 통치에 따른 시대적 변화가 컸던 시기였기 때문에, 문인결사는 보다 유민결사의 성격을 더욱 강하게 드러냈다. 결사 방식 역시 시회(詩會)의 모임과 독서 강학(講學)에 그치지 않고 항청(抗淸)의 성격을 더욱 띠게 되었다. 특히 명말의 기사(幾社), 복사(復社)와 청초 유민결사인 경은시사(驚隱詩社)·신교사(愼交社)·회충사(懷忠社) 등은 이러한 공동의 집단의식을 지니고 있었다. 따라서 명청 시기의 문인결사, 유민결사는 하나의 뿌리를 둔 두 가지 형태이며, 유민결사는 문인결사 가운데 특수한 성격을 띤 결사 유형이므로, 큰 범주에서 볼 때 문인결사에 속한다고 할 수 있다.

또한 명말 청초의 유민결사는 중원지역 특히 강남지역에 집중적으로 분포해 있었고, 동북 지역의 유배 문인들의 상당수도 강남지역에서 온 사람들이었다.3) 양봉포(楊鳳苞)의 「서남산초당유집후(書南山草堂遺集後)」

---

3) "남국의 명사들은 변새에 많고 중원의 명사들은 요양에 반을 차지하네.南國佳人多邊塞, 中原名士半遼陽."(丁介,「出塞詩」, 李治亭, 『東北通史』, 中州古籍出版社, 2003, 514). "유배되어 온 자들은 대부분 오(吳)·월(越)·민(閩)·광(廣)·제(齊)·초(楚)·량(梁)·진(秦)·연(燕)·조(趙) 지역의 사람들이다.流徙來者, 多吳越閩廣齊

를 보면 다음과 같다.

> 명나라의 조정이 무너지자 사인들은 수척해지고 관직도 잃었다. 그리
> 하여 세속을 떠나 은일하면서 글 짓는 문인들이 함께 시사(詩社)를 설립
> 하여, 고국과 옛 군주에 대한 마음을 풀어냈다. 당시 장강 이남 지역에는
> 이런 유민결사가 없는 곳이 없었다.(明社既屋, 土之憔悴失職, 高蹈而
> 能文者, 相率結爲詩社, 以抒寫其舊國舊君之感, 大江以南, 無地無
> 之. 淸代詩文集彙編編纂委員會, 2009: 448).

청초의 유민결사는 명대의 고도 남경을 주축으로 하는 강소 일대가 중
심이 되다가 점차 절강·복건·광동 일대로 확대되었다. 특히 소주, 송강
등의 강남지역은 문인결사의 전통이 깊은 곳이며 유민결사 또한 활발했던
곳이다. 청초 소주부(蘇州府), 송강부(松江府)의 의흥(宜興), 강음(江陰)
등은 명말 청초의 항청 투쟁이 격렬했던 곳이며 유민결사의 활동도 활발
했던 곳이다(박영순, 2017 참고). 그래서 순치 17년 청 정부는 특히 강소,
절강 지역 등에 결사 금지를 선포하면서 유민결사의 투쟁성과 결집력을
약화시켰다(謝國楨, 2004: 252; 王文榮, 2011: 140). 이에 당시 유민들은
강남지역을 피해 동북, 서북 지역 등으로 흩어져 갔다(梅新林, 2006:
517-519, 887-890). 그 후 청초 문자옥, 과장안 등으로 인해 동북 지역으로
유배가는 문인들이 더욱 많아지게 되었고 유배지에서 유배시사를 설립하
였다. 유민결사는 점차 유배시사로 전환되어 가는 모습을 보인 것이다.
이로 볼 때, 유배시사는 유민결사의 성격을 띤 유민시사이자 유배시사라
고 할 수 있다.
이처럼 명말 청초의 문인결사는 복사, 기사 등 정치적, 강학적 색채를
띤 문인결사가 그 후 경은시사, 회충사와 같이 반청복명의 활동을 하는

楚梁秦燕趙之人."(張緖彦, 『域外集』, 黑龍江人民出版社, 1997, 335).

유민결사로 응집되기도 하고, 유배시사로도 이어지는 연계성을 보였다. 빙천시사의 함가 역시 유배 전에 법형(法兄) 함시(函昰)가 광동에서 설립한 남원시사(南園詩社)와 진자장(陳子壯)이 설립한 정사(淨社)에서 활동했고, 복사의 영향도 받았다. 빙천시사의 주요 구성원 좌무태(左懋泰)는 복사의 성원이었다. 좌무태의 고향 산동 래양(萊陽)에는 비교적 규모가 큰 복사의 자사(子社)인 산좌대사(山左大社)가 있다. 주요 구성원은 좌무태(左懋泰)·좌무제(左懋第)·송완(宋琬)·송정(宋珵)·조사기(趙士驥) 등 60여 명에 달한다. 이 중 54명은 『복사성씨록(復社姓氏錄)』에 보인다. 『복사성씨록』에는 산동 사람 74명이 수록되었는데 이중 래양 사람이 56명이다. 따라서 산동의 복사 구성원은 주로 산좌대사가 주를 이루었다고 할 수 있다. 이 외에도 영고탑의 유배 시사인 칠자지회를 설립한 오조건은 신교사(愼交社)의 주도적 인물이었고, 영고탑으로 유배가는 도중에 심양에 들러 함가를 직접 방문하기도 했다. 이처럼 문인결사, 유민결사를 통해 문인집단의 활동을 했던 강남의 문인들은 황량한 동북 지역에 유배를 와서 계속적으로 유배시사를 결성하여 시 창작활동을 펼쳐나갔던 것이다.

2. 시승(詩僧)시사와 빙천시사의 관계

명말 청초는 정치적 혼란으로 인해 승려가 된 유민들이 상당히 많았다. 그들이 선택한 생존방식은 명 조정의 회복을 위해 투쟁하거나, 도피하여 산림 속에 은거하거나, 승려 및 도사가 되는 등 다양했다. 이 중에 은거하거나 승려가 되는 경우가 보다 많았다. 『명유민록회집·서(明遺民錄匯輯序)』에 실린 2,000여 명의 유민 가운데 승려가 된 사람은 약 200명에 달한다고 한다(謝正光·范金民, 1995: 1; 何宗美, 2004: 305). 그들은 명청 교체기의 정치적 투쟁 속에서 정치적 타격을 받거나, 남명(南明) 정권의 멸망과 항청복명(抗淸復明)의 투쟁 실패로 인한 상실감, 치발령 등 청초 제도에 대한 거부, 고국을 지키지 못한 유민으로서의 자괴감 등으로 인해 승려가 되었다(何宗美, 2004: 305-307).

빙천시사의 구성원 역시 승려, 도인이 상당수를 이루며, 함가와 교류가 있던 사람 가운데 고향인 광동 일대의 영남(嶺南)지역에서 유민 시승시사를 결성, 운영한 사람들이 많았다. 함가 역시「빙천시사서(氷天詩社序)」에서 빙천시사의 설립 취지를 설명할 때, 역대 시승시사의 활동을 계승하고자 한다고 밝히면서 "백련(白蓮)은 오랫동안 황폐하고 단단한 얼음은 두껍게 얼고 차가운 구름은 덮여 있고 대지는 무겁게 가라앉아 있네. ······ 일단 추운 이곳에서 여생을 빌어 동림(東林)의 훌륭한 자취를 이어가고자 하네."("白蓮久荒, 堅冰旣至, 寒雲冪冪, 大地沉沉. ······聊借雪窖之餘生, 用續東林之勝事." 函可 撰·張春 編, 2011: 393)라고 했다. 백련(白蓮: 연사 혹은 백련사라고도 함)은 동진(東晉) 원흥(元興) 원년(402), 고승 혜원(慧遠)이 여산(廬山) 동림사(東林寺)에서 여러 문인과 함께 마음 수련과 불경을 공부했던 시승시사였다. 송나라 찬녕(贊寧)『대송승사략(大宋僧史略)』에 다음과 같은 기록이 보인다.

> 진송(晉宋) 기간에 여산(廬山)의 혜원(慧遠) 법사(法師)가 심양(潯陽)에서 화주승으로 있을 때 고사(高士)와 은일자들이 동림(東林)에 모여 함께 참배했다. 당시 뢰차종(雷次宗)·종병(宗炳)·장전(張詮)·유유민(劉遺民)·주속지(周續之) 등이 함께 백련사(白蓮社)를 설립하고 미타상(彌陀像)을 세워 나라를 부양하기 위한 왕생을 기원하며, 이를 연사(蓮社)라 불렀다. 시사의 명칭이 여기에서 유래되었다.(晉宋間有廬山慧遠法師, 化行潯陽, 高士逸人, 輻輳於東林, 皆愿結香火. 時雷次宗, 宗炳, 張詮, 劉遺民, 周續之等, 共結白蓮社, 立彌陀像, 求愿往生贍養國, 謂之蓮社. 社之名始於此也. 李舜臣, 2005: 437).

이어 사국정(謝國楨)은『명청지제당사운동고(明淸之際黨社運動考)』

에서 다음과 같이 말했다.

　　광동 지역은 비록 멀리 떨어진 곳이지만 문화가 상당히 발전한 곳이다. 숭정 연간에 진자장(陳子壯)·여수구(黎遂球)·진방언(陳邦彦)·구필원(歐必元) 등은 문장으로 뛰어났고 강남의 복사(復社)와 서로 호응했다. 광동의 사단(社團)에 대해 우리가 알고 있는 것은 진자장(陳子壯)의 남원시사(南園詩社), 굴대균(屈大均)의 서원시사(西園詩社), 황등(黃登)의 탐매시사(探梅詩社), 승려 함시(函昰)의 정사(淨社), 승려 함가(函可)가 심양(瀋陽)에서 세운 빙천시사(冰天詩社) 등이다.(廣東地方雖然僻遠, 但是文化極爲倡明, 在崇禎間陳子壯·黎遂球·陳邦彦·歐必元等人, 以文章聲氣, 與江南復社相應和. 在廣東的社事, 我們知道的陳子壯的南園詩社, 屈大均西園詩社, 黃登探梅詩社和僧函昰的淨社, 僧函可在瀋陽結的冰天詩社. 謝國楨a, 1982: 196).

　　문인과 승려가 교류한 시승시사와 시와 선(禪)을 결합하여 시를 해석한 사례는 송대에 이미 유행했고, 명말 청초 영남지역에는 시선(詩禪) 문화가 크게 발전했다(歐陽光, 1996: 106, 207). 예를 들어, 대산(大汕: 1633-1705, 강서 구강九江 사람)의 백사(白社), 원광(願光: 광동 번우番禺 사람)의 난호백련사(蘭湖白蓮社), 성취(成鷲: 1637-1722, 광동 번우 사람)의 동림사(東林社), 함시(函昰: 1608-1685, 광동 번우 사람)의 연사(蓮社) 등이 있다(영남 유민 시승시사에 관한 내용은 李舜臣, 2005 참고). 명말 청초에는 이처럼 승려와 문인들이 시사를 통해 교류했고, 실제로 빙천시사 구성원 역시 유배 문인과 승려, 도인이 상당수를 이룬다.
　　이런 상황에 대해 왕조용(汪兆鏞)『해운선조집·서(海雲禪藻集·序)』에 다음과 같은 기록이 있다.

　　우리 월(粵)의 사대부들은 일찍부터 절개를 매우 중시했다. 명 왕조가 전복되자 의사들이 바람같이 일어나 죽음을 마다하지 않고 계속 이어졌

다. 한편 천연(天然: 함시를 말함)은 기미를 알아채고서 젊은 나이에 승려
가 되어 번우(番禺) 뢰봉(雷鋒)의 녹해운사(麓海雲寺)에서 불교를 가르
쳤다. 세상이 바뀐 후 문인, 지식인 그리고 고향을 떠나 타향에서 생활하
던 유환객(遊宦客), 수계승 등의 행적은 봉기한 여러 사람과 다르지만,
그 절개는 죽을 때까지 변하지 않았고 그 마음은 같았다.(吾粵士夫夙尚
氣節. 明社既屋, 義師飆起, 喋血斷脰而弗顧者踵相接. 而天然老人
識燭幾先, 盛年披緇, 開法於番雷鋒之麓海雲寺. 滄桑後, 文人才士
以及仳離故宦多皈依受具, 其跡與起義諸人殊, 而矢節靡它, 其心則
一也. 李舜臣, 2005: 449).

이들 유민의 시승시사나 빙천시사(설립 장소는 동북 지역이지만) 역시
명말 청초의 유민들이 승려의 삶을 선택한 시대적 환경에서 비롯되었고,
유민의 시승시사와 빙천시사는 동진 혜원의 '연사'에서 시작하여 영남지
역을 거쳐 동북 지역으로 이어진 것이다. 이처럼 명말 문인결사, 유민결사,
(유민)시승시사 등은 유배시사인 빙천시사가 설립하게 된 시대적, 문화적
배경이 되었고, 결사(시사) 활동이 강남지역에서부터 동북 지역으로 이어
져 동북 지역의 문화와 시사 설립에 영향을 준 배경이 되었다.

물론 동북 지역의 대표적인 두 유배시사인 빙천시사, 칠자지회의 구성
원은 폄적되어 온 유배자들이다 보니 시대적 환경과 신분적 제한(빙천시
사 구성원은 대부분 실명이 아닌 필명을 쓰면서 직접적인 신분을 노출하
지 않았음) 등으로 명말 청초의 유민결사처럼 반청복명의 정치적 활동을
직접적으로 하지는 못했지만, 명말 청초의 문인결사, 유민결사, 시승시사
의 배경 속에서 탄생했다고 할 수 있다. 또한 빙천시사는 복사, 경은시사
등에 비해 규모도 작고 구성원 수도 적고 지속 기간도 짧았지만, 시사
활동을 통해 자신들의 민족 정체성을 유지해 나가고자 했다. 이상의 내용
으로 볼 때, 빙천시사는 명말 청초의 '문인결사-유민결사-유민시승시사-유
배시사'라는 계승적 관계를 유지하고 있다고 할 수 있다.

실제로 함가는 유배지에서도 지식인들의 시사 활동을 매우 중시하면서 그들과의 교류를 이어갔다. 「강남의 여러 시사에 보내는 네 수(寄江南諸同社四首)」에서 잘 드러난다.

> 누가, 눈 쌓인 사막에 사는 한 승려를 외롭다고 말하겠는가? 흰 불자(拂子)는 난세의 구석까지 넘쳐나네. 정협(鄭俠)이 설사 이날에 태어났다 하더라도, 죽림(竹林)의 연사(蓮社)를 응당 도모했을 것이네.(誰言雪磧一僧孤? 白拂交橫沸海隅. 鄭俠若令生此日, 竹林蓮社總應圖. 제2수)
> 지금까지 굶주리고도 배가 부르다고 함은 참으로 완고함이며, 묵태(墨胎: 백이·숙제를 말함)의 진정한 즐거움은 서산(수양산을 가리킴)에 있다네. 형제가 서로 시를 주고받음이 얼마나 되는지 아는가, 부질없이 채미가(采薇歌)만 세상에 머문다네.(餓到今稱飽亦頑, 墨臺眞樂在西山. 兄酬弟唱知多少, 空使薇歌落世間. 제3수)
> 죄가 없어도 변새로 나가야만 하니, 석두성(石頭城: 현재 남경)의 구사(舊社)에는 들풀만 무성하겠네. 회계산(會稽山)의 우(禹)임금 무덤을 두루 찾아다녔지만, 천산(千山: 함가가 머물던 곳)에 이르지 않으면 시야를 넓힐 수 없다네.(無罪還應出塞來, 石頭舊社長蒿萊. 會稽禹穴饒探遍, 不到千山眼不開. 제4수 函可 撰·張春 編, 2008: 324-325).

함가가 젊은 시절 활동하던 명말에는 강(江)·절(浙)·민(閩)·월(粤) 등의 지식인들이 함께 모여서 활발한 교류를 했다. 그들은 글 벗으로서 과거시험을 통해 공명을 얻고자 했고, 후에는 조정의 시정(時政)을 비판하고 엄당(閹黨)을 반대하는 등 정치에 간여하기도 했다. 함가도 이러한 흐름을 타며 시국을 담론하고 천하를 구제하려는 포부를 지녔다. 그는 강남, 광동 일대의 여러 문사(文士)와 교류하였고, 함가의 법형(法兄)인 함시(函昰)는 당시 "함가의 명성이 일시에 유명해져서 각 지의 유명인들은 한종래(함가의 속명)와 교제가 없는 것을 수치로 생각했다."("聲名傾動

一時, 海內名人以不攫交韓長公騃爲恥." 函可 撰·張春 編, 2008: 10)
라고 했다. 이러한 함가의 활동은 후에 빙천시사가 '문인결사-유민결사-유
민시승시사-유배시사'라는 계승 관계를 유지하는 밑거름이 되었다.

Ⅲ. 빙천시사의 활동과 구성원 특징

『천산시집』제20권『빙천시사』는 빙천시사의 서문「빙천시사서(冰天詩
社序)」, 구성원에 대해 소개한「동사명차(同社名次)」, 빙천시사의 시를
모은「사집시(社集詩)」세 부분으로 구성되어 있다. 이 가운데「사집시」
에는 제1회, 제2회의 각 서문과 모아진 시 각 33수 및 시사 가입 초청시와
그에 대한 답시 '초제공입사시(招諸公入社詩), 제공답시(諸公答詩)' 20
수를 도합하여 총 86수가 수록되어 있다.

1. 빙천시사의 결성과 활동

함가는「빙천시사서」에서 빙천시사의 설립과 활동 과정 등에 대해 이
렇게 소개했다.

> 서문: 백련(白蓮)은 오랫동안 황폐해지고 단단한 얼음은 두껍게 얼고
> 차가운 구름은 덮여 있고 대지는 무겁게 가라앉았네. 아! 변새의 풀들은
> 다 말라버렸지만 다행히도 산 고사리는 아직 남아 있네. 비단 남루하고
> 해진 옷을 거친 장로(長老)만이 매주(梅州)에서 멀리 쫓겨났을 뿐은 아
> 니며, 고립무원의 신하도 심히 초췌하다네. 한유(韓愈)는 저녁에 조양(潮
> 陽)으로 폄적될 때 소중한 책 세 권과 쓸쓸한 지팡이뿐이었다네. 매번 길
> 게 읊조림으로 눈물을 대신하며, 차라리 창화하는 이가 적어서 더욱 고결
> 하네. 난은 깊은 골짜기로 옮겨가도 비단 사람이 없어도 절로 향을 발하

고, 소나무를 천산(千山)에 심으면 실로 겨울을 나야 더욱 무성해진다네. 슬픔은 원숭이와 두루미보다 깊고 아픔은 사람과 하늘에 넘쳐나네. 사방의 모든 차가운 영혼들은 예부터 지금까지 뜨거운 피를 뿌려왔다네. 원공(遠公)의 비축해둔 술을 쓰지 않고, 어찌 천명(天命), 시운(時運)과 복잡한 마음을 받아들일 수 있겠는가. 일단은 추운 이곳에서 여생을 빌어 동림(東林)의 훌륭한 자취를 이어가고자 하네. 시가 반백이 넘었는데도 만남은 세 번도 안 된다네. 개잡(搚搚: 함가의 필명으로 쓰레기, 폐물이란 뜻) 씀.(序日: 白蓮久荒, 堅冰既至, 寒雲羃羃, 大地沉沉. 嗟塞草之盡枯, 幸山薇之尚在. 布衲襤毿, 匪獨呆長老之梅州遠逐, 孤臣憔悴尤甚. 韓吏部之潮陽夕遷, 珍重三書, 蕭條只杖. 每長歌以當泣, 寧寡和而益高. 蘭移幽谷, 非無人而自芳; 松植千山, 實經冬而彌茂. 悲深猿鶴, 痛溢人天. 盡東西南北之冰魂, 灑古往今來之熱血. 既不費遠公蓄酒, 亦豈容靈運雜心？聊借雪窖之餘生, 用續東林之勝事. 詩逾半百, 會未及三. 搚搚漫題. 函可 撰·張春 編, 2011: 393).

빙천시사의 설립 정신과 유민의 절조, 사명(社名)의 의미, 설립 취지 및 모임 회수와 작품 수 등에 대해 전반적으로 소개하고 있다.

첫째, 설립 정신 속에 유민의 절조를 드러내었다. 청 조정에 의해 편벽한 곳[幽谷]으로 유배된[遠逐, 夕遷] 유민[孤臣, 山薇]이자 지식인에게 남은 것은 달랑 몇 권의 책과 지팡이뿐이다. 하지만 아직 절조를 잃지 않은 유민[山薇尚在]을 난과 소나무에 비유하면서, 고된 삶을 이겨내며[經冬] 불이(不貳)한 마음을 지킬 것이라고 다짐한다. 그래서 원숭이[猿]의 울음소리 같은 유배자의 고통과 슬픔을 학[鶴]의 고결한 성품으로 승화하여 어떤 곳에서든 절로 향을 내는 난[幽蘭]과 소나무[松]같이 변치 않는 의지를 지키고자 한다. 즉 차가운 영혼[冰魂]으로 뜨거운 피[熱血]를 뿌릴 충정의 의지를 실현하고자 하니, 이것이 빙천시사의 설립 정신이다.

둘째, 사명(社名), 설립 취지 및 모임 회수와 편수를 설명했다. '빙천'으로 사명을 지은 것은 빙천시사의 모임이 얼음과 눈에 뒤덮인 동북의 대지

[氷天雪地] 위에서 설립되었음을 의미한다. 차가운 영혼[氷魂]을 안고 차가운 곳[雪窖]에서 지내는 이들의 모임이라는 것이다.

단단한 결빙과 먹구름 가득한 동북의 척박한 대지 위에서 오랫동안 황폐해진 동림사(東林寺)에 머물던 혜원(慧遠: 遠公)이 설립한 백련사(白蓮寺)를 이어가며, 이를 통해 자신들의 기구한 운명[靈運]과 착잡한 심정[雜心]을 풀어가고자 한다며, 빙천시사의 설립 취지를 말하고 있다. 백련사의 옛일을 이어간다는 점은 빙천시사 구성원 중에 승려, 도인이 상당수를 이루고, 시 작품에서도 불교 용어가 많이 노출되고 있는 점에서 확인할수 있다. 실제로 함가는 동북 지역으로 온 후 보제(普濟)·광자(廣慈)·대녕(大寧) 등 여러 사찰에서 불법을 강의하기도 했다.

빙천시사의 모임은 '세 번도 안 되는' 두 차례 활동에서 '반백이 넘는' 66편(시사 가입 초청시와 그 답시 20편 제외하면)을 모았다. 빙천시사는 순치 7년(1650) 좌무태의 55세 생일과 함가의 40세 생일 때 두 번의 시 창작모임을 가졌다. 모임 방식은 문인결사의 가입 방식처럼 시사 가입을 위한 초청 글「초제공입사시」를 보내고, 그 후「제공답시」를 보내오면 날을 잡아 시 창작활동을 개최했던 것으로 보인다. 대체로 창시(倡詩), 화시(和詩), 답시(答詩) 세 부분의 절차를 밟았다. 「사집시」서두에는 두 번 모임의 서문에 해당하는「사집시서」가 각각 수록되었다. 제1회, 제2회 서문을 보자.

첫 번째 모임 북리(北里): 경인(庚寅) 동지 이틀 전, 북리 선생의 생신이었다. 내가 먼저 시를 지은 후에 승려 3명, 도인 2명, 사(士) 16명이 화답했다. 보(堡)에 있는 사람 중에 부쳐오거나 늦게 도착한 8명과 2명의 공자를 포함하여 총 32편을 모았다.(第一會北里: 庚寅至前二日, 爲北里先生懸弧之辰, 余首倡爲詩. 和者僧三人·道二人·士十六人·堡中寄和及後至者八人, 合二公子, 共得詩三十二章. 函可 撰·張春編, 2011: 395).

두 번째 모임 개잡(搕撞): 나의 생일에 개잡대사께서 제공(諸公)을 이끌고 시를 지어 증여해 준 것을 받들어, 동지 후 5일째 되던 개잡대사의 생신에 내가 송(頌)을 지었고, 화답한 제공의 수는 앞의 수와 같다.(第二會搕撞: 賤辰承搕撞大師率諸公賦詩投贈, 至後五日即師一手指天之期, 予作頌, 諸公和者亦如前數. 函可 撰·張春 編, 2011: 402).

「빙천시사서」에서 "시가 오십 편이 넘었는데 모임은 세 번도 안 된다."라고 한 것처럼 빙천시사는 총 두 차례의 모임을 가졌다. 첫 번째 모임은 '북리(北里)'라고 명명했다. 북리는 빙천시사에서 사용한 좌무태(左懋泰: 1597-1656)의 필명이다. '庚寅至前二日'은 순치 7년(1650) 동지 이틀 전날이며 바로 좌무태 생일이었다. 좌무태의 생일을 축하하기 위해 모인 것이다. 함가가 먼저 시를 짓고 나머지 구성원들이 창화했으며, 「북리가 제공들에게 답하여 보냄(北里答諸公見贈)」 1편을 더하면 총 33편이다. 두 번째 모임은 '개잡(搕撞)'이라 명명했다. 개잡은 쓰레기, 폐물이란 뜻으로 빙천시사에서 사용한 함가의 필명이다. 동지 후 5일째 되는 날이 함가의 생일이었다. 좌무태의 생일 후 7일째 되던 함가의 생일에 2차 모임을 가진 것이다. 역시 생일 축하를 위해 북리 선생 좌무태가 먼저 시를 읊고, 함가의 「개잡이 제공들에게 답하여 보냄(搕撞答諸公見贈)」 1편을 더하면 1회와 마찬가지로 총 33편이 모였다.

두 번의 모임은 생일 축하로 개최되었지만, 실제로 66편에는 생일 축하의 내용은 거의 보이지 않는다. 생일 축하를 계기로 만나 유배시사를 설립하여 유민, 유배자로서의 연대감을 유지하려는 목적이었지, 단순한 생일 축하 모임만은 아니었던 것이다.

빙천시사 외에도, 순치 12년(1655)에서 강희 연간에 정유(丁酉)과장안(科場案)과 통해안(通海案) 등으로 유배당한 문인들은 동북 지역의 영고탑(寧古塔: 현 흑룡강 영안현寧安縣)으로 추방되었다. 영고탑은 청대 만족 통치의 발상지 중의 한 곳으로, 심양, 상양보(尙陽堡)보다 더 편벽되고

낙후한 곳이었다. 오조건, 전위(錢威), 방공건(方拱乾) 부자, 장진언(張縉
彦), 양월(楊鉞) 등이 유배되어 왔다. 이 가운데 장진언, 오조건 등은 강희
4년(1665)에 '칠자지회(七子之會)'를 성립하면서 빙천시사와 대표적인
동죽 지역의 유배 시사로 활동했다. '칠자'는 '7명의 유배 당한 사람'이란
뜻으로, 순치 14년(1657) 정유 과장안과 강희 원년 통해안으로 인해 유배
를 온 문인 명사들이다. 장진언(하남 신향新鄕), 오조건(강소 오강吳江),
전위(강소 오강吳江), 요기장(姚其章: 강소 금릉金陵), 전우중(錢虞仲:
절강 오흥吳興), 전방숙(錢方叔), 전단계(錢丹季) 형제이며, 이들 대부분
은 강남지역 출신들이다.

2. 빙천시사의 구성원과 지역분포

「동사명차」에서는 빙천시사의 구성원에 대해 간략하게 소개하고 있다.
아래는 빙천시사 구성원 33명에 대한 내용이다.

〈표 1〉 빙천시사 구성원 33인 관련 내용[4]

필명	지역	신분	실명	유배 원인/비고
개잡(揩擂)	광동	승려	함가	사사(私史)『재변기』저술이 문자옥으로 연루되어 순치 5년(1648) 심양으로 유배. 나부(羅浮) 화수대(華首臺)에 거주, 『천산시집』이 있음.
북리(北里)	산동	문인	좌무태	순치 6년(1649) 송황(宋璜)에 의해 철령(鐵嶺)으로 유배. 명 숭정 진사, 이부시랑(吏部侍郞). 『조동집(徂東集)』이 있으나 전해지지 않음.
용광(湧狂)	요동	승려	불상	천산승(千山僧)

4) 구성원에 관해서는 函可 撰·張春 編, 『千山詩集·不二歌集』, 黑龍江大學出版社, 2011, 394. 李興盛, 『東北流人史』, 黑龍江人民出版社, 1990, 390-391. 何宗美, 『明末淸初文人結社硏究』, 南開大學出版社, 2003, 375-380. 楊麗娜, 『淸代東北流人詩社及流人詩作硏究』, 蘇州大學碩士學位論文, 2011, 14-16. 薛虹, 「函可和冰天詩社」, 『史學集刊』, 1984, 第1期, 32-34 등 참고.

필명	지역	신분	실명	유배 원인/비고
대령(大鈴)	절강	승려	불상	의무려승(醫巫閭僧), 의무려: 현 요령 금주시(錦州市) 부근
정수(正羞)	요동	승려	불상	탑사승(塔寺僧: 하북성 천서현遷西縣 부근), 함가의 사도(師徒)
희여(希與)	북직	도인	이희여 (李希與)	청군에 의해 요동으로 유배된 후 도인이 됨. 북직: 북경, 천진, 하북 일대
초명(焦冥)	북직	도인	묘군직 (苗君稷)	숭정 3년, 청군이 관내로 침입했을 때 요동으로 유배, 명 숭정 제생(諸生). 성경(盛京)의 삼관묘(三官廟)에 거주. 『焦冥集』이 있음.
한환(寒還)	섬서	일반유배자	불상	
소축(甦築)	남직	일반유배자	불상	남직: 강소, 안휘 일대
규환(叫寰)	섬서	일반유배자	불상	
동이(東耳)	남직	일반유배자	불상	
천구(天口)	남직	일반유배자	불상	
올자(兀者)	섬서	일반유배자	불상	
금혼(錦魂)	절강	여성유배자	불상	
자옹(刺翁)	산동	문인	불상	좌무태의 종형제
광공(光公)	산동	문인	불상	좌무태의 종형제
춘후(春候)	산동	문인	불상	좌무태의 종형제
신이(薪夷)	섬서	일반유배자	불상	
효빈(孝濱)	강서	일반유배자		승려였다가 후에 환속함.
소완(小阮)	산동	문인	불상	좌무제(左懋第)의 차남 좌효생(左曉生), 혹은 셋째 아들 좌균생(左昀生) 중 한 사람이라고 함. 좌무태의 조카
아현(阿玄)	산동	문인	불상0	좌무제의 장자 좌소생(左昭生)이라고 함. 좌무태의 조카
대완(大頑)	산동	문인	좌위생 (左暐生)	좌무태의 아들. 강희 16년 상양보의 유배자 동국상(董國祥)의 추천으로 『철령현지』편찬 참여, 은강서원(銀岡書院)에서 강학함.
이우(二愚)	산동	문인	좌흔생 (左昕生)	좌위생과 동일
설저(雪蛆)	요동	일반유배자	불상	
빙귀(冰鬼)	불명	일반유배자	불상	
석인(石人)	상양보십리(尙陽堡十里)	일반유배자	불상	
사자(沙子)	대한인(大漢人)	일반유배자	불상	대한: 하북성 진황도(秦皇岛) 동북쪽
청초(靑草)	총변인(塚邊人)	여성유배자	불상	
광봉(狂封)	조선인	일반유배자	불상	
자규(子規)	오국인(五國人)	일반유배자	불상	오국: 현 길림성 부여현(扶餘縣), 혹은 현 흑룡강성 영안현(寧安縣)의 동북쪽, 흑룡강성 의란현(依蘭縣)

필명	지역	신분	실명	유배 원인/비고
				일대
정령(丁令)	요동	일반유배자	불상	정선(丁仙)이라고도 함
불이(不貳)선생	섬서	일반유배자	불상	
진군(鎭君)	의무려인(醫巫閭人)	승려	불상	

빙천시사 구성원에 대한 주요 특징을 정리하면 다음과 같다.

첫째, 33인의 명단은 「동사명차」 항목에서 밝힌 바와 같이 개잡(撝撞)·북리(北里)·용광(湧狂)·대령(大鈴)·정수(正羞)·희여(希與)·초명(焦冥)·한환(寒還)·소축(蘇築)·규환(叫寶)·동이(東耳)·천구(天口)·올자(兀者)·금혼(錦魂)·자옹(刺翁)·광공(光公)·춘후(春候)·신이(薪夷)·효빈(孝濱)·소완(小阮)·아현(阿玄)·대완(大頑)·이우(二愚)·설저(雪蛆)·빙귀(冰鬼)·석인(石人)·사자(沙子)·청초(青草)·광봉(狂封)·정선(丁仙)·자규(子規)·불이(不貳)·진군(鎭郡)이다.

「동사명차」에 기록된 구성원들의 신분을 보면, '승려 3명'은 천산의 승려 용광(湧狂), 의무려(醫巫閭)의 승려 대령(大鈴), 탑사(塔寺)의 승려 정수(正羞)이다. '도인 2명'은 희여(希與)와 초명(焦冥)이다. 희여는 이희여(李希與: ?-1661)이며 북직(北直) 사람이다. 초명은 묘군직(苗君稷: 자 유태有邰, 호 초명焦冥)으로 명나라 제생(諸生)이었다. 황타이지(皇太極)가 "몇 번이나 관직을 하사하려 했으나 사절하고 도인이 되고자 하여"("數欲官之, 而焦冥謝不就, 因請爲道士." 張玉興, 1988: 24) 성경(盛京) 삼관묘(三官廟)에 머물렀다. '2명의 공자'는 좌무태의 두 아들 좌위생, 좌흔생이다. 이들은 후에 『철령현지(鐵嶺縣志)』 편찬에 참여하였고, 함가, 좌무태와 밀접한 교류를 했던 학욕(郝浴)을 이어 은강서원(銀岡書院)을 운영하며 강학 활동을 벌였다.

「빙천시사서」에서 언급한 백련(白蓮)·포납(布衲)·장로(長老)·원공(遠公)·동림(東林) 등은 구성원의 신분을 나타내는 말로서 승려, 도인을 의미한다. 「동사명차」에서 기록한 승려는 3인(용광·대령·정수)이지만, 실제로 함가, 진군, 효빈(후에 환속) 3인을 합하면 승려는 모두 6명이며, 도사(희여, 초명) 2인을 합하면 승려와 도인은 총 8명이 된다. 또한 「빙천시사서」의 '고신(孤臣)'·'산미(山薇)'·'원축(遠逐)'·'석천(夕遷)'·'서(書)'는 유민이자 유배자이며 문인이라는 신분을 의미한다.

구성원 가운데 고증이 가능한 문인은 8명(북리·자옹·광공·춘후·소완·아현·대완·이우)이며, 모두 좌무태의 가족과 친인척들이다. 승려, 도인과 문인을 합하면 16명으로 구성원의 약 50%를 차지한다. 33명 가운데 실명을 확실하게 알 수 있는 사람은 대략 함가[개잡]·좌무태[북리]·이희여[희여]·묘군직[초명]·좌위생[대완]·좌흔생[이우] 6명 정도이다. 게다가 필명[가명]을 써서 대부분 구체적인 신분을 알 수 없는 점을 감안하면, 「동사명차」의 기록에 따른 빙천시사의 구성원은 문인과 승려, 도사가 주를 이룬다.

주목할 점은 첫 번째 모임 「사집시서」에서 말한 "승려 3명, 도인 2명, 사(士) 16명, 보(堡)에 있는 사람 중에 부쳐오거나 늦게 도착한 8명, 공자 2명"이다. 이 33명(서문 작성자 함가 포함)을 「동사명차」에서 기록한 33명과 연결해 보면, 승려 3인, 도인 2인, 공자 2인, 함가와 좌무태 2인을 포함하면 총 9명은 확인이 가능하다. 그러면 나머지 24명 즉 '士16인', '堡中의 8인'은 누구인가? 역으로 추적하면, 위의 9명을 제외한 24명은 좌무태의 종형제 3명(자옹·광공·춘후)과 좌무태의 조카 2명(소완·아현) 총 5명과 사적을 알 수 없는 일반유배자 19명(한환·소축·규환·동이·천구·올자·금혼·신이·효빈·설저·빙귀·석인·사자·청초·광봉·자규·정령·불이선생·진군)이다.

그러나 일부 문헌에서는 이정상(李呈祥)·위관(魏琯)·적욕(郝浴)·계개생(季開生)·이용곤(李龍袞)·진심간(陳心簡) 등을 빙천시사 33명 안에 넣기도 한다(謝國楨, 1982; 李興盛, 1990; 薛虹, 1984; 陳伯陶, 1985:

419 참고). 하지만 빙천시사는 순치 7년(1650)에 설립되었고 그 해 두 차례 모임만을 가졌다. 당시 좌무태를 제외하고 이정상·위관·학욕·계개생·이용곤·진심간은 대부분 순치 10년-12년에 요동 지역으로 유배를 왔다 (邱林山, 2016: 82-83; 楊麗娜, 2011: 15-17; 薛虹, 1984: 32-34). 빙천시사의 모임 시간과는 차이가 난다. 『천산시집』에 이들과 나눈 작품이 있는 것으로 보아 분명 교류는 있었지만,[5] 좌무태를 제외한 6명은 빙천시사의 구성원이라고 보기는 어렵다. 물론 유배자의 신분으로 운신이 자유롭지 못하다 보니, 빙천시사는 두 번 모임 외에 후에 별도의 모임을 더 가졌을 수도 있으며 그때 참여했을 수도 있을 것이다. 하지만 빙천시사의 모임이 계속 이어졌다는 현존 자료가 없는 상황에서는 추측일 뿐이다.

둘째, 「동사명차」(〈표1〉)에 기록된 구성원들의 지역적 분포를 보면, 산동(8명), 섬서(5명), 요동(4명), 남직(3명), 북직·절강(각 2명), 광동·강서(각 1명), 상양보십리·의무려인·조선·대한인·총변인·오국인·확인 불명(각 1명) 등이다. 그러나 대부분 실명을 밝히지 않고 필명을 사용했기 때문에 이들에 대한 구체적인 사적을 고증하기가 어렵고, 「동사명차」에 기록된 지역은 그들의 출신지일 수도 있고 당시 거주지였을 수도 있다. 예를 들어, 진군(의무려인), 석인(상양보 십리), 오국인(길림 부여 부근)은 요동인이라고 쓰지 않았지만 실제로 요동인이며, 대한인(大漢人: 현 하북 진황도 부근)은 하북 사람이다. 특히 조선인, 총변인(塚邊人)은 당시 거주지였을 확률이 상당히 높다.

아래 지도는 빙천시사와 구성원들의 지역분포를 시각화한 것이다.

---

5) 「哭李給諫」, 「憶麗中法兄」, 「遙哭秋濤」 등이 있다.

〈그림 1〉 빙천시사 구성원의 시각적 지역분포

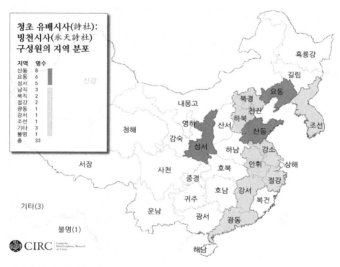

출처: 函可, 『千山詩集』, 叢佩遠, 『東北流人史』등의 내용에 근거하여 필자, 김종혁 공동 제작.

셋째, 실명을 밝히지 않았지만 필명의 내용을 보면 각자의 의도와 심정을 투영하고 있음을 알 수 있다. 설저(雪蛆: 눈 위의 구더기), 올자(兀者: 한쪽 다리가 잘린 사람), 초명(焦冥: 작은 벌레, 하루살이), 사자(沙子: 모래), 청초(靑草: 푸른 풀) 등은 소극적인 반항과 보잘것없는 존재라는 자조적인 심정이 보인다. 또한 불이(不貳: 두 조정을 거부하는 자), 대완(大頑: 완고한 자), 석인(石人: 묘 앞에 세워둔 돌상, 변치 않는 사람), 이우(二愚: 두 조정의 어리석은 자) 등은 고집스럽고 완고한 성정과 기질을 말한다. 광봉(狂封: 미치광이), 빙귀(氷鬼: 얼음 귀신), 개잡(搕搕: 쓰레기, 폐물), 자규(子規: 자규새) 등은 세상을 향한 반항, 분노, 슬픔을 보여준다. 전반적으로 길들여 지지 않은 뻣뻣하고도 자조적인 완민(頑民)의 기질이 느껴진다.

이렇게 필명을 쓴 이유는 유민이자 유배자의 신분인 데다가 청초 문인 결사 금지령이 있었고, 문자옥 등 지식인에 대한 통제가 심한 상황에서 아무래도 신분의 노출을 꺼렸기 때문일 것이다. 유민으로서 만족에 대한 불만과 항청의 입장을 주장하다가 유배자가 되었으니, 그들에게 있어 목숨과 삶은 생존과 직결된 현실적인 문제일 것이다. 필명을 보면 유배자로서의 심정과 만청 정부에 대한 소극적인 반항 및 유민으로서의 절조 등이 느껴진다.

넷째, 시사 구성원에 대한 충분한 고증이 어려운 또 다른 이유 중의 하나는 그들과 관련된 문헌 자료가 거의 전해지지 않기 때문이다. 실제로 함가의 『천산시집』을 제외하고 다른 구성원들의 작품은 거의 전해지지 않는다. 아무래도 유배자의 신분이다 보니 별집(別集)의 경우 대부분 필사하여 전수했을 것이며 판각(版刻)은 많지 않았을 것이고, 생계도 어려운 상황에서 별집을 인쇄할 경제적 여건은 엄두도 못 냈을 것이다. 함가의 경우는 함가의 법제(法弟) 진승(眞乘)의 도움으로 판각되어 전해진 것이다.[6] 이러한 상황이다 보니 시사 구성원들의 작품은 대부분 전해지지 않았으며, 함가가 그들에게 보낸 시가 『천산시집』에 일부 남아있을 뿐이다 (「八日雪中懷北里」, 「懷甦築」, 「冒雪過甦築」, 「看薪夷病」, 「壽寒還」 등).

한편, 빙천시사 외에도 칠자지회의 주요 구성원인 오조건, 방공건, 장진언 등이 과장안, 통해안 등으로 인해 영고탑, 상양보 등으로 유배되어 갔고, 그곳에서 대부분 수(戍) 자리를 서며 지냈다. 영고탑의 유배자 수와 출신 지역에 대해서는 그곳에서 유배 생활을 했던 문인들의 작품에서 주로 보인다. 순치 16년(1659)에 영고탑으로 유배를 온 전위(錢威)는 "변방으로 유배된 사람의 수가 적어도 수천 명은 된다."("塞外流人, 不啻數

---

6) 『천산시집』은 순치 14년(1657) 함가의 법제(法弟) 진승(眞乘)이 직접 심양으로 가서 수고(手稿)를 가지고 와서 강희 42년(1703)에 초각(初刻)되었고, 함가 사후에 건륭 40년(1775) 그의 저서가 재차 문자옥으로 연루되어 일시적으로 금서가 되었다가 도광 연간에 다시 중각본(重刻本)이 나온 것이다.

千.” 張縉彦, 1997: 322)라고 했고, 순치 18년(1661)에 영고탑으로 유배를 온 장진언(張縉彦)은 “유배되어 온 자들은 대부분 오(吳)·월(越)·민(閩)·광(廣)·제(齊)·초(楚)·량(梁)·진(秦)·연(燕)·조(趙) 지역의 사람들이다.”(“流徙來者, 多吳越閩廣齊楚梁秦燕趙之人.” 張縉彦, 1997: 335)라고 했다. 강희시기에 가족 방문을 위해 영고탑으로 왔던 양빈(楊賓)은 “당시 중원의 유명인들이 잇따라 영고탑에 도착했고”(“寧古塔當是時中土之名卿碩彦, 至者接踵.” 楊賓, 1997: 823), “수십 년에 걸쳐 이곳으로 유배된 사람은 셀 수 없을 정도로 많았다.”(“數十年土庶徙玆土者, 殆不可以數計.” 楊賓, 1997: 809)라고 했다. 청초 순치·강희 시기에 다양한 지역의 유배 문인들이 영고탑으로 유배되어 왔음을 짐작할 수 있다.

특히 오조건이 유배 생활을 했던 1669년-1689년 당시 제정러시아가 흑룡강 일대를 침략해 오자, 유배자들은 흑룡강, 길림 일대에서 수(戍) 자리를 서면서 야크사 전쟁에 투입되기도 했다.

청대 동북 지역의 주요 수 자리 분포를 보면 아래와 같다.

〈표 3〉 청대 동북 지역의 주요 수(戍) 자리 분포

번호	지역	이명(異名)	현재 지명
1	盛京(성경)	奉天(봉천)	요령 심양시
2	尙陽堡(상양보)	上陽堡(상양보)	요령 개원현 동쪽
3	鐵嶺(철령)		요령 철령현
4	遼陽(요양)		요령 요양시
5	寧古塔(영고탑)		舊城 흑룡강 매림현 新城 흑룡강 영안현
6	席北(석백)	錫伯(석백)·西伯(서백)·席伯(석백)	내몽고 呼盟(호맹) 남부
7	撫順(무순)		요령 무순시
8	吉林烏喇(길림오나)	烏拉(오납)·兀喇(올나)·船廠(선창)	길림시
9	伯都訥(백도눌)	白登訥(백등눌)·新城(신성)	길림 扶餘縣(부여현)
10	黑龍江域(흑룡강역)	璦琿(애혼)·艾渾(애혼)·艾滸(애호)·艾河(애하)	흑룡강 黑河市(흑하시)
11	墨爾根(묵이근)		흑룡강 嫩江縣(눈강현)
12	金州(금주)		요령 金縣(금현)

번호	지역	이명(異名)	현재 지명
13	三姓(삼성)		흑룡강 依蘭縣(의란현)
14	打牲烏喇(타생오나)	大烏喇虞村(대오나우촌)	길림시 烏喇街(오나가)
15	阿拉楚喀(아납초객)		흑룡강 阿城市(아성시)
16	拉林(납림)		흑룡강 五常縣(오상현)
17	錦州(금주)		요령 錦州市(금주시)
18	琿春(혼춘)		길림 훈춘현
19	卜魁(복괴)	卜奎(복규)	흑룡강 치치하얼

출처: 李興盛, 1996, 641-642; 梅新林, 2006, 999-1000 등의 내용을 필자 재정리.

19개 지역은 요령 7곳, 흑룡강 7곳, 길림 4곳, 내몽고 1곳에 각각 분포했다. 동북 지역은 만족의 발상지이며, 청 정부는 북경을 수도로 정한 후 성경을 배도(陪都)로 정하고, 후에 봉천·길림·흑룡강을 성경 삼장군할구(三將軍割區)로 삼아 방어와 개발을 동시에 진행했다. 이러한 정치적, 지리적 상황과 목적에 따라 대량의 유배자들은 동북의 재건과 변방 수비에 충당되었다. 따라서 유배 문인들은 문인이지만 정부의 입장에서 볼 때는 죄를 지은 사람들로서 정치적, 군사적 목적으로 활용되었다.

Ⅳ. 빙천시사의 시 창작 특징

1. 시사 활동과 정신적 의탁

양봉포(楊鳳苞)는 「서남산초당유집후(書南山草堂遺集後)」에서 유민 시사의 설립 요인과 활동에 대해 "명대가 몰락하자 문사들이 초췌해지고 관직을 잃었다. 고매하고 글에 능한 자들이 서로 모여 시사를 결성하여 옛 왕조와 군주에 대한 그리움을 토로했다."("明社既屋, 士之憔悴失職, 高蹈而能文者, 相率結爲詩社, 以抒寫其舊國舊君之感." 清代詩文集彙編編纂委員會, 2009: 448)라고 했다. 영고탑에서 유배 생활을 했던 오조건 역시「손적애시서(孫赤崖詩序)」에서 "옛날부터 절조 있는 사람들이 이러한 극한 상황을 만나면, 붓을 들어 시름을 달래고 시에 의지하여 한을 풀었다."("由來志士, 遭此窮途, 未有不憑柔翰以消憂, 托長歌而申恨者也." 吳兆騫, 2009: 261)라고 했다. 이처럼 그들에게는 타향에서 유민, 유배자의 심정을 토로하고 교류할 장(場)이 필요했을 것이며, 시사의 설립은 정신적 의지처로 기능했을 것이다. 함가는 첫 번째 모임 '북리'에서 빙천시사의 모임을 이렇게 열었다. 개잡의 제1회 모임시를 보자.

변방의 푸른 소나무 백 척이나 높이 솟아있고, 처연한 바람은 비를 몰아 한나절을 소리친다. 수많은 생사를 함께 겪으면서 생명의 중요함을 알았으니, 오히려 가벼운 나뭇잎 같은 외로운 몸을 좋아하네. 동해에는 지금 덕망이 높은 대로(大老)가 있고, 서산에는 손색없는 형제가 있네. 나의 생이 이보다 더 멀고 추운 곳이 아닐지라도, 흰 눈과 함께 세세토록 정을 나누세.(塞外高松青百尺, 淒風吹雨半天聲. 共經萬死知生重, 卻羨孤身似葉輕. 東海只今餘大老, 西山不愧是難兄. 予生匪遠寒逾甚, 白雪同歌歲歲情. 函可 撰·張春 編, 2011: 395).

좌무태에게 올리는 축수시이자 빙천시사의 모임에 대한 자신의 마음을 술회한 것이다. 좌무태를 대로(大老)라고 높이는 한편 자신과 좌무태 및 구성원들을 은(殷)나라 유민 백이·숙제에, 요동 지역을 수양산에 각각 비유했다. 비록 삭풍과 눈으로 덮인 곳이지만 푸른 소나무가 뻗어있는 곳에서 고신(孤臣)의 마음을 함께 나누자는 의지를 밝혔다.

또한 빙천시사 구성원들도 "그대와 함께 강에 빠져도 나는 또한 기쁘며, 완고한 마음은 서로 끝이 없다네."("共爾沉江我亦欣, 相從終不了頑心."), "또한 생공(生公: 원래는 축도생竺道生, 여기서는 함가를 지칭)을 사방 추운 곳에서 뵈니, 완고한 마음을 서로 의지할 만하네."("又見生公冰四圍, 頑心如我足相依." 모두『千山詩集』卷20)라고 하면서, 함가를 따르면서 환난 속에서 진정한 만남을 나누고자 했다. 좌무태의 「승려 함가 어록서(剩人和尚語錄序)」와 한환(寒還)의 제1차 모임시를 보자.

> 잉공(剩公: 함가)이 먼저 오고 한 해 지나 나도 유배되었네. 성음(城陰)에서 서까래 몇 개로 만든 집을 얻었는데 산안개는 음산하게 느껴지고 흰 눈은 마치 검은 눈 같네. ……옴이 난 환자보다 심하게 변새로 쫓겨났는데, 다행히도 잉공과 조석으로 함께 할 수 있게 되었으니, 불자(拂子)를 흔들며 바닷바람에 표류하다가 환한 등탑을 만난 것 같네.(剩公先來, 逾歲, 余亦放至, 得城陰數椽屋, 殺氣爲嵐, 雪雲如墨. ……余被遣出塞甚於潮癖, 而獨得與剩公永其朝夕, 白塵交橫, 海風漂泊, 一燈炯然. 函可, 『千山語錄』, 『四庫禁毁書叢刊』).

> 누군가 깊은 골짜기에서 쨍쨍 소리를 내며, 함께 단단한 얼음을 쪼개어 술잔을 들고자 하네. 하늘의 마음이 아직 남아있음을 보고 설원에서 선생을 알게 되었네. 고금의 청송의 번뇌를 깊이 논하고, 세상사 흥망의 변천을 모두 읽고자 하네. 다들 떠돌이라 별다른 축수는 못 드리고, 오랫동안 혹한의 서약을 지켜가세.(何人幽谷響丁丁, 共琢堅冰欲舉觥. 可見天心留不死, 幸從雪際識先生. 談深今古青松塵, 閱盡滄桑楸玉杯. 多少野人無別祝, 千秋莫負發寒盟. 函可 撰·張春 編, 2011: 396).

좌무태, 한환 및 기타 구성원들에게 있어 함가는 그들이 길을 잃고 표류할 때 인생의 항로를 알려주는 나침반이자 등탑으로 여겨졌고, 다행히도 하늘의 마음이 아직 남아있어 빙천시사의 모임을 열어갈 수 있었으니, 혹한의 땅에서 맺은 맹세를 오랫동안 이어가자고 한다. 이처럼 빙천시사와 시사 활동은 그들을 현실적으로 더욱 응집력 있게 해준 장(場)이자 정신적 의지처가 된 것이다.

이러한 모임을 통해 창작된 작품을 모아둔 「사집시」에는 대체로 유민으로서의 절개를 지키려는 굳은 마음과 완민(頑民)의 정서, 나라를 잃은 비통한 심정, 고국과 고향에 대한 그리움, 고립무원의 땅에서 느끼는 유배자의 현실적 슬픔 등이 잘 표현되어 있다.

2. 고국, 가족에 대한 충정과 그리움

유민이자 유배자인 그들에게 있어 고국과 가족에 대한 그리움은 무엇보다도 컸을 것이다. 이런 내용은 「빙천시사시」에서 많은 부분을 차지한다. 소축(甦築) 제1회 모임시, 불이(不貳) 선생 제2회 모임시, 진군(鎭君) 제1회 모임시를 차례로 보자.

예부터 나라에 충성한 몸이 얼마나 성할까, 초췌한 모습으로 홀로 읊으며 눈물을 흘린다. 폐허에 던져지지 않았는데도 심장은 이미 강렬하고, 지금은 숨만 남아 뼈는 먼저 차가운 얼음이 되었네. 떠나간 임금은 어느 곳에 활을 남겨두었는가, 헌 상자에는 여전히 옛 명단이 남아있네. 신하의 마음은 겨우 한 치뿐인데, 서풍은 쓸쓸히 불어오고 눈은 펄펄 내린다.(古來報國幾身完, 憔悴孤吟見淚溥. 未到投荒肝已烈, 只今留息骨先寒. 鼎湖何處遺弓在, 敝笥仍餘舊彩單. 臣子有心剛一寸, 西風淅淅雪漫漫. 函可 撰·張春 編, 2011: 396-397).

불이(不貳)의 노래는 조금 남아 하늘과 땅에 가라앉고, 그대를 생각하며 서리 내린 밤에 외로이 읊는다. 몇 년 동안 승당(僧堂)의 밥만 먹다가 죽을 때가 되니 부질없이 고국에 대한 그리움이 부쩍 인다. 일찍이 가부좌 하나만 배웠을 뿐인데, 불경 소리를 들을 때마다 눈물이 옷깃을 적신다. 지금은 창해의 암담한 먹구름 속에 있지만, 연꽃을 없애는 것은 결국 금할 수 없으리라.(不二歌殘天地沉, 感君霜夜一孤吟. 幾年但食僧堂飯, 到死空餘故國心. 曾學雙趺惟一面, 每聽清梵亦盈襟. 只今滄海愁雲裏, 除卻蓮花總不禁. 函可 撰·張春 編, 2011: 409).

어제도 오늘도 옛 고국을 생각했었는데, 오신(五臣)은 순식간에 추운 바람 속으로 가버렸네. 음산한 구름과 자욱한 안개는 눈살을 찌푸리게 하고, 산악도 흔들리고 무너져서 붓을 놓아버렸네. 정직은 수용되기 어려운데 나는 요행히도 살아있고, 총명은 화를 초래하여 그대는 지금 곤궁한 거라네. 막막함은 언제나 중생들의 몫이고, 천지의 유래는 아직 끝나지 않았네.(昨日今朝憶舊封, 五臣瞬息走寒風. 雲愁霧結攢眉頃, 嶽動山傾擲筆中. 正直難容吾幸在, 聰明速禍爾方窮. 茫茫總是群生事, 天地由來尚未窮. 函可 撰·張春 編, 2011: 402).

첫째 시를 보면, 자신은 비록 초췌한 모습으로 폐허에 던져져 차가운 얼음이 되고 말았지만 잃어버린 고국[鼎湖]에 대한 그리움과 보국(報國)하지 못한 마음에 괴로워한다. 보잘것없는[一寸心] 고신(孤臣)의 마음이지만 헌 상자에 아직 남아있는 유궁(遺弓)처럼, 유민으로서 불이의 마음을 갖고자 한다.

둘째, 셋째 시에서도 자신들은 고국을 생각하는 신하였다가[五臣] 이제는 유배자의 신세가 되었지만[走寒風], 결코 두 마음을 품지 않고[不二] 고국에 대한 충정[故國心, 憶舊封]을 이어갈 불이가를 부르고자 한다. 그래서 보국의 충정을 생각할 때면 "시절을 슬퍼하니 꽃을 보아도 눈물을 흘리는"(「춘망(春望)」) 두보의 마음처럼, 자신도 오랜 시간 절밥만 먹다보니 그저 불경 소리만 들어도 눈물이 난다. 비록 정직하고 총명한 사람이 해를 만나 먹구름 자욱한 곤궁한 현실에 놓여있지만, 결코 희망의 연꽃 즉 유민으로서의 절조를 버리지 않겠다고 다짐한다.

'헌 상자에는 여전히 옛 명단이 남아있네.', '연꽃을 없애는 것은 결국 금할 수 없으리라.', '천지의 유래는 아직 끝나지 않았네.' 등과 같이 실낱 같은 희망을 꿈꾼다. 하지만 고국과 고향은 이미 황폐해졌고 자신은 척박한 변새로 유배 와 있으니, 고국을 지키지도 못하고 고향으로 돌아갈 수도 없는 것에 대한 슬픔과 회한이 밀려오기도 한다. 함가 「신묘일에 보제사에서 머물며 쓴 여덟 수(辛卯寓普濟作八歌)」의 첫수와 광공(光公) 제1회 모임시를 보자.

죄인이여, 죄인이여! 어찌 죽지 않았는가, 천백번 고초를 겪었는데도 손발이 아직 남아있네. 만 리 길 떨어진 고국과 고향에는 가시나무 덩굴과 외로운 화살들이 있네. 가족을 모두 잃었으니 고향으로 돌아갈 수도 없고, 원대한 업적은 창망한 곳의 큰바람으로 불어오네. 큰바람이 일자 모래는 하늘을 가리고, 다들 사람들의 자식이니 누군들 걱정하지 않겠는가. 어떻게 해야 해를 손에 받쳐 들고, 위로는 사방 변방의 황량한 연기를 비추고, 아래로는 만 길 깊은 황천을 비출 수 있을까.(夫罪夫胡不死, 百千捶楚餘頭趾. 遙遙鄉國一萬里, 中有蔓棘及孤矢. 骨肉喪盡不得歸, 遠蹟蒼茫大風起. 大風起兮沙閉天, 誰非人子兮心惄然. 安得手扶白日兮, 上照四塞之荒煙, 下照萬丈之黃泉. 函可 撰·張春 編, 2011: 92).

수많은 고난 속에서도 서로 의지할 형제가 있었는데, 놀란 영혼 진정되기도 전에 또다시 무리를 떠난다. 날은 춥지만 벽오동이 남아있어 아직은 기쁘고, 꿈을 꾸니 또한 고향에 이른 것 같네. 단단한 얼음이 모래 속의 눈물과 함께 결빙됨을 느끼고, 문득 시가 넘쳐나는 것을 보고 놀란다. 읽다가 가슴 아픈 곳을 만나면 견딜 길 없어, 늙은 기러기는 소리 없이 홀로 슬픔을 삼킬 뿐이다.(多難相依有弟昆, 驚魂未定又離群. 歲寒尚喜留蒼柏, 夢去還疑到故園. 但覺堅冰沙淚結, 俄驚詩縱海瀾翻. 不堪讀至傷心處, 老雁無聲只自吞. 函可 撰·張春 編, 2011: 398).

죄인의 몸으로 변방으로 쫓겨와서 가시덤불 우거진 고향을 그리워한다. 하지만 가족을 모두 잃어 고향으로 돌아갈 수도 없으니 그리움마저도 허락하지 않는다. 게다가 세찬 북풍의 모래로 막막하게 가려진 날[閉天]을 보내고 있지만, 한 줄기의 빛으로[扶白日] 황량한 변방과 심지어 황천길까지 비출 수 있기를 희망한다.

이러한 희망은 둘째 시에서도 이어진다. 자신을 형제의 무리에서 이탈하여 멀리 날아온 슬픈 기러기로 비유한다. 하지만 인고의 세월을 이겨낸 벽오동과 같이 의지할 만한 동지들이[蒼柏] 있기에 아직은 견딜 만하고, 그래서 더러는 꿈속에서 고향에 있는 느낌을 받기도 한다. 또한 마음도 눈물도 모두 얼어버렸지만 넘쳐나는 시를 보며 놀라고, 슬픈 구절을 만나게 되면 외로운 기러기처럼 홀로 슬픔을 삼킬 뿐이다.

위의 시들을 보면, 전반적으로 좌절과 희망이 반복되는 심리적 파동이 전해진다. 고통을 애써 안위로 이어가려는 감정의 반전이 더욱 안타깝게 느껴진다. 희망은 '바라고 희구하는 것'이지만 때론 그 간절함이 오히려 더 큰 절망으로 이어지기도 한다. 유배자들도 이미 이런 것을 알게 되었을 것이다. 그래서 희망하면서도 홀로 슬픔을 삼키고 또 희구하고 또 좌절하는 반복적 심리를 보여준 것이다. 시 전체에서 보이는 형제[弟昆], 고향[故園], 기러기[老雁] 등은 고향을 그리는 마음을, 무리에서의 이탈[離群], 단단한 얼음[堅冰]은 유배자로서 귀속될 곳 없는 외로운 마음을, 놀란 영혼[驚魂], 슬픈 마음[傷心], 스스로 삼킴[自吞]은 그들의 처연한 처지와 심정을 각각 표현하고 있다.

3. 유배자의 슬픔의 소리

춘후(春侯) 제1회 모임시, 효빈(孝濱) 제2회 모임시, 자옹(刺翁) 제1회 모임시를 차례로 보자.

> 함께 어망에 걸려든 한 무리의 기러기, 변방의 성을 날아가면서 무리가 나누어진다. 요양에는 아직도 돌아오는 학이 있고, 오국(五國)에는 죽어가는 노루만 보인다. 굶주림을 참아가며 읊으니 하염없이 눈물이 흐르고, 그리워하며 겹겹의 구름을 사이에 두고서 바라본다. 맑은 샘물을 먼 곳에서 길어오자 곧장 얼음이 되고, 차가운 눈은 혼과 함께 하얗게 그대 앞에 이른다.(魚網同罹雁一群, 邊城飛過雁群分. 遼陽尚有歸來鶴, 五國惟看就死麕. 忍餓吟傾三斗淚, 相思望隔幾重雲. 清泉遙酌冰方結, 寒雪和魂白到君. 函可 撰 · 張春 編, 2011: 398).

십 년 전에 이미 승려의 몸이 되었지만, 옛 습관을 잊을 수 없어 다시 붓을 들었네. 『심사(心史)』는 아직 다 절개를 감출 수 없고, 새로운 시는 곧장 높은 하늘에 묻고자 하네. 혼탁한 세상에서 출중한 귀공자가 상강(湘江)으로 쫓겨나 늙은 신하가 될 줄 누가 알았으리오. 해변을 걸으며 음영하고 때론 불법을 설교하니, 세상의 중생들이 모두 눈물을 적시네.(十年前現比丘身, 舊習難忘下筆神. 心史未能藏古井, 新詩直欲問高旻. 誰知濁世佳公子, 便是湘江老逐臣. 海畔行吟時說法, 人天八萬盡沾巾. 函可 撰·張春 編, 2011: 406).

소안(小雁) 성 주변의 대안(大雁) 촌, 이 마을엔 유독 눈과 서리가 자주 내린다네. 배가 고프니 도리어 주나라의 곡식이 생각나고, 날씨가 너무 추우니 백씨(伯氏)의 훈(塤)을 불기 어렵네. 골육은 다행히도 남아있으나 마음은 이미 찢어졌고, 시서(詩書)는 아무런 쓸모도 없는데 여전히 남아 있네. 한 잔 속에 영원(鴒原)의 눈물을 다 쏟아내건만, 텅 빈 북해의 잔을 보며 부끄러워하네.(小雁城邊大雁村, 村中尤覺雪霜繁. 饑來卻憶周人粟, 寒極難吹伯氏塤. 骨肉幸餘心已碎, 詩書無用卷猶存. 一觥盡注鴒原淚, 慚愧空空北海樽. 函可 撰·張春 編, 2011: 398).

그물에 걸려든 기러기, 정사초(鄭思肖)의 『심사(心史)』, 상강(湘江)으로 쫓겨난 굴원(屈原)의 전고를 들어, 자신이 억울하게 쫓겨난 유민임을 말한다. 첫 번째 시에서는 "아직도 요양으로 오는 유배자[來鶴]의 무리가 끊이지 않고, 이곳에는 계속 죽어가는 시체[死麇]만 늘어나는" 비참한 유배자의 상황을 보여준다. 두 번째의 시를 쓴 효빈은 실제로 승려였다가 후에 환속한 사람이다. 승려의 몸이었지만 글을 짓던 문인의 습관을 잊을 수 없어 다시 붓을 들었다. 그 이유는 비록 상강으로 쫓겨난 충신 굴원과 같은 유배자의 신세이지만, 송말 원초의 유민 정사초의 『심사』처럼 절개와 충정의 마음을 감출 수 없었기 때문이다[未能藏]. 두 편의 시에서 유배자의 슬픔과 의지가 동시에 보인다.

세 번째 시에서는 처참한 현실 앞에서 보다 솔직한 심정을 보여준다.

소안(小雁), 대안(大雁)은 지명이기도 하지만 여기서는 이중적 의미로 쓰였다. 무리에서 벗어나와 어울리지 못하는 떠돌이[기러기]를 의미하는 은유적인 표현이다. 수양산으로 숨어버린 백이·숙제와 동북으로 유배를 온 자신은 똑같이 당시 정권을 거부하다가 쫓겨난 떠돌이 유민이다. 그러나 은나라의 백이·숙제는 주(周)나라를 받아들이지 않고 은둔하면서 고사리를 캐 먹고 지내다가 굶어 죽어 청절지사(淸節之士)가 되었다. 하지만 동북으로 유배를 온 자신은 날도 춥고 배도 고프자 거부해왔던 '주나라의 곡식(周人粟)'이 도리어 생각난다. 슬픈 현실 앞에서 진솔한 심정을 솔직하게 보여주니, 비참하고 슬픈 현실이 더욱 배가(倍加)하여 핍진하게 다가온다.

빙천시사의 구성원 가운데 여자 시인 청초(靑草)의 인생에서는 유배자로서의 비통함과 슬픔이 더욱 잘 묻어난다. 청초 제1회 모임시를 보자.

> 한 무더기의 풀은 쓸쓸히 스스로 향기를 묻고서, 배도(裴度)의 녹야당(綠野堂)에 오르고자 하네. 굳센 풀을 알 수 있는 매서운 바람을 되레 좋아하니, 차가운 눈이 있다고 한들 고결한 향기가 꺾이겠는가. 늘어진 가지는 장대(章臺)의 여인을 배우지 않고, 단장은 온전히 소무(蘇武)의 양치기에 어울리네. 최근 금중(禁中)에는 볼 것이 없고, 일단 시구(詩句)를 따라 해낭(奚囊)으로 들어가네.(一叢寂寂自埋香, 願上裴公綠野堂. 卻喜疾風知勁草, 肯因寒雪損孤芳. 垂條不學章臺柳, 妝點全宜蘇子羊. 近日禁中無可視, 暫隨詩句入奚囊. 函可 撰·張春 編, 2011: 401).

녹야당(綠野堂)·장대류(章臺柳)·질풍경초(疾風勁草)·소자양(蘇子羊) 등은 그녀의 인생과 역경을 암시하며, 고방(孤芳)·수조(垂條)·장점(妝點)·해낭(奚囊) 등은 여성 시인임을 말해준다. 유폐운(兪陛雲)의 『청대규수시화총간(淸代閨秀詩話叢刊)』에는 "명말에 남도(南都)를 잃은 후 강남의 아름다운 여인들이 동북 지역으로 많이 노획되어 갔다."("明季

南都既失, 江南佳麗, 多被掠北行." 兪陛雲, 2010)라는 기록이 있다. 당시 이러한 여성 유배자가 꽤 있었을 것으로 보인다. 청초는 청군이 남쪽으로 내려와 전란을 벌이던 때에 변방으로 끌려온 여자 시인인 것으로 보인다(楊麗娜, 2011: 16).

함가는「청초를 초청하는 시(招青草)」에서 "한 뼘의 푸른 풀은 스스로 풍상을 견뎌냈건만 무릉과 여산은 늘 무성하네. 진흙탕의 속세는 어여쁜 모습만 묻어버리진 않았겠지만, 사(社) 안의 연꽃은 그보다 더 향기롭다네."("一寸靑靑自耐霜, 茂陵驪嶽總茫茫. 黃塵不獨埋紅粉, 社裏蓮花比爾香.")라고 보내자,「청초의 답시(靑草答)」에서 "어여쁜 모습은 사라져 홀로 살아가는 게 한스러웠고 오랜 시간 모진 풍상과 함께했네. 원공(혜원)이 떠나가자 지금 선생께서 이르셨으니, 연꽃이 날로 향기로움을 볼 수 있겠네."("紅粉消沉恨獨長, 千年曾許伴寒霜. 遠公一去君今到, 那見蓮花日日香." 函可 撰 · 張春 編, 2011: 411)라고 회답했다.「동사명차」에서 청초의 거주지를 '총변인(塚邊人)'이라고 했다. '한 뼘의 푸른 풀은 스스로 풍상을 견뎌냈건만, 무릉과 여산은 늘 무성하네.'라는 구절로 보아 내몽고에 있는 한나라 왕소군(王昭君)의 청총(靑塚)처럼 인생의 굴곡이 많은 한 많은 여성 시인이었음을 추측할 수 있다.

이렇다 보니, 유배자들의 슬픈 삶은 눈물로 점철되었고,「사집시」에는 눈물 '淚' 자를 쓴 구절이 상당히 많이 보인다.

"예부터 나라에 충성한 몸이 얼마나 성할까, 초췌한 모습으로 홀로 읊으며 눈물을 흘리네.", "한 잔 속에 영원(鴒原: 형제를 말함)의 눈물을 다 쏟아내건만, 텅 빈 북해의 빈 잔을 보며 부끄러워하네.", "읽다가 가슴 아픈 곳을 만나면 견딜 길 없어, 늙은 기러기는 소리 없이 홀로 슬픔을 삼킬 뿐이네.", "모두 상심의 심정으로 저문 저녁을 슬퍼하며, 망망한 어느 곳에서 벽오동에 눈물 흘리네.", "봄바람 앞에서 아직도 슬픈 눈물을 흘리고, 또다시 추운 저녁 찬바람에 호가(胡笳) 소리 들려오네.", "눈물이 큰 파도를 이루고 분노가 조수를 이루니, 설사 다 마른다 해도 풀리지 않으리.", "아직도 조금 세상의 눈물이 남아있고, 약간의 정의로운 열정도 다하지 않았네.", "굶주림을 참아가며 읊으니 하염없이 눈물이 흐르고, 그리워하며 겹겹이 쌓인 구름을 사이에 두고 바라보네.", "쓸쓸히 부는 서풍에 천고의 눈물이 흐르고, 빽빽이 들어선 높은 무덤에 종일토록 서리가 내려 앉았네."[7]

'傷心淚', '淚作洪波', '人天淚', '三斗淚', '千古淚', '鵑原淚' 등은 고국을 위해 흘리는 비통의 눈물이요, 가족에 대한 그리움의 눈물이요, 유배자의 운명에 대한 슬픔의 눈물이요, 고신(孤臣)으로서 흘리는 회한의 눈물이다.

한유(韓愈)가「송맹동야서(送孟東野序)」에서 말했듯이, 시인은 세상을 위해, 나를 위해, 임을 위해 잘 우는 사람 즉 '선명자(善鳴者)'들이다. 그래서 유배자의 눈물은 회재불우의 삶을 살면서 평정을 잃어 소리를 내는 '불평즉명(不平則鳴)'의 눈물인 것이다.

4. 완민(頑民)의 생명력

하지만 그들의 감정이 모두 우울하고 슬픈 것만은 아니다. 그들은 유민으로서의 정신적 이상을 포기하지 않고 불굴의 열정을 표현하기도 했다. 그래서 자신들을 멸망한 명대의 '완민(頑民)'이라고 했다. '頑'은 완고하고

---

7) "古來報國幾身完, 憔悴孤吟見淚溥."(蘇築, 第一會, 396). "一舠盡注鵑原淚, 慚愧空空北海樽."(刺翁, 第一會, 398). "不堪讀至傷心處, 老雁無聲只自呑."(光公, 第一會, 398). "共是傷心愁日暮, 茫茫何處哭蒼梧."(天口, 第一會, p. 397). "春風尚灑傷心淚, 又聽寒吹日暮笳."(同耳, 第一會, 397). "淚作洪波氣作潮, 縱枯到底亦難消."(不二, 第一會, 402). "仍餘點點人天淚, 未了纖纖俠烈心."(叫寶, 第二會, 404). "忍餓吟傾三斗淚, 相思望隔幾重雲."(春候, 第一會, 398). "淅淅西風千古淚, 壘壘高塚一天霜."(丁仙, 第一會, 401). 모두『千山詩集』卷20.

고집불통이란 뜻으로, 자조와 조롱이 섞인 어조로서 반골(反骨)의 기질을 표현한 것이다. '완민'은 본래 은나라 유민 가운데 굳고 결연하게 주나라 통치에 복종하지 않았던 사람을 가리킨다. 완민 이외도 '완석(頑石)', '완심(頑心)'은 모두 같은 의미이다. 쉽게 길들여지지 않는 완고한 명대 유민이자 반청의 유배자임을 상징하며, 「사집시」에서 적잖게 보인다.

> "침울한 구름과 우울한 기운이 관동에 가득하고, 수많은 완고한 사람(頑民)들이 함께 헌수(獻壽)를 한다.", "불교의 자비심은 본디 동등하게 대우하는 것이라 들었으니, 큰 배로 널리 제도하는 것은 모두 완고한 사람들(頑民)이라네.", "송주의 불자(拂子)가 돌연히 완고한 사람(頑石)을 일어나게 하여, 포단(蒲團)에는 오랫동안 들판의 구름이 내려앉았네.", "그대와 함께 강에 빠져도 나는 또한 기쁘며, 함께하니 완고한 마음(頑心)은 끝이 없네.", "또 생공(生公)을 사방 추운 곳에서 뵈니, 완고한 마음(頑心)이 서로 의지가 되는 것 같네."[8]

시사 구성원들은 반청복명의 뜻을 품은 함가를 학덕을 겸한 영웅으로 간주하면서 그를 생공(生公: 축도생竺道生)에 비유하고, 자신들을 완석(頑石)에 비유하였다. 앞서 언급했던 백이·숙제, 굴원, 소무, 정사초 등은 함가뿐만 아니라 시사의 완민들이 추숭하는 대상이며, 이들의 공통점은 유민으로서의 굳건한 절개와 불이(不二)의 강인한 의지를 보여주었다. 이와 관련한 시구들이 「사집시」 곳곳에서 보인다. "붓끝으로는 충의의 혼을 먼저 부르고자 하네.", "송백은 스스로 변방의 한설을 거뜬히 견딜 수 있다네.", "대설 속에서 스스로 응당 한절(漢節)을 지키리.", "세찬 바람에

---

8) "愁雲紫氣滿關東, 無數頑民獻壽同."(錦魂, 第一會, 398). "見說佛慈原等視, 巨航普度盡頑民."(錦魂, 第二會, 405). "松塵頓令頑石起, 蒲團長有野雲侵."(叫寶, 第二會, 404). "共爾沉江我亦欣, 相從終不了頑心."(石人答, 412). "又見生公冰四圍, 頑心如我足相依."(石人, 第二會, 408). 모두 『千山詩集』卷20.

풀의 강인함을 알아보는 것을 기뻐하네.", "뼈는 단단한 암석보다 단단하고자 하며, 의기는 여전히 넓은 파도에 남아있네.", "당신과 함께 강에 빠져도 나는 기쁘며, 완고한 마음은 끝이 없다네."9)

완민의 마음은 이러한 강인한 의기를 보이면서 때론 낙관적이고 활달한 마음으로 표현되기도 한다. 함가의 「계사 겨울 제공과 함께 보제사에 모여 떠나기 전에 이야기를 나누며(癸巳冬四日諸公同集普濟話別)」를 보자.

　　쓸쓸한 고묘성(古廟城) 남쪽 모퉁이에 종고(鍾鼓)는 울리지 않는데 새들만 놀라 지저귄다. 누가 함께 황량한 빗장문을 두드리는가, 각자 시를 내놓으며 기량을 겨룬다네. ……붓은 쇠같이 딱딱하고 얼굴은 얼음같이 차갑지만, 항상 수염을 쓸어내리며 큰 소리로 읊는다네. ……그러다가 흥이 오르면 붓은 먹물에 절로 젖고, 밝은 달 아래 큰 바구니에 가득 넘쳐난다네. ……다 쓴 황정경(黃庭經)은 거위와 바꾸지 않고,10) 그림자를 향해 한가로이 음영하며 스스로를 위로하네.(簫條古廟城南隅, 鍾鼓不鳴鳥驚噪. 何人連袂叩荒扃, 各出詩篇鬪天巧. ……毛錐如鐵面如冰, 時復掀髥發長嘯. ……興來墨汁自淋漓, 明月一傾大栲栳. ……寫就黃庭不換鵝, 向影閑吟孤自悼. 函可 撰·張春 編, 2011: 97).

시인들은 춥고 황량한 변새에 모여 '각자 시를 써서 기량을 겨루면서'

---

9) "筆底先招忠義魂."(天口, 第二會, 405). "松柏自堪凌塞雪."(冰鬼, 第二會, 408). "大雪自應持漢節."(冰鬼, 第一會, 400). "卻喜疾風知勁草."(靑草, 第一會, 401). "骨頭欲比岩岩石, 意氣仍留浩浩波."(鎭君, 第二會, 410). "共爾沉江我亦欣, 相從終不了頑心."(石人答, 第二會, 412). 모두 『千山詩集』卷20.

10) 황정(黃庭): 왕희지(王羲之)가 쓴 『황정경(黃庭經)』 법첩(法帖)을 말함. 왕희지는 서예도 능했지만 거위를 매우 좋아했다. 그는 일찍이 『황정경』(『도덕경』이라고도 함)을 써서 산음(山陰) 도사가 기르는 거위와 맞바꾼 일이 있었다. 이를 '황정환아(黃庭換鵝)'라고 하며, 자신의 훌륭한 재주로 좋아하는 물건을 바꾸는 것을 말하거나 혹은 서법의 고묘(高妙)함을 일컬음(『태평어람(太平禦覽)』, 『진중흥서(晉中興書)』).

유배 생활을 위로하며 지냈다. 비록 '붓은 쇠같이 딱딱하고 얼굴은 얼음같이 차갑지만, 항상 수염을 쓸어내리면서 큰 소리로 읊는' 생동한 분방함과 활달함을 잃지 않았다. 그래서 '흥이 나면 절로 붓을 들어 시를 지으니, 밝은 달이 떠오르는 저녁까지 시간 가는 줄 몰랐고 시는 광주리에 넘쳐났다.' 광주리에 담긴 감흥은 고국과 시절에 대한 감회이며, 소중한 것이기에 무엇과도 바꾸지 않고서[黃庭不換鵝] 자신만의 즐거움으로 삼는 것이다.

그리고 이러한 낙관적이고 활달함은 바로 속세를 벗어난 즐거움에 있다고 한다. 한환(韓還) 제2회 모임시를 보자.

> 곧장 수양산 꼭대기에 올라 고사리를 캐어 인간 세상에서 수모를 겪는 신선에게 제물로 드리면 좋겠네. 유배의 형벌은 되려 백족(白足) 선사를 남길 수 있고, 눈과 얼음 속에서도 여전히 청련(青蓮)은 자란다네. 힘들더라도 높고 밝은 해를 조금이라도 남겨두려면, 작은 티끌을 웃으며 멀리 던져버려야 하리. 어찌 내가 일찌감치 번뇌를 멀리할 수 있을까. 아침저녁으로 불타 앞에 예를 드리는 거라네.(采薇直上首陽巓, 好供人間忍辱仙. 刀鋸尙能餘白足, 冰雪依舊長青蓮. 苦將杲日留方寸, 笑把微塵擲大千. 安得我離煩惱早? 朝昏長禮法王前. 函可·張春, 2011: 404).

괴로움과 번뇌[微塵]를 버리고 밝은 해[杲日]를 가까이하면 결국 백족(白足) 화상처럼 진흙탕을 걸어 다녀도 더러워지지 않는다는 것이다.[11] 그렇게 되면 "가르침을 받아 매번 새로운 시구를 들을 수 있으니, 변새이지만 매일매일 절로 봄과 같고."("趨庭每許聞新句, 自覺寒邊日日春." 大頑 第二會. 函可 撰·張春 編, 2011: 407), "콩이 반이어도 눈 쌓인 움막의 생활을 견뎌낼 수 있고, 해진 담비 옷이어도 때론 용정(龍庭: 조정,

---

11) 백족(白足): 구마라십(鳩摩羅什)의 제자인 동진(東晉)의 승려 담시(曇始)를 가리킴. 그는 진흙탕을 맨발로 걸어 다녀도 더러워지지 않아 '백족화상'이라 불렸음. 청련(青蓮): 청색의 연꽃으로 불안(佛眼), 불법을 상징함.

제왕을 의미함)과 함께 춤을 출 수 있다."("半菽尚堪供雪窖, 傚貂時共
舞龍庭." 大頑 第一會. 函可 撰·張春 編, 2011: 398)는 것이다. 이처럼
완민은 때론 길들여지지 않은 강인함으로 때론 활달하고 분방함으로 때론
낙관적인 모습 등으로 나타났다. 유배지에서 보여준 유민으로서의 자존감
이자 생명력의 한 표현이라 하겠다.

V. 동북 지역 문화에 대한 영향

첫째, 빙천시사는 청초 동북 지역에서 처음으로 설립된 유배 시사였고,
동북 지역의 시사가 계속 탄생할 수 있는 토대를 마련해 주었다. 또한
강희 4년(1665)에 오조건과 장진언 등은 영고탑에서 칠자지회를 설립했
다. 칠자지회는 함가의 빙천시사를 이어 청초 동북 지역에서 설립된 두
번째 유배시사이다. 오조건은 순치 16년(1659) 영고탑으로 유배를 가는
도중 심양에 들러 함가를 만나기도 했다. 칠자지회의 구성원은 대부분 순
치 14년(1657) 정유과장안(丁酉科場安)과 강희 원년(1662)의 통해안(通
海案) 등으로 유배된 오조건·전위(錢威)·방공건(方拱乾)부자·장진언·
양월(楊鉞)·전우중(錢虞仲) 등으로 대부분 강남지역의 문인들이다. 빙
천시사가 연사(蓮社)를 포함하여 광동 지역의 남원시사(南園詩社), 정사
(淨社)를 심양에서 이어가고자 했다면, 칠자지회는 오월(吳越)의 문인결
사를 영고탑에서 발전시켰다고 할 수 있다. 그 후로도 동북 지역에는 유춘
혜(劉春蕙) 등이 빈현(賓縣)에 세운 일흥시사(逸興詩社), 유건생(劉建
生) 등이 막하(漠河) 급광(金礦)에서 세운 새홍시사(塞鴻詩社), 한소창
(韓小窗)·희효봉(喜曉峰) 등이 심양 고루회문산방(鼓樓會文山房)에서
세운 혜난시사(蕙蘭詩社), 철령(鐵嶺)의 용산시사(龍山詩社), 심양의 우
향음사(藕鄉吟社) 등이 잇달아 설립되었다. 이러한 변화는 빙천시사와

칠자지회 등 동북 지역의 유배시사가 일정 부분 토대를 제공했다고 할 수 있다(楊麗娜, 2011: 61). 또한 철령(鐵嶺)의 용산시사(龍山詩社), 심양의 우향음사(藕鄕吟社)의 설립에 일정 정도 영향을 주었다.

둘째, 빙천시사와 칠자지회의 구성원들의 저작은 동북 지역 역사 문화 연구의 문헌적 가치를 지니고 있다. 빙천시사의 구성원 가운데 좌무태는 『조동집』을 지었고, 좌위생과 좌흔생은 『철령현지』를 증수했다. 특히 함가 『천산시집』에는 1,400여 편의 시가 수록되어 있고 함가의 10여 년의 유배 생활이 고스란히 담겨있다. 당시 관동(關東) 문화의 실록으로 인정받아 『천산사집(千山史集)』이라 불리기도 했다(梁戈峰, 2009). 또한 칠자지회 구성원인 방공건 『하루거집(何陋居集)』, 오조건 『추가집(秋笳集)』, 장진언 『역외집(域外集)』 등은 모두 유배 기간에 쓰여진 것으로, 동북 지역의 역사와 문학을 연구하는 데 중요한 사료적 가치를 지니고 있다(李興盛b, 2000: 153).

셋째, 함가는 시사 설립 외에도 동북 지역에서 불법을 강의하여 불교문화를 전파했다. 함가는 동북 지역으로 온 후 보제(普濟)·광자(廣慈)·대녕(大寧)·영안(永安)·자항(慈航)·접인(接引)·상양(向陽) 등 7개 사찰에서 불법을 강의했다. "따르는 자들이 마치 물고기들이 강물을 거슬러 힘차게 오르는 것 같았고", 그를 "개종의 조상으로 받들었고"("奉爲開宗鼻祖." 郝浴, 「奉天遼陽千山剩人可禪師塔碑銘」. 函可 撰·張春 編, 2011: 16) "후에 많은 사람이 불문의 형제가 되기도 했다."("始以文章節義相慕重, 後皆引爲法交." 函昰, 「千山剩人可和尙塔銘」. 函可 撰·張春 編, 2011: 12).

넷째, 시사 활동 외에도 중원문화를 동북 지역에 안착시킨 것은 서원문화였다. 함가와 교류를 해온 학욕(郝浴)과 진몽뢰(陳夢雷)는 철령(鐵嶺)으로 유배를 온 후 은강 기슭에 은강서원을 세워 강학 활동을 했다. 은강서원의 최초 명칭은 '치지격물지당(致知格物之堂)'이며 순치 5년(1658)

학욕이 철령에 거주할 때 설립했다. 학욕은 '격물치지'를 교육 목표로 세워 "사물의 도리를 열심히 탐구하여 크게 마음의 지식을 얻어, 이를 기초로 하여 군주와 가족에 보답하고 천하의 백성에게 보답하는 것이다."("當力格蔽我之物, 以大收吾心, 終作海內第一件事, 以報君親, 以報天下之蒼生," 尚陽堡論壇, 2016)라고 하면서 유교 사상을 동북 지역에 소개했다. 후에 빙천시사 구성원인 좌무태의 두 아들 좌위생과 좌흔생이 이를 확대 발전시켜 나갔다(尚陽堡論壇, 2016). 은강서원은 유배 문인들이 창설하여 동북 지역의 서원문화의 토대를 형성하고 중원문화를 전파한 경우이며, 그 과정에서 일부 빙천시사 구성원들이 참여했다. 현재 철령시 박물관 앞에는 관원, 승려, 문인 총 3명의 동상이 세워져 있는데, 바로 은강서원을 설립한 학욕과 빙천시사를 설립한 함가, 좌무태이다.

다섯째, 명청 교체기 문학 지식인들의 시사 결성은 매우 성행했다. 복사(復社)·경은시사(驚隱詩社)·신교사(愼交社)·기사(幾社) 등은 매우 영향력이 큰 문인결사였으며, 대부분 강남지역을 중심으로 설립·활동했다. 당시 강남지역 문인들은 동북의 변방 지역으로 유배를 와서, 동북 본토 시사의 설립, 동북 지역에 대한 지방지, 변강 조사 및 교육, 예술, 상업 등의 활동을 하면서 동북 지역 문화에 영향을 주었고, 이는 동북 지역 연구의 새로운 시각을 제시해 주었다. 이러한 동북 지역의 유배 상황으로 인해 "동북 지역의 개발사는 동북의 토착민과 외부에서 들어온 거주민이 이루어 낸 공동의 역사"라고 하며, 강희 초기의 시인 정개(丁介)도 「출새시(出塞詩)」에서 "남국의 명사들은 변새에 많고 중원의 명사는 요양의 반을 차지하네." ("南國佳人多塞北, 中原名士半遼陽." 李治亭, 2003: 514)라고 했던 것이다.

이상, 함가와 빙천시사, 오조건과 칠자지회 등은 명대의 유민이자 청대의 유배자라는 이중적인 시대적 신분을 가진 지식인들로서, 황량한 동북 지역에서 시 창작활동을 하면서 자신은 물론 동북 지역에 문화적 온기를 불어넣어 주었다.

Ⅵ. 마치며

지금까지 유배지식인이 설립한 빙천시사와 그들의 작품을 대상으로, 빙천시사와 문인결사의 상관성, 빙천시사의 결성과 구성원의 특징, 시사 활동과 시 창작 특징, 동북 지역 문화에 미친 영향 등에 대해 살펴보았다.

청초 시승 함가는 개인적인 역사서 『재변기』를 지어 문자옥에 연루되어 순치 5년(1648) 심양으로 유배되었고, 순치 7년(1650) 동북 지역의 유배자들로 구성된 빙천시사를 설립했다. 함가는 청초에 첫 번째로 동북 지역에 유배된 사람이며, 빙천시사는 동북 지역 최초의 유배시사가 되었다. 빙천시사는 33명의 구성원은 두 차례의 모임을 통해 66편의 작품을 거두었고, 입사 초청시와 답시를 합하면 총 88편이 「사집시」에 수록되었다. 빙천시사의 구성원들은 유민과 유배자라는 이중적인 신분을 가진 명청교체기의 문인, 승려, 도인 및 신분을 알 수 없는 일반 유배자들로 구성되었다.

다음은 분석을 통해 얻은 몇 가지 점을 서술하면서 글을 마치고자 한다.

첫째, 청초 지식인의 사상통제 수단 중의 하나였던 문자옥은 정치와 문학이 연결된 역사적인 사건이었고, 그로 인해 유배된 사람은 대부분 지식인, 문인, 관리들이었다. 그들은 황량한 유배지에서 시사 설립, 문헌 저술, 교육 활동 등을 통해 유민으로서의 시대적 아픔과 유배자로서의 고된 삶을 영위해 나갔다. 빙천시사는 유배자들의 시사이므로 그들의 작품은 일반적인 문인들의 아집(雅集)에서 얻은 작품보다 삶의 진정성과 현장감이 더욱 잘 드러나 있다. 빙천시사의 시에서도 표현되었듯이, 그들은 유배지라는 '깊고 그윽한 곳'에서 스스로 향을 내는 난이나 혹독한 겨울을 지나면서 더욱 무성해지는 소나무와 같이 변함없는 충정을 유지하고자 했다. 그것이 유배지에서 그들에게 허락된 유민으로서의 정체성이자 자존감이었을 것이다.

하지만 빙천시사의 모임은 두 차례에 그쳤고, 명말 청초의 기타 유민결사에 비해 뚜렷한 시사의 강령이나 구체적인 조직 및 일정한 모임 등이 체계적, 지속적, 조직적으로 운영되었다고 보기는 어렵다. 아마도 유배 지역에 대한 통제로 인해 오랜 기간 존속할 수 없었거나, 사단 구성원들의 이동으로 흩어졌을 수도 있고, 지역적으로도 넓어서 연락하기가 쉽지 않았을 것이다. 명말 청초의 경은시사, 회충사 등과 같은 유민결사에 비해 조직, 활동 면에서 체계적인 점은 부족하지만, 빙천시사, 칠자지회는 유배지에서 활동한 시사였고, 여러 가지 신분적, 지역적, 제도적 제한 속에서 이루어진 겠다는 점은 충분히 고려되어야 할 것이다.

둘째, 빙천시사 33명 가운데 승려, 도인이 일부를 차지하며 주요 설립자인 함가도 승려였다. 함가는「빙천시사서」에서도 백련사와 동림사의 유업을 이어가고자 한다고 설립 취지를 밝혔다. 또한 빙천시사는 영남지역의 유민 시승(詩僧)시사와 연승관계도 있고, 빙천시사 작품에도 불교적 시어가 적잖이 보인다(白蓮・僧堂・閑僧・揮塵・禪心・靑蓮・丹砂・老僧・佛土・禪宮・空門・殘僧・梵音・袈裟・托鉢・淸梵・蓮花 등). 하지만 이러한 배경을 뒷받침할 만큼 그들의 작품에는 불교의 도리를 표현한 선시(禪詩)의 풍격이나 불교의 '공령(空靈)'한 분위기가 두드러지게 나타나진 않는다. 불교 시어는 유배자로서의 삶을 술회하기 위해 일부 차용한 정도로 보인다. 실제로 명말 유민들이 승려가 된 이유는 실제 불문에 귀의하고자 한 경우도 있지만, 대부분은 "복명(復明)의 이상이 이루어지지 않아서 입문한 것으로"("他們當和尙道士是作爲掩護其志謀恢復的企圖, 而非其本願的." 謝國楨b, 1982: 13) 일종의 은일적 생존방식을 선택한 것이다. 빙천시사는 두 번의 생일 모임에 개최되었지만 작품 속에 축수와 관련한 단어가 거의 안 보이는 것도 같은 맥락으로 이해할 수 있다. 오히려 고국과 가족에 대한 그리움, 유배자의 생활과 감정, 완민(頑民)의 신념 등을 다루면서 현실적인 슬픔, 비장함, 그리움, 절망, 희망 등을 표현한 시어(詩語)들이 더욱 두드러지게 보였다.

셋째, 청초에 동북 지역으로 유배를 온 사람들은 강남지역의 지식인들이 대다수를 차지했다. 그들은 그곳에서 교육과 저술 활동 및 시사를 조직하여 중원문화를 전파하고 동북 지역의 한화(漢化)를 촉진하는 역할을 했다. 이런 점에서 볼 때, 강남지역의 문인들이 동북 지역 문화에 끼친 영향, 유배문학과 유배시사 등이 동북 지역 문학에 미친 영향 등에 대한 체계적인 연구가 필요하다. 또한 동북 지역의 유배시사는 명말 청초의 문인결사, 유민시사 등의 맥락 속에서 형성된 것으로 '문인결사-유민결사-유배시사' 등에 대한 문인결사의 계보적 연구도 진행되어야 할 것이다. 이 글에서는 유배 집단 중의 하나인 유배시사와 유배시를 대상으로 '조직(빙천시사)-행위자(33명)-활동(두 차례 모임]-작품(사집시)'이라는 큰 틀에서 유배문학의 생산과정을 살펴보고, 그것이 지니는 문학적, 시대적, 지역적 함의를 고찰하고자 했다. 유배시사에 대한 특징을 파악하는 하나의 시도 단계였으므로, 상기 제시한 점은 향후 지속적으로 보완해 나가야 할 것이다.

| 참고문헌 |

박영순. 2020. 「청초 동북 지역의 유배지식인: 함가(函可)와 시 창작을 중심으로」. 『중국문화연구』. 제47집.
박영순. 2019. 「청초 '정유과장안(丁酉科場案)'과 유배문인 오조건(吳兆騫) '과장안 발발에서 닝구타로 가는 길까지'의 시 창작을 중심으로」. 『외국학연구』. 제48집.

박영순. 2017.「청초 강남지역의 유민결사: 驚隱詩社를 중심으로」.『중국학논총』. 제56집.

陳伯陶. 2011.『勝朝粤東遺民錄』. 上海: 上海古籍出版社.

陳伯陶·謝創志. 2003.『勝朝粤東遺民錄』. 廣州: 樂水園印行.

叢佩遠. 2006.『中國東北史』. 吉林: 吉林文史出版社.

郭成康·林鐵均. 1990.『淸朝文字獄』. 北京: 群衆出版社.

函可 著·嚴志雄·楊權 點校. 2008.『千山詩集』. 北京: 中央研究院中國文哲研究所.

函可 著·楊輝 校注. 2007.『千山詩集校注』. 瀋陽: 遼海出版社.

函可 著·張春 編. 2011.『千山詩集·不二歌集』. 哈爾濱: 黑龍江大學出版社.

郝浴. 1996.『銀岡書院』. 遼寧: 春風文藝出版社.

何宗美. 2004.『明末淸初文人結社研究』. 天津: 南開大學出版社.

李興盛. 2008.『增訂東北流人史』. 哈爾濱: 黑龍江人民出版社.

_____. 1990.『中國流人史』. 哈爾濱: 黑龍江人民出版社.

_____a. 2000.『黑龍江流寓人士傳記資料輯錄』. 哈爾濱: 黑龍江人民出版社.

_____b. 2000.『江南才子塞北名人吳子騫資料匯編』. 哈爾濱: 黑龍江人民出版社.

李治亭. 2003.『東北通史』. 鄭州: 中州古籍出版社.

陸世儀. 1996.『復社紀略』. 上海: 上海古籍出版社.

馬大正. 2003.『中國邊疆經略史』. 鄭州: 中州古籍出版社.

梅新林. 2006.『中國文學地理形態與演變』. 上海: 復旦大學出版社.

歐陽光. 1996.『宋元詩社研究叢稿』. 廣州: 廣東高等敎育出版社.

淸代詩文集彙編編纂委員會. 2009.『淸代詩文集滙編』. 上海: 上海古籍出版社.

吳兆騫. 2009.『秋笳集』. 上海: 上海古籍出版社.

謝國楨. 2004.『明淸之際黨史運動考』. 上海: 上海書店出版社.

_____a. 1982.『明淸之際黨史運動考』. 北京: 中華書局.

_____b. 1982.『明末淸初的學風』. 北京: 人民出版社.

_____. 1948.『淸初流人開發東北史』. 上海: 上海開明出版社.

謝正光·范金民. 1995. 『明遺民錄匯輯』. 南京: 南京大学出版社.

楊餘練. 1991. 『淸代東北史』. 瀋陽: 遼寧教育出版社.

兪陛雲. 2010. 『淸代閨秀詩話叢刊』. 南京: 鳳凰出版社.

張縉彦. 1997. 『域外集』. 哈爾濱: 黑龍江人民出版社.

張書才·杜景華. 1991. 『淸代文字獄案』. 北京: 紫禁城出版社.

張玉興. 1988. 淸代東北流人詩選注』. 瀋陽: 遼瀋書社.

方姝孟. 2013. 『淸代東北地區流放文人群體硏究』. 哈爾濱師範大學碩士學位論文.

姜雪松. 2009. 『淸初東北流人詩初探』. 黑龍江大學碩士學位論文.

馬麗. 2013. 『淸代東北流人方志文献硏究』. 東北師範大學博士學位論文.

秦嘉. 2013. 『函可千山詩集硏究』. 東北師範大學碩士學位論文.

徐潔. 2016. 『函可詩歌硏究』. 遼寧師範大學碩士學位論文.

楊麗娜. 2011. 『淸代東北流人詩社及流人詩作硏究』. 蘇州大學碩士學位論文.

于美娜. 2009. 『函可詩歌硏究』. 山東大學碩士學位論文.

李舜臣. 2005. 「淸初嶺南詩僧結社考論」. 『人文論叢』. 第2期.

劉國平. 1990. 「淸代東北文學社團: 氷天詩社考評」. 『社會科學戰線』. 第4期.

劉海松·曾璐. 2016. 論氷天詩社, 『學問』. 第5期.

劉選民. 1999. 「淸代東三省移民與開墾」. 『史學年報』. 第2期.

馬新. 1992. 「中國歷史上的流放制度」. 『文史知識』. 第3期.

邱林山. 2016. 「遺民詩僧函可與淸初詩壇」. 『西北師範大學學報』. 第6期.

薛虹. 1984. 「函可和氷天詩社」. 『史學集刊』. 第1期.

王文榮. 2011. 「淸初江南遺民結社硏究: 以蘇松常鎭四府爲考察中心」. 『南京師範大學文學院學報』. 第4期.

王雁·趙朗. 2018. 「"流人"函可與千山詩集」. 『僑園』. 第8期.

楊麗娜. 2016. 「氷天詩社的詩歌內容及思想傾向」. 『文史哲』. 第5期.

楊權. 2006. 「嶺南明遺民僧函可"私攜逆書"案述析」. 『學術硏究』. 第1期.

趙志毅. 1997. 「淸代文字獄辨」. 『東南文化』. 第3期.

張榮東. 2016. 「淸代東北流放文人的結社活動」. 『內蒙古師範大學學報』. 第2

期.

張濤·葉君遠. 2006.「文學史視野下的中國古代文人社團」.『河北學刊』. 第1期.

「銀岡書院與尚陽堡流人文化」,『尚陽堡論壇』(2016.01.26), http://blog.sina.com. cn/s/blog_48c236460102wgje.html(검색일: 2016.01.26)

曾浩,「尚陽堡流人文化淵源形成及其影響」,『尚陽堡論壇』(2014.09.14), http:// blog.sina.com.cn/s/blog_48c236460102v18z.html(검색일: 2014.09.14)

梁戈峰,「『千山剩人禪師』補記」,『佛敎導航』(2009.04.12), http://www.fjdh.cn /wumin/2009/04/22373266014.html(검색일: 2009.04.12.)

중국 변강 담론의 확산과 의미

: 시진핑 시기를 중심으로

● 장영덕 ●

Ⅰ. 서론

이 글의 목적은 시진핑 시기 빠르게 확산하고 있는 중국 내 변강 담론을 분석함으로써 변강에 내재된 의미와 의도를 파악하는 데 있다. 2017년 10월 18일, 시진핑은 중국공산당 19차 전국대표대회(이하 당대회) 정치보고를 통해 "변강의 발전을 가속화 하고, 변강의 공고함과 변경안보를 확보해야 한다(加快边疆发展, 确保边疆巩固、边境安全)"며 변강의 중요성을 강조하였다(共产党员网 2017.10.27.).[1] 이는 장쩌민 이후 처음으로 당대회 정치보고를 통해서는 변강을 언급한 것으로 특히 변경의 안보에 대해 언급했다는 점에서 변강이 더욱 중요해졌음을 보여 준다.[2]

---

* 이 글은 「중국 변강 담론의 확산과 의미: 시진핑 시기를 중심으로」, 『중소연구』, 47:2(2023)을 수정·보완한 것이다.

** 인하대학교 국제관계연구소 연구교수.

1) 시진핑은 20차 당대회 정치보고를 통해서도 '변강지역건설강화(加强边疆地区建设)'를 강조하였다(共产党员网 2022.10.16.).

2) 16차~18차 당대회 정치보고에서는 변강과 관련하여 각각 "서부대개발 전략의 실행은 전국의 발전 흐름, 민족단결과 변강의 안정과 관계된다(实施西部大开发战略 , 关系全国发展的大局 , 关系民族团结和边疆稳定)"(16차), "오래된 혁명 지역과 민족지역, 변강지역 및 빈곤지역의 발전에 대한 지원을 확대한다(加大对革命老区、民族地

변강은 국내 정치적으로 뿐만 아니라 중국의 대외정책 및 대외관계에
서 중요하다. 먼저 국내적 차원에서 변강은 중국이 추구하는 '통일적 다민
족국가(統一的多民族国家)'의 완성을 위해 중요하다.3) 중국은 56개의
민족으로 구성된 다민족 국가이기 때문에 '중국인' 혹은 '중화민족'이라는
동일한 정체성의 공유와 국가의 통합을 위해 소수민족 거주지인 변강이
정치적으로 중요하다. 다시 말해 신장위구르자치구(新疆维吾尔自治区,
이하 신장)나 시장자치구(西藏自治区, 이하 시장)처럼 분리 독립 의지가
강한 변강지역은 중국의 정치적 통합을 위협하는 곳이다. 둘째, 대외적인
측면에서 변강은 중국이라는 국가의 생존 및 유지와 직결되는 곳이다. 중
국은 육상을 기준으로 14개 국가와 국경을 공유하고 있으며, 그 길이는
22,000km에 달한다. 역사적으로 이민족의 대륙 침입이 잦았고, 북방의 몽
골족과 만주족은 대륙에 원(元)과 청(清)이라는 이민족 왕조를 세우기도
하였다. 1949년 중화인민공화국 수립 이후에는 변강에서 한국전쟁, 중·
인전쟁, 중·월전쟁, 중·소분쟁 등 여러 전쟁이 발생하기도 하다. 중국과
인도의 경우 2020년 6월 국경을 둘러싸고 양국 군인들이 충돌하며 다수의
사상자가 발생하였고, 최근에는 양국 모두 해당 지역에 병력과 장비를 집
중하면서 안보 불안은 더욱 커지고 있다(『연합뉴스』 201.7.3.). 해상에서
의 변강, 즉, '해강(海疆)'의 중요성도 커지고 있다. 중국은 6개 국가와

区、边疆地区、贫困地区发展扶持力度)"(17차), "다양한 형식의 맞춤형 지원을 채택
하여 오래된 혁명 지역, 민족지역, 변강지역 및 빈곤지역에 대한 지원을 확대한다(采取
对口支援等多种形式, 加大对革命老区、民族地区、边疆地区、贫困地区扶持力
度)"(18차)며 경제발전이 상대적으로 느린 변강지역에 대한 경제적 지원만을 언급하
였다. 그런데 19차 당대회에서는 경제적 지원에 관한 내용 외에 안보에 관한 내용이
추가된 것이다.
3) 중화인민공화국 헌법에 "중화인민공화국은 전국 각 민족 인민들이 공동으로 창건한
통일적 다민족국가이다(中华人民共和国是全国各族人民共同缔造的统一的多民
族国家)"라고 명시되어 있다(中华人民共和国中央人民政府 2018.3.22.).

해상에서 마주하고 있으며, 남중국해, 동중국해 등에서는 일본과 대만, ASEAN 국가들과 영토 및 영유권분쟁을 벌이고 있다. 해강에서는 주변국 뿐만 아니라 미국과의 충돌 가능성도 존재하기 때문에 해강은 안보적으로 민감한 곳이다.[4] 이처럼 변강은 국내적으로 정체성의 형성과 통합에 필요한 핵심 요소이자 정치적 정당성을 부여한다. 대외적으로는 인접 국가와의 갈등과 협력이 발생하는 공간이며, 정체성의 측면에서 '아(我)'와 '비아(非我)'를 구분하는 경계가 바로 변강이다(장영덕, 2020: 258). 그렇다면 왜 시진핑 집권 이후 변강의 중요성이 강조되고 있으며 그 의미와 의도는 무엇인가.

변강에 관한 연구는 여전히 부족하다. 이는 많은 경우 변강에 관한 연구가 왕조시대 혹은 중화민국 시기의 변강정책에 머물러 있기 때문이다(박선영, 2003; 안병우 외, 2007; 김세호, 2015; 박상수, 2005; 손성욱, 2022; Mosca, 2013). 이들 연구는 과거 중국의 변강 인식과 정책이 어떻게 발전하였고, 정치 및 외교적 측면에서 변강의 함의는 무엇인지 분석한 의미 있는 연구이다. 무엇보다 통시적 관점에서 중국의 변강 문제를 볼 수 있도록 통찰을 제공한다. 변강 지역에서 발생하고 있는 주변국과의 분쟁(국경문제 등)과 같이 국제정치 측면에서 변강을 다룬 최근 연구들도 주목할 만하다(구자선, 2021; 구자선, 2022; 박선영, 2021; Rippa, 2022; Cotillon, 2017; Kinzley, 2018). 이들 연구는 구체적인 사례를 통해 변강을 둘러싼 주변국과의 갈등을 분석하였다는 점에서 변강의 국제정치적 의미와 함께 현재 중국의 변강 정책에 대해서도 중요한 의미를 제공한다. 하지만 이러한 연구들은 사례 중심의 분석이기 때문에 중국에서 확산하고 있는 변강 담론 자체의 의미를 파악하는 데 한계가 있다.

이런 측면에서 2021년 인천대학교 중국학술원 중국·화교문화연구소가

---

4) 중국의 '해강'을 둘러싼 분쟁에 대해서는 다음을 참조(조세현, 2018).

출판한 『중국의 변강정책과 일대일로』라는 연구서는 주목할 만하다(싱광청, 2021). 이 연구는 변강정책에 초점을 맞추었다는 점, 변강정책을 일대일로와 연결지어 분석하였다는 점에서 중요한 의미가 있다. 여기에 각 변강에 대한 중국의 정책을 구체적 사례를 통해 설명하고 있다는 점에서 다른 연구들과의 차별성이 두드러진다. 그렇지만 변강의 물리적(국경) 의미에서 크게 벗어나지 못하고 있으며, 따라서 변강의 물리적 의미 외에 변강에 내재된 의미에 대해서는 설명이 부족하다는 한계가 있다.

이 글은 다음과 같은 구조를 가진다. 우선 II장에서 중국에서 변강이 왜 중요한지 파악한다. 이를 통해 변강에 관한 연구가 왜 필요한지 이유를 도출한다. III장에서는 새롭게 형성되고 있는 중국 내 변강 담론을 추적한다. 무엇보다 왜 시진핑 집권 이후 변강 담론이 활발하게 생산되고 있는지, 또 어떻게 확산하고 있는지 설명한다. IV장에서는 변강 담론의 확산을 통해 변강에 내재된 의미와 의도가 무엇인지 분석한다.

II. 변강의 중요성과 연구의 필요성

1. 변강의 중요성

변강은 중국어로 '边疆(biānjiāng)'이며, 한국에서는 일반적으로 '변경', 혹은 '변경지역'으로, 영어로는 'borderland' 혹은 'frontier' 등의 단어를 사용한다. 변강은 '국경과 인접한 영토 혹은 지역'을 가리키며 엄밀한 의미에서 '면(面)'의 개념이지 국경 혹은 국계 등의 '선(線)' 개념이 아니다. 그렇기 때문에 선 개념의 국경과 달리 명확하게 어디까지를 변강이라고 규정하는 것이 쉽지 않다. 다만 국제정치적 측면에서 베스트팔렌조약 이후 한 국가의 영토는 주권국가를 구성하는 핵심 요소가 되었고, 이후 변강은 국가 주권이 미치는 영토의 마지막 범위로서 국가와 국가를 물리적으로 구분하는 하나의 정치적 경계가 되었다. 이런 측면에서 변강은 국가의 생존과 직결되는 중요한 공간이다.

변강은 동서고금을 막론하고 왕조나 국가의 흥망성쇠에 영향을 미치는 핵심 지역이다. 역사적으로 수많은 왕조와 국가들이 국가의 생존, 나아가 번영을 위해 변강을 지키거나 확장하고자 노력하였고, 변강이 축소되지 않도록 국력을 쏟았다. 고대 중국의 진(秦)시황은 북방 흉노족의 침략에 대응하기 위해 북쪽 변강에 장성을 쌓았는데 이는 왕조의 생존을 위한 조치였다. 이후 중원의 역대 왕조는 북방 이민족의 침입을 막기 위해 장성을 지속적으로 강화, 확장하였다. 중국의 역사를 중원을 둘러싼 한족과 비(非)한족 간 권력투쟁사라고 규정하면 변강은 이 역사적 과정에서 중요한 의미를 지닌다.

미국 역사에서도 변강은 중요한 의미를 지닌다. 19세기 미국은 서부 개척을 통해 서쪽 변강을 확장시킴으로써 국가 발전의 기틀을 마련할 수 있었다. 서부 개척은 당시 신생국이었던 미국의 입장에서 국가 발전을 위해 반드시 수행해야 했던 과업이었다. 미국의 역사학자 터너(Frederick J. Tuner)는 서부 개척을 통해 자유, 민주주의, 개인주의 등의 미국적 가치가 형성되었다고 주장하였다. 터너는 또한 서부 개척이 마무리 될 즈음 태평양 너머의 영역에 대해서도 개척이 필요함을 강조하였다(Tuner, 2014). 미국은 서부 개척 이후 태평양 너머 새로운 변강인 미개척지에 대하여 확장적 대외정책을 추구하였고, 미국의 영향력 확대를 시도하였다. 이로써 미국의 영향력은 태평양을 가로질러 아시아에 이르렀고, 그 영향력은 지금까지 지속되고 있다.

변강의 중요성은 비단 과거 사례에 국한되지 않는다. 변강이 주권국가의 핵심 요소라는 측면에서 변강을 둘러싼 분쟁, 즉 국경 혹은 영토분쟁은 세계 각지에서 발생하고 있다. 러시아와 우크라이나의 크림반도 분쟁과 현재 진행 중인 우크라이나 전쟁, 인도와 파키스탄 간 카슈미르(Kashmir) 분쟁, 크로아티아와 보스니아 간 네움(Neum) 분쟁, 이스라엘-팔레스타인 분쟁, 영국과 아르헨티나의 프클랜드 제도 분쟁, 러시아와 일본의 쿠릴열도 분쟁 등이 있으며, 중국의 경우 인도와의 라다크 분쟁, 일본과의 센카쿠열도(중국명 댜오위다오) 분쟁을 포함하여 남중국해, 동중국해 등에서 주변국과의 영토 및 영유권 분쟁이 진행 중이다. 그리고 분쟁 당사국들은 변강의 안정, 즉 주권이 미치는 범위인 영토의 완정을 위해 외교적 방식을 포함하여 무력을 행사하기도 한다.

변강의 중요성은 다음과 같이 세 가지 측면에서 정리할 수 있다(장영덕, 2020: 258). 첫째, 변강은 하나의 정치적 공간으로 한 국가의 주권이 미치는 한계 범위이다. 즉, 변강은 국가가 존재할 수 있도록 정치적 공간을 규정한다. 만약 외부 세계가 이 공간을 침범하게 되면 심각한 갈등이 발생한다. 둘째, 변강은 국가의 특정 정체성을 형성하고, 유지시켜 준다. 변강은 내(內)와 외(外)를 구분하기 때문에 정체성의 형성과 응집에 중요하게 작용하며, 변강의 안쪽에는 특정 정체성을 공유하는 사회가 형성된다. 따라서 국가는 정체성 유지와 이를 통한 정치적 통합을 위해 변강을 중시할 수밖에 없다. 셋째, 주권이 미치는 범위라는 측면에서 변강은 한 국가의 통치 정당성이 미치는 범위이다. 변강은 중앙의 영향력이 미치는 마지막 지역으로 중앙의 통치 범위에 정당성을 부여한다. 변강의 안정이 일국의 정치적 안정과 직결되는 이유이다. 이처럼 변강은 여러 측면에서 대내외적으로 중요하지만 무엇보다 국가의 생존과 직결되는 중요한 개념이다.

저우핑(周平)은 특히 대외적인 측면에서 변강이 국가 발전에 필요한 핵심 요소라는 점을 강조한다(周平, 2013; 104). 저우핑은 국가 발전에 있어 변강의 의미가 중요해지면 필연적으로 변강에 대한 의식이 보편적으로 각성, 가열되어 국가들은 변강을 강화하고, 나아가 변강 확장의 충동을 불러일으킨다고 주장한다. 따라서 변강을 중시하고, 국경을 넓히고, 지배력 강화를 위한 노력은 이성적 선택이 된다고 본다. 이는 국가 발전에 유리한 외부 환경을 조성하거나 경쟁국의 변강을 제한하고, 장애물을 설치하는 이유이기도 하다.

2. 중국 변강 연구의 필요성

중국에서 변강 문제는 매우 중요하고 민감한 주제이다. 중국은 지구상에서 가장 많은 국가와 국경을 공유하는 국가이며, 국경을 둘러싸고 주변국과의 갈등이 진행 중이기 때문이다. 이러한 갈등은 육상에서 뿐만 아니라 해상에서도 발생하고 있으며, 중국의 부상, 그리고 미국과의 전략경쟁이 격화하면서 이 같은 양상은 더욱 분명해지고 있다. 신장이나 시장 등 변강에서 발생하고 있는 소수민족의 분리 독립 문제는 중국의 정치적 안정을 위협하는 변수이다. 따라서 변강은 대내적으로 중국의 정치적 안정과 지속적인 경제발전을 위해 중요할 뿐만 아니라 대외적으로 국가의 생존과 직결되는 곳이다. 따라서 마오쩌둥을 비롯해 중국의 역대 지도자들 모두 변강의 중요성을 강조하였다. 마오쩌둥의 경우 당시 불안한 대내외 상황으로 인해 체제 안정이 무엇보다 중요하였고, 변강 역시 이러한 맥락에서 인식되었다. 이후 덩샤오핑은 개혁개방 이후 체제의 안정과 함께 본격적인 개발을 위한 대상으로 변강을 인식하였고, 장쩌민과 후진타오는 탈냉전과 중국의 경제적 부상이라는 배경 아래 적극적인 대외 진출을 위한 교두보로써 변강을 인식하였다(장영덕, 2020: 264-272).

중국에서 변강이 중요한 이유를 구체적으로 살펴보면, 첫째, 변강은 중국의 정치적 안정과 지속적인 경제발전을 위해 중요한 곳이다. 중국 전체 인구의 약 8%에 해당하는 소수민족 중 대다수가 중국 전체 면적의 약 2/3에 해당하는 다섯 개의 민족자치구, 즉, 네이멍구(內蒙古), 신장, 시장, 광시(广西), 닝샤(宁夏)자치구에 거주하고 있으며, 닝샤자치구를 제외하고 네 개의 자치구가 변강에 속한다.[5] 소수민족자치구는 정치적 안정을 위해 중요한 지역이다. 56개 민족으로 구성된 중국은 통일적 다민족국가를 추구하며, 중화민족(中华民族)이라는 하나의 정체성으로 통합하길 바란다. 하지만 변강에서의 분리 독립 시도는 중국의 정치적 안정과 통합을 위협한다. 특히 위구르족의 신장과 장족(藏族)의 시장은 분리 독립에 대한 의지가 가장 강한 지역으로 여러 차례 유혈사태를 겪은 바 있다. 중국 당국 역시 소수민족자치구에서 발생하는 저항에 대해 다양한 방식으로 대응하고 있지만 여전히 불안해하고 있다(Hyer, 2006; 이동률, 2004; 전성흥, 2010). 신장의 경우 테러 조직과 연관된 '동투르기스탄 이슬람운동(ETIM)' 등 이슬람 기반의 분리 독립 움직임은 중국 당국이 가장 우려하는 사안이다(Potter, 2013: 74). 신장에서는 2009년 7월 대규모 유혈사태가 발생한 이후 크고 작은 유혈 사태가 수차례 발생하였고, 당국은 신장의 불안이 중국 전체로 확대될 수 있다는 이유로 강경하게 대응하고 있다. 시장의 경우 2008년과 2012년에 발생한 반중시위가 유혈사태로 확대되면서 정치적 불안을 가중시키기도 하였다. 이처럼 변강은 중화민족이라는 정체성의 통합과 유지에 필요한 핵심 지역으로, 통치의 정당성 확보를 위해서도 매우 중요하다.

둘째, 중국은 해상과 육상을 기준으로 많은 주변국과 인접해 있다. 중국은 육상을 기준으로 14개 국가와 국경을 공유하고 있으며, 해상을 기준으로 6개 국가와 인접하고 있다. 예컨대 서남 변강인 윈난성(云南省)이나 광시 같은 지역에서는 대륙부 동남아시아 국가들과의 변강무역, 인적교류가 활발하게 이뤄지고 있다. 하지만 협력 외에도 포괄안보라는 측면에서

---

5) 닝샤회족자치구(宁夏回族自治区)는 산시성(陕西省), 간쑤성(甘肃省), 네이멍구 사이에 끼어있는 내륙 지역으로 소수민족자치구 중 유일하게 변강에 속하지 않은 자치구이다.

마약문제, 불법 이민문제, 메콩강 수자원 문제 등 다양한 갈등이 발생하고 있다. 서북 변강은 2000년 서부대개발(西部大开发)을 시작으로 2013년 일대일로 추진을 거치면서 서진(西进)을 위한 교두보로써 중요성이 강조되고 있다(朱佳俊, 2019: 16). 대표적인 서북 변강인 신장은 유라시아 지역과의 대외무역에서 핵심 창구 역할을 담당하고 있는데 변강 무역의 비중이 신장 전체 대외무역의 50% 이상을 차지하고 있다(青觉, 2019: 39). 하지만 ETIM 문제는 주변 국가와의 갈등을 야기하고 있는데 미국의 아프가니스탄 철군 이후 ETIM이 미·중, 중·아프간 관계에서 주요 쟁점으로 부각되고 있다(권지혜, 2021.8.31.). 이처럼 변강은 주변국과의 협력과 갈등이 발생하는 곳으로 중요하다.

셋째, 변강의 확장적 개념에 대해 고려할 필요가 있다. 본 논문은 물리적인 개념으로써 변강의 영토적 의미 외에 미국의 역사에서 발견할 수 있는 '개척해야 할 대상' 혹은 추상적인 의미인 '한계'와 같이 또 다른 차원의 프런티어(frontier)적 의미에 주목한다. 변강이란 확장이 불가능하거나 혹은 매우 어려운 주권국가의 물리적 영토가 아닌 개척을 통해 확장이 가능한 추상적 개념으로 인식할 필요가 있다는 것이다. 따라서 변강의 의미를 단지 물리적 개념인 'borderland'에 제한해서는 안 된다.

왜냐하면 중국의 부상이 가속화하면서 중국의 영향력 또한 확대되고 있고, 무엇보다 시진핑 집권 이후 중국의 영향력이 글로벌 차원으로 빠르게 확장함에 따라 변강의 확장적 개념에 주목할 필요가 있는 것이다. 변강의 확장적 개념은 과거 지도부에서 찾아볼 수 없었던 특징으로 시진핑 집권 이후 두드러지기 시작한다. 중국은 2017년 동아프리카 지부티(Djibouti)에 해군 기지를 건설하였다. 지부티는 항공모함 정박이 가능한 수준의 규모로 중국 국유기업 초상국집단(招商局集团)이 2021년 1월부터 30억 달러를 투자하여 항구의 정비와 확장을 추진하고 있다(Luke et al, 2021.4.22.). 지부티는 중국의 첫 해외 군사기지로써 중국 대외 군사 활동의 전진 기지이다. 미국발 보도에 따르면 중국은 캄보디아 정부와 레암 (Ream) 해군기지 사용에 대한 밀약을 체결(Mandhana and Wong, 2022. 6.8.), 중국군 전용기지 건설을 위한 착공식을 열었고(Nakashima and Cadell, 2022.6.6.), 대서양을 끼고 있는 서아프리카 기니에도 해외 군사기지 건설을 계획하고 있다(Phillips, 2021.12.5.). 2021년 9월에는 미군이 주둔했던 아프가니스탄의 바그람(Bagram) 공군기지를 중국이 점령할 수 있다는 주장이 제기되기도 하였다(Shinkman, 2021.9.7.). 이 외에도 파키스탄의 과다르항, 스리랑카의 함반토타항, 방글라데시의 치타공항 등이 중국의 해외 군사기지로 사용될 가능성이 높은 곳으로 지목된다.

워싱턴포스트(WP)의 보도에 의하면 중국의 대외 군사기지 확장은 중국의 '141계획(Project 141)'을 통해 더욱 구체적으로 드러나고 있다 (Hudson et al., 2023.4.26.). 2023년 6월, 월스트리트저널(WSJ)은 중국이 쿠바에 감청 기지를 두고 미국에 대한 정보를 수집하고 있다고 보도하였고(Strobel and Lubold, 2023.6.8.), 다른 기사를 통해 중국과 쿠바 두 나라가 합동 군사 훈련 시설을 설립하기 위해 협상 중이라고 밝혔다(Strobel et al., 2023.6.20.). 중국의 해외 군사기지 건설과 군사력의 투사는 중국의 군사적 영향력이 글로벌 차원에서 확대되고 있음을 의미한다. 해외 군사기지 외에도 일대일로를 통한 중국의 경제적 영향력 확대, 위안화 국제화를 통한 통화 영향력 확대, 공자학원 설립을 통한 문화적 영향력 확대 등 중국의 영향력은 중국의 부상과 함께 지속적, 전방위적으로 확대되고 있다. 글로벌 화교·화인사회 역시 중국의 영향력이 미치는 범위로써 중요한 의미가 있다. 이처럼 중국의 영향력이 미치고 있고, 영향력을 적극적으로 투사할 수 있는 범위를 곧 중국의 새로운 변강이라고 규정할 수 있다. 이 경우 중국의 변강은 개척이 가능한 확장적 개념이 된다.

역사적으로, 급속한 내부 경제 성장은 국가들이 해외에서 추구하는 이익을 재정립하고 확장하도록 추진해왔다(Fravel, 2008: 1). 중국 역시 짧은

시간 급속한 경제 성장을 경험하였고, 더 많은 이익을 추구하기 위해 해외
에서의 이익을 재정립, 확장하려고 한다. 중국은 자신의 영향력을 더욱
적극적으로 투사하기 위해 영향력이 미치는 범위를 더욱 확장하고 있다.
따라서 변강은 중국의 대외정책을 연구하기 위한 하나의 변수로 인식해야
할 필요가 있다.

Ⅲ. 중국의 부상과 변강 담론의 생산 및 확산

1. 담론의 체계적 생산: 중국변강학(中国边疆学) 수립의 시도6)

시진핑 집권 이전 중국은 스스로를 '발전 중 대국(发展中大国)'으로
규정함으로써 개발도상국임을 강조하였다. '도광양회(韬光养晦)'를 유지
하였고, 국제사회에 대한 개입에 적극적이지 않았다. 하지만 시진핑 집권
이후 중국은 미국과의 관계를 새롭게 규정하며 강대국임을 자인한다. 초
강대국 미국과의 관계를 동등하게 규정하였다는 것은 중국이 자신의 글로
벌 지위를 새롭게 인식, 규정했다는 것이며, 이는 중국의 대외전략과 정책
에 영향을 미치고 있다.

중국에서 변강 담론이 새롭게 생산되고, 확산하기 시작한 것도 시진핑
집권 이후이다. 변강 담론은 특히 학계를 중심으로 빠르게 확산하기 시작
한다. 물론 앞서 언급한 것처럼 변강은 중국의 국내정치나 대외정책에서

---

6) '중국변강학' 수립과 관련하여 대표적인 논문인 싱위린(邢玉林)의 논문을 보면 해당
   논문이 출판된 1990년대 초반, '변강학'은 주로 인문지리학적인 측면에서 '중국변강역
   사지리(中国边疆历史地理)'를 연구의 대상으로 하였다. 이에 싱위린은 '중국변강역
   사지리학'이라는 명칭을 '중국변강학'으로 개칭할 것을 제안하였다. 다만 중국변강학은
   종합적인 성격의 학문으로 변강을 중심으로 국제법학이나 외교학, 해양학, 민족사학
   등 다른 인문사회과학 분야와 교차하는 지점이 충분하다고 보았다(邢玉林, 1992: 2).

중요한 위치를 차지하고 있는 만큼 관련 논의와 연구는 꾸준히 있었다. 우리가 잘 알고 있는 '동북공정(东北边疆歷史与现状系列研究工程)' 또한 변강에 관한 국가급 프로젝트이다. 따라서 시진핑 시기의 변강 담론 생산과 확산을 아주 새로운 현상이라고 할 수 없을 것이다. 다만 중요한 것은 시진핑 시기 변강 담론의 생산이 과거와 비교하여 매우 체계적이며, 담론의 확산 속도 또한 매우 빠르다는 차이점이 있다.

특히 체계화라는 측면에서 '중국변강학(中国边疆学)' 수립 시도에 주목할 필요가 있다. 현재 중국 학계에서는 변강 전문가들을 중심으로 새로운 학문 분야로써 '중국변강학' 수립 시도가 추진 중이다.[7] 대내외적인 측면에서 변강의 존재와 역할이 매우 중요하기 때문에 많은 중국 연구자들이 변강 연구를 진행하고 있다. 변강 연구의 대표적인 학자인 마다정(马大正)은 중국변강학의 연구 대상과 함의의 특수성, 중요성, 전략성은 중국변강학이 거대한 생명력을 지닌 새로운 교차학문이라고 주장한다(马大正, 2016: 13). 이와 같은 이유로 중국 학계에서는 현재 중국변강학 수립에 관한 논의가 매우 활발하게 진행되고 있다.

변강에 관한 관심의 증가와 중국변강학 수립에 대한 학계의 노력은 풍부한 연구 성과를 통해 확인할 수 있다. [그림 1]은 중국의 대표적인 논문 검색 사이트 cnki.net(中国知网)에서 '边疆'을 검색한 결과이다. 2000년 이후 연구 성과가 눈에 띄게 증가하기 시작하여 2008년을 기점으로 증가 속도가 빨라진다. 또한 '边疆学'을 검색하면 2012년을 기점으로 연구 성과가 크게 증가하는 것을 볼 수 있다.[8] 중국 학계의 정책 지향적 특성을

---

7) 谢贵平·张会丽에 따르면 '변강학(边疆学)'이라는 표현이 처음 등장한 것은 1933년 출판된 《殖边月刊》第1卷 第12期에서이고, 1939년에는 고등교육기관에 변강학과를 설치하고자 하였으나 비준을 받지 못해 학과 설치에 실패하고 만다(谢贵平·张会丽, 2022: 40-41).

8) 검색결과에는 학술논문을 포함하여, 학위논문, 회의발표문, 신문기사, 단행본 등이

고려하면 시진핑 집권 이후 변강에 대한 지도부와 당국의 관심이 매우
커졌다는 것을 알 수 있다.

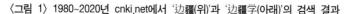
〈그림 1〉 1980~2020년 cnki.net에서 '边疆(위)'과 '边疆学(아래)'의 검색 결과

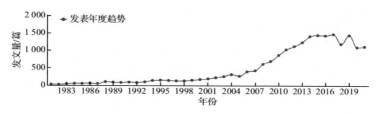

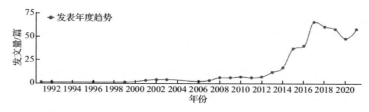

출처: 谢贵平·张会丽, 2022: 42

 여기서 주목해야 할 것이 변강학과 관련한 연구 성과의 증가이다. 이는
새로운 학문 분야를 수립하기 위한 중국 학계의 노력이 얼마나 적극적인
지 보여준다. 새로운 학문 분야가 만들어진다는 것은 결코 쉬운 일이 아니
다. 해당 분야의 중요성과 연구의 필요성 등을 충분히 고려해야 하고, 무
엇보다 연구자 층이 두텁게 형성되어 있어야 하기 때문이다. 그렇기 때문
에 중국변강학이라는 분야가 생긴다는 것은 그만큼 변강학의 체계화가
이루어진다는 것을 의미한다.9) 또한 2012년 이후 연구 성과가 가파르게

　　모두 포함된 규모이며, 이 중 학술 논문의 비중이 약 70%에 해당한다(谢贵平·张会
　　丽, 2022).
9) '변강학(边疆学)'이라는 용어는 1980년대에도 사용이 되었지만 '중국변강학(中国边
　　疆学)'이라는 용어가 처음 사용된 것은 1990년 6월 10일, 『人民日报』 해외판 기사에
　　서이다. 그리고 학술논문에서는 싱위린(邢玉林)이 1992년 "中国边疆学及其研究的

증가하기 시작한다는 것은 시진핑 집권 이후 중국변강학 수립에 관한 학계의 논의가 매우 활발하다는 것을 보여주는 것이며, 변강의 중요성 또한 크게 증가하였음을 의미한다.

이에 따라 변강을 연구하는 연구 기관과 연구 인력이 지속적으로 증가하고 있다. 변강 연구를 주도하는 대표적인 연구기관은 중국의 싱크탱크인 중국사회과학원의 '중국변강연구소(中国边疆研究所)'다. 마다정(马大正), 싱광청(邢广程), 리궈창(李国强), 리다룽(李大龙) 등 주요 변강 연구자들이 모두 중국변강연구소 소속이다. 이 외에 〈표 1〉과 같이 변강 지역을 중심으로 여러 연구기관이 있다. 연구 기관의 증가는 연구 인력의 증가로 이어진다. 쑨용(孙勇)과 쑨자오량(孙昭亮)은 연구 인력의 증가에 따라 이들을 '중국변강연구학술공동체(中国边疆研究学术共同体)'라고 규정하기도 한다(孙勇·孙昭亮, 2018). 변강 연구에 대한 수요 증가는 향후 연구 기관 및 연구 인력의 지속적으로 증가로 이어질 것으로 예상된다.

〈표 1〉 변강 관련 주요 연구기관

기관명	소속	지역	주임
중국변강연구소(中国边疆研究所)	중국사회과학원 (中国社会科学院)	베이징	싱광청(形广程)
변강연구원(边疆研究院)	저장사범대학 (浙江师范大学)	저장	위펑춘(于逢春)
중국변강경제연구원 (中国边疆经济研究院)	광시대학 (广西大学)	광시	리광후이(李光辉)
변강고고연구중심 (边疆考古研究中心)	지린대학 (吉林大学)	지린	왕리신(王立新)
중국서부변강연구원 (中国西部边疆研究院)	산시사범대학 (陕西师范大学)	산시	왕신(王欣)

若干问题"라는 논문을 통해 처음으로 '중국변강학'이라는 용어를 사용하였고, '중국 변강학' 수립의 당위성과 필요성을 역설하였다(邢玉林, 1992). 그리고 이 논문은 중국 변강학 수립과 관련하여 중국 학계에서 매우 중요한 논문으로 평가받고 있다(李大龙, 2020: 3).

기관명	소속	지역	주임
중국서남대외개방과변강안보연구중심 (中国西南对外开放与边疆安全研究中心)	윈난사범대학 (云南师范大学)	윈난	라오웨이(饶卫)
서남변강소수민족연구중심 (西南边疆少数民族研究中心)	윈난대학 (云南大学)	윈난	허밍(何明)
화서변강연구소(华西边疆研究所)	쓰촨사범대학 (四川师范大学)	쓰촨	쑨용(孙勇)
중아, 중국서북변강정치경제연구중심 (中亚与中国西北边疆政治经济研究中心)	신장사범대학 (新疆师范大学)	신장	마펑창(马凤强)

그렇지만 중국 학계는 변강의 중요성과 많은 연구인력, 풍부한 연구성과에도 불구하고, 변강 연구가 체계적으로 발전하지 못하였다고 평가한다. 왕전강(王振刚)과 양밍홍(杨明洪) 등은 변강학 수립, 변강 개념, 연구방법 등에서 학자들마다 상이한 인식이 있기 때문에 중국변강학의 체계적인 발전이 어려웠다고 지적한다(王振刚, 2020; 杨明洪, 2019). 뤼원리(吕文利)는 이와 같은 상이한 인식이 학자들의 학문적 기반이 다르기 때문이라고 주장한다. 즉, 변강 연구자들이 역사학을 기반으로 하느냐 아니면 정치학을 기반으로 하느냐에 따라 변강에 대한 인식이나 연구방법, 접근법 등에서 차이가 발생한다는 것이다. 역사학 기반의 연구자들은 역사학 연구방법을 통해 연구를 진행하며, 중국전통에 입각하여 서양 이론이나 현실에 주목한다. 반면 정치학 기반의 연구자들은 주로 서양 이론과 중국의 현실 간 적합성 문제에 주목한다.[10] 이 외에 리다룽은 변강 연구의 지역적 특성 때문에 연구 인력이 분산되어 있고, 그렇기 때문에 중국변강학 수립이 어렵다고 진단한다(李大龙, 2020: 10). 동북 변강 연구자의 경우 서남 변강을 연구할 기회가 매우 드물다는 것이다.

---

10) 뤼원리에 따르면 역사학 기반의 연구자는 마다정(马大正), 리궈창(李国强), 싱광청(邢广程), 저우웨이저우(周伟洲), 팡톄(方铁), 리다룽(李大龙) 등이 있고, 정치학 기반 연구자는 저우핑(周平), 우추커(吴楚克), 뤼중수(罗中枢), 쑨용(孙勇), 양밍홍(杨明洪) 등이 있다(吕文利, 2019: 3).

2. 담론의 효과적 확산: 다양한 학술 플랫폼의 등장

〈그림 1〉을 보면 2012년을 기점으로 '변강학' 관련 연구가 크게 증가하였음을 확인할 수 있다. 실제로 시진핑 집권 이후 중국에서는 변강에 관한 담론이 활발하게 생산되고, 또 확산하고 있다. 시진핑이 일대일로를 제시한 직후인 2013년 11월과 12월, 중국사회과학원 중국변강연구소는 상하이에서 〈제1회 중국변강학포럼(中国边疆学论坛)〉를, 베이징에서는 〈제1회 중국변강연구청년학자포럼(中国边疆研究青年学者论坛)〉이라는 대규모 포럼을 개최하였다. 당시 두 포럼의 주제는 각각 '변강연구는 큰 잠재력이 있는 사업이다(边疆研究是一项大有作为的事业)'와 '입체, 다원, 시공간의 초월: 중국의 변강통치와 주변 환경(立体、多元、跨越时空: 中国边疆治理与周边环境)'으로 변강과 중국변강학 수립에 대한 학계의 의지와 노력이 얼마나 적극적이었는지 확인할 수 있다.[11]

〈표 2〉 역대 중국변강학포럼

회차	일시	장소	주제
1회	2013.11	베이징	边疆研究是一项大有作为的事业
2회	2014.08	네이멍구	"丝绸之路经济带", "海上丝绸之路"与我国边疆的稳定与发展
3회	2015.11	시안	一带一路与中国边疆发展
4회	2016.10	청두	中国现代化与边疆安全发展
5회	2017.09	쿤밍	连通'一带一路'的中国边疆: 历史、现状与发展
6회	2018.07	창춘	开放与创新: 新时代视野下的中国边疆研究
7회	2019.09	란저우	传承与创新: 中国边疆学的新视野、新进展
8회	2021.12	베이징	守正与创新: 构建中国边疆学学科体系、学术体系、话语体系
9회	2022.07	베이징	中国边疆学理论发展与实践创新

---

11) 각 포럼은 1회 포럼이 개최된 이후 현재까지 매 포럼마다 40~50개의 대학 및 기관, 100~130 명의 전문가들이 참여하고 있으며, 다양한 주제의 논문을 발표하고 있다.

〈표 3〉 역대 중국변강연구청년학자포럼

회차	일시	장소	주제
1회	2013.12	베이징	立体,多元,跨越时空：中国边疆治理与周边环境
2회	2014.11	상하이	一带一路与我国边疆的稳定与发展
3회	2015.07	쿤밍	中国边疆史地研究的新思考,新探索
4회	2016.09	난닝	多学科视野下的中国边疆研究
5회	2017.06	시안	传承与创新：中国边疆研究的新视野与新思考
6회	2018.10	옌지	新时代,新视野：中国边疆研究的继承与创新
7회	2019.09	하이커우	新起点,新使命：发展中的中国边疆研究
8회	2021.11	베이징	传承与创新：新兴交叉学科视野下的中国边疆研究
9회	2022.06	베이징	多维度视域下的中国边疆

　무엇보다 두 포럼의 개최 시기에 주목할 필요가 있다. 앞서 살펴본 바와 같이 2012년 이후 변강에 관한 연구 성과가 크게 증가한다. 시진핑 집권 이후 변강 연구 수요가 급증하였다는 것인데 포럼의 개최 시기가 시진핑 집권 이후라는 것, 그리고 시진핑이 일대일로를 선언한 직후라는 점은 변강에 내재된 의미를 분석하는데 유의미한 관점을 제공한다. 분명한 것은 시진핑 집권 이후 변강의 중요성이 더욱 커졌다는 것이다. 이 두 가지 포럼 외에 2013년부터 '환동해와 변강포럼(环东海与边疆论坛)'과 '변강중국포럼(边疆中国论坛)'이, 2017년에는 중국서부변강연구원(中国西部边疆研究院)이 주관하는 '청년변강포럼(青年边疆论坛)'이 개최되고 있다. 2023년 3월에는 중국사회과학원 중국변강연구소가 제1회 '중국변강학박사생포럼(中国边疆学博士生论坛)'을 윈난성 쿤밍(昆明)에서 개최하였고, 2019년부터 '신시대중국변강학학술토론회(新时代中国边疆学学术讨论会)'가 열리고 있다. 또한 '변강지역사회공작포럼(边疆地区社会工作论坛)', '변강민족지역고품질발전포럼(边疆民族地区高质量发展论坛)', '중국변강경제개방발전포럼(中国边疆经济开放发展论坛)' 등 다양한 주제의 변강 관련 포럼이 열리고 있다. 학술 플랫폼의 신설과 지속은 변강 연구의 수요와 함께 연구 인력 또한 증가하고 있음을 의미한다.

〈표 4〉 2013년 이후의 주요 변강 학술 플랫폼

시작 연도	포럼 명칭	주관 기관
2013	中国边疆学论坛	中国社会科学院 中国边疆研究所
2013	中国边疆研究青年学者论坛	中国社会科学院 中国边疆研究所
2013	环东海与边疆论坛	浙江师范大学 环东海与边疆研究院
2013	边疆中国论坛	上海《学术月刊》杂志社
2017	青年边疆论坛	陕西师范大学 中国西部边疆研究院
2019	新时代中国边疆学术讨论会	中国社会科学院中国边疆研究所国家与疆域理论研究室
2023	中国边疆学博士生论坛	中国社会科学院 中国边疆研究所

　　이와 같은 학술 플랫폼을 통해 몇 가지 주목할 만한 것이 있다. 첫째, 변강 연구에도 '신시대(新时代)'라는 표현이 등장하였다. 19차 당대회가 끝난 이듬해인 2018년 열린 '중국변강학포럼'과 '중국변강연구청년학자포럼'의 주제는 각각 '개방과 혁신: 신시대 시각에서 본 중국 변강 연구(开放与创新: 新时代视野下的中国边疆研究)'와 '신시대, 새로운 비전: 중국 변강 연구의 계승과 혁신(新时代、新视野: 中国边疆研究的继承与创新)'으로 모두 '신시대'를 포함한다. 또한 2019년에는 '신시대중국변강학술토론회'라는 플랫폼이 등장하였다. 시진핑은 2017년 10월, 19차 당대회 정치보고를 통해 "오랜 노력 끝에 중국 특색의 사회주의가 새로운 시대에 진입했으며, 이는 중국의 새로운 역사적 발전 방향(经过长期努力, 中国特色社会主义进入了新时代, 这是我国发展新的历史方位)"이라며 공식적으로 '신시대(新时代)'를 제시하였다(中国共产党新闻网, 2018.8.22.). '신시대'는 시진핑 시기를 상징하는 대표적인 수사가 되었다. 변강 연구에 '신시대'라는 표현이 등장하였다는 것은 변강 연구 역시 중국공산당의 정치적 노선에 편승하고 있음을 의미한다.

　　둘째, 변강 연구의 미래 청사진을 확인할 수 있다. 2013년 시작된 '중국변강연구청년학자포럼', 2017년 시작한 '청년변강포럼', 2023년의 '중국변강박사생포럼' 등은 '청년(青年)' 혹은 '박사과정생(博士生)'을 대상으로 하는 포럼이다. 이들 포럼에는 평균적으로 20~30개 대학, 100~130명 정도의 청년과 박사과정생이 참석하여 발표와 토론을 진행한다. CNKI를 통해 확인해 보면 2002년부터 2012년까지 학위논문 제목에 '변강'이 포함된 논문은 170편(석사: 146편, 박사: 24편)이었지만, 2013년부터 2022년까지 발표된 학위 논문의 수는 571편(석사: 489편, 박사: 82편)으로 3배 이상 증가하였다. 그만큼 변강을 연구하는 학문후속세대가 크게 증가하였고, 지속적으로 증가하고 있다. 이런 추세가 지속된다면 중국변강학 혹은 변강 연구는 중국 학계에서 주류 분야로 성장할 가능성이 높다.

셋째, 변강이라는 연구 대상의 특성상 학술 플랫폼의 개최 지역이 매우 광범위하다. 〈표 2〉와 〈표 3〉을 보면 2013년부터 열리고 있는 두 포럼의 개최지는 베이징과 상하이 등 대도시가 포함되어 있지만 대부분 쿤밍, 난닝, 창춘, 란저우 등 변강 지역이다.[12] 이러한 구조는 변강 담론이 빠르게 확산하는 데 크게 작용하였다고 볼 수 있다. 이 외에 연구 주제의 범위가 확장되고 있다. 기존에는 역사학 중심의 변강 연구가 주를 이루었지만 예컨대 '환동해와 변강포럼', '변강민족지역고품질발전포럼', '변강지역사회공작포럼', '중국변강경제개방 발전포럼' 등을 보면 변강 연구의 주제가 경제학을 비롯해 정치학, 지정학, 지역 및 사회발전 영역 등으로 확장하고 있음을 확인할 수 있다.

IV. 변강 담론의 확산: 내재적 의미와 의도

1. 변강 연구의 범위와 의미의 확장

현재 중국 학계에서는 '중국변강학'이라는 학문 분야를 수립하기 위해

---

12) 2021년과 2022년의 두 포럼은 모두 코로나19 팬데믹으로 인해 수도인 베이징에서만 개최되었다.

여러 형태의 적극적인 노력을 하고 있다. 물론 아직까지 정식 승인을 받지 못하고 있지만 체계화라는 측면에서 상당한 성과를 거둔 것은 분명해 보인다. 또한 다양한 학술 플랫폼을 통해 변강 담론이 빠르게 확산 중이다. 그렇다면 시진핑 집권 이후 빠르게 확산하고 있는 변강 담론에는 어떤 의미가 내재되어 있을까?

변강은 주로 역사학 혹은 인문지리학을 기반으로 발전하였다. 즉, 물리적인 변강, 특히 육상 변강에 연구의 초점이 맞추어져 있었다. 하지만 국제정세가 변함에 따라 변강에 대한 중국 지도부의 인식에도 변화가 나타난다(장영덕, 2020: 264-272). 변강에 대한 지도부의 인식은 점차 외부 지향적으로 전환하였고, 시진핑 시기에는 해강의 중요성도 크게 증가하였다. 사이버 안보의 중요성이 커짐에 따라 사이버 영역 또한 하나의 변강으로 인식할 수 있다. 쑨용은 육상 변강 외에 해강, 우주에서의 변강인 공강(空疆), 하늘에서의 변강인 천강(天疆)도 중요하다고 지적하였으며, 여기에 더해 인간의 활동과 함께 나타난 더 많은 가상 변강도 고려해야 한다고 주장하였다(孙勇, 2017: 87). 쑨용의 주장을 고려하면 중국 학자들은 이미 전통적인 변강 개념에 확장성을 부여하고 있으며, 변강의 연구 범위 또한 확장시키고 있다.

2007년 발표된 팡톄(方铁)의 연구에서도 변강 연구의 범위가 확장한 것을 확인할 수 있다. 팡티에는 국제법의 관점에서 강계(疆界), 변계(边界), 외교 등의 문제를 매우 중시하는 서구의 상황을 거론하며, 변강 문제가 국제법과 매우 밀접한 관계가 있다는 점을 강조한다. 또한 강대국 관계 및 지역 차원의 국제관계를 탐구하는 국제관계학이 중국변강학에 중요한 학문적 가치를 제공할 것이기 때문에 국제관계 역시 변강 연구에서 중요한 연구 대상이 되어야 하며, 이 외에 주변외교 및 주변국과의 관계, 지정학, 경제학 등이 변강과 관련하여 중요한 연구 대상이라고 주장한다(方铁, 2007; 邢广程, 2013; 罗中枢, 2018, 李国强, 2018).

중국변강학 수립과 관련하여 최근 출판된 논문을 분석해 보면 연구의 범위가 더욱 확장되고 있다.13) 주목할 만한 것은 중국변강학 수립을 주장하는 학자들 중 일부가 중국의 전통적 세계질서인 '천하질서' 개념의 도입을 시도한다는 것이다(李大龙, 2019; 李大龙, 2020; 王鹏辉, 2017; 马大正, 2021). 예컨대 변강 연구의 대표적 학자 리다룽은 동아시아의 '천하질서' 형성과 발전에 관한 담론체계는 중국과 주변국 관계의 발전과도 관련이 있으므로 중국변강학의 기본 내용이 된다고 주장하는 한편 중국의 일대일로 추진에 있어 현실적 의미를 부여한다고도 주장한다(李大龙, 2019: 22; 李大龙, 2020: 8). 리다룽은 또한 미국의 역사학자 터너의 'Frontier Thesis'가 미국의 서부개척에 이론적 기반이 되었다는 것을 상기시키며, 중국변강학의 중요성과 필요성을 강조하였다(李大龙, 2020: 9). 중국에서 변강학이 어떤 역할을 해야 하는지에 대한 저자의 기대가 반영되었다고 볼 수 있는데 터너의 'Frontier' 개념이 미지 영역의 개척에 방점이 찍혀있는 만큼 중국변강학이 개척이라는 측면에서 어떤 의미가 있는지에 대해서도 분석할 필요가 있다.

'이익변강(利益边疆)', '전략변강(战略边疆)' 등 변강의 추상적 개념이 등장하였다. 이 개념들은 터너의 예에서 볼 수 있는 것처럼 식민지 개척을 경험했던 서구의 변강 연구에서 확인할 수 있다. 한 국가의 이익과 전략의 요구에 부응하는 이익변강과 전략변강 등이 이에 속한다. 뤄중수(罗中枢)는 이와 같은 개념과 관련하여 물리적 개념의 변강을 '경변강(硬边疆)', 이익변강, 문화변강, 고변강(高边疆) 등 추상적 개념의 변강을 '연변강(软边疆)'으로 구분한다(罗中枢, 2018: 49). 여기에서 주목할 것

---

13) 본 논문은 분석을 위해 CNKI에서 중국변강학과 관련한 논문(제목과 키워드 및 본문에 '중국변강학'이 포함된 논문) 중 피인용수가 많은 상위 50개 논문을 추렸다. 구체적인 논문의 제목과 정보에 대해서는 부록을 참조.

이 추상적 개념의 연변강, 즉 변강의 구성적 측면이다. 구성적 측면의 변강은 기존의 현실적 변강과 달리 이익변강이나 전략변강처럼 변강에 새로운 의미가 부여된 것을 의미한다. 이럴 경우 변강은 얼마든지 확장 가능한 개념이 된다. 리다룽은 '이익변강'과 '전략변강'에서 이익의 초점은 국경 밖의 '국익'으로 확장되는 것이라고 보았다(李大龙, 2018: 20). 이익변강과 전략변강을 중국의 대외정책과 연결지어 본다면 중국이 주장하는 이익의 변강이 어디인지, 또한 전략적 변강은 어떻게 규정해야 하는지에 대해 고려할 필요가 있다.

또 하나 살펴볼 필요가 있는 것이 주요 학술 플랫폼의 주제이다. 매회 포럼은 포럼 전체를 대표하는 주제와 세부적인 몇 개의 하위 주제를 제시한다. 〈표 2〉와 〈표 3〉의 각 주제를 보면 몇 가지 의미있는 내용을 도출할 수 있다. 첫째, 변강에 대한 이론화 작업 시도이다. 전체 주제에서 확인할 수 있는 것처럼 각 포럼은 '새로운 시야(新视野)', '새로운 사유(新思考)', '새로운 탐색(新探索)', '창조(创新)', '새로운 시작(新起点)', '새로운 사명(新使命)' 등 변강학에 대한 새로운 관점과 틀(框架)의 필요성을 제시하고 있다. 실제로 매회 포럼에서는 변강학 이론(边疆学理论)과 새로운 틀에 대한 논문들이 꾸준히 발표되고 있다. 예컨대 제4회 중국변강학 포럼에서는 "변강학 이론과 방법(边疆学理论与方法)"라는 논문이 발표되었고, 제8회 중국변강연구청년학자포럼에서는 변강과 관련한 새로운 문제를 해결하기 위해 이론의 혁신이 필요함을 강조하였다(裴儒弟, 2021.11.26.).

둘째, 다수의 일대일로 관련 주제들을 확인할 수 있다. 〈표 2〉와 〈표 3〉에서 확인할 수 있는 것처럼 일대일로는 여러 차례 포럼의 전체 주제로 상정되었다. 일대일로와 변강이 매우 밀접한 관계에 있음을 알 수 있는데 이는 일대일로가 기본적으로 중국 주변국과의 협력을 매우 중시하기 때문이다. 구체적으로 포럼을 통해 발표된 논문들은 주로 일대일로 추진에 따른 변강의 안정과 변강무역, 주변국과의 협력에 관한 것이다(苑鑫·韩杰, 2017). 그런데 이들 논문 중 일대일로와 관련하여 이익변강에 관한 논의들이 있다는 점이 흥미롭다(朱金春, 2016). 앞서 리다룽이 지적한 것처럼 중국 학계에는 변강을 규정함에 있어 여러 논의가 있는데 이익변강 역시 중요한 개념이라는 것을 확인할 수 있다. 일대일로가 중국의 영향력 확대와 경제적, 정치적, 문화적 이익을 확대하는 데 있어 매우 중요한 플랫폼인 만큼 기존과 다른 변강의 의미를 부여할 수 있다. 또한 일대일로와 변강의 상관관계를 주목해야 하는 것은 일대일로가 중국의 공세적 대외정책과 연결되고, 일대일로를 통해 중국의 전략변강이 충분히 확장될 수 있기 때문이다.

2. 담론 생산의 목적과 의도

신중국 성립 이후 마오쩌둥을 비롯한 중국의 각 지도자들은 국내 정치적 상황과 국제적 환경 변화에 따라 상이한 변강 인식을 보였다. 중요한 것은 중국이 부상함에 따라 이들의 변강 인식이 점차 외부로 향하기 시작한다는 점이다. 특히 시진핑 시기에는 변강 담론의 생산과 확산이 가속화되고 있고, 변강에 새로운 의미를 부여하기도 한다. 구체적으로 학계의 중국변강학 수립과 다양한 학술플랫폼의 등장은 시진핑 집권 이후 변강의 중요성이 더욱 커졌음을 방증한다. 그렇다면 중국이 이렇게 적극적이고 체계적으로 변강을 연구하려는 이유는 무엇일까? 세 가지 측면에서 중국의 목적과 의도를 분석해 볼 수 있다.

첫째, 변강 담론은 국내적 차원에서 시진핑과 중국공산당의 통치 정당성에 강한 이론적 기반을 제공한다. 앞서 논의한 것처럼 변강은 정치적 측면에서 다민족 국가인 중국의 정치적 통합에 절대적인 영향을 미친다. 시진핑의 3연임 이후 시진핑과 중국공산당의 통치 정당성에 대한 우려가 증가하고 있는 시점에서 중국 지도부는 중국의 정치적 통합에 민감할 수밖에 없다. 손인주는 시진핑으로의 권력 집중에 대해 중국공산당과 정치 엘리트의 생존에 대한 불안감, 즉 자신감보다는 두려움이, 공격적 본능보다는 방어적 본능이 시진핑 체제의 권력 강화로 이어 졌다고 분석한다(손인주, 2020: 138). 이러한 분석은 통치에 대한 더욱 강력한 동인이 필요함을 의미한다. 중국공산당의 통치 정당성 강화는 향후 시진핑의 장기 집권을 다시 한 번 가능하게 할 수 있기 때문이다.

중국의 역사에서 변강의 안정적인 관리와 통치가 안정적인 정권의 유지로 직결되었다는 것을 고려하면 시진핑 집권 이후 변강의 관리와 통치는 정치적 측면에서 그 의미가 매우 크다. 특히 미국의 신장 인권 문제 제기, 신장의 분리 독립 시도, 홍콩에서의 민주화 운동 등 변강에서 발생하고 있는 중대한 정치적 문제는 중국 지도부가 변강을 더욱 중시하도록 만든다. 따라서 중국변강학은 중국의 정치적 통합과 보다 현실적이고 효과적인 변강 통치를 위해 중요한 이론적 기반을 제시할 수 있다(周平, 2009: 16). 중국 학계의 성격이 당국의 정책 요구에 부응하는 정책 지향적(policy-oriented)이라는 점을 고려하면 시진핑과 중국공산당의 통치 정당성 강화에 변강 담론의 중요한 목적이 있다고 볼 수 있다. 변강 전문가인 저우핑 또한 학술연구는 국가 현실과 상호 결합해야 하며, 학술연구가 현실에 기여해야 한다고 주장하였고, 나아가 현실 문제와 딜레마를 극복하기 위해 이론적 배경을 제공해야 한다고 강조하였다(周平, 2021: 520).

둘째, 지역적 차원에서 변강 담론은 주변국과의 새로운 관계 규정과 중국 중심의 지역 질서를 구축하는데 이론적 근거를 제공한다. 상술한 것처럼 일부 변강 연구자들은 중국의 전통적 세계질서인 천하질서 개념을 중국변강학에 도입하고자 시도한다. 주지하다시피 중국은 강대국외교와 더불어 주변외교를 강조한다. 주변의 안정이 곧 내부의 정치적 안정으로 직결되기 때문이다. 그렇기 때문에 주변외교는 변강 개념과 맥락을 같이 한다. 중국은 시진핑 집권 이후 주변외교에 대해서도 더욱 적극적인 모습을 보인다. 2013년 10월, 시진핑은 신중국 성립 이후 처음으로 개최한 '주변외교업무좌담회(周边外交工作座谈会)'에 참석하여 주변외교의 중요성을 강조하였다(中华人民共和国中央人民政府, 2013.10.25.). 최근에는 '운명공동체(命运共同体)'라는 개념을 통해 주변국에 대해 적극적으로 접근하고 있다.[14]

'주변(周边)'의 개념을 '대주변(大周边)'으로 확장하려는 공세적인 모습을 보이기도 한다(장영덕, 2021: 130-132). 중국을 중심으로 주변이라 함은 육상과 해상에서 직간접적으로 맞닿아 있는 20개국을 포함해 동북아, 동남아, 남아시아, 중앙아시아 등의 지역을 가리킨다. 그런데 2000년대 초반 중국의 부상과 함께 대주변 개념이 등장하면서 중국의 주변 범위는 서아시아와 남태평양지역을 포함하게 된다. 대주변 개념의 등장은 이들 지역이 중국의 대외전략에서 중요해졌음을 의미한다. 예컨대 2016년 1월, 시진핑은 새해 첫 해외 순방지로 서아시아를 택함으로써 서아시아의 중요성을 대외적으로 보여주었고, 2022년에는 중국이 남태평양의 열 개 도서국과 안전보장 협력을 추진하면서 남태평양의 전략적 가치가 증가하였음을 확인하였다. 이들 지역은 과거 중국의 영향력이 크게 미치지 못하였던 곳이지만 미중 전략경쟁이 격화함에 따라 전략적 중요성이 커졌고, 중국은 이들 지역을 자신의 영향력 범위 안에 두고자 시도하는 중이다. 중국이 이들 지역을 하나의 주변으로 인식한다면 중국은 남태평양과 서아시아를 자신의 또 다른 변강으로 인식할 가능성도 존재한다. 이와 같은 인식적 변화는 결국 중국의 이익변강이 확장함을 의미하는 것이며, 중국변강학은 중요한 이론적 근거를 제공할 수 있다(周平, 2014: 25).

---

14) 중국은 이미 태국(2022년 11월), 라오스(2022년 12월), 캄보디아(2023년 2월)와 운명공동체에 관한 공동성명을 발표하였다.

셋째, 글로벌 차원에서 변강 담론은 중국의 글로벌 영향력 확대와 공세적 대외정책에 이론적 기반이 될 수 있다. 중국은 일대일로나 '141계획' 등을 통해 중국의 영향력을 전방위적으로 확대하고 있다. 일대일로를 통해서는 경제적, 문화적, 정치적 영향력을 확대하고 있고, 이미 많은 국가들이 긍정적, 혹은 부정적인 측면에서 중국의 영향력 안에 있다. 중국은 이와 같은 기회를 통해 정치적, 경제적인 측면에서 중국식 모델인 '중국방안(中国方案)'을 확대하고자 한다. 전세계에 설립된 공자학원을 통해서는 중국의 문화적 영향력을 확대하고 있다. 뿐만 아니라 중국은 최근 알려진 '141계획'을 통해 군사기지를 비롯한 군수 보급망을 확대함으로써 전세계에 중국의 군사적 영향력을 투사하고자 한다. 이러한 상황을 고려하면 이익변강이나 전략변강 등 중국이 영향력을 투사할 수 있는 범위가 곧 중국의 새로운 변강이라고 규정할 수 있다. 리다룽은 변강의 확장적인 의미가 오히려 식민지화라는 인식을 줄 수 있기 때문에 국익의 측면에서 역효과를 불러 올 수 있다고 우려하기도 하는데 중국 학계의 이러한 우려는 중국 학자들이 변강의 확장적 개념을 이미 염두에 두고 있다는 것을 반증하는 것이기도 하다(李大龙, 2018: 21).

중국변강학은 중국의 대외정책과 지역(세계)질서, 혹은 글로벌 대전략에 대한 이론적 기반을 제공할 가능성이 크다. 변강에 관한 새로운 담론을 통해 중국의 공세적인 대외정책을 뒷받침할 수 있기 때문이다. 이런 측면에서 중국이 변강을 확장함으로써 얻을 수 있는 것, 혹은 최종 목표는 중화문명권을 형성하는 것일지도 모른다. 그리고 중화문명권이란 곧 과거 중화질서와 같이 중국 중심의 지역질서 혹은 세계질서를 의미하는 것이다.

V. 결론

　19세기 근대화에 빠르게 성공한 일본은 제국화로 가는 길목에서 열도에 갇힌 자신의 영향력을 대륙, 나아가 전세계로 확장하고자 하였다. 그리고 1890년 12월, 처음 열린 일본 제국의회에서 야마가타 아리토모(山县有朋) 총리는 주권선과 이익선 개념을 선언하였다. 주권선이란 자국의 영토를 가리키는 것으로 물리적, 현실적 변강이라고 할 수 있는 반면 이익선은 일본 영토의 보전과 안보에 직접적인 영향을 미치는 영토 밖 국익의 범위로 이는 구성적 차원의 이익변강이라고 규정할 수 있다. 이후 일본은 한반도를 넘어 만주지역을 이익선으로 설정하기에 이른다. 근대 일본의 정치평론가이자 언론인이었던 구가 가쓰난(陆羯南) 또한 일본의 국제질서 인식에 있어 '잠식(elimination)'이라는 개념으로 자본을 비롯한 상품, 문화의 이입을 통한 영향력 행사를 제시한 바 있다.[15] 중국 학계에서 논의되고 있는 변강 담론에도 중국의 새로운 이익선이 반영되고 있지는 않을까.

　변강은 두 가지 차원에서 고려해야 할 개념이다. 첫 번째는 현실적, 제한적 차원에서의 변강이다. 현실적 변강이라는 것은 borderland와 같이 물리적 변강을 의미하며, 이런 측면에서 제한적 변강은 변하지 않는, 즉 확장성이 없는 변강이다. 두 번째는 구성적, 확장적 차원에서의 변강이다. 구성적 변강은 변강의 의미가 기존의 현실적 변강과 달리 이익변강, 전략

---

15) 구가 가쓰난은 자신의 저서 『국제론』에서 '낭탄(absorption)'과 '잠식(elimination)'이라는 개념을 제시하였다. 구가에 의하면 '낭탄'은 영토 병합 등 국가에 의한 직접적인 정치적 지배를, '잠식'은 민간인의 자본, 상품, 문화의 이입에 의한 영향력 행사를 의미한다. 아울러 구가는 '낭탄'보다는 '잠식'이 간과되기 쉽다는 점에서 더 위험하다고 주장한다(사카이 데쓰야, 2010: 18-19). 구가의 논의를 고려하면 현재 중국이 추진하고 있는 일대일로와 공자학원 등 경제, 문화적 측면에서의 영향력 확대는 중국의 강대국화에 있어 더욱 중요한 의미를 갖는다.

변강 등 새로운 의미가 부여된 것을 가리키며, 이럴 경우 변강은 확장성을 가지는 개념이 된다. 미국의 역사학자 터너가 제시했던 Frontier Thesis가 미국의 서부 개척을 이론적으로 뒷받침했던 것처럼 변강에는 개척의 의미가 포함될 수 있다.

현재 중국 학계에서는 변강 전문가들을 중심으로 중국변강학이라는 학문 분야를 수립하기 위해 적극적으로 노력하고 있다. 물론 연구 인력의 분산, 변강의 개념 혹은 여러 조건들을 둘러싸고 학자들 간 의견의 나뉘고 있어 학문 분야 수립에 어려움을 겪고 있다. 반대로 생각하면 변강에 관한 의미가 그만큼 다양하게 나타나고 있고, 또 논의되고 있다는 것을 의미하기도 한다. 이들은 단지 변강에 내재된 기존의 의미를 재확인하기 위해 이러한 작업을 시도하는 것이 아니다. 만약 연구자들이 변강의 기존 의미에만 몰두하였다면 중국변강학 수립이 보다 용이했을지도 모른다. 싱위린의 논문 이후 변강의 연구 범위는 현실적이고 제한적인 변강에서 점차 구성적이고 확장적인 변강으로 전환하고 있음을 확인할 수 있다. 그리고 이익변강이나 전략변강 외에 중국의 영향력이 미치는 범위도 중국의 새로운 변강이라고 규정할 수 있다. 중국의 해외 군사기지, PKO 활동, 화교화인의 경제적 영향력, 공자학원, 유학생 등 중국이 영향력을 투사할 수 있는 존재는 모두 중국의 '영향력 변강'이 될 수 있는 것이다.

변강 담론의 적극적인 생산과 빠른 확산은 국내적 차원에서 중국공산당의 통치 안정을 위해 중요하다. 특히 시진핑이 3연임에 성공함에 따라 정권의 불안정성은 증가하였고, 안정적인 정권의 유지를 위해서는 변강의 안정이 더욱 중요해졌다. 이에 소수민족의 안정과 정치적 통합을 위한 이론적 근거로서 변강담론의 생산과 확산은 중요한 의미를 지닌다. 또한 대외적으로는 변강의 새로운 의미가 생산되고 있다. 즉, 전통적인 물리적 개념의 변강을 넘어서 확장 가능한 의미를 새롭게 부여하고 있는 것이다. 여기에는 중국이 현재 진행 중인 일대일로와 해외 군사기지 등 중국의 영향력이 투사되는 범위를 포함한다. 그리고 동아시아라는 지역적 측면에서 본다면 중국은 천하질서 개념을 소환하여 변강을 설정할 가능성도 존재한다. 여러 학자들의 연구에서 나타나는 것처럼 동아시아 중심의 천하질서는 중국의 영향력 범위를 말한다. 중국이 21세기에 천하질서를 거론하며 변강을 설명하고자 하는 이유 또한 중국의 영향력 범위를 확대하겠다는 의도라고 볼 수 있다. 현재 중국은 자신과 우호적인 관계를 유지하고 있는 국가들 중 전략적인 지역에 새로운 변강을 형성하고 있는 중이며, 중국이 이들 지역을 자신의 변강이라고 인식한다면 중국의 대외정책과 대전략은 변화를 보일 수밖에 없다.

| 참고문헌 |

구자선. 2021. 「중국-인도 국경분쟁: 국경 협상의 기준 문제」. 『중앙사론』. 54집.

_____. 2022. 「시진핑 시기 중국의 군개혁과 중·인 국경분쟁: 조직 편제를 중심으로」. 『중앙사론』. 57집.

김석우 외. 2008. 『역대 중국의 판도(版图) 형성과 변강』. 오산: 한신대학교출판부.

김세호. 2015. 「중화민국시기 헌법초안 및 정치문건에 나타난 '边疆'의 위상과 중앙정부와의 관계: 중국국민당 및 중국 공산당의 '변강' 인식과 정책을 중심으로」. 『중국근현대사연구』. 제65집.

박상수. 2005. 「중국 근대 '民族国家'(nation-state)의 창조와 「边疆」 문제: 청말~민국시기 「边疆」 인식의 변천」. 『국제중국학연구』. 52권.

박선영. 2003. 「국민 국가·경계·민족: 근대 중국의 국경의식을 통해 본 국민 국가 형성과 과제」. 『동양사학연구』. 81권.

_____. 2021. 「변강프로젝트의 '중국 만들기'와 패러독스」. 『중국학』. 제74집.

사카이 데쓰야 저, 장인성 역. 2010.『근대 일본의 국제질서론』. 고양: 연암서가.

손성욱. 2022.「최근 중국학계의 전근대 종번과 변강 인식 문제」.『동북아역사
논총』. 78호.

손인주. 2020.「두려움의 정치: 시진핑 권력 강화의 심리적 동인」.『한국정치학
회보』. 54집 1호.

싱광청 저, 구자선 역. 2021.『중국의 변강정책과 일대일로』. 고양: 학고방.

안병우 외. 2007.『중국의 변강 인식과 갈등』. 오산: 한신대학교출판부.

이동률. 2004.「소수민족의 분리주의에 대한 중국의 인식과 대응」.『국가전략』.
제10권 3호.

장영덕. 2020.「중국 변강인식의 전환과 확장적 대외정책」.『국제정치논총』.
제60집 4호.

_____. 2021.「중국 주변외교의 진화와 변강의 확장: 중국의 서아시아 전략을
중심으로」.『동서연구』. 제33권 4호.

전성흥. 2010.「중국의 소수민족 문제: 저항 운동의 원인과 중앙정부의 대응」.
『동아연구』. 제58집.

조세현. 2018.「중국 '해강(海疆)'을 둘러싼 분쟁」,『동북아시아문화학회 국제
학술대회 발표자료집』.

方铁. 2007.「论中国边疆学学科建设的若干问题」.『中国边疆史地研究』. 第17
卷 第2期.

李大龙. 2018.「中国边疆"的内涵及其特征」.『中国边疆史地研究』. 第2期.

_____. 2020.「试论中国边疆学"叁大体系"建设」.『中国边疆史地研究』. 第30
卷 第2期.

_____. 2019.「新时代边疆学研究的热点与前沿问题」.『云南师范大学学报』.
第51卷 第1期.

李大龙·马菲菲. 2022.「开启中国边疆研究的新视角与新领域: 读《中国的边疆
及边疆治理》」.『中国边疆史地研究』. 第32卷 第1期.

李大龙·铁颜颜. 2020.「有疆无界"到"有疆有界": 中国疆域话语体系建构」.『思

想战线』. 第3期.

李国强. 2018.「开启中国边疆学学科建设新征程」.『中国边疆史地研究』. 第28 卷 第1期.

吕文利. 2019.「新世纪中国边疆学的构建路径与展望: 兼论中国边疆理论的叁 个来源」.『中国边疆史地研究』. 第29卷 第2期.

罗中枢. 2018.「论边疆的特征」.『新疆师范大学学报』. 第39卷 第3期.

马大正. 2016.『当代中国边疆研究(1949~2014)』. 北京: 中国社会科学出版社.

_____. 2021.「中国边疆学构筑再思考: "叁大体系"建设之我见」.『中国边疆 史地研究』. 第31卷 第3期.

青觉·朱亚峰. 2019.「地缘政治视角中的西北边疆治理」.『兰州学刊』. 第1期.

孙勇. 2017.「建构边疆学的底蕴以及相关问题续探: 再论建构边疆学的跨学科 研究」.『中央民族大学学报』. 第44卷 第2期.

孙勇·孙昭亮. 2018.「中国边疆研究学术共同体巡查述略」.『云南师范大学学 报』. 第39卷 第3期.

王鹏辉. 2017.「再观"边疆中国":近年国内边疆研究的前沿述评」.『学术月刊』. 第49卷 第12期.

王振刚. 2020.「新时代中国边疆学构筑的发展及反思」.『云南师范大学学报』. 第52卷 第1期.

谢贵平·张会丽. 2022.「中国边疆学研究41年(1980—2020): 脉络与展望」.『浙 江大学学报』. 第52卷 第11期.

邢广程. 2013.「关于中国边疆学研究的几个问题」.『中国边疆史地研究』. 第23 卷 第4期.

邢玉林. 1992.「中国边疆学及其研究的若干问题」.『中国边疆史地研究』. 第1 期.

杨明洪. 2019.「论"边界"在"边疆学"构建中的特殊意义」.『云南师范大学学报』. 第51卷 第5期.

苑鑫·韩杰. 2017.「连通"一带一路"的中国边疆:历史、现状与发展: 第五届中 国边疆学论坛综述」.『中国边疆史地研究』. 第27卷 第4期.

周平. 2009. 「边疆治理视野中的认同问题」. 『云南师范大学学报』. 第41卷 第1期.

_____. 2013. 「边疆在国家发展中的意义」. 『思想战线』. 第39卷 第2期.

_____. 2014. 「中国应该有自己的利益边疆」. 『探索与争鸣』. 第5期.

_____. 2021. 『中国的边疆及边疆治理』. 北京: 中国社会科学出版社.

朱佳俊. 2019. 「'一带一路'倡议对西部边疆安全与发展的影响」. 『价值工程』. 第28期.

朱金春. 2016. 「"一带一路"战略与中国边疆形态的重塑」. 『北方民族大学学报』. 第2期.

Cotillon Hannah. 2017. "Territorial Disputes and Nationalism: A Comparative Case Study of China and Vietnam," Journal of Current Southeast Asian Affairs, 36(1).

Fravel M. Taylor. 2008. Strong Borders Secure Nation. New Jersey: Princeton University Press, 2008.

Hyer Eric. 2006. "China's policy towards Uighur nationalism," Journal of Muslim Minority Affairs, 26(1).

Kinzley Judd C.. 2018. Natural Resources and the New Frontier. Chicago: University of Chicago Press, 2018.

Mosca Matthew. 2013. From Frontier Policy to Foreign Policy: The Question of India and the Transformation of Geopolitics in Qing China. Stanford, CA: Stanford University Press.

Potter Phillip B. K.. 2013. "Terrorism in China: Growing Threats with Global Implications," Strategic Studies Quarterly, 7(4).

Rippa Alessandro. 2022. "Imagined borderlands: Terrain, technology and trade in the making and managing of the China-Myanmar border," Singapore Journal of Tropical Geography, 43(3).

Tuner Frederick J.. 2014. The Significance of the Frontier in American History.

Eastford: Martino Fine Books.

권지혜. 「미·중 아프간 협력 걸림돌은 '신장'···中, 철군 완료한 미국에 "책임 떠넘겨선 안돼」. 『국민일보』. 2021.8.31.

박대한. 「WSJ "중국-인도 국경에 병력 수만명 집결···수십년만에 최대"」. 『연합뉴스』. 2021.7.3.

共产党员网. "习近平：决胜全面建成小康社会 夺取新时代中国特色社会主义伟大胜利--在中国共产党第十九次全国代表大会上的报告", 2017年 10月 27日, http://www.12371.cn/2017/10/27/ARTI1509103656574313.shtml(검색일: 2024.3.22.)

共产党员网. "习近平：高举中国特色社会主义伟大旗帜 为全面建设社会主义现代化国家而团结奋斗--在中国共产党第二十次全国代表大会上的报告", 2022年 10月 16日, https://www.12371.cn/2022/10/25/ARTI1666705047474465.shtml(검색일: 2024.4.11.).

中国共产党新闻网. "新时代", 2018年 08月 22日, http://theory.people.com.cn/n1/2018/0822/c413700-30243994.html(검색일: 2024.4.2.)

裴儒弟. "第八届中国边疆研究青年学者论坛举行", 中国社会科学院, 2021年 11月 26日, http://www.cass.net.cn/keyandongtai/xueshuhuiyi/202111/t20211126_5377271.shtml(검색일: 2024.3.14.)

"中国共产党历次全国代表大会数据库," http://cpc.people.com.cn/GB/64162/64168/index.html(검색일: 2024.4.8.)

中华人民共和国中央人民政府. "中华人民共和国宪法", 2018年 3月 22日, http://www.gqb.gov.cn/node2/node3/node5/node9/userobject7ai1273.html(검색일: 2024.4.11.)

中华人民共和国中央人民政府. "习近平在周边外交工作座谈会上发表重要讲话", 2013年 10月 25日, https://www.gov.cn/jrzg/2013-10/25/content_2515555.htm(검색일: 2024.4.19.)

Hudson John, Nakashima Ellen and Sly Liz, "Buildup resumed at suspected Chinese military site in UAE, leak says," The Washington Post, 26 April 2023, https://www.washingtonpost.com/national-security/2023/04/26/chinse-military-base-uae/(검색일: 2024.4.18.)

Luke Leighton G. et al.. "China Boosts Djibouti Presence: More Investments and Naval Base Capable of Docking Air craft Carriers," Business Insider India, 22 April 2021, https://www.futuredirections.org.au/publication/china-boosts-djibouti-presence-more-investmentsand-naval-base-capable-of-docking-aircraft-carriers/(검색일: 2024.3.23.)

Nakashima Ellen and Cadell Cate. "China secretly building naval facility in Cambodia, Western officials say," The Washington Post, 6 June 2022, https://www.washingtonpost.com/national-security/2022/06/06/cambodia-china-navy-base-ream/(검색일: 2024.4.24.)

Mandhana Niharika and Wong ChunHan. "China to Upgrade Ream Naval Base in Cambodia, Fueling U.S. Concerns," THE WALL STREET JOURNAL, 8 June 2022, https://www.wsj.com/articles/china-to-upgrade-ream-naval-base-in-cambodia-fueling-u-s-concerns-11654674382(검색일: 2024.4.24.)

Phillips Michael M.. "China Seeks First Military Base on Africa's Atlantic Coast, U.S. Intelligence Finds," THE WALL STREET JOURNAL, 5 December 2021, https://www.wsj.com/articles/china-seeks-first-military-base-on-africas-atlantic-coast-u-s-intelligence-finds-11638726327(검색일: 2024.4.24.)

Shinkman Paul D.. "China Weighing Occupation of Former U. S. Air Base at Bagram: Sources," U.S.News, 7 September 2021, https://www.us news.com/news/world-report/articles/2021-09-07/china-weighing-occupation-of-former-us-air-base-at-bagram-sources(검색일: 2024.4.23)

Strobel Warren P. and Lubold Gordon. "Cuba to Host Secret Chinese Spy Base Focusing on U.S," THE WALL STREET JOURNAL, 8 June 2023, https://www.wsj.com/articles/cuba-to-host-secret-chinese-spy-base-fo-cusing-on-u-s-b2fed0e0(검색일: 2024.4.25)

Strobel Warren P., Lubold Gordon, Salama Vivian and Gordon Michael R. "Beijing Plans a New Training Facility in Cuba, Raising Prospect of Chinese Troops on America's Doorstep," THE WALL STREET JOURNAL, 20 June 2023, https://www.wsj.com/articles/beijing-plans-a-new-training-fa cility-in-cuba-raising-prospect-of-chinese-troops-on-americas-doorstep-e17fd5d1(검색일: 2024.4.25.)

〈부록 1〉 중국변강학 관련 피인용 지수 상위 50개 논문

제목	저자	학술지	출판 년도	권	호
中国边疆学构筑再思考: "三大体系"建设之我见	马大正	中国边疆史地研究	2021	31	03
笔谈三: 新文科背景下中国边疆学的转向与转型	孙宏年	云南师范大学学报	2021	53	04
"问题"与"主义"之变奏: 近代以来中国边疆学构筑的回顾与前瞻	汪洪亮	中国边疆史地研究	2020	30	04
试论中国边疆学"三大体系"建设	李大龙	中国边疆史地研究	2020	30	02
新时代中国边疆学构筑的发展及反思	王振刚	云南师范大学学报	2020	52	01
笔谈二: 中国边疆学的基础	李国强	云南师范大学学报	2020	52	01
笔谈一: 再议中国边疆学构筑与中国边疆治理研究的深化	马大正	云南师范大学学报	2020	52	01
论"边界"在"边疆学"构建中的特殊意义	杨明洪	云南师范大学学报	2019	51	05
何谓"边疆": 论中国"边疆"概念的叁重空间	吕文利	云南师范大学学报	2019	46	04
新世纪中国边疆学的构建路径与展望: 兼论中国边疆理论的叁个来源	吕文利	中国边疆史地研究	2019	29	02
解构边疆观与重构边疆学	吴楚克, 马欣	思想战线	2019	45	02
论"民族国家"概念及其在"中国边疆学"构建中的重要意义	杨明洪	四川师范大学学	2019	46	02
中国边疆学构筑是当代中国学人的历史担当	马大正	云南师范大学学报	2019	51	01
新时代边疆学研究的热点与前沿问题	李大龙	云南师范大学学报	2019	51	01
"中国边疆"的内涵及其特征	李大龙	中国边疆史地研究	2018	28	03
关于"边疆学"学科构建的几个基本问题	杨明洪	北方民族大学	2018		06
对"中国边疆研究"概念的认识与界定: 兼谈"中国边疆学"学术体系之建构	李鸿宾	中国边疆史地研究	2018	28	03
关于中国边疆学学科建设的几点看法	崔明德	中国边疆史地研究	2018	28	03
关于中国边疆学学科话语理论体系建构的几点思考	王欣	中国边疆史地研究	2018	28	03
建构中国特色的中国边疆学话语体系	苗威;	中国边疆史地研究	2018	28	03
时空统一下国家边疆现象的发生及其认识: 兼议"边疆建构论"与"边疆实在论"争鸣	孙勇, 王春焕	理论与改革	2018		05
开启中国边疆学学科建设新征程	李国强	中国边疆史地研究	2018	28	01
论边疆的特征	罗中枢	新疆师范大学学报	2018	39	03
再观"边疆中国": 近年国内边疆研究的前沿述评	王鹏辉	学术月刊	2018	49	12
中国边疆研究学术共同体巡检述略	孙勇, 孙昭亮	新疆师范大学学报	2018	39	03
新边疆观: 政治学的视角	方盛举	新疆师范大学学报	2018	39	02
"边疆治理"概念的形成与发展	孙保全, 赵健杉	广西民族大学学报	2017	39	03
建构边疆学的底蕴以及相关问题续探: 再论建构边疆学的跨学科研究	孙勇	中央民族大学学报	2017	44	02
建设有中国特色的边疆治理理论体系	方铁	中国边疆史地研究	2016	26	03
关于中国边疆学构筑的学术思考	马大正	中国边疆史地研究	2016	26	02
从边疆史地到边疆学	林文勋	中国边疆史地研究	2016	26	02
开拓中国边疆学研究的新局面	邢广程	中国边疆史地研究	2016	26	02
建构边疆学中跨学科研究的有关问题探讨: 如何跨越边疆研究学术逻辑与事实逻辑的一致性	孙勇	中央民族大学学报	2016	43	03
边疆学学科构建的困境及其指向	孙勇, 王春焕, 朱金春	云南师范大学学报	2016	48	02

제목	저자	학술지	출판 년도	권	호
边疆中心视角下的理论与实践探索	周建新	广西民族研究	2015		06
中国边疆学构建面临的几点理论挑战: 以拉铁摩尔, 狄宇宙和濮德培为例	王欣	思想战线	2014	40	03
关于构建中国边疆学的几点思考	周伟洲	中国边疆史地研究	2014	24	01
边疆理论话语的梳理与中国边疆学的可能路径	袁剑	中国边疆史地研究	2014	24	01
关于中国边疆学研究的几个问题	邢广程	中国边疆史地研究	2013	23	04
略论中国边疆学的构筑	马大正	新疆师范大学学报	2013	34	05
关于中国边疆学构筑的几个问题	马大正	东北史地	2011		06
边疆研究者的历史责任:构筑中国边疆学	马大正	云南师范大学学报	2008		05
中国边疆学学科构筑的透视	李国强	云南师范大学学报	2008		05
试论中国边疆学的研究方法	方铁	云南师范大学学报	2008		05
边疆研究应该有一个大发展	马大正	东北史地	2008		04
论中国边疆学学科建设的若干问题	方铁	中国边疆史地研究	2007		02
深化边疆理论研究与推动中国边疆学的构筑	马大正	中国边疆史地研究	2007		01
关于构筑中国边疆学的断想	马大正	中国边疆史地研究	2003		03
思考与行动：以边疆研究深化与边疆中心发展为中心	马大正	中国边疆史地研究	2001		01
中国边疆学及其研究的若干问题	邢玉林	中国边疆史地研究	1992		01

중국 구이저우 지역의 '청수강문서'를 활용한 한·중 학계의 연구 현황

● 박찬근 ●

Ⅰ. 머리말

중국은 건국 직후부터 '민족식별' 사업을 진행한 결과, 현재는 한족을 포함한 56개 민족을 공식적으로 인정하고 있다. 다양한 민족의 통합을 위해 개혁개방 이후 중국은 '다원일체' 논리에 입각하여 중국의 역대 왕조 치세 하에서 다양한 민족들이 지속적으로 융합되어 왔음을 주장해 왔다. 그 결과 현재의 '중국'[1]이 형성되었다는 시각을 고수하고 소수민족들을 모두 '중화민족'의 일원으로 간주하고 있다. 그러나 중국의 외부에서는 이와 같은 정부 주도의 민족 논리에 허구성이 있으며, 소수민족들을 역사 서술의 주변적 위치에 두는 것이 부적절하다는 지적이 이어져 왔다.[2] 두

---

* 본고는 「중국 貴州 지역의 '淸水江文書'를 활용한 한·중 학계의 연구현황」, 『전북사학』 67(2023)을 수정·보완한 글이다.

** 연세대학교 역사문화학과 강사

1) 본고에서는 현재의 대륙 중국(중화인민공화국의 정부, 국민, 영토의 합)을 가리키는 것과 구분하여, 지리적, 민족적으로 느슨한 경계를 지니고 있는 역사적 구성물로서의 '중국'을 가리킬 때는 따옴표를 붙인다.

2) 2000년대 이후 '신청사' 연구가 유행하면서 한족 중심의 역사 서술을 비판적으로 바라보는 경향 역시 확대되었다. 이러한 경향의 대표 연구들로 마크 C. 엘리엇. 이훈·김선민 옮김. 2009. 『만주족의 청제국』. 서울: 푸른역사; 이블린 로스키. 구범진 옮김. 2010. 『최후의 황제들 : 청황실의 사회사』. 서울: 까치; 패멀라 카일 크로슬리 . 양휘웅

시각의 차이는 소수민족들과 중국의 역대 왕조, 그리고 그들과 현재 '중국' 사이의 관계를 융합으로 보는가, 길항으로 보는가에서 비롯된다.

이러한 중심(왕조 국가 혹은 한족)과 주변(지방 혹은 소수민족)의 관계 문제를 다룰 자료로 활용될 수 있는 문서들이 중국의 여러 지방에서 종종 대량으로 발굴되어 왔다. 과거 둔황(敦煌), 후이저우(徽州), 헤이수이청(黑水城) 등 몇몇 지역에서 문서가 발굴된 일이 있고, 각각 둔황학(敦煌學), 휘학(徽學), 헤이수이청학(黑水城學) 등 하나의 학과를 형성해 왔다. 이후에도 이들 못지않은 양의 민간고문서들이 중국 전역에서 꾸준히 발굴 및 정리되고 있다. 이들 가운데 소수민족 지역의 발굴 문서로서 대표적인 사례가 구이저우 검동남 묘족·동족 소수민족 자치구 청수강 유역의 '청수강문서'이다.[3]

청수강은 임업에 종사하는 청수강 유역의 현지 소수민족들이 벌목한 나무를 중국의 주요 상업지대까지 흘려보내는 루트였다. 따라서 '청수강 문서'에는 임업에 관련한 계약 문서들이 다수 존재한다. 산장과 나무를 판매하는 단매(斷賣) 계약뿐만 아니라 저당 계약, 임업 소작 계약, 목재 판매 대금을 나누는 계약 등이 있다. 이외에도 비교적 소수이기는 하나, 자산을 담보로 은(혹은 동전)을 빌리는 계약, 그리고 계약의 형식으로 이루어진 혼인, 상속에 관한 문서 등 그들의 일상생활을 엿볼 수 있는 여러 종류의 문서들이 있다.

옮김. 2013. 『만주족의 역사 : 변방의 민족에서 청제국의 건설자가 되다』. 파주: 돌베개 등이 있다. 또한 강현사 외. 2008. 『중국 학자들의 소수민족 역사 서술』(서울: 동북아역사재단)과 윤영인 외. 2010. 『외국학계의 정복왕조 연구 시각과 최근 동향』(서울: 동북아역사재단)은 중국 학자들이 역대 왕조의 소수민족 지배 방식을 서술하는 방식과 외국 학계의 그것을 대비해 주고 있다. 청수강문서 연구와 관련하여 중국 연구자들의 '중국' 단위 통합의 논리와 이를 비판적인 시각으로 바라보는 한국 연구자들의 관점에 대해서는 본고의 4장에서 자세히 소개하고자 한다.

3) '청수강문서'에 대해서는 본고 2장에서 소개한다.

이들 민간고문서들의 발굴 및 정리 작업은 기존 역사 서술의 주변부였던 소수민족 사회를 구체적으로 파악하는 데 필요한 풍부한 자료를 제공해 준다. 이에 힘입어 왕조의 관찬 사료에는 보이지 않는, 지방 소수민족의 일상생활과 계약 관계 등에 반영된 그들 나름의 사회 질서가 점차 밝혀지고 있다.

그러나 밝혀진 소수민족 사회상이 '중국'과 어떠한 방식으로 관계를 맺고 있는가에 대한 논의는 문서집의 출간 여부와 별개로 진행되고 있는 것처럼 보인다. 물론, 같은 대상을 두고도 이를 어떻게 해석하는가는 연구자마다의 차이가 있을 수밖에 없을 것이나, 청수강 유역의 사회를 바라보는 관점은 '중국'을 어떻게 이해하는가에 따라 '청수강문서'를 열람하기 이전에 미리 예정되어 있는 것처럼 읽힌다. 즉, 청수강 유역의 소수민족 사회에 대한 시각은 '중국'을 바라보는 시각에서부터 결정되는 면이 강한 것이다.

본고의 목표는, 첫째는 '청수강문서'와 '청수강학'에 대해 소개하는 것이고, 둘째는 한국 학계와 중국 학계의 중국 소수민족 지역사 연구 시각에 차이가 있음을 드러내는 것이며, 셋째는 한국에서 중국 소수민족 지역사를 연구하는 것의 의의를 논하는 것이다. 이를 위해, 우선 '청수강문서'와 '청수강학'의 등장과 최근 중국과 한국 학계의 청수강문서 연구 현황, 그리고 두 학계의 서술상의 특징을 차례로 살펴본 뒤, 이어서 민간고문서의 대량 발굴에도 불구하고 중국 학계와 외국 학계의 시각 차이가 발굴 이전과 마찬가지로 지속되고 있음을 드러내고자 한다. 마지막으로, 결론에서 국사가 아닌 외국사로서 청수강문서를 다루는 한국의 연구자들의 입각점을 고려하면서, 한국에서 청수강 유역에 관한 역사를 연구하는 작업이 어떠한 의의가 있는지를 논해 보고자 한다.

Ⅱ. '청수강문서'와 '청수강학'에 대해

청수강(淸水江)은 구이저우성 두윈시(都匀市)의 서북쪽에서 발원하여 후난성 둥팅호(洞庭湖)로 흘러들어가는 강의 일부를 지칭한다. 하나의 강이지만 발원지에서는 젠강(劍江)으로, 두윈시 남쪽에서는 마웨이하(馬尾河)로, 이후 충안강(重安江)과 합류할 즈음부터 청수강이라 불리고 호남성에서부터 위안강(沅江)이라고 불린다. 청수강은 귀저우성 검동남 묘족·동족자치주 내에서 지금의 마장현(麻江縣), 카이리시(凱里市), 타이장현(台江縣), 젠허현(劍河縣), 진핑현(錦屛縣), 톈주현(天柱縣) 등을 지난다. 청대에는 두윈부와 전위안부(鎭遠府)를 통과하였고 진핑현 부근에서는 레이핑부(黎平府)와 전위안부의 경계를 이루었다.

1960년대부터 구이저우민족연구소의 양유경(楊有賡), 랴오야오난(廖耀南) 등이 청수강 유역의 임업 계약에 관한 연구를 진행해 왔다(吳才茂, 2014-1). 본격적으로 청수강 유역의 소수민족 사회에 대한 관심으로 확대될 수 있었던 계기는 현지의 민간고문서가 수집·발간되어 많은 연구자들이 자료를 공유할 수 있게 된 이후라고 할 수 있다. 양유경과 일본 가쿠슈인대학의 다케우치 후사지(武內房司)가 현지 조사를 통해 수집한 문서를 2000년대 초반에 정리하여 『귀주묘족임업계약문서회편(貴州苗族林業契約文書匯編)』(이하 『회편』으로 줄임)을 간행했다. 『회편』은 전반부 사료편과 후반부 연구편으로 나뉘어 있고, 연구편에는 5편의 논문이 실려 있다.[4] 또 2010년 전후에는 중국 중산대학 인류학과의 장잉창(張應强)과

---

4) 研究編에 실린 글들은 唐立(Christian Daniels)의 서문과 제1장 「淸水流域の苗族が 植林を開始するまで - 林業經營へと驅り立てた諸要因」, 楊有賡의 제2장 「淸代 苗族契約文書の學術的意義」, 武內房司의 제3장 「鳴神と鳴官のあいだ - 淸代貴 州苗族林業契約文書に見る苗族の習俗と紛爭處理」, 相原佳之의 제4장 「淸代 中國, 貴州省淸水江流域における林業經營の一側面 - 『貴州苗族林業契約文書

구이저우 진핑현 임업계약급지방문헌수집정리판공실(林業契約及地方
文獻收集整理辦公室)의 왕쫑쉰(王宗勳)이 주편한 『청수강문서(淸水
江文書)』가 발간되었다.

〈표 1〉『貴州苗族林業契約文書匯編』의 문서 분류 및 분류별 문서 수량

1권	2권			3권			합계
A 山林賣契	B 含租佃關係的 山林賣契	C 山林租佃契約 或租佃合同	D 田契	E 分山·分林· 分銀合同	F 雜契	G 民國賣契	
279건	277건	87건	55건	89건	45건	20건	852건

〈표 2〉『청수강문서』의 册別 문서 수거지(村寨) 분류

1집	1책	加池寨	2집	1책	平鰲寨	3집	1책	美蒙寨,塘東寨,瑤光中寨,格翁寨,便晃寨,玉泉村,者蒙村,翁寨村
	2책	加池寨		2책	平鰲寨			
	3책	加池寨		3책	平鰲寨,岑梧寨		2책	江西街,坪地村,皇封村,平金寨,瑤伯寨,平翁寨
	4책	加池寨						
	5책	加池寨		4책	岑梧寨,林星寨		3책	孟寨村,高炭寨,茅坪下寨,王家榜村,烏山寨,俾嵯寨
	6책	加池寨						
	7책	加池寨		5책	林星寨,魁膽寨		4책	地壩村
	8책	加池寨					5책	加池寨
	9책	加池寨		6책	魁膽寨		6책	加池寨
	10책	加池寨		7책	魁膽寨		7책	文斗寨
	11책	加池寨		8책	魁膽寨		8책	文斗寨
	12책	文斗寨		9책	魁膽寨		9책	文斗寨
	13책	文斗寨		10책	魁膽寨		10책	文斗寨,平鰲寨,岑梧寨

匯編』平鰲寨文書を事例として」, 岸本美緒의 제5장「貴州の山林契約文書と徽
州の山林契約文書」이다. 이후 相原佳之는 한국『명청사연구』36집에도「淸代貴
州省東南部の林業經營における銀流通」을 게재하고, 중국의 논문집 등에 글을 싣
는 등(「從錦屏縣平鰲寨文書看淸代淸水江流域的林業經營」, 吳平·龍澤江 主
編. 2015.『淸水江流域文化硏究(下)』(北京: 民族出版社) 꾸준히 청수강 유역에
관한 연구를 진행하고 있다.

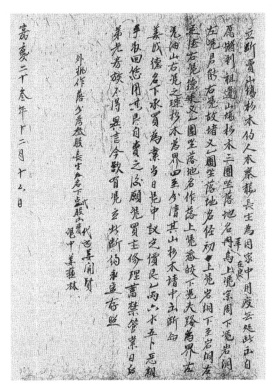

〈그림 1〉 청수강문서의 예시(『청수강문서』 문서번호 1-1-1-014)

『회편』에 수록된 문서들을 수거한 지역은 문두채(文斗寨)와 평오채
(平鰲寨)이며 두 촌채의 문서가 거의 대부분으로, 총 852개 문서 가운데
280여 건의 문서가 문두채 문서이고 570여 건의 문서가 평오채 문서이다
(相原佳之, 2003; 124). 한편, 『청수강문서』는 다양한 촌채의 문서들을
수록하고 있으며 전체 12,700여 건 문서 가운데 가지채(加池寨) 문서는
5,400여 건, 문두채 문서는 2,200여 건, 평오채 문서는 1,200여 건으로, 주
요 촌채의 문서도 『회편』에 비해 그 수가 압도적으로 많다.

'청수강문서'라고 명명된 거대한 규모의 문서집 출판은 청수강 유역 소
수민족의 민간고문서 연구에 활기를 불어 넣기 시작했으며, 이후에도 꾸준

히 해당 지역의 소수민족 사회를 엿볼 수 있는 민간고문서와 당안 등 문서
집이 출간되고 있다. 陳金全·杜萬華 主編,『貴州文斗寨苗族契約法律
文書匯編 - 姜元澤家藏契約文書』(北京, 人民出版社, 2008); 高聰·譚
洪沛 主編,『貴州淸水江流域明淸土司契約文書 - 九南篇』(北京, 民
族出版社, 2013); 高聰·譚洪沛 主編,『貴州淸水江流域明淸土司契
約文書 - 亮寨篇』(北京, 民族出版社, 2014); 陳金全·欒聰 主編,『貴
州文斗寨苗族契約法律文書匯編 - 姜啓貴等家藏契約文書』(北京, 人
民出版社, 2015); 王宗勳 考釋,『加池四合院文書考釋』卷1-4(貴陽,
貴州民族出版社, 2015); 龍澤江·傅安輝·陳洪波 編,『九寨侗族保甲
團練檔案』(貴陽, 貴州大學出版社, 2016); 譚洪沛 編,『九寨侗族錦屛
文書輯存』第1-36冊(南京, 鳳凰出版社, 2019); 張應强·王宗勳 主編,
『錦屛文書 第一輯』(桂林, 廣西師範大學出版社, 2020) 등이 있다.

　그런데 주목할 부분은 초기에 발굴 및 정리된『회편』및『청수강문서』
와 더불어 위에서 나열한 문서들이 모두 진핑현 일대의 촌채에서 발굴되
었다는 점이다. 따라서 이들 문서를 '진핑문서'라고 칭하기도 한다. 위에
서 나열한 문서집들 가운데서도『청수강문서』를 함께 편찬했던 장잉창과
왕종쉰이 2020년에는 '진핑문서'라는 제목의 문서집을 출판하고 있는 것
이 이를 잘 보여준다.

　또한 이후에 진핑현 이외의 지역에서 발굴된 민간고문서 정리집들은
각각 해당 지역 명칭을 붙여 톈주현의『천주문서(天柱文書)』, 레이핑부
일대의『여평문서(黎平文書)』와 같이 불리고 또 출판되었다.『천주문서』
는 구이저우대학, 톈주현 인민정부, 구이저우성 당안관, 장쑤굉덕문화출판
기금회(江蘇宏德文化出版基金會)의 합편으로, 1집 전 22책이 2014년에,
『귀주청수강문서·여평문서(貴州淸水江文書·黎平文書)』는 카이리학원
(凱里學院), 레이핑현 당안관 합편으로, 1집 전 22책이 2017년에, 2집 전
28책이 2019년에 출판되었다. 진핑, 톈주, 레이핑의 각 지역 명칭을 내세

운 문서군이 존재하는 셈이다. 그러나 이들 문서들을 전부 '청수강문서'로 통칭하는 일이 일반적인 것으로 되어 왔다.[5]

　여러 지역의 문서들을 모두 '청수강문서'라고 통칭하는 것에 문제점이 없는 것은 아니다(舒彩前, 2017). 필자의 시각에서는 '청수강'은 특정 지리적 범위를 가리키는 표현이라기보다, 청수강으로 목재를 흘려 보내는 행위가 이루어지는 장소, 즉 임업에 종사하는 소수민족의 삶의 장소와 밀접한 의미를 띤 명칭이라고 생각한다. 따라서 '청수강문서'는 청수강과의 밀접한 삶의 방식을 엿볼 수 있는 문서라는 의미를 강하게 띤다. 그런데 예를 들면, 톈주현은 진핑현보다 상대적으로 강으로부터 거리가 멀기 때문에 임업이 겸업되고 있다고는 하나 농업이 주도적이다. 따라서 '진핑문서'들이 임계(林契)가 많고 지계(地契)가 적은 반면, 『천주문서』는 지계가 많고 임계가 적다. 그럼에도 지리적 근접성을 내세워 진핑현 일대의 문서와 톈주, 레이핑 등 주변 지역의 문서들을 통틀어 '청수강문서'라고 지칭하는 것은 단지 '청수강 유역'이라는 지리적 범위를 중시한 표현이다. 그렇다고 한다면, '귀저우 동남부 문서'나 '검동남 문서'같은 용어로도 대체할 수 있기 때문에 임업과 관련이 깊은 '청수강'이라는 표현이 갖는 고

---

5) 『청수강문서』는 제목 자체가 '청수강문서'이지만, 오히려 錦屛縣 일대의 문서만을 수집했다는 점 때문에 '錦屛文書'의 일종으로 칭해지기도 하는 반면, 天柱의 『天柱文書』나 黎平의 『黎平文書』는 출판 당시부터 '청수강문서'의 하나로 포함되기를 기도했다. 이를 대표적으로 보여주는 것은 『여평문서』 출판 기념 특집 논문들의 제목이 전부 '청수강문서'를 내세우고 있다는 점이다. 張新民, 「淸水江文書的價値特點與硏究意義 - 『黎平文書』首發式論壇專家演講之一」; 劉志偉, 「淸水江文書與重建中國歷史敍事的地方性時角 - 『黎平文書』首發式論壇專家演講之二」; 趙世瑜, 「民間文獻硏究的問題與方法 - 『黎平文書』首發式論壇專家演講之三」; 楊庭碩, 「淸水江文書蘊含的生態價値及跨文化硏究方法 - 『黎平文書』首發式論壇專家演講之四」; 鄭振滿, 徐曉光, 羅康隆, 張應强, 「淸水江文書硏究的問題意識, 學術價値與硏究路徑 - 『黎平文書』首發式論壇專家演講之五」 등. 모두 『原生態民族文化學刊』 2018(10-2)에 실려 있다.

유한 특징이 부각되지 않는 방식이라고도 할 수 있다.

그럼에도 이들 문서들을 통칭하여 '청수강문서'로 명명하는 것이 일반적인 일이기 때문에 본고에서도 명칭에 관한 문제점을 차치하고, '청수강문서'는 같은 명칭으로 출판된 문서집인『청수강문서』만을 가리키는 것이 아니라, 진핑현 일대에서 발굴된 문서들과『천주문서』,『여평문서』등 청수강 유역 일대의 여러 지역 문서군들을 모두 아우르는 표현으로 사용할 것이다.

한편, '청수강문서'라는 명칭이 갖는 유리한 점이 있다. 이들 문서를 '청수강문서'로 통칭함으로써 여러 지역의 문서들을 아울러 하나의 지역사 연구의 도구로 삼는 것이 제시될 수 있기도 하다. '둔황학', '후이저우학', '헤이수이청학(서하학)'에 비견할 수 있는 '청수강학'의 성립을 제안한 장신민(張新民)의 주장이 그것이다(張新民, 2010-5, 2012). 2019년의 한 보고에서는 청수강문서에 기반을 둔 연구를 둔황문서, 후이저우문서, 헤이수이청문서의 연구에 비교하여, 연구 규모가 계속 성장할 추세로 보이기 때문에 둔황학, 후이저이학, 헤이수이청학처럼 하나의 '청수강학'을 형성할 것으로 전망했다(李玥瑾·杜其蓁, 2020-02: 204-205).

따라서 '청수강문서'라는 용어의 구체적인 의미를 질문하는 정의상의 문제를 극복한다면 '청수강문서'들을 대상으로 하는 '청수강학'이라는 용어 역시 성립이 가능해지는 것이다. 필자의 소견으로는 '청수강'의 고유한 특성이 반영되지 않는 명칭 사용에 문제가 있어 보이지만, 현재 중국 학계를 중심으로 '청수강문서', '청수강학'이라는 용어와 더불어, 지역명으로도 '청수강 유역'이라는 표현이 일반화되고 있다는 점과, 관련 문서집이 꾸준히 출판되고 있다는 점 등을 소개한 것을 본 장의 의의로 삼는다.

III. 청수강문서 연구 현황

1. 중국의 연구 현황

청수강 유역 소수민족의 사회경제를 다룬 연구들은 '청수강학'이 제시되기 이전부터 꾸준히 이어져 왔다. 청수강 유역 임업사 연구의 선구자라고 할 수 있는 양유경은 1980~90년대에 걸쳐 여러 논문을 통해 묘족 임업 계약 문서의 형식과 내용상의 특징을 다루고 묘족의 특수한 임업계약이 탄생한 정치, 경제적 원인을 밝히고자 했다(楊有賡, 1989, 1989-4, 1990-2, 1990-3). 2000년대에 들어 장잉창은 비각 자료를 검토하여 목재 교역 제도를 탐구한 연구 성과를 발표하고(張應强, 2002-3) 이어서 2006년에는 『木材之流動 : 淸代淸水江下流地區市場·權力與社會』(北京, 三聯書店)를 발표했다. 이외에 쉬샤오광(徐曉光)의 『淸水江流域林業經濟法制的歷史回溯』(貴陽, 貴州人民出版社, 2006), 양충(梁聰)의 『淸代淸水江下遊村寨社會的契約規範與秩序 - 以文斗苗寨契約文書爲中心的硏究』(北京, 人民出版社, 2008) 등도 『청수강문서』의 발간 직전에 발표되었던 주요 연구들이다. 이들 연구는 특히 임업과 더불어 임업 경제에 의존해 생활해 온 사람들의 특수한 규범과 법, 질서 의식 등을 탐구하는 데 주목하고 있다.

중국에서 '청수강학'이라고 명명할 만큼의 양적·질적 성장은 『청수강문서』 출판 이후 최근 10여 년에 집중되어 있다. 연구자들이 공유할 수 있는 대량의 자료집이 연구를 급성장시키는 바탕이 되었던 것이다. 『청수강문서』 출판 이후, 수많은 개별 연구 성과들이 발표되어 왔다. CNKI (China National Knowledge Infrastructure)에 등재된 2011년 이후 '청수강'이라는 키워드로 검색되는 관련 논문은 2023년 2월 현재 1,525편에 이른다. 수많은 연구가 있는 만큼 연구 주제도 다양하다. 문서를 통해 연구할

수 있는 테마는 모두 다루고 있다고 해도 과언이 아닐 것이다. 많은 논문이
발표된 결과, 청수강문서 연구 논문집인『淸水江流域文化硏究』(吳平
·龍澤江 主編, 北京, 民族出版社, 2015),『淸水江學硏究』(北京, 中
央民族大學出版社, 2016) 등이 출판되기도 했다(徐曉光, 2017-3: 4).

이들 각 개별 논문에 대해 일일이 분석을 하는 것은 필자의 능력을 넘
어서는 일이다. 그러나 다행인 것은, 수많은 중국 내 연구 성과들 중에서
도 정부의 연구 기금을 수주한 연구들을 중심으로 대체적인 연구의 흐름
을 파악해 볼 수 있다는 점이다.

2011년에는 구이저우대학의 장신민 교수가 주도하는 '청수강문서 정리
와 연구(淸水江文書整理與硏究)' 프로젝트가 중국의 국가사과기금중
대항목(國家社科基金重大項目)에 포함되어, 이후 청수강문서에 기반
을 둔 대량의 연구 논문이 발표되는 계기를 마련했다(徐曉光, 2017-3; 4).
이후의 청수강문서 연구의 성행을 잘 보여주는 것이 2009년부터 2019년
까지 국가기금을 받아 연구된 쓰촨, 구이저우, 윈난, 광시 4개 省의 당안
연구 통계이다. 연구과제 총 56건 가운데 청수강 관련 연구과제는 17개로
약 30.4%이다. 과제의 결과물인 논문으로 보면, 청수강 유역에 관한 논문
은 총 논문편수 349편 가운데 97편으로 약 27.8%를 차지한다. 이 가운데
앞서 언급한 '청수강문서 정리와 연구'라는 과제명으로 제출된 연구 논문
만 63편에 이른다(李玥瑾·杜其蓁, 2020-02).[6] 2012년에 쉬샤오광은 곧
바로 '청수강문서 정리와 연구'의 연구 성과물들을 기반으로『款約法 -

---

6) 본문에서 인용한 표는 198-201쪽의 '表2 基金分布'이다. 연구 과제명에 '청수강' 혹은
   '진핑문서'라는 표현이 직접적으로 제시된 경우만 17건이다. 22건의 연구 논문이 발표
   되었던 과제인 國家社科基金一般項目의 '晚明至民國時期內地侗·苗民族地區
   土地買賣與地權分配硏究'와 같이 청수강문서를 활용할 수밖에 없는 연구과제들까
   지 포함하면, 전체 연구과제와 연구결과물에서 청수강 관련 주제가 차지하는 비율은
   더욱 높아질 것이다.

黔東南侗族習慣法的歷史人類學考察』(厦門,　　　厦門大學出版社, 2012)을 출간하기도 했다.

〈표 3〉 2009~2019 청수강 유역 문서연구 기금 및 과제명별 논문 편수

國家社科基金重大項目		國家社科基金西部項目	
		清水江流域土地契約文書研究	2편
清水江文書整理與研究	63편	貴州錦屏文書研究	4편
		清代至民國清水江流域林業契約文書研究	2편
國家社科基金一般項目		貴州錦屏文書研究 - 以清代黔東南苗·侗族土地契約, 文書研究爲中心	2편
近500年清水江流域文明發展史研究	4편	清至民國清水江流域抄本·刻本文獻語言研究	1편
錦屏文書數據庫建設與村寨原地保護模式研究	2편	教育部人文社科項目	
		清水江流域林木生産的社會規約研究	1편
		清代貴州清水江流域田冊整理與研究	1편
清水江流域典當文書研究	3편	錦屏文書的人類學研究	2편
		清水江流域宗族關係文書研究	4편
近300年清水江流域林業碑刻的生態文化研究	1편	清水江文書詞彙研究	1편
		山地與江河之間 - 清代以來貴州東南清水江都柳江流域的開發與人群	3편

　청수강문서와 관련한 17개의 연구 과제를 나열하면 〈표 3〉과 같다. 여러 다양한 과제들 중에서도 단연 '청수강문서 정리와 연구'의 논문 편수가 가장 많은데, 청수강문서 관련 연구들 사이에서뿐만 아니라 2009년부터 2019년 사이 서남 지방 당안 연구 과제들 전체 중에서도 연구 논문 편수가 가장 많다.[7] 2022년에는 연구를 주도한 장신민이 10여 년에 걸친 프로젝트의 성과를 보고하는 「民間契約文書整理與研究的新創獲 - 國家

---

7) 두 번째로 연구 논문 편수가 많은 과제는 33편인 國家社科基金重大項目의 '淸代南部縣衙檔案整理與研究'이고, 세 번째는 위의 각주에서 언급한 國家社科基金一般項目의 '晚明至民國時期內地侗·苗民族地區土地買賣與地權分配研究'로 22편이다.

重大招標課題"淸水江文書整理與硏究"最終成果槪要」(『貴州大學
學報(社會科學版)』 2022(40-4))를 발표했다.

발표한 개요에 따르면, '청수강문서 정리와 연구' 프로젝트에서 먼저
수행한 것은 '청수강문서' 정리의 일환으로『천주문서』를 출판한 것이다.
연구 과제를 수행하기 이전인 2010년에 이미 '청수강학'을 제창하던 장신
민은『청수강문서』만이 아니라 청수강 일대의 민간고문서들을 모두 '청
수강문서'로 통칭해 왔다. 따라서『천주문서』의 정리와 연구를 청수강문
서 연구의 범주에 포함한 것이다.

위 글에서는 연구 성과의 개요로서 계약문서 정리와 연구의 공간 확대,
문헌 독해와 현지 조사를 아우른 새로운 연구 방식의 창안, 지역 사회에
대한 이해 제고 등을 언급하고 있다. 그런데 이보다 더 주목해야 할 부분
은, 연구의 결과 '묘강(苗疆)' 지역과 왕조 국가의 관계가 조화로웠음을
증명할 수 있다는 장신민의 주장이다. 장신민은 서양의 연구자들이 신청
사의 시각을 앞세워 중국 서남 지역이 식민지와 같은 성질을 갖고 있다는
이른바 '도전적 주장'에 반박하며, 연구 과제를 수행하면서 대량의 원시적
자료들을 통해 묘강이 왕조 국가들의 '인속이치(因俗而治)' 전략에 따라
'묘례(苗例)'를 인정받으면서도 동시에 국가 법 체계가 수용되었음을 주
장했다. 한족과 묘족이 잡거함에 따른 문화의 혼합 역시 발생했다. 따라서
묘강은 '화외(化外)'에서 '화내(化內)'로 변화하는 역사 과정을 밟아 왔다
고 서술했다(張新民, 2022(40-4); 8-9). 지역 사회의 특수성과 더불어 '중
국'이라는 일반화 가능한 무엇인가가 동시에 존재한다는 '다원일체'의 논
리라고 할 수 있다. 여러 논자들의 시각에 대해서는 다음 장에서 이어서
다루고자 한다.

여기서 언급해 두고자 하는 것은, 끊임없이 민간고문서가 발굴되어 정
리 및 간행되고 있으며 넘쳐나는 문서를 재료로 다방면의 연구가 수행되
어 오고 있다는 점이다. 과거 소수민족의 임업이라는 특정 분야에 연구

관심이 집중되었던 것에서 벗어나 연구의 다양성이 확보되고 있다고 볼 수 있다. 서남 지역의 민간고문서 연구 분야에서는 '청수강문서'가 독보적인 규모를 자랑하고 있다.

그러나 연구의 다양성과 규모가 확대되어감에도, 몇몇 연구자들로부터 질적 성장이 부족하다는 비판의 목소리가 제기되기도 했다. 예를 들면 2015년에 장잉창은 여러 분야의 학자들이 자신의 전문 분야에 따라 문서들 가운데 일부 혹은 특정 유형의 문서만을 가지고 전문적 연구를 진행해 왔으나, 종합적이고 창의적인 연구 성과가 나오지 않고 있음을 지적했다(張應強, 2015-6). 또 2017년에 우차이마오(吳才茂)는 같은 주제를 반복하고 또 개괄적인 수준에 머무는 논문들이 대량으로 작성되고 있는 점을 지적했다(吳才茂, 2017-5: 42).

그럼에도 한편으로는 단편적인 주제의 논문이 산발하는 상황에서 벗어나 점차 양질의 종합적 연구물이 축적되는 단계에 접어들었다고 생각한다. 비교적 이른 시기의 대표적 연구로는 2011년 청쩌스(程澤時)의 『淸水江文書之法意初探』(北京, 中國政法大學出版社)과 2016년 우차이마오의 『民間文書與淸水江地區的社會變遷』(北京, 民族出版社) 등이 꼽힌다.[8] 최근에는 북경의 社會科學文獻出版社에서 2019년부터 '청수강연구총서'를 발간했다. 다소 길지만 연구 현황 소개라는 본고의 목적에 부합하도록 현재까지 '청수강연구총서'로서 발간된 12권의 연구서들을 나열해 두고자 한다. 2019년에는 錢晶晶, 『歷史的鏡像 : 三門塘村落的空間, 勸力與記憶』; 謝景連, 『"揷花地" : 文化生態, 地方建構與國家行政 : 淸水江下遊地湖鄕的個案研究』; 羅兆均, 『人神之間 : 湘黔桂

---

8) 『淸水江文書之法意初探』은 청수강문서를 관습법적 측면으로 분석한 연구 성과이고, 『民間文書與淸水江地區的社會變遷』은 청대 중후기 청수강 유역 소수민족사회의 사회변화 과정을 논한 연구이다.

界鄰地區飛山公信仰硏究』; 孫旭,『集體中的自由 : 黔東南侗寨的
人群關係與日常生活』; 朱晴晴,『移民, 市場與社會 : 淸代以來小江
地域文化的演變』; 鄧剛,『從"鍬裡"到"鍬家" : 淸水江下遊三鍬人的
移民歷史與認同建構』; 劉彥,『姻親與"他者" : 淸水江北岸一個苗
寨的歷史, 權力與認同』; 何良俊,『商紳分野 : 近代都柳江下遊長安
鎭地方精英硏究』 등이, 2020년에는 王彥蕓,『江河, 商鎭與山寨 : 都
柳江下遊的人群互動與區域結構過程』; 黃瑜,『山水"峒氓" : 明淸以
來都柳江下遊地區的家族, 婚姻與儀式傳統』 등이, 2021년에는 吳曉
美,『商鎭興衰 : 洪江的商業歷史與地域社會建構』; 張應强,『木材
的流動 : 淸代淸水江下遊地區的市場, 權力與社會』9) 등이 출간되었
다. 이 외에도 傅慧平,『錦屛加池苗寨文書的社會人類學考察』(北京,
知識産權出版社, 2019); 安尊華,『淸水江流域土地契約文書硏究』
(北京, 科學出版社, 2019) 등도 출판되었다.

　대략의 흐름을 보면, 민간에서 작성하고 보관하는 문서의 대부분이 계
약서이며, 계약의 대상은 주로 토지와 생산물에 관한 것이었기 때문에 토
지계약과 임업에 관한 연구들이 여전히 주요 테마를 이루고 있기도 하다.
그러나 한편으로는 연구의 관심 분야가 임업에서 점차 인류학적 연구로
확산되고 있다고 할 수 있다. 이는 21세기에 접어든 직후부터 대량의 민간
고문서가 발굴되고 문서집으로 출판되어 다양한 내용의 사료를 접할 수
있게 되었기 때문이다. 또한 연구의 양적 성장으로 인해 중국 서남지역의
문서 연구들 중에서도 지난 10여 년 동안 가장 많은 연구 성과를 제출하고
있으며(李玥瑾·杜其蓁, 2020-02: 198-205), '청수강학'이 점차 구체적인
하나의 학과로 가시화되어감에 따라 점차 연구의 질적 성장도 기대가 되

---

9) 이는 2006년에 출간됐던『木材之流動 : 淸代淸水江下流地區市場·權力與社會』
　(北京 : 三聯書店)를 재간한 것이다.

고 있다.

2. 한국의 연구 현황

이어서 한국의 청수강문서 연구 현황을 살펴보고자 한다.『회편』,『청수강문서』등이 출판되어 현지의 민간고문서를 외국의 연구자들이 수월하게 공유할 수 있는 환경이 조성되었다. 그러나 청수강 유역 민간고문서의 존재 유무를 떠나, 한국 학계에서는 국가와 구이저우지역 소수민족 지역 사회의 관계 양상을 조망하고, 왕조 국가 단위의 단순한 역사 서술에서 탈피하는 연구들이 2010년을 전후한 시기부터 등장했다. 중국 내부의 개별 지역사에 집중하고 '중국'을 지역적·역사적으로 하나의 통일된 단위로 바라보지 않는 경향이 뚜렷해진 것이다.10)

2009년에 김홍길은 진핑현 일대 묘채에서 목재 매매를 중개하는 현지 상인들인 산객(山客)이 성장하여, 외지에서 온 한족 상인인 수객(水客)들의 경제력이 묘채에 침투하는 것을 방어하고 지역 사회의 질서를 유지하는 데까지 영향을 끼쳤다고 논했다(김홍길, 2009). 또 2013년에는 목재 매매 유통에 관련하여 명대 황목(皇木) 채판(採辦)에 대한 논문을 게재하고(김홍길, 2013), 2017년에는 묘족 사회와 왕조 국가의 관계에 집중하여 명대 만련 연간 말에 생묘(生苗)와 숙묘(熟苗)를 구분하고자 묘장(苗牆)이 수축되었으나 곧 묘족의 공격으로 허물어져, 왕조 국가 권력의 침투가 용이하지 않았던 면을 조명했다(김홍길 2017).

2017년에는『동북아역사논총』58집에 "명청시대(明淸時代) 중국 서남 지역의 소수민족 사회와 국가 권력"이라는 제목으로 세 편의 특집 논문들이 실렸다. 정철웅의「"陽順陰逆, 乘隙出劫" - 明 嘉靖 연간 湘西

---

10) 그 계기에 대해서는 머리말의 각주 2 참고.

지역의 苗族 반란과 국가 권력」, 김홍길의 「명대 귀주성의 설치와 토착민의 저항」, 정지호의 「청대 黔東南 지역의 改土歸流와 苗族 사회의 변화」가 그것이다.

『청수강문서』 공간 시기와 김홍길의 명청시기 구이저우 묘족에 관한 연구가 본격적으로 진행된 시기가 맞물리고, 또 2009년의 논문인 「清代 서남지역의 목재교역과 소수민족 상인 - 貴州 錦屏縣 지역을 중심으로」에서 당시에 이미 완성된 『회편』과 제작 중이던 『청수강문서』에 대해 소개했다(김홍길, 2009: 136). 김홍길의 구이저우 묘족에 관한 연구와 청수강 유역의 민간고문서 문서집 소개는 이후 후베이와 그 주변의 생태와 사회를 전문적으로 연구해 온 정철웅, 쓰촨 지역의 상업 관행을 연구한 정지호, 후이저우문서를 통해 국가와 지역 사회의 관계를 연구해 온 홍성구, 중국과 조선의 족보 및 민간고문서의 특징을 연구한 안광호 등 여러 연구자들이 차례로 청수강 유역에 대한 관심을 높이게 되는 계기를 마련했다고 할 수 있다. 그러나 2017년 당시까지 연구자들의 연구 관심이 왕조와 소수민족 사회의 길항관계에 집중되어 있었기 때문에, 청수강 유역의 일상적 계약관계에 관한 내용을 주로 담고 있는 민간고문서를 활용한 연구가 수행되지는 않았다.

그런데 2017년을 기점으로 연구 방식에 점차 변화가 보이기 시작했다. 『회편』, 『청수강문서』 등 청수강 유역의 민간고문서를 직접 활용한 최초의 연구로 2017년에 이승수의 석사학위논문인 『清代 錦屏縣의 少數民族社會와 栽手』가 발표되었다(이승수, 2017, 2018). 청수강문서에서 보이는 임업 조전 계약에서 지주와 재수(栽手; 임업 소작인)의 사회적 지위 변화상과 이주자들의 정착 과정 등을 논했다. 2019년과 2020년에는 정철웅이 「清代 錦屏縣 加池寨의 經濟的 有力層과 少數民族 社會 ― 『清水江文書』의 加池寨 斷賣 文書를 중심으로 ―(1)」, 「清代 錦屏縣 加池寨의 經濟的 有力層과 少數民族 社會 ― 『清水江文書』의 加池

寨 斷賣 文書를 중심으로 ―(2)」를 연속 발표하여, 유력층의 경제적 성장과 부의 대물림, 그리고 부의 보호를 위한 방식 등, 청수강 유역 묘족 사회와 경제에 관해 다루었다(정철웅, 2019, 2020).

또 2022년에는 『명청사연구』 57집에 청수강 유역을 테마로 하는 5편의 논문이 실렸다. 정철웅의 「淸代 平略寨와 平秋寨의 界址 분쟁과 淸水江 중·상류 유역의 林業社會」, 정지호의 「淸代 黔東南 地域 苗族 村寨의 社會 組織 및 秩序 ― 款과 寨老를 중심으로 ―」, 이승수의 「淸代 貴州省 錦屏縣 淸水江流域 소수민족사회의 共山연구 ―『淸水江文書』의 加池寨 共山기재문서를 중심으로」, 남민구의 「19세기 貴州 錦屏縣 일대 묘족 사회의 소송과 장기지속 ― '苗婦姜九妹被拐案考'를 중심으로 ―」, 안광호의 「貴州省 錦屏縣 苗族 民間文書에 나오는 請字와 淸白字의 의미 검토」의 순서이다. 이들 연구들은 모두 청수강문서를 적극적으로 활용한 연구들로, 청수강 유역 소수민족 사회의 특징에 주목하고 있다.

2017년 즈음부터 한국 학계에서 청수강문서를 활용한 연구들이 본격적으로 등장하기 시작했다고 할 수 있다. 이에 따라, 과거 왕조 국가와 소수민족 지역 사회라는 양자의 관계를 거시적으로 주목하는 연구 방식에서 민간고문서에 드러난 현지 사회의 미시적 부분까지도 다룰 수 있게 되었다. 그러나 전자의 중요성이 결코 저하된 것은 아니었기에, 2019년 이서현의 석사학위논문인 『明代 中·後期 鎭雄府의 改土歸流와 革流歸土』,[11] 2021년 김홍길의 「淸代 湖南西部 苗亂의 終熄」(『동양사학연구』 157),

---

11) 이서현, 2019. 『明代 中·後期 鎭雄府의 改土歸流와 革流歸土』. 명지대학교 대학원. 이후 수정·보완을 거쳐 2019년에 「明代 土司制度 운용의 실상 ― 鎭雄府의 改土歸流와 革流歸土를 중심으로 ―」(『명청사연구』 51)를 발표했다. 이서현의 논문은 원난성의 사정을 다루고 있기 때문에 구이저우성 청수강 유역 연구에 포함되지는 않으나, 서남지역 소수민족 사회에 대한 대표적 연구의 하나로서 소개해 둔다.

2023년 홍성구의 「淸代 淸水江 유역 移民의 재정착 전략과 국가화」(『명청사연구』 60) 등의 연구들도 꾸준히 이어지고 있다.

지난 십수 년간 한국의 청수강 유역 연구 경향은 국가와 지역 사회의 양자 간 관계 파악에서 청수강 유역의 지역 사회에 대한 관심으로 연구 대상의 폭이 넓어졌다고 할 수 있다. 이는 민간고문서에 접근이 용이해진 결과에 따른 것으로, 중국 학계의 변화 흐름과 유사한 면이 있다. 물론, 수많은 중국의 연구 성과에 비해 한국 학계의 청수강 유역에 대한 연구는 본 장에서 소개한 연구가 전부일 정도로 규모가 미미하기 때문에 뚜렷한 경향성을 섣불리 일반화하기 힘들다. 그러나 규모의 차이는 연구 인력의 수와 국사인가 외국사인가에 따른 관심도의 차이에서 비롯된 것이기 때문이라고 생각한다. 양적 차이가 곧 질적 차이를 의미하는 것도 아니다.

한편, 양국의 청수강문서 연구의 뚜렷한 차이는 왕조 국가의 권력 침투의 정도를 가늠하는 데서 잘 드러난다. 국사를 서술하는 중국 연구자들은 청수강 유역 소수민족 사회의 특성이 곧 '중국'의 한 특성이며 국가와 지방의 조화로운 공생에 주목하는 반면, 한국 연구자들은 국가와 지방의 길항 관계에 주목하고 또 민간고문서를 다룰 때도 현지 사회의 특수성에 주목하는 경향이 있다. 이에 대해서는 장을 달리하여 논하고자 한다.

Ⅳ. 청수강과 '중국'의 사이 : 연구의 목표인 '중국'

1. 중국 학계의 서술 특징

청수강문서 연구를 진행하는 연구자들이 갖는 커다란 문제의식들 가운데, 특히 눈에 띄는 것은 국가와 지역 사회라는 양자 가운데 어느 쪽에 무게 중심을 두어야 하는가이다. 이는 외국인으로서의 필자의 시각이 반영된 평론일 가능성을 배제할 수 없을 것이다. 그러나 앞서 서양 학자들이 중국 왕조의 식민지로서 왕조의 주변을 바라본다는 것에 대해 깊이 의식하고 반론을 펼친 장신민(張新民)의 사례처럼, 국가 권력과 지역 사회의 자율성에 대한 언급은 중국인 학자들 사이에서도 자주 등장한다. 그리고 지역 자체의 특수성을 이해하기 위한 청수강문서 연구인가, '중국'을 이해하기 위한 연구인가에 대해 미묘한 시각의 차이가 감지된다.

청수강문서 연구 초기부터 문서 연구와 현지 조사를 병행해야 한다고 주장해 온 장잉창(張應强)은 역사인류학 연구자로서 소수민족에 대한 인류학적 접근의 시야를 지니고 있는 연구자이다. 2018년에 장잉창은 한 지역사 서술이 '거대서사'에 함몰되는 것을 경계하고 근대 중국 인식의 형성 과정을 탐구하는 데 청수강문서를 활용할 수 있다고 언급했다. 그러면서도, 청 초부터 행정 기관이 설치되어 지역 사회 질서에 왕조가 참여해 왔기에 경제, 사회, 문화 등에 전방위적 영향력을 끼쳤다는 역사적 배경을 무시할 수 없다고도 했다(張應强, 2018-2: 40-41). 비교적 아래로부터 접근하는 방향과 위로부터 접근하는 방향을 균형 있게 제시하고자 노력했다고 평할 수 있을 것이다.

한편, 2017년에 우차이마오(吳才茂)는 "휘학 연구 역시 지역을 끊임없이 초월하는 가운데서 왕성한 학술 생명력을 견지할 수 있었다. 둔황문서의 경우도, 이들 문서를 통해 논의되는 것이 대부분 당시의 국가와 사회이다. 청수강문서의 연구 또한 폐쇄적 지역 세계로부터 탈출해야 한다."라고 했다(吳才茂, 2017-5: 43). 우차이마오는 특정 지역의 이해를 위한 연구보다 '중국'을 이해하기 위한 청수강문서 연구가 되어야 한다는 의견을 피력한 것이다. 또 아래와 같이 서술했다.

'관문서'에 관해서는 더욱 특별히 주의해야 한다. 이는 명대부터 청수강 지역의 사회 경제 발전이 국가 제도의 강력한 추진 밑에서 이루어졌기 때문이다. '관문서'는 명청과 민국 시대 국가 제도 추진을 이해하는데 중요한 자료이다. 이 "위로부터 아래로"의 전체 과정을 누락한 채 "아래로부터 위로"의 지역 시각만 강조하는 것은 의심할 바 없이 지역 연구의 병목현상이다(吳才茂, 2017-5: 44).

민간고문서만을 통해 지역의 사회상을 묘사하는 것은 균형을 잃은 것이라고 보고, 민간고문서 이외에 형과제본(刑科題本)과 같은 관찬류의 문서들에도 집중해야 한다고 주장한 것이다. 이처럼 우차이마오는 '중국'의 통일성이 청수강 유역에서도 간취되는 바임을 강조했다. 위와 같은 서술들처럼 청수강 유역의 지역 사회의 개별성보다 국가 단위의 시각을 직접적으로 중시하는 의견을 제시하는 경우도 있다. 그러나 더 많은 경우는 간접적이다.

예를 들면, 이보다 앞선 2014년에는 「近五十年來淸水江文書的發現與硏究」(『中國史硏究動態』, 2014-1)에서 "또한 청수강문서 연구 중의 계약 연구는 단지 전계(田契)와 매계(賣契)의 해독에 집중하고 있지만, 계약은 합동(合同), 물권(物權), 혼인, 계승(繼承) 제도와 관련되는 대량의 전계(田契), 지계(地契), 혼계(婚契), 분관(分關) 문서 등등에도 미치고 있으니 모두 중국 전통 민사 법률 제도 연구의 재료이며 깊이 연구할 만하다."고 했다(吳才茂, 2014-1: 52). 이러한 서술에서는 '소수민족의 것'도 모두 '중국의 것'으로 치환된다. 이는 의도하든 의도하지 않든 '중국'에 소수민족의 종족성을 융해하는 서술 방식이다.

다른 사례로 본고에서 집중하고자 하는 것은 2018년에 『여평문서』 출판을 기념하여 특집으로 게재된 일련의 논문들이다. 『여평문서』의 출판 역시 청수강문서 발굴 및 정리 작업의 일환으로 자리매김을 하고 있으며, 청수강문서의 의의와 연구 전망에 대한 여러 연구자들의 글이 『原生態民族文化學刊』 2018(10-2)에 실려 있다. 여러 논자들이 각각 개성이 있는 관점을 제시했다. 류지웨이(劉志偉)는 염황(炎黃)과 같은 한 인물을

조상으로 둔 혈연 집단이라는 과거의 '중화민족' 설명은 허구적이었다고
지적하면서, "중국은 역사 과정"이라고 정의했다. 그러면서 푸젠, 광둥,
서남(윈난, 구이저우, 쓰촨)이 국가 체계에 진입한 역사 과정이 제각각이
고 문화가 융합하는 방식과 배경이 다르므로, 이러한 다양성을 '중국'이
형성되는 과정에 녹여 내는 것이 중요하다고 서술했다(劉志偉, 2018:
50-51). 거대한 혈연 집단으로 '중화민족'을 설명한다거나 한족 중심으로
소수민족의 동화가 이루어졌다는 신화가 논리를 결여한 구성적 서술이었
다는 비판을 하고 있으나, 이를 대신하는 역사 과정으로서의 '중국' 역시
하나의 구성물이라는 점은 다르지 않다. '중국'은 실현되어야만 하는 목표
로서 미리 상정되어 있다.

　　양팅쉬(楊庭碩)의 경우에는 청수강문서 연구에서 종족 차이를 망각하
는 경우가 있음을 지적하며, 청수강 유역과 기타 지역들 사이에 문화와
생태의 차이가 있는 것을 가장 큰 전제에 두어야 한다고 보았다. 또 지명
을 가리키는 '토명(土名)'이나 토지 경영 업무를 도맡아 관리한다는 뜻의
'관업(管業)', 그리고 토지나 생산물에 대한 지분을 '고(股)'와 '소고(小
股)'로 나누어 표기하는 등 묘족들만의 독특한 용어가 한자로 기술되어
있음에 주목했다. 이는 묘족문화와 한족문화가 문서 중에서 교착하고 있
음을 알 수 있는 대목이자, 동시에 한자로 표현된 문서의 이면에는 묘족의
관습법, 윤리 관념 및 그들만의 지식과 기술이 녹아 있다는 점을 지적했
다. 게다가 청수강문서는 삼림경영체제를 반영하고 있으므로 농경문화의
유형에 기반을 둔 사고방식으로 이해되지 않는 면이 있다고도 했다(楊庭
碩, 2018: 56-57).

　　이러한 양팅쉬의 관점은 청수강 유역 소수민족의 특수성에 특히 주목
한 것이라고 할 수 있을 것이다. 그런데 여기서 그치지 않고 양팅쉬는
청수강문서에서 볼 수 있는, 나무를 심고 키워 판매하기까지 수십 년 단위
의 임업 투자 행위를 외국의 연구자들이 제대로 이해하기 힘든 '중국의

현상'이라고 언급한다. 한족과 묘족의 차이를 지적해 왔지만, 중국 외부의 시선과 대비할 때는 청수강 유역이 '중국'의 일부가 되는 것이다.

한편, 장신민은 "어떤 족군 혹은 사회도 고립되어 존재할 수는 없다."고 하며 청수강 유역에서 국가의 역량과 지방 사회 사이의 상호작용을 통해 점차 한인 사회와 묘족 사회가 일치해 갔다는 점을 중시했다. 또 청수강 유역의 묘족이 '생묘'에서 '숙묘'로 변하고 이 지역이 신강(新疆)에서 구강(舊疆)으로 변했다고 서술한 뒤, 국가행정관리체계가 이미 실질적으로 진입하고 있었으나 다만 정부는 여전히 지방사회에 스스로를 표현할 수 있는 공간을 유보해 주었다고 보았다. 대량으로 만들어진 이 시기의 민간 계약문서가 직접적으로 증명하듯, 지방 사회의 '국가화'와 '자치화'는 충돌하는 것이 아니라 '대일통 정치 격국'을 실현했다고 서술했다(張新民, 2018: 45-47). 앞 장에서 소개한 '다원일체' 논리에 입각한 장신민의 관점을 여기서도 엿볼 수 있다.

그 외 자오스위(趙世瑜)는 둔황학과 휘학이 중국 역사라는 거대 서사를 서술하는 데 큰 영향을 끼치지 못하고 있다는 점을 지적하며 청수강문서 연구는 지역의 시야에 국한되지 말고 역사의 큰 문제 의식을 바탕에 두고 이루어져야 한다고 주장했다(趙世瑜, 2018: 53-54). 이는 청수강문서 연구의 확산을 위해 '중국'을 도구적으로 활용한 사고방식이라고 할 수 있다.

위와 같이 청수강문서의 의의를 제시하는 중국 연구자들의 글에서 공통적으로 살펴볼 수 있는 시각은 왕조 국가와 소수민족 지역 사회 사이에는 갈등보다 '중국'으로의 융합이 역사적 결론이라는 점이다. 물론, 연구자들마다 무게 중심을 더욱 국가에 두는가 혹은 지역 사회에 두는가의 차이는 드러나고 있다. 우차이마오는 위로부터의 시각을 직접적으로 강조하였고, 장신민과 류지웨이는 다원일체의 논리에 충실하며, 장잉창과 양팅쉬는 비교적 청수강 유역 소수민족 사회의 특수성에 관해 서술 분량이 많다. 그러나 인류학적 접근을 기반에 둔 장잉창의 글을 제외하면 '소수민족 거주지'의 특수성보다는 '중국의 한 지역'으로 청수강 유역을 분류하고 또 지역의 것을 곧 '중국'의 것과 곧바로 등치시키는 서술이 자주 보인다.

2. 한국 학계의 서술 특징

반면, 한국 연구자들의 서술에서는 역대 왕조와 소수민족 사회를 별도의 항으로 두고 양자 대립의 구도를 설정하는 것이 대부분이다. 청나라의 영토를 계승하기 위한 전략으로 신해혁명 이후 '오족공화' 제창에 이어, 민국 시기 '중화민족' 개념을 제시했고, 개혁개방 이후 페이샤오퉁(費孝通)의 '다원일체 격국론'에 기반을 둔 중화민족 개념이 지속되고 있음을 지적하고, 중국의 소수민족 서술 전략은 줄곧 중국의 영토 계승을 정당화하기 위한 것으로 이해하고 있다.[12]

청수강 유역에 대한 연구의 경우에는 한화(漢化), 한족과 소수민족 문화의 융합, 그리고 소수민족 문화의 지속 등, 여러 유형의 시각이 가능하다는 것을 시야에 두고 있지만, 이들 중에도 소수민족 문화와 사회 질서의 특수성과 지속성에 특히 주목하고 있다. 예를 들면, 김홍길은 2009년에 청수강 유역의 목재교역을 다룰 때 중국 학계의 연구에는 한족의 소수민족에 대한 시혜라는 시각이 전제되어 있기 때문에 한족의 활동에 대한 소수민족의 대응방식을 충분히 조망하지 않아왔음을 지적했다. 따라서 "이 지역 토착민들의 한족에 대한 주체적 대응의 존재를 추출하고 그것을 가능케 한 그들 사회의 내부적 구조나 특징을 찾아보"는 것을 연구 의의로 삼은 바 있다(김홍길, 2009: 109).

---

12) 대표적인 연구서로, 강현사 외. 2008. 『중국 학자들의 소수민족 역사 서술』(서울, 동북아역사재단)을 꼽을 수 있다.

앞 장에서 소개했던 2017년 『동북아역사논총』의 "명청시대(明淸時代) 중국 서남 지역의 소수민족 사회와 국가 권력" 특집의 서문에서 정철웅은 다음과 같이 언급했다.

> 특정 지역의 역사를 거론할 때 '나라'를 먼저 생각하는 대신, 그 '구성원'은 부차적으로 생각하는 관행이 소수민족을 소홀히 한 중요한 원인이라 할 수 있다. 그러므로 소수민족에 대한 관심은 지금까지 역사 변화의 주인공으로 간주해온 강력하고 구체적인 실체에 대한 규명을 넘어, 오히려 그 저변에 존재했던 개별 집단을 새롭게 발굴하는 작업이다(정철웅, 2017: 7).

'나라'보다 각자의 지역에 따라 생활의 터전을 갖추어 온 여러 집단의 '구성원'들에 주목하고 이들을 역사 서술의 주인공으로서 발굴해야 한다는 주장은 단일한 '중국'을 구성해 내는 역사 서술에서 벗어나고자 하는 실천성을 강조한 것이라고 생각한다. 특히 '개별 집단'이라는 표현으로 여러 집단들이 왕조 국가에 완전히 포섭되지 않은 개별적인 존재 양식을 지니고 있었음을 선언하고 있다.

정지호는 중국 학계에서 개토귀류를 중화민족이 단결되어가는 역사적 과정으로 간주하는 것이 지배계급의 입장에서만 바라본 것이며, '다원일체'를 강조하는 현재 중국의 입장을 대변한다고 지적했다. 이러한 접근은 개토귀류라는 역사적 사건의 또 하나의 주체인 소수민족의 입장을 충분히 반영하지 않은 것이므로, 사실에 입각하여 정합적으로 이해하기 위한 재고찰이 필요하다고 서술했다(정지호, 2017: 104).

개토귀류에 대해서 이서현도 "청대 개토귀류 관련 연구는 매우 많지만 대체로 청 제국과 한족만의 시각을 토대로 개토귀류의 필요성을 일방적으로 제시하는 데 그치고 있다. 다른 한편, 명청 두 왕조의 소수민족 정책에 대응하는 소수민족 자체의 생존전략을 소홀히 했다는 점도 기존 토사나 개토귀류 연구에서 간과되었다고 볼 수 있다."는 문제 의식을 서술했다(이서현, 2019: 202). 이승수는 중국 서남지역의 역사는 "소수민족들의 저항과 중앙정부의 진압이라는 반복적이면서도 대립적인 역사"라고 보았다(이승수, 2022: 69).

한편, 2023년에 홍성구는 한족 왕조인 명조에 비해 만주족 왕조인 청조가 더 적극적인 '한화' 정책을 펼쳤다는 점에 주목하고,[13] 청수강 유역을 목재 교역을 통한 한화의 양상을 보인 지역으로 설정했다. 홍성구가 주목하는 '한화'는 소수민족이 한족의 문화를 수동적으로 수용한다는 측면이 아니라, 소수민족이 현지의 경제와 사회 질서를 유지해 나가려는 적극적 전략으로서 한족 문화를 수용한 측면이다(홍성구, 2023).

'청수강문서'의 활용도가 높은 연구들에서도 소수민족의 문화, 사회 질서의 지속성에 주목하고 있다. 2022년에 안광호는 문서들 가운데 묘족 사회의 분쟁 해결 방식이 담긴 '청자(淸字)'와 '청백자(淸白字)'의 차이에 대해 탐구했다. 특히 청자는 분쟁 당사자들이 주변 사람들의 중재안을 수용하지 못하여 신판(神判)을 요구할 때 작성한 문서였다(안광호, 2022). 남민구는 소수민족의 유력 집단인 강씨들이 족보에서는 스스로를 강서 등지에서 온 한인의 후예라고 밝히면서 소송시에는 청조 관원에게 자신들이 묘족임을 내세워 정체성의 유동성을 보이고, 청조 관원 역시 '변경'의 평화 유지를 위해 소송 판결시에 일관적이지 않은 모습을 보였다고 하여, 지배측이나 피지배측의 고정적 행동 유형이 없는 모호한 상태를 보이고자 했다(남민구, 2022). 이러한 논의들은 청수강 유역의 소수민족 사회가 일방적으로 '중국' 혹은 한족 문화에 귀속되지만은 않았음을 주장한다.

본 장에서 살펴본 바와 같이, 한국 학계와 중국 학계의 서술상의 차이가

---

13) 이러한 문제의식은 정철웅이 제기한 바 있다. 클로딘 롱바르 살몽 · 정철웅 옮김. 2015. 『중국적 문화변용의 한 예 : 18세기 귀주성』(서울: 세창출판사)의 '역자서문' 3-4쪽.

있으며 이는 청수강 유역에 대한 연구를 진행하는 한국의 연구자들이 종
종 언급해 온 부분이다. 현재 정치체로서 대륙 중국의 중화인민공화국 정
부는 엄연히 존재한다. 그러나 현재의 '중국'이 어떠한 과정을 거쳐 구성
되었는가는 '중국'이라는 덩어리의 단단한 정도를 결정하는 논의이다. 단
일한 '중국'을 역사적으로 또 공간적으로 얼마만큼의 범위에서 인정할 수
있는가에 대해 양측의 인식차가 있다고 생각한다.

V. 맺음말

『회편』과 『청수강문서』가 발간된 이래 꾸준히 청수강 유역의 민간고
문서가 수집·정리 및 출판되고 있고, 이들 출판된 문서에 접근이 용이하
게 되어 청수강문서를 소재로 한 연구들의 규모 역시 계속 증가하고 있다.
비단 중국에서뿐만 아니라 한국에서도 일단의 연구자들이 청수강문서에
주목하고 연구를 진행하고 있다. 과거에도 청수강 유역에서 임업에 종사
한 소수민족의 경제 활동이나 개토귀류와 같이 왕조 국가의 권력이 침투
해 온 과정에 주목해온 연구들이 있었으나 『청수강문서』 공간 이후에는
소수민족 사회 자체에 주목한 연구 성과들도 눈에 띄게 증가했다.

본문의 내용에 이어, 한국의 연구자라는 입각점에서 중국 소수민족의
민간고문서를 연구하는 작업의 의미에 대해 부언하는 것으로 맺음말을
대신하고자 한다.

한국 학계에서 일단의 연구자들이 꾸준히 구이저우 청수강 유역을 배
경에 두고 역사 연구를 이어왔다. 주로 이 지역의 대표적 소수민족인 묘족
이 명·청대 왕조와 어떠한 길항을 겪었는가에 집중하여, 국가권력과 소수
민족 사회의 갈등과 봉합에 관해 연구의 관심이 집중되었다. 외부에서 목
재를 구매하기 위해 온 한족 상인들과의 교류, 그리고 한족 거주지의 인구

압으로 인해 새로운 터전을 찾아 나선 한인 이주자들이 청수강 유역으로
유입한 사정 등도 다루었다. 이러한 테마들은 청수강 유역 소수민족 사회
를 탐구하는 의의를 해당 사회가 속한 더 넓은 '세계'와의 관계 속에서
찾고자 한 것들이다.

이를 달리 말하면, 소수민족 사회 자체를 규명하는 것만으로는 연구의
의의를 충분히 제시하지 못하는 면이 있었던 것이다. 독립한 국민국가를
이루지 못한 소수민족은 어디서건 소속 국가 역사 서술에서 '주변'으로
치부되며, 청수강 유역에 대한 연구도 중국 역대 왕조의 성격과 현재의
'중국'이라는 '중심'을 이해하기 위한 재료로 활용된다. 주변이라고 해도,
중국 학계에서는 청수강 유역의 소수민족 사회가 곧 중국의 일부이기 때
문에 현지 사회의 역사를 '국민'의 역사로서 다루는 것에 특별한 의미부여
가 필요하지 않을 것이다. 그러나 한국에서 중국 소수민족 지역의 역사를
지역 외부와의 관계성을 염두에 두지 않고 바라보는 것은 과제 수행의
의의를 찾기 힘들다. 이는 외국의 마이너리티에 대한 역사 연구가 갖는
경향이라고 생각한다. 소수민족 사회를 국가 혹은 마이너리티가 속한 배
후의 '전체'를 상대화하기 위한 수단으로 접근하거나, 연구 대상에 대한
미시적 접근을 통해 '전체'적 변화를 아래로부터 간취하고자 한다. 주변
소수민족 사회 자체로 완결되는 연구는 중국인의 국사(國史), 혹은 인류
학이나 민속지학의 영역에 가까운 것처럼 보인다.

한국 연구자의 이러한 입장을 오히려 강점으로 삼는 것도 가능할 것이
다. 마이너리티를 통해 본 과거의 '중화질서'는 무엇인가, 혹은 현재의 '중
국'은 무엇인가를 논하기 위해 청수강문서를 활용하는 것으로 이후에도
연구 활동의 의의를 적극적으로 찾을 수 있다고 생각한다.[14]

14) 2000년대에 접어들어 중국이 '동북공정'을 개시한 이후, 한국에서는 2004년에 고구려
연구재단을 설립하고 2006년에 동북아역사재단으로 확대 설립했다. 이후 한국 학계에

한편, 중국인 연구자들에게 중국사는 '국사'이다. 본고에서는 중국의 청수강 유역 연구들이 지역의 특수성을 좌시하지 않는다 하더라도 저작물의 결론에는 '중국'으로의 융합을 언급하는 서술 경향을 보이는 것으로 분석했다. 이는 '국민'을 구성해 내려는 국사 서술 방식이 갖는 일반적인 문제이며 어느 나라의 국사 서술도 피할 수 없는 문제일 것이다. 근대 이후의 역사 서술이 과거부터 현재까지의 국가 존속을 정당화하는 데 봉사하는 역할에서 완전히 벗어나지 않는 한, 이는 역사학 자체만의 문제라고는 할 수 없다. 따라서 무턱대고 어떠한 역사 서술 방식이 절대적으로 '올바른 서술'인가를 논하는 것은 역사 연구의 현실과 동떨어진 공론이 된다.

중요한 것은, 청수강 유역이라는 지역과 '중국'의 관계가 양국의 청수강 유역 역사 연구의 공통 관심사이며, 시각이 뚜렷하게 대비되고 있다는 점이다. 양자 간 관계의 역사를 어떻게 서술하는가가 곧 현재의 '중국'을 구성하는 방식이 된다. 구성해 내는 '중국'의 모습이 어떠한가에 따라 현재 중국의 통일성이 얼마나 정당한가가 가늠되므로, 청수강 유역 역시 또 하나의 역사 연구의 격전장이라고 할 수 있다. 즉, 한국 학계에서건 중국 학계에서건 청수강문서를 통해 현지를 이해하고 소수민족 사회와 왕조 국가의 관계를 탐구하는 작업은, 곧 현재의 '중국'을 논하고 그 형태를 구성해 내는 일에 참가하는 것이다.

한국의 청수강 유역 연구 성과는 수량이 많지 않기 때문에 본고에서 거의 전부를 언급했다고 판단한다. 반면, 중국의 연구는 그 수가 매우 많

서 중국의 지방에 대한 논의는 중국 동북지역(만주)에 국한되지 않고 다양한 지역을 대상으로 전개되었다. 예를 들면, 2008년에 동북아역사재단에서 출간된 강현사·외. 『중국 학자들의 소수민족 역사 서술』은 티베트, 몽골 등의 '소수민족'들에 대한 중국 학계의 논리를 전반적으로 다루기도 했다. 본고에서 언급한 것처럼, 2017년에는 서남 지역에 관한 특집 논문들이 『동북아역사논총』에 실리기도 했다. 청수강 유역 등 한족과 소수민족이 밀접하게 얽혀 관계를 주고받았던 서남지역 등에 대한 연구를 포함하여 '중국'에 대해 전반적인 논의가 지속되고 있다.

으므로 연구자들의 의견을 모두 파악하여 정리하는 것이 불가능했기에, 일부 주요 연구자들의 연구와 그들의 의견에 국한하여 논했다. 또한, '주요 연구'라는 선정 역시 필자의 주관이 개입했음을 밝힌다.

장쑤(江蘇)지역 도시소설의 도시공간인식

: 욕망과 권력의 소비와 이동형태를 중심으로

● 정중석 ●

Ⅰ. 들어가는 말

1990년대부터 중국문학이 소위 순수문학, 엄숙문학으로부터 벗어나, 장르문학, 통속문학으로 문학의 주류가 옮겨갈 즈음, 공공연히 '도시문학', '도시소설'이라는 언술이 많이 등장하였다. '도시(city)'라는 말은 문명이라는 '시빌라이제이션(civilization)'과 같은 어원을 지닌 말로, 그 시대의 문명을 축약해서 보여주는 공간이라는 함의가 있다. 따라서 고대도시는 옛 시대의 문명을 축약하여 드러내는 공간이며, 현대도시는 지금의 문명을 표상하는 공간인 것이다. 하지만 중국고전문학을 두고 자본과 소비성, 기호와 이미지화 된 물질성에 바탕을 둔 '도시소설'이라는 범주로 분석하는 예는 드물다. 설령 그 고전소설의 배경이 고대도시이고, 그 소설의 주제가 권력욕 혹은 정욕과 관련된 욕망일지라도 말이다.

사실, '도시'라는 말 자체가 현대성과 관련되어 있다. 기든스(A. Giddens), 천샤오밍(陳曉明), 왕후이(汪暉), 새비지(M. Savage) 등 많은 학

---

* 이 글은 2023년 12월『중국연구』제97권에 게재한 논문을 국민대 중국인문사회연구소 총서기획에 맞게 수정·보완한 것이다.
** 건국대학교 강사

자들은 도시가 현대성을 표상한다고 말한다. 현대성의 중요한 본질 중 하나가 단열(斷裂)인데, 이러한 단열을 가장 뚜렷하게 보여주는 공간이 도시라고 주장하는 것이다.[1] 그래서 '포스트사회주의' 시대로 접어든 중국이 본격적으로 자본주의를 받아들이면서 문학이 상업화됨에 따라 90년대 문학적 특징으로 '도시문학', '도시소설'이란 용어가 등장한 것으로 보인다. 하지만 국가단위문학사나 정통문학사에서 도시문학이란 용어는 등장하지도 않을 뿐더러 그 개념 설명도 찾아볼 수 없다. 분명히 하자면, 도시문학이라는 용어자체에 대한 개념 정의도 문학사에서는 되어 있지 않다. 그리고 도시문학의 '도시'가 현대성과 연관된 것이라면, 90년대 문학현상에 국한되어 사용되기보다는 중국의 근대가 시작될 무렵부터 적용되어야 타당할 것이다.

본고는 이러한 문제의식에서 출발한다. 본고는 도시소설의 개념 정의, 그것의 역사를 살펴볼 것이며, 1990년대부터 중국의 도시화가 본격적으로 이루어진 것은 부정할 수 없는 사실이므로 이를 반영하는 도시소설을 통해 현재의 중국을 고찰하려 한다. 후술하겠지만, 중국은 90년대부터 2000년대까지 9개의 대도시권역이 나타났고, 그중 장쑤(江蘇)지역을 중심으로 한 도시권역이 가장 거대하다. 본고는 장쑤지역을 배경으로 한 소설인, 주원(朱文)의 「나는 달러가 좋아(我愛美元)」(1995), 저우웨이후이(周衛慧)의 『상하이베이비(上海寶貝)』(1999), 비페이위(畢飛宇)의 『마사지사(推拿)』(2008)를 통해 현재 중국의 도시공간을 살펴보기로 하겠다.

---

1) 도시가 단열의 가장 뚜렷한 예라고 주장하는 학자는 앤서니 기든스(Anthony Giddens)이며, 천샤오밍도 이를 받아들여 같은 주장을 하고 있다. (陳曉明主編, 2003: 10) 왕후이 역시 "현대 개념은 중세, 고대와의 차별화로 의미를 나타"낸다고 주장하는데, 그가 말하는 현대의 차별적 의미는 자본주의 발흥을 의미한다. 자본주의 발흥을 잘 보여주는 공간이 바로 도시이다. (왕후이, 2005: 37, 63) 또한 마이크 새비지(Mike Savage)도 "도시적인 것(the urban)에 대한 정의는 자본주의적 근대성의 맥락"에서 정의되어야 한다고 말한다. (마이크 새비지·알랜 와드, 1996: 239)

Ⅱ. 도시소설의 정의와 역사 그리고 90년대 도시소설

　도시소설에서 '도시'는 전통과 단열된 공간을 의미하므로 고전소설에서 도시를 배경으로 한 소설은 도시소설의 범주에서 제외되어야 한다. 따라서 중국도시소설의 시작을 따진다면, 그 도시가 어느 정도 중국의 근대성과 관련되어 있어야 할 것이다. 이러한 관점에서 왕더웨이(王德威)의 주장은 주목할 만하다. 그는 중국도시소설의 효시를 한방칭(韓邦慶)의『해상화열전(海上花列傳)』(1892)으로 보고 있다. 왕더웨이는『해상화열전』을 '과도한 사랑과 욕망', '욕망의 도시'라는 키워드로 묶고, 이 소설이 상하이(上海) 홍등가 생활을 세밀하게 묘사하여 19세기 유럽의 현실주의와 같은 느낌을 준다고 논한다. 또한 이 소설이 해파(海派)문학의 기원이 되는 작품이라고 평한다.(王德威, 2003: 105, 123-124) 왕더웨이가『해상화열전』을 도시소설로 판단한 이유를 가만히 보면, 19세기 상하이는 이미 자본주의의 맹아가 싹텄고, 이에 따른 욕망의 소비가 이루어진 것에 근거하고 있다. 도시소설에서 도시는 자본주의 발흥과 이에 따른 소비문화와 불가분의 관계를 가지고 있다. 전통적 의미에서 소비는 생산에 반대되는 의미이고 생산을 하면 소비는 반드시 이루어져야 하는 행위였다. 또한 소비는 필요한 것을 만족시키는 의미로 인간의 경제활동과 삶의 필수불가결한 한 부분이었다. 하지만 자본주의 사회에서 소비는 일종의 생활패턴 혹은 생활방식으로 변화되었고, 필요보다는 욕망을 만족시키는 행위로 변질되었다. 도시소설은 이러한 소비문화를 반영하는 문학형식으로 볼 수 있다(焦雨虹, 2010: 31-32 참조).

　그렇다면 도시문학의 구체적 개념은 어떻게 정의되어야 할까? 사실, 도시문학의 개념과 정의에 대한 논의는 다양하고, 그것을 보는 입장도 각양각색이다. 쩡전난(曾鎭南)은 "도시문학은 매우 광범위한 개념이며, 그것에 대해 정의를 내리는 것은 불가능하며, 불필요하다"(曾鎭南, 1987; 蔣述卓·王斌, 2001: 99)라고 말했고, 레이다(雷達)는 "도시문학은 부득이하게 사용되는 개념이며, 꼬치꼬치 캐묻거나 질의할 수 없는 개념"(雷達, 1986; 蔣述卓·王斌, 2001: 99)이라고 지적했다. 왕간(王干)은 "도시문학은 지금 성장하고 있는 새로운 개념이며, 그것에 대해 정의를 내려야 하는 필요성, 가능성, 한계성은 모두 대답하기 어렵다"(王干, 1998; 蔣述卓·王斌, 2001: 99; 楊紹軍, 2005: 130)라고 언급했다. 작가들은 더욱 부정적으로 나오는데, 왕쩡치(汪曾祺)는 "도시문학을 제기하는 것은 이론이 선행하는 것이다"라고 말했고, 왕안이(王安憶)는 "도시문학에 대해 정의를 내리는 것은 고통스럽다. 여태껏 의식적으로 도시를 쓰겠다거나 농촌을 쓰겠다고 한 적이 없다"(王安憶, 1994; 蔣述卓·王斌, 2001: 99; 楊紹軍, 2005: 130)라고 토로했다. 이렇게 도시문학의 개념을 정의하는 것에 회의적인 연구자들이 있는 반면, 일부 연구자들은 적극적으로 도시문학에 대한 개념정의를 내리고 있다. 먀오쓰뉴(苗四姐)는 "도시생활을 투시점으로 삼으면서, 도시인이 현대문명으로 나가는 과정에서 반드시 살펴보아야 할 생존과 가치문제를 제기하는 문학"(苗四姐, 2001; 楊紹軍, 2005: 130)이라고 보았고, 리룽(李蓉)은 "현대화된 사회생활에 근거한 문학"(李蓉, 2004; 楊紹軍, 2005: 131)이라고 보았으며, 장수줘(蔣述卓)와 왕빈(王斌)은 "상품과 물질에 대한 굳은 신념을 바탕으로 한 문학"(蔣述卓·王斌, 2001: 99-100; 楊紹軍, 2005: 131)으로, 자오옌추(趙炎秋)는 "도시생활을 핵심으로 삼아 그것을 입체적으로 묘사하는 문학"(趙炎秋, 2005; 楊紹軍, 2005: 131)이라고 보았다. 이들의 주장을 살펴보면, '현대화된 도시와 생활', '상품과 물질'이라는 어휘가 공통적으로 등장함을 알 수 있다. 도시문학은 자본주의 그리고 욕망의 소비와 깊게 연관된 문학장르인 것이다. 이러한 면에서 리제페이(李潔非)와 천샤오밍이 제안한 도시문학 정의가 좀 더 설득력이 있다. 리제페이는 "도시문학은 반드시 물질과 상품의 관념이

포함되어야 하며 인간의 운명이 물질과 충돌하고 물질에 억압받는 것"(李
潔非, 1998: 46; 蔣述卓·王斌, 2001: 99)을 표현한 문학이라고 정의하며,
천샤오밍은 "도시 존재 자체를 직접적으로 드러내는 작품, 도시의 객관적
인 형상을 건립하는 작품, 도시생활에 대한 반성을 표현하는 작품, 인간과
도시의 정신충돌을 표현한 작품"(陳曉明, 2006: 12)을 도시문학이라고 정
의한다.2)

이러한 도시문학의 정의에 의해, 중국의 도시소설은 『해상화열전』에서
시작하여 신감각파문학·해파문학에서 꽃을 피운다. 1930-40년대 도시소
설이 다수 나타났지만 그래도 많이 나타난 지역은 상하이였고, 도시소설
의 중심은 상하이였다. 이를 가장 농후하게 표현한 유파가 신감각파·해파
소설이었고, 당시 도시소설을 이끈 주요 작가는 류나어우(劉吶鷗), 무스
잉(穆時英), 스저춘(施蟄存), 장아이링(張愛玲) 그리고 『한밤중(子夜)』
를 쓴 마오둔(茅盾) 등이었다.

신감각파·해파문학 작가들은 상하이의 현대성을 동경하였고, 상하이
를 초기 현대성의 표본으로 상정하고 있었다. 당시 상하이의 도시성은 중
국의 현대성을 표상하고 있었고, 그들은 상하이를 중국의 현대화가 완성
되는 장소로 여겼었다.3) 하지만 여기서 상하이의 현대성은 식민지 근대성

---

2) 도시문학은 문학을 공간적으로 분류한 것이기도 하다. 문학을 시간적으로 분류하면,
고대문학—현대문학—당대(當代)문학이 되고, 작품이 묘사한 시대배경을 근거로 분
류하면, 역사문학—현실문학—미래문학(SF문학)이 된다. 문학을 공간적으로 분류하
면, 향토문학—도시문학이 된다. 하지만 단순히 도시를 배경으로 삼은 작품을 도시문
학이라고 할 수는 없고, 여러 논자들이 언술한 바와 같이 '도시성'을 함의하고 있어야
한다.

3) 니원젠(倪文尖)은 아편전쟁 이후 상하이는 중국 근·현대사에서(특히 항일전쟁 시기
와 국공내전 동안에) 현대성을 추구하는 가장 핵심적인 공간이 되었다고 말한다. (니원
젠, 임춘성·왕샤오밍 엮음, 2009: 428) 쩡쥔(曾軍) 역시 올드 상하이 속에 현대성의
일면이 명확히 드러났으며, 현재 지식인과 문화인들이 '올드 상하이'를 부활하려는
의도는 옛것을 품으려는 의도가 아니라 새것을 생각하기 위함이라고 논한다. (쩡쥔,

이라는 특징이 있다. 특히 소설 속 여성 주인공은 소위 '모던 걸'로 불리며 도시적 근대성을 실현하는 주체였다. 해파 도시소설 속의 여성은 서구적 여성이미지를 부여받았으며, 경제적 독립과 성적 자유를 누렸고, 모더니티의 상징이었으며, 도시 근대성의 첨병이었다. 그녀들은 '모던 걸'이나 '매춘부'로 형상화되었고, 반면, 남자 주인공은 여성의 타자로서 모던 걸에 대한 동경과 공포를 표출하는 낙오자로 묘사되었다. 따라서 이 당시 도시소설은 도시인의 내면 체험을 감각적으로 포착하여 드러낸 특징이 있다(노정은·홍혜원, 2006: 341-351 참조). 1930년대 도시소설은 도시외관이나 도시풍경에 대한 묘사보다는 도시로 인해 유발된 인물의 심리나 감상에 대한 묘사가 더 많았다. 이 당시 창작은 리얼리즘이기보다는 도시심리, 도시감각에 치중된 모더니즘[4] 창작에 가까웠는데, 이것이 90년대 도시소설[5]과 가장 구별되는 부분이다.

도시서사를 하는 작가는 발터 벤야민(W. Benjamin)의 「보들레르의 작품에 나타난 제2제정기의 파리」에 등장하는 '도시의 거리산보자'와 같은 입장이었다. 파리의 거리를 산보하는, 파사주를 거니는 거리산보자는 "관찰자"이며 "암행을 즐기는 왕자"이다. 그는 "추격자"와 "군중" 속에서 "길을 선택하는 미지의 사나이"이며, 동시에 "군중 속에 버려진 사람"이다. 따라서 거리 산보자가 파리를 묘사하는 것은 "파리 생활의 마술환등(Phantasmagorie)"과 비슷한 것이었다(발터벤야민, 2010: 86, 97, 107, 83). 1930년대 중국의 상하이는 그 위상과 성격 면에서 19세기 프랑스 파리와

임춘성 엮음, 2014: 358-359)

4) 여기서 모더니즘은 예술적 모더니즘을 의미한다.

5) 1990년대 도시소설은, 30년대 그것이 모더니즘에 바탕을 둔 것과 달리 리얼리즘에 근거를 두었다. 90년대 문학 사조인 '선봉문학—신역사주의 문학—신사실주의 문학'이란 흐름에서 도시소설은 신사실주의 문학에 속한다. 따라서 90년대 도시소설의 주도했던 신생대·만생대 작가들은 한편으로 신사실주의 작가이기도 했다.

비슷하였다. 발터 벤야민은 자본주의 체제 하에서 모더니티가 가장 잘 구
현한 장소를 '메트로폴리스(metropolis)'라고 간주하였고, 이러한 메트로
폴리스가 바로 파리라고 여겼다. 파리는 19세기 모더니티의 수도였다. 데
이비드 하비(David Harvey)도 제2제정기의 파리는 자본과 근대성이 특정
한 장소와 시간에서 만난 곳이며, 이 시기 파리는 여성으로 묘사되었다고
밝히고 있다(데이비드하비, 2005: 33, 378). 19세기 파리가 모더니티를 가
장 잘 구현한 장소이고, 자본과 근대성이 만난 장소인 것처럼, 1930년대
상하이도 그러하였다. 작가들의 도시상상 속에서 상하이는 각종 현대성의
의미를 부여받은, 모더니티를 가장 잘 구현한 장소였다. 따라서 1930-40년
대 도시소설은 다른 도시보다도 상하이를 중심으로 발전하였다. 또한
1930년대 해파 도시소설 자체가 리얼리즘이 지배해온 20년대 문학, 즉
5·4 계몽문학과 엘리트주의에 대한 반발이었다. 베이징이 바로 이러한
5·4 계몽문학의 전통과 리얼리즘 문학 계보가 짙은 공간이었는데, 비록
라오서(老舍)의 『낙타샹쯔(駱駝祥子)』 같은 작품이 있었지만, 같은 대도
시 공간이라도 베이징보다는 상하이에서 도시소설이 흥성하게 된 이유는
이것 때문으로 보인다.6)

---

6) 중국 관내 문학에서 벗어나 만주국 문학까지 시야를 넓힌다면, 상하이 이외에 자본과
근대성이 조우한 도시로 하얼빈을 들 수 있다. 만주국 작가 중 하얼빈을 배경으로
작품창작을 한 작가로는 줴칭(爵青)과 관모난(關沫南)이 있으며, 특히 줴칭의 「하얼
빈(哈爾濱)」(1936)은 30년대 모더니즘 기법을 활용한 도시소설로 간주할 수 있다.
줴칭이 묘사한 하얼빈은 상하이의 신감각파, 해파 모더니즘의 영향보다는 일본 신감각
파 요코미츠 리이치(橫光利一)의 영향을 직접 받았다는 점에서 1930년대 중국의 도시
소설은 상하이를 중심으로 한 해파소설과 만주국의 하얼빈 배경 소설로 양분될 수도
있을 것이다. 단지, 데이비드 하비가 파리가 여성으로 묘사되었다는 것은 보들레르
(Ch.Baudelaire)가 파리를 창녀로 묘사한 것을 염두에 둔 말인데, 상하이는 파리와
비슷하게 여성성이 부각되어 '모던 걸' 혹은 '카페 걸' 혹은 매춘부가 자본과 근대성을
상징하고, 여성은 남성의 타자가 아닌 독립적인 주체였던 것에 반해 하얼빈은 그러한
면이 좀처럼 나타나지 않는다. 하얼빈은 그것보다는 여러 제국의 '식민도시'라는 성격

1930-40년대 발전하였던 도시소설은 그 명맥이 이어지지 못하고 이후 급격히 쇠퇴하고 만다. 이는 중국현대문학이 좌익혁명문학으로 발전한 것과 관련이 깊다. 천샤오밍은 도시와 혁명문학의 진정한 조우(遭遇)는 마오둔의 『한밤중』에서 나타났으며, 도시소설은 좌익혁명문학에서 그 진면목을 드러냈다고 논한다. 당시 중국의 좌익작가들은 모두 도시에 거주하는 문인들이었기에 좌익작가로부터 도시문학을 산출해낼 수 있었다고 논한다(陳曉明, 2006: 14-15). 하지만 중국의 도시소설은『한밤중』이후 급격히 쇠퇴하고 만다. 그 이유는 중국혁명이 도시를 중심으로 한 정통 마르크스주의(Marxism)에 따르지 않고, 도시혁명론에서 농촌을 중심으로 하는 마오주의(Maoism)으로 변질되었기 때문이다. 그에 따라 혁명에 필요한 급진적 소재를 농촌에서 찾아야 했고 도시는 배척의 대상이 되었다.7) 혁명 유토피아와 도시 유토피아는 서로 전혀 다른 것이 되었으며, 도시생활 혹은 도시정취는 자산계급의 부패와 타락의 상징으로 여겨졌다. 이러한 기조는 신중국 성립 후 사회주의 문학까지 이어졌다. 따라서 사회주의 시기인 1950년에서 1970년대까지 도시소설은 크게 발달하지 못했다.8) 이러

과 여러 민족이 혼종되어 살아가는 혼종성 도시 성격이 강조되는 측면이 있다.

7) 천샤오밍은 "중국혁명의 가장 중요한 문제는 농민문제이다"라는 마오쩌둥의 말에 의해, 20세기 중국문학의 주류는 향토문학이 되었다고 말한다. (陳曉明, 2006: 15)

8) 이 시기 도시소설이 있었다면, 이전과 성격이 전혀 다른, 국가의미의 공공성, 사회성, 대규모 공업을 강조한 도시소설이 있었다고 볼 수 있다. 저우얼푸(周而复)의 『상하이의 아침(上海的早晨)』(1958), 선시멍(沈西蒙)의 집체창작 작품인 『네온사인 아래의 보초병(霓虹灯下的哨兵)』(1963)등이 그 예이다. 『상하이의 아침』은 중국사회주의 혁명이 도시 자산계급을 개조하는 것을 주제로 삼고 있다. 이 작품에서 도시는 자본주의, 사유재산, 서양을 의미한다. 『네온사인 아래의 보초병』은 중국 해방 초기 시절인 1950년대에 인민해방군 한 개 중대가 네온사인이 번쩍거리는 상하이의 난징로(南京路)에 주둔하면서 경험한 투쟁을 묘사하고 있다. 혁명정신을 계승한 인민해방군이 자산계급의 침입과 습격에 저항하는 것을 주제로 삼고 있다. 이 시기 도시소설은 공업 생산 체제, 공장의 대량 생산, 대규모 국가 기획, 개인성 지역성 소비성을 배제한 공공

한 흐름 속에서 도시소설이 중국현대문학에 다시 등장한 시기는 1980년대 중반 서구 모더니즘 수용 때부터였다. 모더니즘의 수용은 문학이 다시 도시를 표현하는 계기가 되었고, 모더니즘 의식은 '도시'로 표현되었다. 류쒀라(劉索拉)의 『또 다른 선택은 없다(你別無選擇)』(1985)와 쉬싱(徐星)의 『무주제변주(無主題變奏)』(1985) 같은 작품이 그 예이다.

그 이후 본격적인 도시소설의 출현은 1990년대부터이다. 90년대에 도시소설이 갑자기 흥성하게 된 이유는 시장경제와 소비문화의 발흥, 포스트모더니즘의 성행, 시민사회의 성장을 들 수 있고, 표면적인 이유로는 급속하게 진행된 도시화를 들 수 있다. 전술한 『해상화열전』을 도시소설의 효시로 판단한 이유에서 자본주의 맹아와 욕망의 소비를 들었다. 도시소설에서 도시는 고대와 단열된 공간이며 현대성을 함축한 공간이다. 이러한 '현대성'의 선명한 표징으로서의 도시소설이 90년대에 본격적으로 시작되었다. 자본주의는 소비문화를 만들어냈는데, 이 소비문화는 단순히 경제적 현상이 아니라 90년대를 지배하는 이데올로기였다. 90년대 소비문화에 대해 왕후이(汪暉)는 다음과 같이 말한다. "1990년대의 역사적 상황에서 중국 소비문화의 발흥은 단순히 경제적 사건이 아니라 정치적 사건이었다. 왜냐하면 이 소비주의 문화가 대중의 일상생활에 침투해 실제로 현대 이데올로기의 재정체성 과정을 완성했기 때문이다.……반대로 지식인의 비판적 이데올로기는 배제되고 희화화되고 말았다(왕후이, 2005: 116)." 소비문화의 발흥은 정치적 사건이며 소비주의 문화는 지배적인 이데올로기가 되었다는 말이다.9) 90년대의 도시소설은 이러한 이데올로기

성, 인민공사 같은 사회조직, 대규모 공업 등을 강조하고 있다. 1950-70년대 도시소설은, 도시문화생활이나 일상적 생활을 다루는 대신에, 도시문화를 훼손하고 좌익 사회주의 혁명을 완수하는 주제를 표현하고 있다.

9) 왕후이는 이러한 사고의 연장선에서 1990년대를 '탈정치화 조류'의 시대라고 진단한다. 그는, 오늘날 중국의 현대화, 시장화, 글로벌화, 발전, 성장, 전면적 소강(小康)

가 된 소비문화를 반영하며, 필요에 의한 소비가 아니라 욕망에 따른 소비[10]를 문학으로 형상화하였다.

또한 90년대는 중국에서 포스트모더니즘 시대였다. 1980년대가 모더니즘 시대였다면, 1990년대는 포스트모더니즘 시대였다(다이진화, 2006: 306-307, 316-317). 포스트모더니즘은 다원성과 차이성, 중심성의 해체, 주변성 강조, 시니피앙의 팽창으로 그 핵심 개념을 정리할 수 있다. 90년대는 사상문화의 다원화, 이데올로기의 약화, 엘리트문화의 권위 하락이 뚜렷이 나타났다. 소비문화와 포스트모더니즘은 모두 문학을 주변화시켰다. 소비문화는 시장의 힘으로 문학을 중심에서 주변으로 이동시켰고, 문학은 시장에 부합하기 위해 엄숙문학에서 통속문학으로 변모하였다. 이러한 문학의 주변화는 도시소설로 하여금 일상성을 소재로 삼게 만들었고, 사실주의 기법을 채택하도록 만들었다. 포스트모더니즘[11] 자체가 차이성과 주변성을 강조하니, 이러한 상황에서 주변화된 문학으로서의 도시소설이 성행할 수밖에 없었다. 도시소설은 도시를 욕망의 근원이며 현대인의 현대

그리고 민주 등의 개념은 모두 일종의 '탈정치화적' 또는 '반정치적' 정치 이데올로기의 관건이 되는 개념이며, 이런 개념의 유행은 사람들로 하여금 심화된 사고를 할 수 없게 만들었다고 언급한다. (왕후이, 2014: 125)

10) 마이크 페더스톤(M. Featherstone)은, 소비문화에서 '소비'라는 용어는 '과잉지출', '파괴', '소모', '낭비', '고갈'과 연결되며, 소비문화를 방탕, 쾌락, 혼란, 과잉개념으로 보는 관점에 주목해야 한다고 말한다. 소비문화는 이미지, 기호, 상징상품을 사용하여 타인이 아니라 자신을 자아도취적으로 즐겁게 하는 낭만적 진실과 정서적 충실인 환상화, 꿈, 욕망을 불러일으킨다고 지적한다. (마이크 페더스톤, 1999: 42-43, 50)

11) 프레드릭 제임슨(Fredric Jameson)은, 포스트모더니즘은 소비사회, 대중매체사회, 구경거리사회, 후기산업사회, 다국적 자본주의라고 불리우는, 새로운 사회를 구분짓는 개념이며, 포스트모더니스트들은 광고와 모델들, 스트립쇼, B급 할리우드 영화, 괴기소설과 로망스, 추리소설, 공상과학소설 등 소비문화에 매혹당해서, 고급 예술과 상업적 예술의 경계선을 모호하게, 혹은 그 텍스트들을 통합시켰다고 한다. (프레드릭 제임슨, 김욱동 편, 1990: 243-244)

병의 근원으로 본 신생대·만생대 작가들에 의해 주도되었는데, 다이진화(戴錦華)는 '신상태', '신체험', '신생대'의 개념도 모두 포스트모더니즘에 귀속되었다고 밝힌다(다이진화, 2006: 318).

90년대 도시소설이 흥성하게 된 이유로 시민사회가 성장했다는 점도 들 수 있다. 시민사회는 서양역사에서 나오는 개념이며 중국역사에서는 서양적 의미의 시민사회는 존재하지 않았다. 하지만 개혁개방 이후의 중국은 시장경제 체제였으며, 이는 사회계층의 분화를 야기하였다. 중국의 시민사회는 단위 체제를 벗어난 개인노동자, 사기업 사장, 외국기업의 사무원 및 노동자, 문화자영업자, 과학기술자, 프리랜서 등으로 구성되어 있다고 볼 수 있다. 시민사회는 도시소설을 긍정하고 소비하는 집단이 되었고, 동시에 그 구성원은 도시소설의 주인공이 되기도 하였다.

90년대 도시소설이 흥성하게 된 가장 직접적인 이유는 도시화였다. 중국의 도시화가 서양과 달랐던 점은 공업화가 이루어진 후, 뒤늦게 도시화가 진행되었다는 것이다. 서양의 경우, 도시화가 이루어진 후 공업화가 이루어졌다. 서양은 십자군 전쟁으로 인해 상인 길드체제가 도시를 중심으로 만들어졌기에 르네상스 시기에 도시화가 이루어졌으며, 이후 산업혁명 시기에 공업화가 이루어졌다. 반면, 중국은 사회주의 시대에 공업화가 이루어졌고, 개혁개방 이후에야 도시화가 이루어졌다. 중국의 도시화는 90년대에 급속하게 이루어졌다. 1990년에 중국의 도시는 467개였고, 1995년에는 640개로 증가하였다가, 다시 1999년에는 668개로 증가한다. 전국의 도시인구는 1990년 1.1억 명이었다가 1999년 2.3억 명으로 증가한다. 1990년대 말 중국의 도시는 700개, 도시인구가 전체 인구에서 차지하는 비율은 45.2%에 달하게 된다(薛小和, 2000; 賈麗萍, 2004: 130). 2000년대에 들어와서는 도시권역이 생겨나는데, 베이징·톈진·허베이(京津冀), 선양·다롄(沈大), 지린·헤이룽장(吉黑), 지난·칭하이(濟青), 후난·후베이·장시(湘鄂贛), 청두·충칭(成渝), 주장(珠江)삼각주, 창장(長江)삼각주, 상하이, 이렇게 9개의 대도시권역이 나타난다(王建, 1997; 蔣述卓, 2000: 25; 李潔非, 1998: 36; 賈麗萍, 2004: 130). 이렇듯 도시화가 이루어지자 그에 호응하여 도시소설이 생겨난 것이다. 따라서 이 시기 도시소설은, 물질적 조건인 하부구조가 상부구조를 결정한다는 마르크스(K. Marx)의 사적 유물론 관점에서 본다면, 도시화로 인한 물적 조건이 변화하자, 그에 맞게 이데올로기가 변화함에 따라 나타난 것으로 볼 수 있다. 본고는 현재 중국 도시화를 상징적으로 드러내고 있는 장쑤지역의 도시권역을 도시소설을 통해 고찰하고자 한다.

III. 장쑤지역 도시소설의 도시공간

1. 권력과 이동

샹뱌오(項飆)는 "원래 중국의 사회조직은 유동에 의존하지 않고", "일이나 거주지" 또한 "바뀌지 않"았기 때문에 "유동은 중국 사회 변화의 중요한 실마리"라고 말한다. 그리고 이러한 유동은 "개혁개방 이후 농촌에서부터 시작"되었다고 언급한다(샹뱌오, 2022: 321). 유동은 중국의 도시화 과정과 함께 일어났다.

도시의 공간은 중립적인 공간이 아니며, 그 안에는 권력이 있고 그에 따른 이동이 발생한다. 사람들은 자신의 욕망을 좇아 농촌에서 도시로 이동하고, 작은 도시에서 좀 더 큰 도시로 이동한다. 그리고 이동한 도시에서 자신의 욕망을 소비한다. 이러한 상승욕망 때문에 이동하는 사례를 주원의 「나는 달러가 좋아」에서 살펴볼 수 있다. 소설의 배경은 난징(南京)으로 추정되는 남방의 어느 도시이다. 이 소설은 두 아들이 학업을 위해 도시로 나와 있고, 아버지는 농촌에 살면서 두 아들을 만나기 위해 도시를 방문하는 이야기이다. 중국의 도시화는 많은 농민공을 양산했고, 농촌의 가정을 해체시켰다. 농촌사람들은 돈을 벌기 위해 자신이 도시로 이동하거나, 아니면 좋은 교육을 받기 위해 자식들을 도시로 이주시킬 수밖에 없었다. 이 소설은 후자의 경우이며, 아버지도 아들을 만나기 위해 농촌에서 도시로 이동한다. 또한 돈을 벌기 위해 차오후(巢湖)시에서 난징으로, 원저우(溫州)시에서 난징으로 이동한 여성도 등장한다.

> 아버지의 방문은 항상 갑작스러워 대비할 겨를이 없다.……남쪽과 북쪽 사투리가 뒤섞인 아버지의 말을 완전히 알아듣는 사람은 세상에 오직 어머니밖에 없다.……내 동생은 아직 대학교에 다닌다. 4학년이며 전공은 통계학이다.……"안후이 성은 내가 잘 알지. 안후이 성 어딘데?" "왜요? 저는 차오후 시 사람인데요."……아래층 미용실에 가서 세수를 하세요. 그 김에 거기 원저우 출신 아가씨보고 머리 염색도 해달라고 하고요(주원, 2008: 9-12, 19, 23; 朱文, 2011: 191-193, 198, 201).[12]

 차오후와 원저우는 3선(3線) 도시이고, 난징은 1.5선(1.5線) 도시로 분류[13]되므로 아버지와 아들이 도시를 배회하며 상대했던 여성 역시 소도시에서 대도시로 이동한 경우였다. 소설의 주선율은 아들이 엉뚱한 효심을 발휘해 아버지에게 도시의 욕망체험을 해드리는 내용이지만, 거기에는 농촌과 도시 사이의 이동, 소도시와 대도시 사이의 이동이 암암리에 드러나고 있다.
 도시화로 인한 인구이동은 「나는 달러가 좋아」에서와 같이 농촌에서

---

12) 父親的來訪總是讓我猝不及防。……父親的口音, 南腔北調, 只有母親可以一字不落地聽懂。……我的弟弟還在讀大學, 四年級, 專業是數理統計。……"安徽我很熟的, 安徽什麽地方？" "幹嗎, 我是巢湖的。"……我帶你去樓下的一家小髮廊, 我請你洗面, 順便再請那個溫州來的妹子幫你把頭髮染一染。

13) 2015年 中國60强城市분류. (이보고, 2018: 30)

도시로, 소도시에서 대도시라는 일방향성으로만 일어나지는 않는다. 자본
욕망과 계급상승욕망 때문에 대도시로 이동한 사람들이 그곳에서 공간확
보를 하지 못하거나 욕망을 소비하지 못한다면, 역으로 다시 작은 도시로
이동하는 사례도 생긴다. 비페이위의 『마사지사』는 이러한 사례를 잘 보
여준다. 『마사지사』는 난징을 배경으로 하는 맹인 마사지사들의 이야기이
지만, 그들이 원래부터 난징에서 마사지 일을 한 것은 아니었다. 닥터 왕
(王大夫)은 선전(深圳)에서 많은 돈을 벌었지만 주식투자로 인해 번 돈을
모두 잃고 다시 난징으로 돌아온다. 그는 자본욕망 때문에 대도시로 이동
하였으나 그 욕망을 소비하는 것에 실패하여 다시 소도시로 이동한 경우
에 해당된다. 사푸밍(沙復明)과 장쫑치(張宗琪) 역시 대도시 상하이에서
일을 하였으나 모두 난징으로 이동하는데, 사푸밍은 고향으로 되돌아가는
것이었으나 장쫑치는 아무런 연고도 없는 도시로 이동하는 것이었다. 그
들은 상하이에서 공간확보를 하지 못한 경우이다.

> 닥터 왕은 선전에서 일을 시작했다.……닥터 왕이 북받치는 감정을 주
> 체하지 못하고 외쳤다. "난징으로 가자!"……"난 이미 지쳐버렸고, 빈털
> 터리로 돌아왔죠." 닥터 왕은 어린시절에 들었던 이 노래를 곧잘 불렀다.
> 2001년 말, 난징으로 돌아가는 닥터 왕의 귓가에 메아리처럼 울리던 노래
> 도 바로 이 곡이었다.……사푸밍과 장쫑치에게도 대도시 상하이에서 고용
> 살이를 하던 날들이 있었다. 현대적인 상하이의 화려한 풍경은 그들과 아
> 무 상관이 없었다. 그들에게 대도시 상하이는 그저 침대 두 개를 의미할
> 뿐이었다.……상하이는 물가가 너무 비쌌다. 그러면 어쩌지? 난징으로 돌
> 아가자!(비페이위, 2015: 15, 23, 31, 380, 383; 畢飛宇, 2013: 4, 8, 13, 217,
> 219)[14]

---

14) 王大夫的第一桶金來自於深圳。……王大夫卻激動了, 王大夫說："回南京
   ！"……"我已是滿懷疲憊, 歸來卻空空的行囊。"這是一首兒時的老歌, 王大夫
   會唱。2001年的年底, 王大夫回到了南京, 耳邊響起的就是這首歌。……沙復明

닥터왕, 사푸밍과 장쭝치는 모두 1선(1線: 선전) 혹은 초1선(超1線: 상하이) 도시에서 1.5선(1.5線: 난징) 도시로 회귀하는 이동을 보여주고 있다. 「나는 달러가 좋아」에서의 아버지와 아들, 차오후와 원저우 시의 여성, 『마사지사』에서의 닥터왕, 사푸밍, 장쭝치같이 농촌에서 도시로, 작은 도시에서 큰 도시로 이동하고, 다시 큰 도시에서 낙오되어 작은 도시로 이동하는 사람들은 사실 도시 번영과 개발에 착취되는 대상이다. 그들은 '도농이원구조' 속의 농민공처럼 도시화의 제도적 비용을 부담하고 도시의 위기를 흡수하며 도시를 연착륙시키는 역할을 하고 있다(원톄쥔, 2013: 98, 187).

대도시로 이동한 사람들이 그곳에서 정착하고 생존한다 하더라도, 도시공간 내의 권력관계에 다시 얽매이게 된다. 저우웨이후이의 『상하이베이비』에서 상하이 도심의 소유권은 본토 상하이인이 아니라 제국주의 자본가들이 가지고 있었다. 흥국호텔의 잔디밭은 월세 2만 5천 달러를 내는 서양인 시티은행 총재부부의 소유였고, 중국인들은 그곳에서 파티도 하지 못했다(저우웨이후이, 2001: 111-112). 또한 중국인 티안과 코코는 상하이 변두리 낙후된 지역에 거주하는 반면, 마크와 그의 친구 리안더는 상하이 번화가 푸둥(浦東)에 거주하며, 그들의 회사도 푸둥에 위치해 있다(저우웨이후이, 2001: 14, 125, 172). 이러한 도시공간의 분할은 계층구분과 공간권력을 보여준다. 이뿐만 아니라 상하이의 공공공간이 사적공간으로 서서히 전환되고 있는 점도 공간권력을 보여준다. 오동나무가 우거졌으며 우아한 거피숍과 레스토랑, 호화로운 고층빌딩이 즐비한 오원로가 일방통행로로 바뀌어, 마돈나도, 코코도 그 거리에서 경찰에게 범칙금을 내는

和張宗琪在大上海過着打工崽的日子。十里洋場和他們沒有任何關係。對他們兩個來說，大上海就是兩張床。……上海的門面太貴，那又怎麼樣？回南京去！

것이 그 예이다(저우웨이후이, 2001: 215, 309). 도시의 자본권력에 의해서 공공구역의 사유화가 진행되고 있는 것이다.『마사지사』에서도 도시공간 내의 권력관계를 읽을 수 있다. 맹인들이 운영하는 사쭝치 마사지센터는 난징 주변부에, 그 주변부도 이류 부지에도 속하지 못하는 주변부에 위치해 있었다(비페이위, 2015: 53; 畢飛宇, 2013: 26). 따라서 사푸밍의 꿈은 가게를 난징 시내 중심가인 구러우(鼓樓)나 신제커우(新街口)로 옮기는 것이었다. 사푸밍이 장쭝치와의 반목으로 가게를 분가할 계획을 세울 때도, 도심이 아닌 사쭝치 마사지센터에서 5킬로미터 떨어진 곳에 새 업소를 세우는 생각에 그친다(비페이위, 2015: 376; 畢飛宇, 2013: 215). 닥터 왕은 신혼집 마련이 꿈이었으나, 주식시장의 과열에 이은 부동산 가격상승이 난징까지 밀려와 결국 집 한 채를 사지 못한다(비페이위, 2015: 136; 畢飛宇, 2013: 74). 이와 같은 도시공간의 분포는 도시 중심부에서 외곽까지 공간 가치에 대한 지불능력에 따라 도시거주민들을 위계적으로 배열하고 있음을 드러내고 있다.

2. 정욕과 소비

신생대·만생대 작가들에 의해 주도된 90년대 도시소설은 도시를 욕망의 근원, 현대병의 온상, 유흥가, 방탕과 퇴폐, 성의 범람 등으로 묘사하고 있다. 특히 도시소설에서 성(性)은 욕망의 알레고리이자 스트레스를 방출하는 창구같은 역할을 하고 있다. 어떤 중국학자는 "신생대 작가와 만생대 작가들은 성병이 이미 도시를 석권했다고 진단한다"라고까지 말한다(葉立新, 2002: 150). 도시공간에서 성은 사랑과 분리된 형태로 나타난다. 사랑이 없는 성이며, 이러한 성은 오락방식이자 삶의 향유방식이며, 심지어 일종의 소비행위이다. 성과 사랑이 분리되어 상품화된 성을 거래하고 소비하는 행위는「나는 달러가 좋아」와『마사지사』에서 나타난다. 성과

사랑이 분리되어 육체적 만족을 얻는 대상과 정신적 만족을 얻는 대상이
따로 존재하는 사례는 『상하이베이비』에서 나타난다.

「나는 달러가 좋아」에서 남성은 끊임없이 여색을 찾아 헤매는 도시의
방랑자이다. 여기서 성은 무료한 시간을 때우는 것이고, 자신의 생명유지
에 필요한 것이고, 먹고 배설하는 것과 동일한 일상의 일부분일 뿐이다.
성은 신비롭지도 아름답지도 않지만, 그렇다고 감추고 숨길 것도 아니다.
"성은 단순히 부부생활도 아니고 간통도 아니에요. 그건 훨씬 더 광범위
하고 언제 어디서든 존재해요……성을 직시하지 않는 사람은 불성실한
인간이에요(주원, 2008: 42; 朱文, 2011: 213-214)"[15]라는 화자의 말은 이
소설에서 성의 관념을 축약해 보여주고 있다. 소설가인 화자가 아버지에
게 성을 접대하겠다는 엉뚱한 효심을 발휘하는 것도 이러한 성 관념에
근거하고 있다. 장쑤지역 강남문인을 암시하는 듯한 소설가 화자는 평범
한 민중보다 애먼 짓을 더 많이 하고, 더 세속적이다. 따라서 이 작품에서
여성은 표면적으로는 1930년대 도시소설과 마찬가지로 서비스업에 종사
하는 여성들이나 그때처럼 근대성의 주체이거나 경제적 주체가 아니라
지식인들의 저열함과 옹졸함을 드러내는 기호적 역할을 하고 있을 뿐이
다. 여기서 남성 주체는 잿빛의 지식인이며, 삶에 대해서 줄곧 방관자적
태도를 유지하고 있다. 그가 성을 찾아 도시를 이리저리 헤매는 과정은
도시에서 소비되는 성의 암울함을 드러내는 과정이기도 하다. 주원은 표
리부동한 도덕을 극한까지 몰고 가서 독자에게 도덕에 관한 철학적 질문
을 던지고 독자로 하여금 도덕에 대해 사색하도록 만든다.

『마사지사』에서도 성과 사랑이 분리되어 성이 상품처럼 거래된다. 탄광
에서 일하다가 간신히 목숨을 건진 장이광(張一光)은 매춘부와 관계하며

---

15) 性幷不是簡單的夫妻生活，也不是通奸亂倫，它要廣闊得多，它是無時不在
的，……一個不正視性的人，是一個不誠實的人。

남은 생애를 보낸다. 또한 그는 샤오마(小馬)를 화류계로 끌어들이기까지 한다. 샤오마는 결국 매춘부인 샤오만(小蠻)에게 폭 빠진다. 하지만 이들이 성을 구매하는 것은 「나는 달러가 좋아」에서와 같이 무료한 시간을 때우기 위함이나 일상의 일부로서 구매하는 것과 성격이 약간 다르다. 장이광은 자신을 사랑해주는 여성이 아무도 없었고, 샤오마는 짝사랑하던 여성에게 거절당했기 때문이었다. 어찌 보면, 장님인 그들이 성을 구매한 것은 일종의 열등감에서 발원된 행위였다. 도시의 주변인으로서, 도시의 저층으로서, 그들의 용속한 삶의 일부로서 성이 거래되었다고 볼 수 있다.

『상하이베이비』에서도 성과 사랑이 분리되기는 하지만, 성이 금전에 의해 거래되지는 않는다. 성과 사랑이 분리되어 성적 만족을 주는 대상과 사랑하는 대상이 따로 존재하는 양상으로 나타난다. 주인공 코코(니코)가 그러하다. 지식인인 코코는 성적으로 무능한 티안을 정신적으로 사랑하고, 동시에 독일인 마크를 육체적으로 사랑한다. 그녀의 정신은 연약하고 가녀린, 순수한 영혼을 가진 티안을 사랑하지만, 그녀의 육체는 푸른 눈을 가진, 육감적이고 야성적인 마크를 사랑한다. 코코는 자신의 애정과 육욕을 분리시켜, "사랑하는 사람과 성적 만족감을 주는 남자를 소유하는 것이 가장 완벽한 구조(저우웨이후이, 2001: 115)"라고 언급하기도 한다. 이렇게 도덕성과 거리가 멀고 여과되지 않은 욕망에 충실한 서사 때문에, 본 소설은 '색정소설', '이류창작'으로 불리며, 인문정신과 문학의 도덕성이 결핍되었다고 많은 비판을 받았다. 하지만 코코의 이러한 애정행각에 있어서도, 최소한의 도덕적 행위가 발견되기도 한다. 코코는 마크와의 관계 후에 그의 지갑에서 지폐 몇 장을 가져간다. 또한 마크와 헤어지면서 그의 사파이어 백금반지를 훔쳐간다(저우웨이후이, 2001: 131, 316). 이는 마치 해웃값이나 화대 같은 성격을 지닌다고 볼 수 있다. 매춘부가 받는 돈은 노동에 대한 대가라기보다는, 고객과 정서적으로 연루되지 않고 그와 적절한 거리를 유지하기 위한 하나의 장치이다. 코코도 지폐와 사파이

어 반지로 마크와 정서적인 간격을 두었고, 금전으로 자신의 육욕이 사랑
으로 변화되는 걸 막으려는 최소한의 도덕적 노력을 하고 있었다고 볼
수 있다.

3. 소비사회 구조에 대한 저항

문학의 상품화 이후에 출현한 소설들에 대해 많은 평론가와 연구자들
은 이성적 사고와 인문정신, 문학의 도덕성을 결핍하고 있다고 비판한다.
특히 도시화 과정 중의 욕망체험을 창작원천으로 삼고, 도시 대중의 욕망
을 날것 그대로 표출하는 도시소설은 그 정도가 가장 심하다고 비판한다.
하지만 도시소설들은 그 나름대로 도시에 그물망처럼 드리워진 소비사회
구조에 대해 저항하고 있다. 「나는 달러가 좋아」에서 작가 주원은 금전에
대한 욕망을 매우 노골적으로 표현하는데, 작품 속에서 계속 등장하는 '달
러'는 화자가 시종 엎드려 절하고 숭배하는 대상이기도 하다. "나도 언젠
가는 세상에 크게 이름을 떨치고 머리 위에 지폐가 뭉텅이로 쏟아지는
날이 있으리라 믿는다. 저 달러라는 종이에는 너무나 친근한 얼굴이 그려
져 있다.……마술처럼 아래로 떨어지면 나는 두 손을 벌리고 파란 하늘을
바라보며 감격스럽게 그 흩날리는 행복의 비를 맞을 것이다(주원, 2008:
24; 朱文, 2011: 201)"[16]라는 서술은 자본과 물질에 대한 욕망을 그대로
드러낸다. 또한 "이 치열한 대 바겐세일의 시대에 재고정리 상품으로 판
매대 구석에 처박혀 있으면서 누가 동전 두어 닢만 던져주면 재깍 책 한
권을 써 준다. 나는 이미 20프로 할인이든 30프로 할인이든 영혼을 팔아넘

---

16) 但是我相信自己會有那麼一天變得大名鼎鼎，然後一開門就有大把大把的支
票劈頭蓋臉地衝我砸過來，躲也躲不掉。那種叫做美元的東西，有着一張多麼
可親的臉，……就像魔術一般，往下飄呀飄呀，我雙手張開眼望藍天，滿懷感
激地領受着這繽紛的幸福之雨。

길 준비가 되어 있다. 하지만 잊지 말기를, 내가 원하는 건 저 빌어먹을 달러이다(주원, 2008: 63; 朱文, 2011: 228)"[17]와 같은 서술은 문학의 상품화 시대에 놓인 화자의 처지 혹은 화자의 사고방식을 보여준다. 하지만 화자의 이러한 사고방식은 번번이 아버지와 부딪친다. 아버지는 물질에 대해서, 성에 대해서, 작가의 역할에 대해서 화자와 의견 충돌을 일으키고 토론을 한다. 아버지는 "명심해라, 성은 삶에서 필요하긴 하지만 특별한 건 아니다.", "성이란 건 요리처럼 먹어야지 밥처럼 먹으면 안 된다.", "사람은 다 다른 법인데, 여자를 보고 하고 싶어 하면 성실한 거고, 그렇지 않으면 불성실하다니 그런 단순한 논리가 어디 있냐?", "작가라면 사람들에게 이상, 목표, 민주주의, 자유 같은 뭔가 진취적인 것을 줘야 한다."(주원, 2008: 44, 45, 43, 64; 朱文, 2011: 215, 216, 214, 229)[18] 등의 규범적인 생각을 피력해 화자와 갈등을 일으킨다. 본 소설은 아버지와 아들의 세대 갈등 형식으로, 혹은 부권의 몰락 형식으로 소비사회구조에 대한 저항을 드러내고 있다. 두 아들이 학업을 위해 도시로 나와 있고, 아버지가 두 아들을 만나기 위해 도시를 방문하는 이 소설에서 주원은 유독 부자관계에 집착한다. 그 이유는 아마도 도시화로 인해 많은 가정이 해체되었고, 그 가정의 해체는 부권의 상실을 가져왔으며, 부권의 상실은 곧 윤리도덕의 붕괴를 가져오는 이런 일련의 현상들, 다시 말해 당시 도시화로 인한 중국사회 변화에 주목했기 때문으로 보인다. 따라서 화자는 소설 결말 부분에서 이런 말을 한다. "지금도 우리는 남의 존경을 받는 어엿한 아버지

---

17) 在火熱的大甩賣的年代裏，屬於那種清倉處理的貨色，被胡亂擱在貨架的一角，誰向我扔兩個硬幣，我就寫一本書給你看看。我已經準備好了，連靈魂都賣給你，七折或者八折。不過別忘了，我要的是他媽的美元。

18) 你給我記住，性是生活中的一件必要的事情，但不是一件特別的事情。性這玩意只能當菜吃，不能當飯吃。人跟人是不一樣的。看到女人就上去搞，那就叫誠實，不想上去，就叫不誠實，哪有這麼簡單的事情。一個作家應該給人帶來一些積極向上的東西，理想、追求、民主、自由等等，等等。

가 필요한 것이다(주원, 2008: 76; 朱文, 2011: 237)."[19] 그는 부권의 몰락
을 안타까워하며 쓸쓸해하고 있다. 따라서 본 소설에서 소비사회구조에
대한 저항은 아버지와 아들 사이의 세대 간 갈등, 부권의 몰락으로 묘사되
고 있다.

또 다른 측면에서 소비사회구조에 대한 저항은 주인공의 삶의 태도에
서 찾아볼 수 있다. 주인공은 마치 발터 벤야민의 '거리산보자'처럼 도시
를 한가롭게 돌아다니는 걸 좋아한다. 주인공은 목적 없이 도시를 배회하
는 도시의 방랑자이다. 그의 삶에는 명확한 목적이나 방향이 없으며, 그는
어떤 의미를 실현할 생각도 없다. 그의 비이성적 태도와 무목적성은 그로
하여금 계속 도시를 떠돌아다니게 만든다. 본 소설의 핵심 주제어는 욕망
과 허무이고, 특히 그 욕망은 성욕과 금전욕으로 나타나고 있다. 하지만
이러한 욕망추구는 결국 허무로 귀결될 뿐이다. 소설의 엔딩부분에서 "허
무의 중심에서 할 수 있는 일을 끝내 다 마쳤을 뿐이다(주원, 2008: 81;
朱文, 2011: 240)."[20]라고 서술한 것은 이러한 의미를 더욱 부각시킨다.
도시를 배회하는 것은 주인공의 정신이 채워질 수 없는 허무상태에 있다
는 증거이기도 하다. 욕망의 소비는 결국 허무하다는 것을 주인공의 삶을
통해 보여주고 있다.

『상하이베이비』에서도 소비사회구조에 대한 저항이 나타난다. 여기서
저항은 세대 간 갈등이나 허무감처럼 소극적으로 나타나는 것이 아니라,
소비를 오히려 적극적으로 주도하는 형태로 나타난다. 소설 속 도시의 신
세대들은 서구의 이미지를 소비하고, 그 이미지와 자기를 일체화시키면서
쾌락을 느낀다. 그들은 돈을 흥청망청 쓰는 향락적 소비를 하고 물질에
과도하게 집착하는 소비를 한다. 표면적으로 보면 이는 소비구조에 함몰

---

19) 我們眼下仍然還需要一個體面的令人尊敬的父親。
20) 只是和一個三十四歲的女人在虛無的中心終於幹完了一件可以幹的事情。

된 것처럼 보이나, 사실 이러한 소비형태는 소비사회구조에 대한 저항이라고 간주할 수 있다. 도시의 신세대들이 소비와 향락, 타락, 퇴폐를 추구하는 것은 단순히 욕망을 채운다는 의미보다, 기성세대나 제도권의 가치관으로부터 일탈 혹은 그것에 반항하는 의미로 볼 수 있다. 일탈과 반항이 물질주의로 귀착된 것뿐이다. 본래 시장경제는 그 구성원(소비주체)들에게 합리적인 소비를 할 것을 권고한다. 따라서 과도한 소비는 시장경제의 합리적 소비패턴을 따르지 않는다는 의미이고, 이는 시장 소비구조에 반항하는 것이다. 향락과 타락의 추구는 주류사회와 정상적인 삶에 대한 반항이었다. "피곤할수록 아름다웠고 타락할수록 즐거웠다", "내 남자를 빌려줄게……정상적인 삶에 대한 멸시를 그녀는 이런 식으로 나타냈다", "알코올, 섹스도 나를 구해주지 못했고 어둠 속에 미라처럼 누워있어도 잠을 이루지 못했다(저우웨이후이, 2001: 292, 219, 144)." 이러한 구절들은 향락의 추구가 기존 사회에 대한 반항적 태도의 일환임을 짐작하게 해준다. 반면, 직접적인 표현으로 기성세대와 소비사회를 비판하는 대목도 있다. "썩을 대로 썩은 문단", "교수 밑에 있는 제자들을 노예나 벌레처럼 보았다(저우웨이후이, 2001: 94, 170)." 등이 그것이다. 본 소설은 퇴폐와 쾌락을 추구하는 생활, 향락적인 소비, 물질에 집착하는 소비를 함으로써 소비사회구조에 대한 저항을 드러내고 있다. 이는 오히려 현대인의 물질적 생활에 대해 관찰하고 생각해야 한다는 역설적 표현일 수도 있다.

『마사지사』에서도 도시에 드리워진 소비사회구조는 맹인들을 불행으로 몰고 간다. 여기에서 저항은 닥터 왕이 직접 몸으로 투쟁하는 형식으로 나타난다. 자본주의 시장경제는 주식시장의 과열과 도시 부동산의 붐을 일으켰는데, 불행하게도 닥터 왕은 그것의 수혜를 입는 것이 아니라 그것의 최대 피해자가 된다. 닥터 왕은 자신이 모은 돈을 "전부 풍덩 소리가 나도록" 주식투자에 쏟아부었지만 그 돈을 모두 잃고 만다. 그가 주식시장에 뛰어들었을 때는 시기가 좋지 않았다. 이미 막차였다(비페이위,

2015: 28-29; 畢飛宇, 2013: 11-12). 또한 주식에 이어 난징의 "부동산이 미쳐 날뛰기 시작하여" 샤오쿵(小孔)과 같이 머물 집도 사지 못한다(비페이위, 2015: 135; 畢飛宇, 2013: 73). 동생이 도박으로 빚을 지자 그 도박 빚을 대신 갚아야 할 처지에 놓이기도 한다(비페이위, 2015: 241; 畢飛宇, 2013: 136). 이러한 상황에서 닥터 왕이 선택한 행동은 사채업자 앞에서 식칼로 자신의 몸을 자해하는 것이었다(비페이위, 2015: 365-366; 畢飛宇, 2013: 209). 혈흔이 낭자한 몸으로써 자신의 돈을 지켜내고, 간신히 목숨은 부지하지만 정신은 피폐해진다. 그는 자신의 온몸으로 자본주의에, 소비사회구조에 반항하였다. 맹인들이 마사지센터에서 공동체를 이루며 공동체 생활을 하는 것 또한 소비사회구조에 대한 저항이라고 할 수 있다. 그들은 소설 결말에서 단합대회 겸 만찬을 하기도 한다. 그들은 서로 단합하여 도시와 자본질서의 냉혹함에 맞선다.

「나는 달러가 좋아」에서는 아버지와 아들 사이의 세대 간 갈등과 부권의 몰락으로 또한 욕망의 소비는 허무로 귀결됨을 암시하는 듯한 무목적인 주인공의 삶의 태도로써 도시소비문화에 저항하고 있었다. 『상하이베이비』에서는 합리적 소비패턴을 따르지 않는 과도한 소비로써 도시소비문화에 저항하고 있었다. 『마사지사』에서는 닥터 왕이 자신의 몸을 자해하는, 즉 직접 몸으로 투쟁하는 형식으로, 또한 맹인들이 공동체를 이루며 서로 단합하는 형식으로 도시소비문화에 저항하고 있었다.

Ⅴ. 나가는 말

개혁개방 이후 중국은 포스트사회주의가 되었다. 포스트사회주의는 단순히 언표 그대로 사회주의 이후의 사회주의를 가리키는 것이 아니라, "사회주의적 이상이 현실에서 실현될 가능성이 배제된 상황에서, 사회주의가 자본주의와 결합한 상황(아리프 딜릭, Arif Dirlik)(임춘성, 2017: 4, 24)"이다. 하지만 그것이 중국 특색의 사회주의인지 아니면 중국 특색의 자본주의인지는 아직 모른다. 그것이 관방의 주장처럼 사회주의 견지인지 아니면 그 반대로 자본주의에의 투항인지도 아직 모호하다.

중국은 서양과 달리 공업화가 이루어진 다음 한참 후에 도시화가 이루어졌다. 90년대 도시소설은 이러한 도시화의 산물이며 그것들의 시대적 배경은 포스트사회주의이다. 1930년대 도시소설의 중심 테제가 근대성 — 그것이 식민지 근대성 혹은 반식민지 근대성이라 할지라도— 이었다면, 90년대 도시소설은 가속화되고 있는 도시화 과정 속에서 나타나는 여러 문제들, 예를 들면 도시 간 혹은 도농 간 이동, 이주, 가족해체, 부권상실, 소비구조, 도시화 과정에서 소외되는 주변인들의 삶과 감정구조를 중심 테제로 삼고 있다. 현재 중국에서는 현대화에 혁혁한 공을 세웠지만 그 혜택에서는 철저히 소외되는 농민공·삼농(농민, 농촌, 농업)문제가 이슈화되고 있다. 이에 따라 문학에서는 새로운 저층서사와 저층문학이 형성되었고, 새로운 문화-문학담론들이 생성되고 있는 것이 사실이다. 이러한 중국의 여러 문제를 내포하고 있는 공간 역시 도시라고 할 수 있다.

하나의 도시가 유지되기 위해서는 다수의 주변 농촌의 희생이 부득이하게 필요하다. 런던이라는 도시가 유지되기 위해서는 런던 넓이의 120배에 달하는 토지(농촌)의 생산력이 필요하며, 밴쿠버라는 도시가 유지되기 위해서도 밴쿠버 면적보다 180배 넓은 토지의 생산력이 필요한(존 리더, 2006: 469-470) 것처럼 말이다. 서구 선진국처럼 식민주의와 제국주의를 거치지 못하고 산업화와 도시화를 실현하고 있는 중국은 불가피하게 주변의 농촌을 착취할 수밖에 없을 것이다.

중국은 '도농이원구조'라는 독특한 체제 때문에 염가로 노동력을 사용하면서도 노동계급의 저항도 받지 않는, 그야말로 저비용으로 도시화를 이루었다. 그간 1억~2억 명의 농민공들은 중국의 도시화를 위해 심각한 착취에 시달렸다. 그들은 앞으로도 계속 시달릴 것이며, 본고의 「나는 달러가 좋아」와 『마사지사』에서 살펴본 것처럼 끊임없이 도시와 농촌 사이를 유동할 것이다. 그들은 도시 간, 도농 간을 유동하면서 도시 속 공간권력에 사로잡히고 도시의 욕망구조와 소비구조에 얽매이게 된다. 그들은 자본주의의 최전선인 도시에서, 혹은 포스트사회주의의 최전선인 도시에서, 자본의 논리와 메커니즘에 나름대로 저항하지만 그들의 힘은 너무나 미약하다. 유동하는 그들은 도시화의 제도적 비용을 부담하고 도시의 위기를 흡수하는 타자화된 사람들이다.

지금 도시화가 계속 진행되고 있는 중국에서는 불가피하게 그들의 착취가 필요하고, 그 착취는 은밀하게 혹은 노골적으로 이루어질 것이다. 본고가 장쑤지역 도시공간을 분석하면서 살펴본 도시소설은 그 작은 일면이 될 수 있을 것이다.

| 참고문헌 |

김욱동 편. 1990. 『포스트모더니즘의 이해』. 서울: 문학과지성사.

노정은·홍혜원. 2006. 「1930년대 한·중 도시소설 비교연구 일 고찰: 탈식민성을 중심으로」. 『중어중문학』. 제38집.

다이진화. 오경희·차미경·신동순 옮김. 2006. 『숨겨진 서사: 1990년대 중국대중문화 읽기』. 서울: 숙명여자대학교 출판부.

데이비드하비. 김병화 옮김. 2005. 『모더니티의 수도, 파리』. 서울: 생각의 나무.

리어우판. 장동천·이현복·김종석·전혜정 옮김. 2007. 『상하이 모던』. 서울: 고려대학교출판부.

마이크 새비지·알랜 와드. 김왕배·박세훈 옮김. 1996. 『자본주의 도시와 근대성』. 서울: 한울.

마이크 페더스톤. 정숙경 옮김. 1999. 『포스트모더니즘과 소비문화』. 서울: 현대

미학사.

발터벤야민. 김영옥·황현산 옮김. 2010. 『보들레르의 작품에 나타난 제2제정기
　　의 파리/ 보들레르의 몇 가지 모티프에 관하여 외』. 서울: 도서출판
　　길.

비페이위. 문현선 옮김. 2015. 『마사지사』. 파주: 문학동네.

샹바오. 우치 대담. 김유익·김명준·우자한 옮김. 2022. 『주변의 상실: 방법으로
　　서의 자기』. 파주: 글항아리.

왕후이. 김택규 옮김. 2005. 『죽은 불 다시 살아나』. 서울: 삼인.

왕후이. 성근제·김진공·이현정 옮김. 2014. 『탈정치 시대의 정치』. 파주: 돌베
　　개.

원톄쥔. 김진공 옮김. 2013. 『백년의 급진』. 파주: 돌베개.

이보고. 2018. 「신세대 농민공과 '이동중국'의 새로운 궤적들」. 『인문사회과학
　　연구』. 제19권 제4호.

임춘성·왕샤오밍 엮음. 2009. 『21세기 중국의 문화지도—포스트사회주의 중국
　　의 문화연구』. 서울: 현실문화연구.

임춘성 엮음. 2014. 『상하이학파 문화연구: 비판과 개입』. 서울: 문화과학사.

임춘성. 2017. 『포스트사회주의 중국의 문화정체성과 문화정치』. 서울: 문화과
　　학사.

저우웨이후이. 김희옥 옮김. 2001. 『상하이베이비』. 서울: 집영출판사.

존 리더. 김명남 옮김. 2006. 『도시, 인류 최후의 고향』. 서울: 지호.

주원. 김택규 옮김. 2008. 『나는 달러가 좋아』. 서울: 황매.

畢飛宇. 2013. 『推拿』. 北京：人民文學出版社.

陳曉明 主編. 2003. 『現代性與中國當代文學的轉型』. 昆明：雲南人民出版社.

陳曉明. 2006. 「城市文學：無法現身的他者」. 『文藝研究』, 第1期.

賈麗萍. 2004. 「轉型與變化—談20世紀90年代城市小說興起之原因」. 『雲南社
　　會科學』, 第4期.

蔣述卓. 2000. 「城市文學：21世紀文學空間的新展望」. 『中國文學研究』, 第4期.

蔣述卓·王斌. 2001. 「論城市文學研究的方向」. 『學術研究』, 第3期.

焦雨虹. 2010. 『消費文化與都市表達:當代都市小説研究』. 上海：學林出版社.

雷達. 1986. 「關於城市與文學的獨白」. 『天津文學』, 第10期.

李潔非. 1998. 「城市文學之崛起：社會和文學背景」. 『當代作家評論』, 第3期.

李歐梵. 毛尖 譯. 2010. 『上海摩登：一種新都市文化在中國(1930-1945)』. 北京：人民文學出版社.

李蓉. 2004. 「城市文學的日常性與批判性」. 『湖南城市學院學報』, 第1期.

苗四姳. 2001. 「九十年代都市小説命題及其研究價值」. 『開封教育學院學報』, 第2期.

王安憶. 1994. 「激戰秦淮狀元樓—'94中國城市文學國際學術研討會話題」. 『貴州日報』, 8月 31日.

王德威. 宋偉傑 譯. 2003. 『被壓抑的現代性：晚清小説新論』. 臺北：麥田出版社.

王干. 1998. 「老游女金：90年代城市文學的四種敘述形態」. 『廣州文藝』, 第9期.

王建. 1997. 「美日區域經濟模式的啓示與中國都市圈發展戰略的構想」. 『戰略與管理』, 第2期.

薛小和. 2000. 「城市化道路怎麼走」. 『經濟日報』, 5月 19日.

楊紹軍. 2005. 「20世紀90年代以來都市文學研究綜述」. 『雲南社會科學』, 第5期.

葉立新. 2002. 「20世紀90年代城市文學的發展」. 『廣東社會科學』, 第2期.

曾鎭南. 1987. 「都市文學瑣談」. 『芳草』, 第12期.

張鴻聲. 2007. 「文學中的城市與城市想象研究」. 『文學評論』, 第1期.

趙炎秋. 2005. 「試論都市與都市文學」. 『社會科學輯刊』, 第2期.

朱文. 2011. 『看女人』. 重慶：重慶大學出版社.

중국 동북지역의 '신지정학'

: 전략경쟁 하 중국 지방의 전략적 지위 변화

● 서상민 ●

I. 서론

국제정세의 변화에 따른 전략변화 과정에서 개별 국가 지역(지방)이 갖는 지정학적 중요성 및 지위는 어떻게 달라지는가? 이와 관련하여 최근 동아시아의 가장 뜨거운 분쟁지역 중 한 곳인 남중국해의 스프래틀리 군도(Spratly islands) 또는 남사군도(南沙群島)가 대표적인 사례일 것이다. 이 지역은 제2차 세계대전 중 그리고 종전 이후에도 여전히 중요한 전략적 지위를 갖는 지역인데,(이대우, 2014; 이학수 2018) 해상교역로로서 그리고 군사전략적 요충지로서의 이 지역이 갖는 특별한 지위 때문이라고 할 수 있다. 중국은 사회주의 중국이 성립 이전인 1947년에 이미 "구단선(九段線 nine-dash line)"을 획정하고 남중국해 거의 대부분의 해양을 중국 영해라고 주장했고, 이에 대해서 아세안의 5개국은 중국의 이러한 영해 주장에 대응하기 위하여 미국, 일본, 인도, 호주 등 주변 강대국을 개입시켜 중국의 공세를 방어해 왔다. 이렇듯 한 국가의 특정한 지역이 국제정

* 이 글은 「중국동북지방의 '신지정학': 미중전략경쟁과 지방의 전략적 지위 변화」, 『현대중국연구』 제26집 1권(2024년 6월호)에 게재된 논문을 수정한 것이다.
** 국민대학교 중국인문사회연구소 HK연구교수

세의 변화 따라서 그 전략적 지위가 변화는 크게 변화했다.(반길주 2023: 17)

국제질서의 변화는 세력 변화에 따른 결과이다. 글로벌 차원에서의 주요 강대국의 힘이 어떻게 배치되어 있는지에 따라, 그리고 지역적 차원에서의 역내 국가 간 세력관계에 따라 국제질서가 형성된다. 그리고 변화된 국제질서 하에 대응하고 영향력의 확대하기 위한 전략이 수립된다. 중국의 부상은 중국이 글로벌 차원에서 그리고 지역 차원에서 중요한 세력으로 등장했다는 것을 의미하며, 이는 곧 역내국가들에게 전략 수립에 있어서 "중국 변수"가 핵심적 요소가 포함되어야 한다는 것을 의미하기도 한다.(차창훈 2010: 157) 한편 2019년 Covid-19 팬데믹 이후 국제정세가 급격하게 신냉전의 소용돌이 속으로 휘말려 들어가고 있다는 평가가 많다(박수유 2023; 김충근 2023; 류동원 2022; 반주길 2021; 이상환 2020). 이들의 예측과 전망 그리고 평가하고 있는 바대로 '신냉전'이 본격화되고 미국, 중국, 러시아 등 군사 강국 간의 정치는 새로운 삼각체제, 또한 북방삼각, 남방삼각 등 역내 다양한 형태의 전략적 삼각관계를 형성도 관측되고 있다.(김성한 2015)

미국의 "아시아 재균형 정책" 이후 동아시아 지역 내에서 한미일 3국의 군사적 협력이 강화되고 있다. 중국 역시 미국의 견제를 방어하고 이를 돌파하기 위한 중국의 전통적인 우호국인 러시아와 북한 등 간의 관계를 더 밀접하게 유지해 오고 있다. "신냉전"의 현실적 도래인가 아닌가 하는 논쟁을 뒤로 하더라도,(류동원 2022: 337) 동아시아에서의 세력 간 배치는 이미 과거 냉전 시대에 버금가는 강력한 양대 세력의 대결 국면을 보이는 것이 사실이다.(박정호 외 2022: 4) 이는 직접적인 군사적, 정치적 대결에 앞서 기술적, 경제적 측면으로부터 먼저 극단화되고 있는 것으로 보인다.

2019년 전후해 미국은 이미 첨단기술 경쟁에 돌입하였고, 중국은 특정 분야의 기술 즉 AI, 로봇, 전기차 등과 같은 신기술에서의 우위를 점하기 위한 공격적인 투자가 이루어지고 있다. 미중 간 기술패권경쟁이 군사적 대결을 대신하고 있으며, 이는 정치적 갈등보다 더 첨예하게 이루어지고 있음을 목도할 수 있다.(차정미 2022: 57-59) 미중 간의 기술패권경쟁은 단순히 한 기술에 대한 우위와 독점을 의미하는 것이 아니라 글로벌 차원에서의 산업의 '국제표준화'에 대한 독점적 보유를 의미하는 것이기 때문에 국제질서에 영향을 미치는 현재적 권력이 아닌 "미래권력"을 둘러싼 경쟁이기 때문에 훨씬 더 큰 의미를 지닌다고 할 수 있을 것이다.

양국의 이러한 국제전략은 지정학적 측면에서 해석할 수도 있다. 미국의 지정학에 대한 연구는 상당히 많이 제출되어 있기에 중국의 지정학적 전략과 이와 관련된 중국의 지방의 전략적 지위에 대한 문제를 다루어보고자 한다. 중국의 동북아지역에서 지정학 전략은 매우 복잡하고 다층적이다. 국경을 접하고 있는 국가들이 많을 뿐만 아니라 동북아시아 전체에 걸쳐 전략적 긴장도 증가하고 있기 때문이다. 신장위구르지역 뿐만 아니라 동북 3성, 대만해협을 마주하고 있는 동남지역, 광동과 윈남 등 서남지역에서 인도와 동남아시아 지역 국가들간의 긴장 고조는 중국의 지정학을 매우 복합적이면서 다층적으로 해석해야 할 이유를 제시하고 있기 때문이다.

본 연구는 중국의 지정학 전략의 변화에 따라 중국의 동북지역의 전략적 가치와 그 국제적 위상을 밝히는 것을 목표로 작성되었다. 동북지역은 한반도, 더 분명하게는 북한이라는 전통적인 우방국과의 접경하고 있는 지역으로서 냉전 시기 전략적으로 매우 중요한 지역적 가치와 전략적 지위를 가졌으나, 탈냉전기 경제발전 중심으로 국가전략이 전화됨에 따라 상대적으로 그 전략적 중요성은 약화하였다. 그러나 최근 미중 간 이른바 전략경쟁이 격화되면서 중국의 동북지역에 대한 전략적 중요성이 증가하고 있다. 따라서 전략변화에 따른 지방의 지위 변화의 문제는 '신지정학 전략'이 전개되고 있는 현시점에 한 번쯤 다루어 볼만한 충분히 의미 있는 주제라고 할 수 있다.

II. 동아시아 질서변화와 지정학 전략

1. 냉전 시기 중국의 지정학 전략

"지리는 가장 영속적이기 때문에 국가의 외교정책에 가장 근본적인 요소이다."(Spykman 2017: 75) "중국"(中國)이라는 나라의 이름에서부터 이미 지정학인 요소와 의미가 담겨 있다. 중국 최초의 왕조 국가라고 할 수 있는 상(商)나라로부터 자리 잡기 시작한 곳이 내륙의 안쪽인 북중국 평원이었다. 주변 이민족들의 공격으로부터 방어가 용이했을 뿐만 아니라 통치에 효과적인 지리적 이점 때문이기도 했다.

"중국"이라는 국가 명칭은 주(周)의 성왕(成王) 시기였다고 한다.(서상문 2023: 227; 박병석 2004: 12-13; 莊萬壽 1996: 198) 박병석(2004: 13)에 따르면 "중국"이라는 명칭이 최초로 등장하는 청동 명문(銘文)의 해석을 종합하여 정리하면서 "무왕이 이 중앙지역에 성읍을 건설하여 사방 인민을 통치하고자 한다"라고 하며, 결국 "중국"이라는 명치의 의미는 "중앙지역" 또는 중심지역이라고 말한다. 따라서 중국의 그 출발에서부터 지정학적 관념이 포함되어 있다. "지리가 영속적"이라는 것 그 위치로 인하여 주변국과의 관계에서 비교적 장기간 유사한 관계적 지위를 점하고 있을 가능성이 높고, 이러한 지리적 위치는 주변국에 대한 정책을 결정하는데 있어 결정적인 요인이라고 할 수 있을 것이다.

사회주의 중국에서 국가전략과 관련한 지정학적 인식의 시작은 마오쩌둥의 "중간지대"(中間地帶)라는 용어 속에 발견할 수 있다.(이승환 2023: 1416) 이미 1946년 8월 6일, 마오쩌둥이 미국 기자 안나 루이스 스트롱(Anna Louise Strong)과 대담에서 언급했던 개념인데 미국과 소련이라는 양대 강대국 사이에서의 "중간지대"라는 공간을 설정하고 이를 전략으로 활용하고자 하였다는 것이다.(滕建群 · 韋洪朗 2021; 이승환, 2023; 이원준 2021) 1946년은 공교롭게 동서양에서 세계대전 후의 국제질서에 대한 큰 그림들이 제시되었던 해였다. 3월 5일 미방문 중 한 영국 처칠수상의 "철의 장막"(iron curtain) 연설이 있었고, 그리고 같은 해 2월 모스크바에서 국무부에 보낸 장문의 전신에서 조지 케넌(George Kennan)은 대소련 봉쇄정책이 제안되었던 해였다

마오쩌둥이 스트롱 기자와 대담에서 말한 "중간지대"의 의미는 양대 강대국 사이에서 마치 큰 산맥 사이의 협곡처럼 "힘과 힘 사이 움푹한 지역"(力量凹陷地区)이라는 의미였고, 구체적으로는 1954년 마오쩌둥에 의하면 "일본에서부터 영역에 이르기까지의 중간지역"(从日本到英国的这个中间地段)이라고 제시한 바 있다. 그리고 이 지대의 국가와 국민들의 단결은 미중 양 강대국의 군사적 대결과 전쟁을 막을 수 있을 것이라는 논리로까지 발전하고 하였다.(滕建群·韦洪朗 2021)

냉전은 이념에 기반한 진영의 분할과 경쟁을 기본 축으로 한다. 그러나 그 이면에는 언제나 지정학적 이익을 위한 정치적 목표가 있다. 1990년 사회주의 체제의 붕괴와 냉전의 해체 전까지 중국은 이념에 기반한 '진영의 정치학'과 위치에 기반한 '지리의 정치학' 간의 밀접하게 상호작용하면서 전략변화를 경험했다고 할 수 있다. '중간지대'라는 초보적 수준의 지정학적 전략 인식이 있지만, 현실적 측면에서 신중국 외교의 출발은 일변도(一邊倒) 전략이었다. '연소항미'(連蘇抗美)의 정치로부터 불가피하게 시작하였다.(王亚杰·宋晓维·郎玉明 2013: 72-75) 이 선택은 강요되었던 측면이 있지만, 중국은 신생국이었고, 국제적으로는 강대국 간 이념적 분열이 극단화되었던 시기였고 그 한 가운데 한국전쟁이 있었다.(吴成玲 2011: 15-19)

1949년 이후 10년, 중국의 국가전략은 이념의 정치와 지리의 정치가 정확하게 일치되어 발현되었다. 이 시기 중국의 지정학적 전략은 국가 및 정권의 이익과 갈등 요소가 존재하지 않았다. 중국은 한국전쟁에서 자국

방위와 정권 보호를 위하여 최소한의 완충지대가 확보되기를 바랐으며, 소련을 중심으로 하는 공산주의 진영에 기대어 신생 정권의 정치적 안정을 도모하려는 마오쩌둥을 비롯한 중국지도부의 정치적 타산의 결과였다.(이승환 2023: 1416-1417; 聶强 2016: 55-56) 그러나 소련의 지정학적 이익은 중국과는 달랐다. 소련은 대륙국가로서 해양으로 진출이 최대의 목표였다. 그래서 태평양으로 통하는 출구와 항구를 확보하는 것이 동북아시아에서의 핵심 이익이었다. 반면 미국은 정반대로 강대국 소련의 남하를 막고, 공산주의의 동아시아에서의 확장을 억제하려고 했다.(张小明 2019: 4-8; 袁晓威·梁振轩 2016: 29) 현실주의 국제정치학자 모겐소 (Hans J. Morghenthau)의 말대로, 이데올로기는 국가의 이익적인 이익을 은폐하는 가장 좋은 도구이다.(모겐소 2014: 258-259) 동아시아 특히 한반도에서 일어난 냉전 초기의 한국전쟁은 제2차대전 이후 형성될 새로운 국제질서를 디자인하는데 있어 필요한 첨예한 지정학적 이익이 충돌한 결과이고, 이는 모두 지고지선(至高至善)의 보편성 갖는 이데올로기로 포장되었다고 할 수 있다.

중소분쟁이 격화되고 소련으로부터 현실적인 군사적 위협에 직면한 중국지도부는 미국과의 접촉을 시도했는데, 이는 소련의 팽창을 저지한다는 공동의 지정학적 이익에 기반한 것이다. 1960년대 초부터 중·소 분쟁이 심화되면서 중국은 소련의 영향력에서 벗어나려 노력하였다. 1968년 바르샤바조약군의 체코 침공과 1969년 중국과 소련간 국경분쟁이 발생한 이후 더욱 적극적으로 일변도 정책 즉 탈소련 정책을 취하게 되었다. 사회주의 진영 양 강대국 간의 관계 변화는 미국 닉슨 행정부는 對中 관계 개선 노력에 적극 나서게 하는 근거를 제공했다. 이에 미국은 1971년 중국이 타이완을 대신해 안보리 상임이사국 지위를 획득할 수 있게 지원해 주었고, 이후 거의 미·중 양국 간의 관계 개선을 추진하게 된다.

중국의 지정학적 전략의 변화는 1973년 2월 17일, 닉슨 미대통령을 만난 마오쩌둥의 말을 통해 확인할 수 있다. 마오쩌둥은 닉슨 앞에서 중국과 미국은 소련의 팽창주의로부터 방어하는 같은 위도에 가상의 "한 가닥의 선"(一条线)을 통한 연대 구상을 제시하였다. 앞선 "중간지대" 구상과 일맥상통하지만 "한 가닥의 선" 구상에 미국과 일본 등이 포함되어 소련한 나라만을 대상으로 한 지정학적 연대 전략임을 분명히 했다. 그 이유는 당시 중국의 전략적 목표는 소련이라는 지정학적 위협 요소를 제거였으며, 이를 위해 미국, 일본, 파키스탄, 이란, 튀르키예, 유럽 등 같은 위도상에 있는 소련의 "패권주의적 팽창"으로부터 공동의 위협에 직면한 모든 국가와 연대하여 소련을 포위하고 완벽하게 고립시키고자 했다는 점에서 차이가 있다.(官力 2013)

"중간지대"와 "한 가닥의 선" 구상이 갖는 중국의 지정학적 전략의 연장선에서 본다면, 양대 진영으로 분할되어 있던 초반 50-60년대 냉전 시기를 거쳐 70년대에 들어서게 되면 중국이 중요한 글로벌 차원에서의 중요한 전략 행위자로 등장하게 점이다. 대체로 70년대의 강대국 간 상호 관계는 "전략적 삼각관계"로 표현되는데, 이들 세 나라 간 삼각체제는 1990년 사회주의 진영의 해체까지 작동하였다. 물론 그것을 가능하게 했던 것은 강대국 간 지정학적 전략의 변화였으며, 1964년 핵실험 성공 이후 핵무기 보유 국가인 거대한 인구와 광활한 영토를 갖고있는 중국이 중요한 전략적 행위자로 등장하였기 때문이라고 할 수 있다.

2. 탈냉전 시기 중국 지정학 전략과 "일대일로"

앞에서 언급한 한 바와 같이, 20세기 중반 이후 글로벌 차원의 변화는 미·중·소 3국 간의 전략적 관계에 따라 발생해 왔던 것을 알 수 있다. 특히 중국이 국제적 행위자로 등장하면서 미·소 양국의 대외정책결정에 영향을 미치는 중요한 행위자가 되었고, 이는 국제질서에 직간접적인 변화를 가져왔다고 할 수 있을 것이다. 왜냐하면 미국의 대중정책 변화뿐만 아니라 당시 미·소 간 군사력이 거의 균형상태에 도달해 있었던 상황에서 중국이 세력균형 변화에 영향을 미칠 수 있었다. 그리고 이러한 상황은 일시적 혹은 국면적으로 소원해졌던 소련 역시 다시 중국 관계의 변화를 정상화하고자 노력했기 때문에 가능했다고 볼 수 있다.(박정호 외 2022: 36-37)

〈그림 1〉 디트머의 전략적 삼각관계 모델

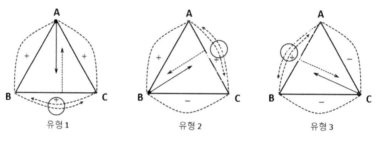

출처: 최재현(2022: 1264)

전략적 삼각관계와 관련한 모델은 1981년 디트머(Lowell Ditmmer)에 의해서 구성되었지만, 이른바 "새로운 지정학 전략"을 파악하는데 있어서 여전히 유용한 모델 중 하나라고 할 수 있다. 당시 디트머는 〈그림 1〉에서와 같이 미국과 중국 그리고 소련이 맺고 있었던 정치적 관계를 일종의 "체계"(system)로 인식하고 있다.(Hsiung 2004) 그리고 이들 간의 관계를 간명하게 세 가지 모델로 구분하여 설명하고 있다. "첫 번째(= 유형1): 세 행위자가 모두 우호적인 관계를 맺고 있지만, 기본적으로 불안정한 속성을 갖는 '삼자 동거'의 모델, 두 번째두 번째(= 유형2): 한 행위자가 다른 두 행위자와 각각 우호적인 관계를 맺고 있고, 다른 두 행위자는 적대적인 관계를 갖는 '낭만적 삼각관계'의 모델. 세 번째(= 유형3): 가장 내구성이 있는 것으로, 두 행위자는 우호적인 관계를 맺고 있지만 다른 한 행위자는 두 행위자와 모두 적대적인 관계를 갖는 '안정적 결혼' 모델"(신욱희 2017: 37; Dittmer 1981) 등을 제시하고 있다.

미국, 중국, 소련 세 나라의 지정학적 전략과 전략적 관계 하에서의 양자 간 관계 변화는 국제질서의 특정 시기를 규정하여 왔다. 사회주의 진영의 해체 이후 탈냉전기에 들어서면서 소련의 영향력이 급속히 줄어들어 삼각 축을 형성할 수 없었고, 중국 역시 경제발전 우선의 전략을 취하고 지정학적 전략 역시 냉전 시기보다 훨씬 안정 추구적, 보수적으로 전환되면서, "전략적 삼각관계" 모델에 따른 강대국 세 개 국가 관계를 파악할 수 없게 되었고, 국제질서는 미국 중심의 단일 패권 "체제"로 전환하였다.

1990년대 중국의 지정학적 전략은 주변 국가와 갈등을 최소한 억제하면서 경제발전을 위한 협력적 관계를 유지해 나가는 것이었다. 국익을 위해 이데올로기로 포장할 필요가 없게 됨에 따라 이를 전면에 내세우지 않았고 경제적 실용주의를 전면에 제시함으로써 외부로부터의 체제위협에 대해 최대한 방어적 자세를 취하였다. 사회주의 진영의 붕괴로 인한 불확실성이 증대된 환경 속에서 중국의 경제발전을 위한 안정적인 환경을 조성하고 서방국가의 "중국위협론"에 대해서 경제적 상호의존성을 높이고 적극적인 "동반자적 관계"를 통한 양자관계를 발전시켜 돌파하려고 하였다.(김흥규 2009: 288-289: 韩镇涉, 2000: 38-39)

반면 시진핑 시기에 들어서 중국의 전략은, 경제발전 우선주의를 취했던 장쩌민, 후진타오 시기보다는 정치와 경제를 포괄하는 훨씬 전면적이면서 복합적으로 전략으로 변화를 시도하였다. 즉 대륙과 해양을 포괄하면서 경제발전과 안보문제까지를 포함하는 "일대일로"(一帶一路, One Road One Belt)라는 "새로운 지정학적 전략"을 구사하였다. 이러한 전략적 포석이 지나치게 공세적이라는 외부의 비판에 대하여, "일대일로"의 추진한 배경으로 서부지역 개발을 통한 지역균형발전, 에너지 및 원자재 그리고 식량과 자원확보의 안정성 확보, 위안화의 기축통화 기반 마련 그리고 미국의 일방주의에 대한 대응하는 다자주의체제 구축 등을 공식적으로 제시하고 있으나,(김세윤 2020: 239) 현재 미국과 일본을 중심으로 하여 전개되고 있는 인도-태평양전략(Free and Open Indo-Pacific)과 첨예한 전략경쟁 구도가 형성되면서 냉전 시기 미소 간의 대결구도와 비슷한 형식의 양 강대국 간의 글로벌 차원에서의 전략적 갈등 양상이 전개되고 있다.(이동률 2021: 5)

"일대일로"를 경제협력의 안정적인 기반을 마련하면서 동시에 국제적 영향력을 확대하려는 중국의 지정학적 전략 목표는 주변국 및 참여국 간의 긴밀한 협력 관계와 공동이익에 기반한 파트너십에 기초할 때 달성이 가능하다. 그러나 팬데믹 이후, 미국을 비롯한 서방국가들의 강력한 견제, 그리고 연선 국가들과의 개발 프로젝트 축소 및 불평등한 계약 등으로 인한 불만 확산 등으로 인해 애초에 예상했던 사업들이 줄줄이 연기되거나 취소되고 있다. 사정이 그렇다고 하더라도 시진핑의 중국은, 본격적으로 전개되고 있는 미국과의 지정학적 전략경쟁에서 물러설 수도 없기에 "일대일로"를 지금과 같은 상황에서 그만 둘 수 없는 상황이다. 그렇기에 향후 미국과 중국 간 치열한 전략경쟁 하에서 중국은 자국의 지정학적 전략 목표를 달성할 수 있는가 하는 점은 "중국의 새로운 지정학적 전략"의 성패를 가늠하는 기준이 될 수도 있을 것이다. 중국이 추진하고 있는 추진전략으로 "일대일로" 사업을 둘러싼 국가 간 네트워크의 구축을 통한 목표 달성은 미국이 비슷한 목표를 가지고 구축하려는 글로벌 차원에서의 반중국 네트워크와의 충돌과 경쟁이 불가피하다는 점에서 볼 때, 지정학적 전략의 정치적, 경제적 목적을 달성할 수 있는 다자간 플랫폼으로 제대로 기능할 수 있을 것인지에 대해 의문이 많다.

Ⅲ. '신냉전'과 중국 동북지역 지정학적 지위 변화

1. 21세기 중러관계 변화와 동북지역의 지정학

시기 시기마다 전략적 가치를 달리하는 공간이 존재한다. 한 국가의 지정학적 전략이 변화하면 그 국가 내 특정지역의 전략적 중요성과 전략적 지위가 달라지게 되는데 이를 "핵심공간"(crucial space)이라고 하기도 한다.(Changhee Park, 2008) 즉 국가 안보에 있어 중요한 전략적 가치를 지난 지리적 공간으로 이 공간에 대한 관리를 통해하여 지정학적 전략을 유리하게 조성할 수 있는 지역을 말하는데, 이러한 공간은 맥킨더의 "피벗(pivot)" (Mackinder, 2005) 지역과 같은 의미를 갖는다. 이는 글로벌 차원에서의 특정 국가나 특정 지대일 수도 있지만, 이를 일국 단위에서 정의한다면 특정 지방이 될 수도 있다. 그리고 하나의 지방일 수도 있고, 연속되는 지방과 지방을 이어지는 지대일 수도 있다.

이런 의미에서 본다면, 중국의 동북지역은 현재 "새로운 지정학적 전략"이 수립하고 미중 전략경쟁이 격화되고 있는 시점에서 남중국해와 함께 전략상 "핵심공간" 중 하나라고 할 수 있다. 특히 21세기에 들어서 러시아의 국제적 영향력 확대를 추구하는 푸틴이 집권하면서 러시아와 중국 간의 관계는 1990년 사회주의 진영 해체 이후 10년 만에 새로운 모색에 들어갔다. 2001년 중국과 러시아 정상은 "선린우호협력조약"을 새롭게 체결하고 전략적 동반자 관계 강화에 합의하면서 상호안전보장 뿐만 아니라 지역 안정에 필요한 협력을 공식화하였으며, 군사협력도 가능할 수준으로 양국관계를 끌어 올렸다.(고재남 2019: 16-18) 양국간의 이러한 조약체결은 냉전 초기와 같이 이념과 지정학적 이익에 따른 강한 결속력을 가진 관계는 아닐지라도 탈냉전기 느슨한 관계에서 벗어나 새로운 관계를 모색하는 중요한 합의라고 할 수 있겠다. 특히 이러한 전략적 행위는 미국의 일방주의를 견제하려는 의도를 양국 공히 담고 있다는 점에서 일회적 합의는 아니었다. 그것은 양자 협력을 넘어서 다자협력으로 이어지고 있다는 것이 이를 증명하는데, 2001년 6월의 상하이협력기구(SOC: Shanghai Cooperation Organization)를 조직했으며, 2004년 중국에서의 양국 정상회담을 통하여 '중-러 선린우호협력조약의 실천요강(中俄睦邻友好合作条约实施纲要)'(2005~2008년)에 비준하고 구체적인 양국간 협력방안에 합의했다. 경제적 차원에서 양국 간 투자촉진과 투자보호협정을 체결했으며, 군사안보 영역에서는 "평화의 사명"이라는 협동군사훈련을 2005년부터 실시하기로 합의했다. 이러한 경제적 군사적 협력으로 중국과 러시아 간 무역규모는 급증했다. 푸틴 집권 3기가 시작되고 시진핑 정권이 들어서면서 양국 간의 관계가 더 긴밀해졌다. 2012년 중국과 러시아는 '아랍의 봄'으로 인한 체제 불안을 양 국가간 연대를 통해 방어해냈으며, 2014년에 러시아이 우크라이나 크림반도의 침공에 따른 서방으로부터 경제제재를 중국과 러시아 간 전략적 관계를 더 공고히 하면서 돌파하고자 하였다.

그리고 2019년 6월 양국정산은 "신시대 중러 전면 전략적 협력동반자 관계"를 선언하여 그야말로 "신냉전"에 대비한 양국 간 협력체제를 구축했다. 그리고 중국의 "일대일로"와 러시아의 "유라시아경제연합(EAEU)의 상호 지지하고 양국의 프로젝트를 연결하여 발전시켜나가는데 합의한 바도 있다. 「2019년 중러 공동성명」에서 밝힌 양국 간 정치와 안보 분야이 협력을 내용을 살펴보면, 먼저 정치협력으로 정상간 긴밀한 접촉을 유지하고, 무역·경제, 투자, 에너지, 인도주의, 지역간 교류 영역 협력을 위한 양국 정부 간 정기회담 메커니즘 이용을 극대화하고, 전방위적 다층적 커뮤니케이션을 위한 의회간 교류 및 우호 대화를 증진하고, 러시아 대통령 행정부와 중국공산당 중앙위원회 기구 간의 전방위적 협력을 강화하고, 중국공산당과 러시아 각 정당간의 정기적 접촉을 지속하고 새로운 정당 간 관계를 구축하는데 합의했다. 한편 안보분야에서는 중요한 국가안보를 위한 상호 지언하고 양국 국방부 및 군대 간의 전략적 접촉을 증대하며, 사법질서 부문에서의 양국간 협력메카니즘을 개선하고, 대테러 조치에 대한 건설적 협력과 조정을 강화하며, 국제 정보보안문제에 대한 접촉을 확대하고, 양국 국경협력을 강화하는 것 등에 대해 합의하였다.(김정호 2022: 45)

〈그림 2〉 러시아의 대중국 무기수출 추이

(단위: 백만 달러)

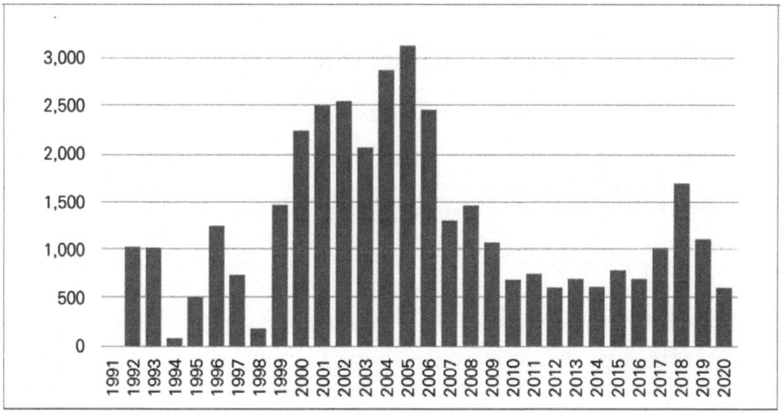

출처: Bowen(2021), p. 15. 김정호(2022: 68) 재인용

양국 간의 전략적 협력은 군사장비에 대한 수출과 지원 등을 통해 현실화되었는데, 2015년 11월 군사 장비는 러시아는 중국에 Su-35 전투기 24대, 프로젝트 677 Lada급 잠수함 4척, S-400 방공 시스템 6개 대대를 수출 계약이 이루어졌다. 그리고 고위 군지도자 간 교류도 활발해졌는데, 2013년부터 2020년까지 총 8회에 걸쳐 고위급 장성협의체가 개최되었고, 2020년 웨이펑허(魏鳳和) 중국 국방장관이 2번이나 러시아를 방문해 러시아 국방장관과 회담했고, 2021년 11월에는 '2021-2025년 군사협력로드맵'이 체결되었다. 이러한 양국간 군사분야의 협력은 2019년 중국의 국방백서에

서도 분명하게 나타나는데, 여기에서 중국은 "중국과 러시아 간 군사 관계는 높은 수준에서 발전을 계속하고 있다. 이는 신시대를 위한 중러 간 포괄적 전략 동반자 관계의 질을 높여줄 뿐만 아니라, 글로벌 전략 안정을 유지하는 데도 중요한 역할을 한다."(中俄两军关系持续保持高位运行, 为两国新时代全面战略协作伙伴关系不断充实新内涵, 对维护全球战略稳定具有重要意义.)라고 하면서 그 전략적 중요성을 강조하고 있다.(国务院新闻办公室 2019.7)

중국과 러시아 간의 경제적 정치적 협력이 강화되면서 중국의 동북지역과 러시아의 극동지역의 전략적 지위가 높아졌다. 군사적으로는 동해에서 진행되는 합동군사훈련의 배후기지이기도 하지만 더 중요한 것은 중국의 "일대일로"와 러시아의 "유라시아경제연합"이 만나는 결절점이기도 한 이 지역은 양국 경제협력의 중요한 거점이 되고 있다. 특히 중러관계가 개선되면서 무역량이 큰 폭으로 상승하였다. 중국의 동북지역은 러시아의 극동연방관구의 최대 무역지대가 되었는데, 중국에서는 러시아에 기계설비, 전자제품, 플라스틱 및 제품, 금속 제품, 자동차 등의 공산품 그리고 채소와 식품 등의 수출하고, 러시아로부터는 극동지역으로부터 원유와 석탄, 목재와 펄프 등 목재가공제품 그리고 어류와 수산물 등을 수입하고 있다.

중국 동북3성의 대러시아 무역량을 보면 헤이룽장성의 경우 가장 많은 무역량을 보이는데 2022년 무역 총액은 1,854.7억 위안으로 그 중 수출액은 172.7억 위안, 수입액은 1,682억 위안으로 1,509.3억 위안 무역적자, 랴오닝성은 총 359.1억 위안 규모의 무역이 이루어지고 그 중 수출은 111.6억 위안 수입액은 247.5억 위안으로 약 136.1억 위안 정도의 무역적자, 반면 지린성은 무역 규모가 동북3성 중 가장 작은데, 총 173.3억 위안 중 수출액은 65.6억 위안, 수입액은 107.7억 위안으로 42.1억 위안 적자를 보고 있다.(豆腐乳 2023) 특히 헤이룽장성은 러시아와의 무역이 다른 여타

지역보다 활발한데, 무역적자의 규모 또한 크다. 러시아의 우크라이나 침공으로 인한 서방의 경제제재가 강화된 이후, 헤이롱장성은 대체로 금속 광물, 석탄, 펄프 등 종이 관련 제품, 농산품 등을 다량 수입하고 있다.

〈그림 3〉 2022년도 중국 동북지역의 대러시아 무역 현황

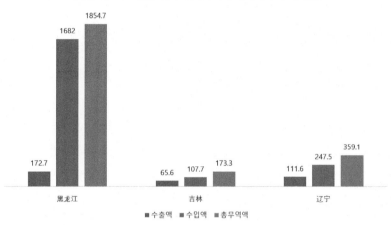

출처: 각 지방 통계국 통계에 기초 豆腐乳(2023)에서 인용

이렇듯 러시아가 우크라이나를 침공 이후 중국과의 경제적 관계는 이전에 비해 훨씬 밀접하게 연계되고 있다. 이를 더 강화하기 위해 양국은 동북지역과 러시아의 극동지역에서의 물류를 활성화하기 위해 165년 전인 1858년 아이훈 조약(愛琿條約)으로 러시아에 내주었던 블라디보스토크 항구에 대한 사용권을 얻게되었다. 한반도의 동해지역으로 진출이 어려웠던 중국 동북3성은 이를 계기로 하여 극동러시아가 경제적으로 더욱 긴밀한 관계를 갖게 되었다. 이러한 양국 간의 파격적인 조치는 2024년 3월 시진핑 국가주석과 블라디미르 푸틴 러시아 대통령이 서명한 「2030년 중·러 경제협력 중점 방향에 관한 공동성명」에 따른 것이다.(新华社 2023.03.22.) 중국 해관총서는 "동북 노후 공업기지를 진흥하는 전략적 조치를 실천하고, 국내 무역상품의 국경 간 운송 협력을 수행하는 해외 항구

의 사용을 촉진하기 위해 지린성에서 국내 무역상품의 국경 간 운송사업 범위를 확대하기로 결정했고, 6월 1일부터 블라디보스토크 항을 국내외 화물환승항으로 지정한다"고 밝힌 바 있다.(海关总署 2023.05.15.) 블라디보스토크는 경제적으로나 군사안보상으로 매우 중요한 도시이다. 따라서 러시아가 중국에게 항구 사용권을 승인했다고 하는 것은 극동지역에서의 중국과 러시아 간의 협력을 더욱 강화하겠다는 의지로 읽힐 수 있다. 이렇듯 21세기 중국과 러시아의 지정학적 전략변화에 따라 그 이전까지 잠재적인 중요성만을 지니고 있었던 지방들이 전략적 "핵심공간"으로서 지위를 획득해 가고 있다.

소련의 해체는 비단 동북지역의 전략적 위상 약화되었을 뿐만 아니라 지정학 전략 지위의 약화로 이어졌다. 소련으로부터의 강력한 안보위협은 미·중·소 간의 전략적 삼각 관계의 형성의 동력으로 작동했으나, 삼각 관계를 형성한 한 축이 해체됨에 따른 중국과 소련 간 전략적 위협이 약화되었고, 이에 따른 중국 동북지역의 전략적 중요성 또한 하락하게 되었다. 이 지역의 전략적 지위 변화는 지정학적 전략 목표의 변화와 연동되어 있다. 따라서 대전략 하에서 그리고 국제정치학적, 지정학적 시각에서의 동북지방에 대한 중국지도부의 전략적 인식의 변화와 함께 지방발전전략의 추진이 가능했던 측면이 존재한다

다시 말해 중국의 부상이 곧 동북지역에 대한 전략적 판단이 변화를 가져왔다고 할 수 있다. 2003년 "동북진흥전략"이 사례는 동북지역에 대한 개혁개방 시기 최대의 프로젝트이면서, 탈냉전기 동북지역에 대한 중국지도부의 전략적 인식을 보여준다. "동북진흥계획"은 개혁개방 시기 최대의 전략적 지위를 구가하고 있던 중국 남동부 지역의 발전전략을 동북지방에 맞게 각 지방 경제와의 연계를 통해 추진한다는 차원의 시책이었다. 먼저 국영기업에 대한 대대적인 정비가 필요했다. 동북지방 경제의 골간이라고 할 수 있는 국영기업이 운영하고 있는 낙후된 중공업 기지를

첨단 금융, 정보통신 등의 산업기반으로의 전환을 도모하고자 100개 프로젝트에 대해 약 610억 위원을 투자하려는 계획이었다.

〈그림 4〉 중국 동북3성과 연해주 지역 공업단지

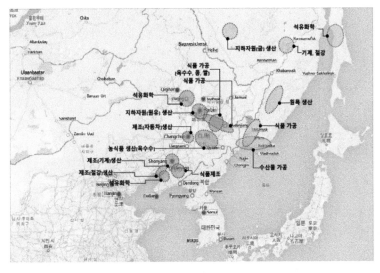

출처: 이헌주 외(2016)

대규모의 투자로 동북지방경제는 급속하게 성장했다. 그러나 신산업의 기지로의 재편을 통한 동북의 경제발전을 모색했던 중국공산당 중앙 중국 지도부의 의도는 달리 기존의 국영기업이 운영하고 있던 중공업 경제, 석탄, 전략, 석유화학, 철강 등에 대한 중복, 과잉투자가 이루어지면서 산업 구조 재편에 실패하여 "신동북현상"을 만들어 냈다. 동북지방의 경제건설을 통해 대륙의 동쪽에 대한 영향력을 강화하고 러시아, 북한과의 보다 적극적인 경제적 파트너십을 구축하려고 했던 중국지도부의 전략적 판단은 동북지방에서 역사적으로 형성되고 유지되어 왔던 산업구조를 혁신하지 못하고 경로의존적 성격으로 갖는 산업구조의 형성이라는 한계를 드러냈다.

2. 동북지역의 지정학적 지위 변화

2013년 시진핑의 "일대일로 구상"이 선언되면서 동북지역의 새로운 변화의 계기를 맞이하게 되었다. 중국의 부상으로 러시아에 대한 전략적 인식이 변화하게 되면서 중국이 당시 가장 중시했던 것은 에너지, 군사안보 협력이다. 에너지를 국가안보적 관점에서 다루기 시작하면서 중국은 러시아와의 새로운 협력을 모색하게 되는데, 이라크 전쟁 이후 국제 에너지 수급이 불안정해지면서 중국 에너지의 안정적 확보를 위해 장기적 에너지 전략 수립이 필요해지게 되었고 이런 전략적 목표 하에서 러시아에 대한 전략적 지위를 조정했다고 할 수 있다.(문흥호 2011:204) 이에 따라 추진된 것이 러시아산 원유를 수입하는 스코보로지노-다칭 송유관 프로젝트이다. 이는 동시베리아태평양 송유관의 지선으로 2009년 5월에 착공하여 2010년 8월 29일 러시아 구간, 동년 12월에 중국 다칭까지의 구간이 완공되었다. 이 송유관을 통해 수 러시아 원유를 직접 수입할 수 있게 됨으로써 원유 공급망을 다각화, 안정화해 왔던 것이다.(변현섭 2019)

그리고 2016년 신동북진흥정책 제시하여, "동북지역 등 노후공업기지의 전면적 진흥에 관한 약간의 의견"을 통해 2030년까지 동북지역을 국제경쟁력을 가진 첨단기술 장비제조업, 국가 신형 원재료 기지, 현대 농업생산기지 등으로 산업구조를 바꿔 동북지방의 경제발전 뿐만 아니라, 근본적 구조개혁을 단행한다는 복안이다. 그리고 이어 "동북지역 노후공업기지 진흥추진을 위한 3년계획 실시방안"을 발표하여 대규모 인프라 건설에 232조원 규모의 대형 건설프로젝트를 진행하고, 11월에는 "새로운 동북진흥전략을 통한 동북지역 경제의 안정적 발전을 추진하기 위한 약간의 중요조치에 관한 의견"을 통해 구조개혁이 실질적 조치를 단행하였다.(방성운 2022) 그러나 동북 3성의 경제성장 속도는 그렇게 빠르지 않았다. 중국의 연평균 성장률이 5.8%일 때, 동북지방은 3.7% 수준에 지나지 않았다.

잘 알려져 있다시피, 시진핑의 "일대일로" 사업은 출발을 낙후된 내륙지역을 개발하고 서쪽 방향으로의 영향력을 확대하기 위한 일환의 정책이다. 이는 초기에 서부대개발 사업과 같은 것이었으나, 2018년 시진핑이 동북 3성을 방문한 이후 동북 3성에 이른바 "중-몽-러 경제회랑"을 포함하였다. 경제회랑을 통해 중국의 동북지방을 중심으로 한 접경국가들과의 경제적 네트워크를 구축하고 동북아 경제협력체를 구상한다는 차원까지로 이어지고 있다. 이는 지정학적으로 동북지방이 새로운 지위를 얻게 되었다고 할 수 있는데, "일대일로"라는 유라시아 대륙차원에서의 지정학적 전략이 대륙과 해양에서 동시에 전개되고, 이는 대륙강대국으로서의 중국의 정체성에 더해 해양강대국 정체성 확립으로 발전하고 있다는 점이다. 따라서 동북 3성은 전통적 주변 우방국이었던 국가들에 대한 전략적 재배치의 중심지역으로 지정학적 전략 지위를 획득하고 있다.

중국동북지역에 대한 이러한 전략적 지위 변화는 한국의 국가전략 지도에서도 놓칠 수 없는 지정학적 중요성을 갖는 지역이 되었다. 과거 문재인 정부의 동북아 지역전략이라고 할 수 있는 "동북아플러스 책임공동체 형성"이 국정과제로 제시된 이후 한국은 가장 궁극적 과제라고 할 수 있는 한반도와 동북아의 평화, 번영을 실현하기 위해 '新북방정책'과 '新남방정책'을 추진하였다. 특히 지정학적 측면에서 중국의 일대일로는 중국이 대내외 환경 변화에 보다 능동적이고 적극적으로 대응하기 위한 공세적인 전략이라고 할 수 있으며, 주변국과의 경제적 교류를 통한 지역 통합을 목표로 하였다. 이를 위해 국가 연결, 운송, 통신, 무역 및 협력을 향상시키려는 목적을 제시했다. 또한 세계 여러 지역 간에 상품, 자본 및 서비스의 원활한 흐름을 활성화시키고 시장 통합을 더욱 촉진시킨는 목표였다.

한국 역시 중국의 "동북3성(랴오닝성, 지린성, 헤이룽장성)"은 '북방경제협력위원회'가 그 지리적 범주를 제시하면서 언급한 바 있고, 정부에서 이미 제기한 바 있는 것처럼(헤럴드경제, 2020.1.23.), 한국의 신북방정책과 중국의 일대일로 창의의 연계가 구체화되는 공간으로서 한국의 전략에서 중요한 지위를 획득하였다. 그리고 한반도가 북방의 유라시아 대륙으로 향하는 '관문'에 해당하는 러시아 극동에 대해서도 2017년 9월(6~7일) 열렸던 제3차 동방경제 포럼(EEF: Eastern Economic Forum)에서 이른바 '나인 브릿지' 전략을 제안하면서 신북방정책의 추진을 본격화했다. 이는 과거 남·북·러 3각 협력 구도 하의 러시아 경제협력에서 벗어나 한-러 간에 협력 가능한 9개 분야의 사업을 우선적 목표로 추진하는 전략으로 전환한 것으로, 동시다발적으로 전개하며 협력의 실현을 모색한다는 구상이었다.

최근 러시아와 중국은 군사 분야에서의 협력을 진전시키고 있습니다.과거 소련과 중국은 1969년 중-소 국경 분쟁을 겪는 등 군사적으로도 긴장관계에 있었습니다. 1980년대 이후 양국은 점차 관계개선을 추진하여 1989년 5월 관계 정상화를 계기로 양국 관계의 현안이었던 국경 획정 작업이 재개되고(2008년 최종적으로 획정), 이와 병행하여 국경 지역에서의 병력 감축 등이 협정에 따라 실행됨으로써 현재 보이는 것과 같은 양국의 접근 기반이 마련되었습니다.

이러한 상황 속에서 지난 2019년 6월 중러정상회담에서 시진핑 주석과 푸틴 대통령은 일방주의 외교를 전개하는 미국에 대응한 중러관계 강화에 합의하고, 이른바 '신시대 포괄적 파트너십과 전략적 협력관계 발전에 관한 공동선언'과 '신시대 전략적 안정성 강화 선언' 등 2개의 공동 의정서를 채택함으로써 과거 미-중-러 간 "전략적 삼각관계"를 연상시키는 3대 강대국 간 밀고 당기는 복잡한 3각 외교전이 본격화되었으며, 이러한 새로운 전략적 삼각관계는 미국 우선주의를 표방하며 일방주의 외교에 나서고 있는 미국을 견제하기 위해 중국과 러시아의 협력이 확대의 결과라고 할 수 있다. 강대국 간 세력경쟁 속 국제정세 하에서 추진하고자 하는 한국의 신북방정책을 주변강대국과 함께 평화와 번영이라는 공동의 목표를 실현하는 상생의 정책으로 만들어야 할 국면에서 서 있다. 변화하는 새로운 동아시아 국제질서에서 전략공간으로서 중국 "동북 3성"과의 교류와 협력은 향후 한국의 정치, 에너지, 군사, 경제적 측면에서 중요한 요소가 될 것이다.

Ⅳ. 결론

동북지방의 지정학적 지위는 중국이 추구하는 국가전략의 목표에 따라 시기별로 변화되어 왔다. 국가전략변화에 따른 중국 각 지방의 국제정치적 위상과 가치가 변화하고 있는 것이라고 일반적으로 이야기할 수 있다. 동북지방은 과거 전통적 강대국의 지위에 있던 중국에 전략적 중심 지위를 가지고 있다고 한다면, 신중국의 냉전기의 전략적 3각관계가 작동했던 시기는 그 전략적 위상을 회복했다가, 개혁개방이 추진되면서 국가전략 목표가 바뀌고 동북지방과 접경하고 있는 국가들의 정치적, 경제적 상황이 바뀌면서 중국 동북지방의 전략적 지위 또한 변화되었다.

예를 들어 한국의 평택 경우, 한미동맹의 변화에 따른 전략적 지위가 달라진 대표적인 지역이다. 주한미군의 평택 재배치는 단순한 부대 이전을 넘어서 주한 미국의 전략적 역할변화를 상징하고 있으며, 한미동맹의 성격의 변화를 의미하기 때문이다. 그런 의미에서 평택지역은 미국의 동아시아 전략에서에서 차지하는 중요성과 지위는 단순히 넓은 평야를 배후에 둔 항구였던 것과 비교할 수 없을 만큼 달라졌다. 평택은 해군기지와 연계한 작전이 가능하고, 미군의 상설주둔 기지로서 주변지역 및 다른 국가들과 군사협력의 중심으로 자리하고 있다(윤영미 2008: 153)

제주지역 역시 비슷하다. 2010년 천안함 폭침을 계기로 하여 제주해군기주를 건설하고 여기에 해군기동부대를 배치함으로써 전략적 중요성이 높아졌다. 제주해군기지는 중요한 해상교역로를 보호하는 한편, 제주 주변에 분포되어 있는 해양자원을 보호하고, 태평양으로의 진출 교두보로 삼고자 하는 우리의 전략변화에 따른 제주지역의 전략적 중요성과 지위가 변화하였다.(김강녕 2012: 124) 특히 제주지역 남방해역은 한국과 중국 그리고 일본의 해군력 경쟁이 현실화될 수 있는 지역이 될 가능성이 컸기 때문에 주변국가들의 해군력 강화에 대비하는 전략적으로 매우 중요한 전략적 지역이 되었다.

19세기 만주는 서세동점을 시기 전략적으로 중요한 요충지였다. 특히 대륙세력과 해양세력이 한반도를 넘어 중국 대륙에서 세력경쟁을 벌인 전략적 무대이기도 하였다.(이승환·채첩 2022: 2762) 1931년 만주사변 이후 이 지역은 일본의 전쟁 배후기지로서 전략적 지위를 가졌고, 이를 위한 대형 개발 프로젝트들이 추진되었다. 이른바 장춘-봉천-대련을 잇는 공업벨트는 한반도를 거쳐 대륙으로 진출하려는 일본의 경제적 핵심 거점 역할을 하였다. 그리고 일본에 의해 조성된 이러한 산업기초시설은 1949년 사회주의 중국의 사회주의 공업경제의 하나의 중요한 자산이 되었으며, 한국전쟁에서 북한을 지원하는 전략적 후방지지 역할을 했다.

냉전시기 동북 3성의 전략적 지위에는 큰 변화가 없었다고 할 수 있다. 그러나 개혁개방 시기에 중국의 동북지역은 상대적으로 전략적 지위가 약화되는 경향을 보였다. "공화국의 장자"라는 별칭은 이러한 적산자산이 신중국 건설에서 갖는 의미를 충분히 보여주고 있다. 1978년 이후 경제발전 우선이라는 국가의 전략기조에 따라 냉전시기 전략적 가치가 저평가되었던 장강 삼각지역이나 주강 삼각지역의 경제발전을 최전선에서 고성장을 이끈 반면, 두만강 삼각지역 개발로 경제적 부흥을 꿈꾸었던 동북 3성은, 그동안 동북 3성의 지정학적인 전략 지위를 결정했던 "북한변수"가 탈냉전 이후에도 여전히 개방되지 않고 냉전 시기의 긴장을 유지함으로써 중국의 동북지역은 성장의 잠재력이 현저하게 약화되고 중국 내에서도 대표적인 저개발 지역으로 그 지위가 낮아졌다.

냉전 시기 전략적 삼각관계의 중요한 축을 형성해 왔던 소련의 붕괴는 중국 동북 3성의 전략적 위상뿐만 아니라 경제적 지위 또한 약화될 수밖에 없었다. 소련이 해체되면서 그동안 동북 3성을 지역을 중심으로 대중국 교역에 의존해 왔던 것이 서유럽 중심으로 이동하면서 동북지역의 경제적 침체와 지정학 그리고 지경학적 지위 또한 상당히 약화되었다. 농업 경제에 의존하고 있던 동북지역 경제는 1990년대 후반 WTO가입으로 인해 한 번 더 타격을 받게 되는데, 동북지역의 핵심 농산물이었던 대두와 옥수수에 대한 수입개방이 이루어지면서 동북지역의 농업중심의 경쟁력 또한 타격을 받게 되면서 이른바 "동북현상"을 낳게 했다.

2013년 시진핑 시기 "일대일로"의 추진으로 이 지역이 전략적 지위가 바뀌게 되었다. 이전 장쩌민 후진타오 시대와는 다른 지정학적 전략을 수립하고, 보다 적극적으로 각 지역에 대한 전략적 배치가 이루어졌다. 특히 미국의 일방주의에 대항하는 유럽에서의 러시아의 군사적 영향력 확대 움직임과 중국 시진핑이 목표로 하는 "중국 꿈" 실현은 미국이라는 전략적 경쟁상대에 대한 공동대응의 필요성을 낳게 했다. 지정학적 전략 변화에 따른 미국과의 전략적 경쟁이 고도화되면서 동북지역에 대한 지정학적 중요성이 다시 주목받게 되고, 대륙 강대국과 해양 강대국을 동시에 추진하고자 하는 중국의 글로벌 대국화 전략에 따라 동북3성 지위는 또 한 번의 변화를 맞이하고 있다고 할 수 있을 것이다. 특히 최근 중국과 러시아가 블라디보스톡 사용권을 승인하는 이면에는 중국의 동북지역과 러시아의 극동 지역이 갖는 "핵심공간"으로 그 중요성에 대한 인식을 공유하고 있기 때문인 것으로 이해한다.

| 참고문헌 |

강정일. 2022. 「한반도의 지정학적 가치와 미·중 군사경쟁 양상 분석」. 『군사』 no.12.

고재남. 2019. 『러중의 유라시아 협력동향과 신북방정책 추진전략』. 국립외교 원 외교안보연구소.

김강녕. 2012. 「제주해군기지의 국가전략적 가치와 역할」. 『국방정책연구』 28:2.

김선재. 2022. 「탈냉전 이후 위협에 대한 인식 변화와 미 중 러 삼각관계: 한국 에 주는 함의」. 『국제지역연구』 26:2.

김성한. 2015. 「동북아 세 가지 삼각관계의 역학구도: 한중일. 한미일. 한미중 관계」. 『국제관계연구』 20:1.

김세윤. 2020. 「'일대일로'에 대한 비판지정학적 고찰에 관한 연구: 행위자-네트 워크 이론(ANT)을 중심으로」. 『한국과 국제사회』 4:2.

김용신. 2019. 「1972년 중미(中美) 화해에 대한 "소련위협원인론"의 재고찰: 미-중-소 전략적 삼각관계 하의 중국 외교」. 『중소연구』 42:4.

김재관. 2016. 「21세기 중러 관계의 발전요인에 대한 분석」. 『아세아연구』 59:2.

김충근. 2023. 「한반도 신냉전 체제의 강화」. 『신아세아』 30.1.

김현수. 2023. 「디트머의 '전략적 삼각'이론으로 분석한 영국식 외교정책-유럽 제국주의 팽창기(1884-1914). 영국의 위기 속 대응」. 『영국 연구』 49.

김흥규. 2009. 「중국의 동반자외교 小考: 개념. 전개 및 함의에 대한 이해」. 『한국정치학회보』 43:2

나영주. 2023. 「시진핑 정권의 군민융합 발전 전략과 미중 첨단 군사기술 패권 경쟁」. 『국제정치연구』 26:4.

류동원. 2022. 「21세기 미중 경쟁에 대한 신냉전 논쟁과 쟁점 연구」. 『중국지역 연구』 9:2.

리쉬 저. 홍상훈 역. 2024. 『상나라정벌: 은주혁명과 역경의 비밀』. 글항아리.

문흥호. 2011. 「중국과 러시아의 전략적 협력과 북한」. 『중소연구』 35:3.

박병석. 2014. 「중국의 국가. 국민 및 민족 명칭 고찰」. 『사회이론』. 26.

박수유. 2023. 「신냉전기 한반도 안보질서의 변화: 남·북·미 전략적 삼각관계의 와해」. 『한국과 국제사회』 7:2.

박정민. 2013. 「북러관계의 발전과 북방 삼각관계의 변화 전망」. 『평화학연구』 14.5.

박정호 외. 2022. 「미·중·러 전략경쟁 시기 러시아의 대중국 관계 발전과 정책 시사점」. 『[KIEP] 연구보고서』.

박창희. 2010. 「동북아의 지전략적 핵심공간과 근대 일본의 현상도전: 공격방어이론의 지리요인을 중심으로: 공격방어이론」. 『아시아연구』 13:2.

반길주. 2023. 「신냉전 시대 인도-태평양전략과 해양안보: 상관역학 분석 및 사례추적」. 『한국국가전략』 8:3.

방성운. 2022. 「중국 동북 3성 지역 남북중 삼각협력 방안」 『대한정치학회보』. 30:1.

백우열. 2018. 「중국 내 만주-동북 지역의 위상과 역할」. 『Discourse 201』. vol.21.

변현섭. 2019. 「중국의 일대일로와 중·러 협력: 동북 3 성 및 극동지역 교통물류협력을 중심으로」. 『중소연구』 42:4.

서상문. 2023. 「'중국'국호의 기원과 중국 국내외의 '중국'명칭 初探」. 『군사논단』 115.

신욱희. 2017. 「체제. 관계. 복잡성/복합성. 삼각관계—지역의 이론과 실천」. 『세계정치(Journal of World Politics)』 26.

이대우. 2014. 「남중국해 해양영토분쟁과 미중 갈등」. 『세종정책연구』.

이동률. 2021. 「중국의 일대일로(一帶一路). 지경학과 지정학의 동학」. 『세계지역연구논총』 39:3.

이병구·김태현. 2018. 「전환기 미국의 핵전략 : 2018 핵태세검토보고서 분석과 정책적 함의」. 『심층 이슈 분석』2

이상환. 2020. 「Post COVID-19 시대의 국제정치: 탈세계화. 디지털화 그리고 신냉전 질서의 도래」. 『정치정보연구』 23:3.

이승환. 2023. 「탈냉전기 전후 중국의 지정학적 상상력과대(對)한반도 전략 변화에 관한 고찰」. 『인문사회 21』. 14:3.

이승환·채첩. 2022. 「19 세기 동아시아 전환기 중국의 지정학적 상상력과 국방 전략에 대한 고찰: 이홍장 (李鴻章) 의 구상을 중심으로」. 『인문사회 21』 13:4.

이재준. 2022. 「중국의 지정학적 담론과 북한의 외교적 영향력: 미중 전략 경쟁 과 중소 분쟁 시기 비교」. 『한국정치연구』. 31:3.

이학수. 2018. 「남중국해 해양분쟁 연구- 시사군도와 난사군도를 중심으로」. 『인문사회과학연구』. 19:1

차정미. 2019. 「북중관계의 지정학": 중국 지정학 전략의 변화와 대북 지정학 인식의 지속을 중심으로」. 『동서연구』 31:2.

차창훈. 2010. 「중국의 부상과 동아시아 협력: 국제정치 이론적 해석을 중심으 로」. 『현상과 인식』 34:4.

최재덕. 2022. 「우크라이나 전쟁과 중러 연대의 심화: 미·중·러의 지정학적 대결과 한국의 대응방안」. 『중소연구』 46:3.

최재현. 2022. 「북한·중국·러시아의 삼각관계의 변화: 디트머의 전략적 삼각 관계 이론을 중심으로」. 『인문사회 21』 13:6.

葛汉文. 2012. 「冷战后俄罗斯的地缘政治思想」. 『国际政治研究』. 2012年 第2 期.

国务院新闻办公室. 2024. 「《新时代的中国国防》白皮书全文」 http://www.mod. gov.cn/gfbw/fgwx/bps/4846424.html(검색일: 2024.03.09.)

杜德斌. et al. 2015. 「1990 年以来中国地理学之地缘政治学研究进展」. 『GEO-GRAPHICAL RESEARCH』 34:2.

滕建群. 2018. 「三种地缘政治学说与 "一带一路" 倡议」. 『和平与发展』 2018 年 第5期.

李學勤. 2004. 「中國古代文明與國家形成研究.」 Vol. 16.

聂强. 2016. 「建国初期新中国外交决策制约因素的综合分析」. 『决策与信息』 第6期.

新华社. 2023. 「中华人民共和国主席和俄罗斯联邦总统关于2030年前中俄经济合作重点方向发展规划的联合声明」 https://www.gov.cn/xinwen/2023-03/22/content_5747725.htm(검색일: 2024.03.15.)

严安林·张建. 2017. 「一带一路 倡议对亚太秩序与两岸关系的影响」. 『台湾研究』 4期

吴成玲. 2011. 「国际化视阈下 "一边倒" 外交政策的确立」. 『国际关系学院学报』 1:3.

王亚杰·宋晓维·郎玉明. 2013. 「毛泽东确立 "一边倒" 外交政策的原因探析」. 『北华大学学报: 社会科学版』 5.

王震中. 2013. 「中國古代國家的起源與王權的形成」. 北京: 北京社科出版..

袁晓威·梁振轩. 2016. 「朝鲜战争的地缘政治学分析」. 『改革与开放』 22.

韦宗友. 2018. 「特郎普政府国家安全战略与中美关系的未来」 『当代美国评论』 1期.

莊萬壽. 1996. 「中國 與霸權主義的形成」. 『中國論』 臺北 玉山社.

张小明. 2019. 「地缘政治. 历史记忆与有关朝鲜半岛的想象」. 『世界经济与政治』 12.

朱听昌. 2009. 「试论中国地缘战略地位的变迁」. 『教学与研究』. 12.

海关总署. 2023. 「海关总署口岸监管司负责人就我国东北地区通过周边国家港口开展国际贸易中转业务事回答记者提问」http://www.customs.gov.cn//customs/xwfb34/302425/5028065/index.html(검색일: 2024.03.13.)

Amanda Lee. 2019. "Russia's Vladimir Putin points to US$20 billion worth of deals as evidence of close ties with China." *South China Morning Post.* (June 8)

CGTN. 2018. "China's countermeasures to US Indo-Pacific strategy." *China Daily.* (August 23)

Dittmer. Lowell. 1981. "The strategic triangle: An elementary game-theoretical analysis." *World politics* 33.4

Emma Chanlett-Avery. K. Alan Kronstadt. Susan V. Lawrence. Mark E. Manyin.

2018. "The Asia Pacific: Challenges and Opportunities for US Policy" *Congressional Research Service In Focus* (December 14).

Hsiung. James C. 2004. "The Strategic Triangle." *Harvard International Review* 26.1.

James Dobbins. Howard J. Shatz. Ali Wyne. 2019. "A Warming Trend in China-Russia Relations." *Commentary (The Diplomat).* (April 18).

Marshall. Tim. 2016. *Prisoners of geography: ten maps that explain everything about the world.* Vol. 1. Simon and Schuster.

Park. Changhee. 2008. "Why China attacks: China's geostrategic vulnerability and its military intervention." *The Korean Journal of Defense Analysis* 20.3

Peng Liu. 2018. "Connotation and Dilemma of the US Indo-Pacific Strategy and China's Responses." *Annual Report on the Development of the Indian Ocean Region.*

Spykman. Nicholas J. 1944. *The Geography of peace* (New york: Harcourt. Brace.

시선의 전이, 구성된 장소성

: 중국 근대 베이징 여행안내서
『도문기략(都門紀略)』 소고(小考)

문정진 ●

Ⅰ. 들어가는 말

1845년 양사안(楊士安)이 편찬한 『도문기략』은 중국 최초의 근대 여행안내서로 여겨지고 있다. 도문은 베이징(北京)이다. 도문과 함께 베이징을 지칭하는 단어들로는 일하·북평(北平)·수선(首善)·경사(京師)·경성(京城) 등이 있다. 각기 다른 시대적 가치와 사회 문화적 함의를 담고 있다.

그런데 베이징을 체계적으로 정리한 첫 번째 서적은 청대(淸代) 문인학자 주이존(朱彝尊)의 『일하구문(日下舊聞)』이다.[1] 『도문기략』의 편찬자가 서문에서 밝힌 것처럼 『도문기략』 역시 『일하구문』을 주요 참고서적으로 삼고 있다.[2] 하지만 전통 지리 관념과 사유 방식의 영향 하에 놓여

이 글은 「시선의 전이, 구성된 장소성: 중국 근대 베이징 여행안내서 ≪ 도문기략 (都門紀略)≫ 소고 (小考).」,『중국학논총』81 (2023.9.30)을 수정·보완한 것이다.
** 성결대학교 중어중문학과 부교수.
1) 왕발(王勃)의 『등왕각서(滕王閣序)』에 "일하에서 장안(長安)을 바라본다(望長安於日下)"는 구문이 나온 이후, 일하는 장안과 대비되어 수도 베이징을 가리키는 단어로 사용되기 시작했다. (于敏中 外, 1983: 2).

있던 『일하구문』이나 황제의 명을 받고 이를 증보한 『흠정일하구문고(欽
定日下舊聞考, 이하 『일하구문고』)』와 달리, 『도문기략』은 서양과의 교
류가 본격적으로 시작된 시대에 개인이 기획한 출판물이었다. 『도문기략』
의 가치는 단순히 최초의 근대적 여행안내서라는 측면에만 머무르지 않는다.

이 글에서 주목하는 것은 『도문기략』의 물적 특성이다. 여행안내서의
특성 상 변화하는 베이징의 모습을 반영하는 과정에서 새로이 더해지고
또 삭제된 부분들이 생겨난 『도문기략』은 판본에 따라 그 서명과 권수가
달라졌다.3) 처음에 『도문기략』은 『도문잡영』과 『도문잡기』 두 권으로 구
성되었다. 이후 각 지역에서 온 베이징 방문객들을 동향별로 모이게 만든
『도문회관』이 더해져 세 부분으로 확대되었다.4) 이 글은 『도문기략』의
다양한 판본들을 가장 포괄적으로 포함하고 있는 1877년 『증보도문기략』
총 10책을 주요 저본으로 삼는다. 최초 판본의 기본 구성인 『도문잡기』(제
4권)와 『도문잡영』(제5권) 이외에 조선 및 몽고와의 경계가 표시된 지도,
중국 각 성의 지도, 자금성의 내부 소개를 포함한 베이징의 지도 등 도시
관련 정보를 제1권·제2권·제3권에서 제공하고 있다. 각 성에 위치한 회관
의 목록과 주소는 제6권에서 '회관목록(會館目錄)'으로 따로 묶었다. 베
이징을 기점으로 각 지역에 이르는 여정 또한 제8권에서 상세하게 제시하

---

2) 『증보도문기략·부국부군영(增補都門紀略·附 菊部羣英)』(국립중앙도서관 소장본,
   이하 『증보도문기략』) 권5: 曩閱日下舊聞, 臚列古今勝跡以采訪者備矣.(양사안 외,
   1877: 5).

3) 중국국가도서관(中國國家圖書館, http://find.nlc.cn/都門紀略) 서지목록을 참고해
   보면 『도문기략』 최초 판본의 원 구성은 『도문잡기(都門雜記)』와 『도문잡영(都門雜
   詠)』 두 권으로 파악되지만, 현재 상권만이 남아 있다. 1851년 『도문회찬(都門匯纂)』
   6책, 『도문휘찬(都門彙纂)』 10책, 1864년 『도문기략』 4책, 1872년 『증보도문기략(增
   補都門紀略)』 8책, 1874년 『도문기략』 2책, 1877년 『증보도문기략』 10책, 1907년 『증
   보도문기략(增補都門紀略)』 7책, 1909년 『신증보도문기략(新增都門紀略)』 7책 등
   모두 상이하게 출판되었다.

4) 『증보도문기략』권6: 都中會館爲鄕會士子而設.(양사안 외, 1877: 6).

였다. 나머지 각 권들에서는 여행객들이 궁금해 하거나 알아야 할 베이징의 제반 사항 등을 기록했다. 여행안내서에서 무엇보다 중요한 것은 시의성이다. 이는 베이징을 지칭하는 수많은 단어들 가운데 도문을 선택한 까닭이자 기략, 즉 편재한 정보의 주요 단서만을 간추려 기록한 이유이기도 하다.『도문기략』의 다양한 판본들은 유동적이면서 일시적인 정보들이 지닌 가치를 체감하게 했다.

이 글에서는 수차례 재간행된 판본 가운데 공통적으로 포함되어 있는 원 저자이자 편찬자 양사안의 「서문(序文)」과 「예언(例言)」을 중심으로 『도문기략』이 계승하고 있는 수도 베이징에 대한 전통적 인식과 더불어 시선의 전이 양상을 살펴본다.『도문잡영』은 죽지사(竹枝詞) 모음집이다. 외지인의 시선이 더해져 또 다른 베이징의 인상을 만들어내기 시작한다. 『도문잡영』에서는『도문기략』이 표방하는 베이징의 공간 정체성을 확인할 수 있다. 독자의 수요를 고려해 선별된 정보를 제공해야 했던『도문잡기』에서는 여행객들의 공간에서 탄생한 타자의 도시 감각 및 구성된 장소성 또한 엿볼 수 있다.

Ⅱ. 일하(日下)에서 도문으로

1688년 최종 판각된『일하구문』은 총 42권으로 구성되었다. 기존 서적들에 서술된 것들의 옳고 그름을 따져가며 정확한 근거 자료를 수집했다. 이를 기반으로 한 저자의 견해는 상세하면서도 우아한 문사로 펼쳐져 있다. 전대미문의 서적이었다.[5] 저자 주이존은 외지인이었다.[6] 그의 거처는

---

5) 「원서」,『일하구문』: 則所謂詳覈而典贍矣. 又間以己意, 辯論其是非, 授據精確, 辭雅義暢, 前此未有此書也.(장대년 외(張岱年外), 1996: 1082).

베이징 선무문(宣武門) 남쪽에 자리한 광동순덕회관(廣東順德會館) 내 고등서옥(古藤書屋)에 마련되었다. 유배 중이었던 주이존은 이곳에 머물 며 요(遼)·금(金)·원(元)·명(明)의 역대 조대들이 수도로 세운 베이징 관련 문헌들, 중국 내 경사자집(經史子集) 자료, 그리고 해외의 서적 등 대략 1600여종의 전적(典籍)들을 모아 비교 분석했다. 총 13항목으로 분 류된 『일하구문』은 단순히 기존 자료를 모아 편집한 것이 아니었다.7) 객 관적 자료를 근거로 탐방과 탐문 등을 거친 실증적 경험의 산물이었다.8) 정치적으로는 이미 국제사회가, 그리고 경제적으로는 무역 관계가 형성되 어 있던 17세기 중엽 이후9) 조선의 인사들은 연행과 관련된 사전 지식 정보를 확장시키기 위해 『일하구문』을 참고서로 활용하기도 했다.10)

『일하구문』의 편찬에는 제시된 기준이 있었다. 『주례(周禮)』이다. 유가 적 관점에서 해석된 『주례』는 주공(周公)의 제례가 이룬 태평성세의 치

---

6) 주이존(1629.10.7.~1709.11.14.)의 자(字)는 석창(錫鬯), 호는 죽타(竹垞), 어방(醖舫), 만년의 호는 소장호조어사(小長蘆釣魚師) , 별호는 금풍정장(金風亭長) 등으로 절 강성(浙江省) 출신이다. 『일하구문』 이외에도 『폭서정집(曝書亭集)』, 『경의고(經義 考)』 등의 저서와 함께 『명시종(明詩綜)』(100권), 『사종(詞綜)』(36권, 왕삼(汪森) 증 보(增補) 등을 편찬했다. 주이존은 중국에서 뿐만 아니라 조선 학계에도 영향력을 미쳤다.

7) 「자서(自序)」, 『일하구문』: 故老淪亡, 遺書散失, 歷年愈久, 陳迹愈不可得而尋矣. 彝尊謫居無事, 捃拾載籍及金石遺文會粹之, 分一十三門, 曰星土, 曰世紀, 曰形 勢, 曰宮室, 曰城市, 曰郊坰, 曰京畿, 曰僑治, 曰邊障, 曰戶版, 曰風俗, 曰物産, 曰雜綴, 而以日鼓考終焉. 計草創於丙寅之夏, 錄成於丁卯之秋, 開雕於冬, 訖戊 辰九月而竣.…所抄群書凡千六百餘種, 慮觀者莫究其始, 必分注於下, 非以侈撝 采之博.(장대년 외, 1996: 1084).

8) 「원서」, 『일하구문』: 友人秀手朱君竹垞檢討居京師久, 乃博采經史子集畿千卷, 及遊覽所至, 所訪聞於遺賢故老者, 集之爲., 「원발(原跋)」, 『일하구문』: 先生目不 停披, 手不絶書. 又時時延訪遺老, 質問逸事.(장대년 외, 1996: 1082-1084).

9) 『이 중국에 거하라』(거자오광, 2012: 170).

10) 「燕行錄과 知識·情報: 지식·정보의 수집과 기록방식」(진재교, 2017: 50-51).

적을 알 수 있게 하는 책이다.[11] 총 12권으로 구성된『주례』는 중국의 행정 조직과 직무를 총괄한 국가 조직의 전범이기도 했다.[12] 천자의 제국은 별자리의 운행 규칙에 따라 구주(九州)의 영토로 나뉜다.『일하구문』의 기본 구성에 내포된『주례』의 가치관은 1773년에서 1782년 사이 증편된『일하구문고』에서 보다 분명해진다.[13]『일하구문고』는 영토를 구획하는 근간이 계절의 변화에 따른 천문(天文) 현상이라는 관점을 견지하고, "그 영험한 징후를 권말에 다시 부가 서술"한다. 그런데 "때로는 자미원(紫微垣), 때로는 28수(二十八宿), 때로는 천시원(天市垣), 때로는 오성(五星)" 등 관점에 따라 천문 현상을 해석하는 의견이 분분했다. 국가 주도하에 진행된 편찬 사업이었기에 "바르게 각 항목을 분류"해야 할 필요성이 생겨났다.[14]『일하구문고』의 편찬 과정은 하늘의 기운이 드러내는 자연 현상이 세상의 이치이자 교화의 기준으로 작동한다는 생각을 더욱 공고하게 만드는 과정이었다. 저자의 시선이 개입될 여지는 크지 않았다.

중국 수도의 긴설 지침 역시『주례』였다. 고공기(考工記)의 규정에 의하면 오행(五行)과 사상(四象)에 따라 방위가 정해졌고 건축물은 일체의 허점 없이 정교하게 배치되어야 했다.[15] 베이징은 수선(首善)의 지역이어

---

11) 「서주례발흥(序周禮廢興)」,『주례』: 周公制禮之曰, 禮敎興行.…務在廣覽, 乃知其周公致太平之迹.(정현(鄭玄) 주(註), 간행연도 미상(刊寫年未詳): 12-18).

12) 『주례: 최초로 법과 관직의 체계를 세우다』(이준영, 2002: 3-19).

13) 『일하구문고』: 乾隆三十九年奉敕撰. 因朱彝尊『日下舊聞』原本, 刪繁補闕 , 援古證今 , 一一詳爲考核, 定爲此本.(영용(永瑢)·기윤(紀昀), 1999: 376).

14) 『일하구문고』: 臣等謹按, 自周禮保章氏以星土辨九州之地, 而後世之言分野者, 或以中宮斗杓, 或以二十八宿, 或以天市垣, 或以五星, 至唐一行則又創爲山河兩戒之說, 衆議紛繁, 立論各殊. 按唐杜佑分野議, 謂以國之分野, 上酌天象, 始於周季.…臣等謹按, 史記隋書及通志亦作…臣等又按, 朱彝尊原書所載, 如斗宮, 天市垣, 二十八宿, 山河兩戒, 五緯諸家之說, 徵引旣多, 敍次未免舛雜. 今詳加釐正, 分門類敍, 其靈徵則附於卷末云.(장대년 외, 1996: 1).

15) 『고찰명: 중국 도시 이야기』(신경진, 2013: 110-118).

야 했기 때문이다. 수선은 최고의 선을 의미한다. 수선이 펼쳐지기 시작하는 곳, 그곳이 바로 경사(京師)였다.[16] 베이징을 가리키는 여러 용어들 가운데 북경(北京)은 평평한 평지에 언덕으로 높낮이를 만들어 명명한 경(京)이라는 글자를 사용한다. 평(平)과 경의 글자는 경계를 만든다. 한편 천자가 도읍한 곳이 경사라면, 기(畿)는 천자의 거주지인 왕성(王城)을 중심으로 한 사방 천리의 땅을 의미했다.[17] 기는 점차 왕도의 성(城)과 문(門) 그리고 시(市) 외곽 지역으로 확장되었다. 그리고 경기는 편벽됨 없이 두루 왕도가 미치는 구역 안에 편입된다. 베이징은 물리적으로 구현된 위계의 문화 공간이었다. 베이징의 높고 큰 건축물인 궁전과 사원·수평으로 이어진 성벽 위에 우뚝 솟은 성루·높은 탑들·경산(景山)의 정자들, 이들이 모두 어우러져 도시 경관을 만들어냈다. 위와 아래의 분별은 안과 밖의 가시성을 확대한다.[18]

1851년 『도문기략』 속 베이징 역시 최고의 선이 이루어지고 그래서 교화가 시작되는 곳이었다. 광활하게 펼쳐진 이곳에서는 항상 아름다운 풍속이 무엇인지를 물었다. 두루 미치는 왕도(王道)에 치우침은 없었다. 그런데 흥미로운 것은 『도문기략』이 서술하는 베이징이 여전히 그 최고의 선을 인근 지역으로까지 확장시킬 수 있었던 이유이다. 바로 직접 눈앞에서 볼 수 있는 번화한 상업 현장 가운데 제일이 베이징이었기 때문이다.[19] 성시(城市)는 청대 수도 베이징의 성문을 중심으로 자연스럽게 형성된

---

16) 「유림전(儒林傳)」, 『한서(漢書)』: 故敎化之行也. 建首善自京師始, 繇內及外.(반고(班固), 1992: 3594), 「유림열전(儒林列傳)」, 『사기(史記)』: 故敎化之行也. 建首善自京師始, 由內及外.(사마천(司馬遷), 1994: 3119).

17) 『설문해자(說文解字)』: 畿, 天子千里地. 以遠近言之, 則言畿也.(허신(許愼), 2022: 3949).

18) 『국가』(이중톈, 2013: 46-47).

19) 「원서」, 『증보도문기략』 권5: 京畿爲首善之區, 幅員遼闊, 問風俗之美 , 備王道無偏 , 觀賣買之繁華 , 燕都第一.(양사안 외, 1877: 4).

시장이다. 이곳에서 중요한 것과 중요하지 않은 것, 정통과 비정통, 중심
과 주변 등을 나누는 기준에 변화의 조짐이 형성되고 있었다.

물론 여행안내서 『도문기략』은 내성(內城)과 외성(外城)의 지도 모두
를 제공한다. 황성도(皇城圖)와 함께 상세하게 제시된 남(藍)·백(白)·
홍(紅)·황(黃)의 방위별 팔기(八旗) 분포도는 『도문기략』의 독특한 특
징이기도 하다. 하지만 『도문기략』은 내부성과 은밀성, 그리고 기원으로
연결되는 베이징의 공간 질서에 부여되던 전통 해석과 다소간 거리를 둔
다. 그리고 보통 사람들의 시선을 불허하는 금지된 것들에서 시선을 거둔
다.[20]

『도문기략』이 정보를 선택하고 편집하는 원칙은 다음 다섯 가지였다.
첫째, 정보를 제공하려는 대상을 명확하게 설정한다. 둘째, 베이징을 방문
하는 독자들의 우려와 기대를 파악한다. 셋째, 짧은 시간을 효율적으로
활용할 수 있는 정보를 선별하고, 복잡한 정보를 요약하는데 효과적인 도
설을 활용한다. 넷째, 정보의 변화에 민감하게 대응하며 정확성을 확보한
다. 다섯째, 정보의 개방성을 지향하고 독자의 참여를 장려한다.

『도문기략』의 주요 초점은 정치와 군사의 중심지 내성(內城)이 아닌
상업과 소비의 지류가 감지되는 외성(外城) 주변에 맞추어져 있다. 대상
으로 삼는 주요 독자가 베이징을 방문한 타지의 사람들이었기 때문이다.
천자의 교화가 미치는 상징으로서의 일하가 아닌 사람과 물자가 모이는
통로로서의 도문에 대한 안내가 필요해진 것이다. 중국이라는 세계에 존
재하던 일련의 모순된 균형 상태,[21] 여기에도 균열이 시작된다.

---

20) 『증보도문기략』 권3은 자금성을 소개하는 책자이다. 대체로 건축학적 특징, 건물의
배치, 유래 및 기능 등을 설명하는데 집중되어 있다. 공간에 대한 해석이 필요한 경우,
편찬자가 아닌 주이존을 비롯한 전인(前人)의 시선을 삽입한다.(양사안 외, 1877: 13
등).

21) 『하버드 중국사 진·한, 최초의 중화 제국』(마크 에드워드 루이스, 2020: 304).

Ⅲ. 전이된 시선, 경계의 균열

고대 시장은 지정된 시간에 사람들이 모여 교역을 행하는 일정한 공간이었다. "정오가 되면 시장이 열려 천하의 백성을 모으고 천하의 물건을 한데 모아 서로 교역한 뒤 물러남으로써 각기 필요한 것을 얻었다."[22] 성문을 드나들 때 검문검색을 하고 세금을 거두었기 때문에 성문 밖에도 물물교환을 위한 장소가 생겨났다. 송대(宋代) 이후에는 도시경제가 발달함에 따라 성문 주변의 큰 길과 부근에 주거지역, 관상(關廂)이 형성되었다. 그 범위가 확대되면서 안전과 방어를 위해 성벽을 다시 쌓고 성문도 새로 냈다. 명청(明淸) 시기 상점들이 모여 상가를 형성했던 베이징의 왕부정대가(王府井大街), 전문(前門) 밖 대책란(大柵欄) 등은 청말(淸末)까지 성업 중이었다. 채시구(菜市口)는 죄인의 목을 베고 그 시체를 길거리에 버려두는 기시(棄市)가 시행되는, 여전히 관(官)의 통제 하에 놓여 있는 곳이었다.[23]

하지만 『도문기략』에 소개된 베이징의 시장은 더 이상 시간과 공간이 정해져 집중적으로 관리되는 집시(集市) 방식으로만 머물러 있지 않았다. 사람이 모이는 곳이 바로 시장이었다. "베이징의 거리 골목들은 마치 누에고치에서 뽑아낸 명주실처럼 가늘고 가늘어, 지면의 한계로 인해 이 책의 지도들에 다 담아낼 수 없었다. 다만 책 안에 주석한 시장의 주소지 도면에 열거하여 먼 성으로부터 온 객상들이 찾기 편리하도록 간략히 했다."[24]

---

22) 『주역(周易)』: 日中爲市, 致天下之民, 聚天下之貨, 交易而退, 各得其所.(김인환, 2006: 538).

23) 『고대 도시로 떠나는 여행: 중국 고대 도시 20강』(둥젠훙, 2016: 228-243).

24) 『증보도문기략』권5: 一, 京師內外城, 街衢巷口細, 若牛毛繭絲, 玆集圖說, 限於尺幅, 不能備載, 僅據冊內所注市廛地址, 繪圖開列, 以爲遠省客商, 尋覓之便, 並簡

상업과 무역의 중심지로 변모한 베이징의 외성에는 지면에 다 담아내지 못할 정도로 많은 저잣거리들이 생겨났다. 길게 이어진 수많은 골목골목의 시장들 가운데 동서항(東西巷)은 외지에서 온 객상들이 새롭게 주목할 만한 곳이었다. 축산물 시장, 화훼종묘 시장, 보석류 판매 시장 등 동일 업종의 상점들이 모인 상가도 형성되었다. 거리마다 등불이 밝혀졌고 기존의 상업 지역이었던 대책란 서쪽 거리에 위치한 관음사(觀音寺) 묘회(廟會)에 인파가 몰리기 시작했다. 그리고 이는 다시 삼거리 교차로에 새로운 시장을 형성하며 구역을 확장했다. 식료품점·골동품 상점·환전소·약방 등은 사람이 모이면서 생긴 전문 업종 상점이었다. 거리에 노점상도 펼쳐졌다. 『도문기략』은 황제의 권역이 아닌 객상들의 수요를 반영한 상업과 소비의 공간들을 담아낸다.

명청대에는 성내 안전과 도난 방지를 위해 주요한 골목 입구마다 울타리를 쳐놓고 일정한 시간이 되면 문을 닫아 출입을 통제했다. 1654년에 설치된 책란의 유래이다. 청 순치(順治)년간 처음 조성된 대책란은 세월이 흐르면서 점점 규모가 커졌다. 빼곡히 들어선 그림 같은 건물들이 하늘을 가릴 듯했고, 깊은 밤 모여드는 한가한 사람들의 여흥 소리로 가득 채워졌다.[25] 사람들의 발길이 머문 곳에 형성된 상업 구역이었다. 눈을 멀게 할 정도로 오색찬란하게 진열된 온 세상의 사물들에 대한 소식은 노래가 되어 유행을 만들었고 거리를 가득 메운 사람들의 발걸음이 베이징의 동서를 가로지르는 좁고 긴 골목골목을 이었다.[26]

대책란의 서쪽은 유리창(琉璃廠)으로 연결되었다. 정양문(正陽門) 바

略.(양사안 외, 1877: 9).

25) 『증보도문기략』권4: 畵樓林立, 望重重天, 金碧輝煌, 瑞氣濃, 簫管歇餘人, 靜夜滿街, 齊響自鳴鐘.(양사안 외, 1877: 87).

26) 『증보도문기략』권4: 五色迷離眼欲盲, 萬方貨物列縱橫. 擧頭天不分晴晦, 路窄, 人皆接踵行.(양사안 외, 1877: 87-88).

끝에 위치한 창전(廠甸)은 원대(元代) 해왕촌(海王村)이라고 불리며 도
자기 가마가 있던 곳이었다. 명대에는 자금성 건축을 위해 유약을 바른
기와, 유리와를 만들면서 유리 굽는 공장이 되었다. 명대에 생긴 서점들을
중심으로 청 건륭제(乾隆帝) 때에는 각종 도서와 문방사우를 파는 시장
이 만들어졌다. 그런데 새로이 자리 잡은 유리 공장은 유리만 생산하는
곳이 아니었다. 공간에 신선한 봄기운을 불어넣었고, 유리창의 상점마다
애호가들이 좋아할 만한 온갖 진귀한 물건과 도서가 진열되었다. 유행하
는 상품도 고정되어 있지 않았다. 화방과 서점으로 가득한 유리창의 상가
에서 시간이 갈수록 유람객의 눈길을 사로잡은 것은 골동품들이었다. 하
지만 임의로 매겨지는 사물의 값어치가 진짜와 가짜의 구별을 가장 어려
운 일로 만들어갔다.[27) 가짜인지 진짜인지 명확히 분별해야 할 것이 사물
만도 아니었다. 재화의 가치를 매기는 기준에 생긴 변화였다.

Ⅳ. 풍속의 변화, 유행의 발견

『도문잡영』은 양미인(楊米人)의 『도문죽지사(都門竹枝詞)』(1795)와
득석정(得碩亭)의 『초주일천(草珠一串)』(1817)을 바탕으로 하고 있다.
두 권 모두 당시 베이징에서 유행하던 죽지사를 모아 편찬한 책이다. 풍토
를 기록하고 시대의 유행을 풍자하는 시사 작품을 죽지사라고 부른다. 누
가 지었는지도 모르고 누군가를 혹은 어떤 사건을 풍자하는 내용이 대부
분이었지만 문인들은 죽지사의 웃음과 풍자 속에서 징벌과 새로운 깨달음
의 의미가 발견되기를 기대했다. 물론 죽지사가 담고 있는 내용들로 인해

---

27) 『증보도문기략』권4: 畫舫書林, 列市齊, 游人到此, 眼都迷, 最難古董分眞假, 商鼎
周尊任品題.(양사안 외, 1877: 90).

문인들이 처음부터 선뜻 부화뇌동하여 자신의 이름을 내걸고 감응을 표현하기는 어려웠다. 『도문기략』을 책으로 완성하는 과정에서 편찬자 역시 죽지사의 "조롱에 가까운 내용이 시인들의 충실하고도 두터운 선의를 상하게 해 결국 비방에 이르는 과오를 답습하게 될 것"을 염려하고 있었다. 그럼에도 불구하고 예부터 풍속의 전이를 기록하여 인정의 애호와 숭상을 드러내 온 죽지사는 '잡영'이라는 이름하에 취합된 것이다.

양사안이 벗들의 지속적인 권유로 마침내 『도문잡영』을 추가해 『도문기략』을 출판한 첫 번째 이유는 죽지사가 사람과 사물로 대변되는 사회문화 현상을 쉽게 파악할 수 있게 해주었기 때문이었다. 두 번째 이유는 죽지사를 통해 『도문기략』의 독자들이 규범적 경계의 마음을 지닐 수 있기 바랐기 때문이다. 웃고 떠드는 가운데 곱씹어 경계로 삼을 만한 말들 그리고 암묵적 풍간의 뜻을 내재한 유희적 이야기들에 국가 관념을 더했다.[28] 저자가 밝힌 1845년 중국 근대 베이징 여행안내서 『도문기략』의 편찬 이유이다.[29]

하지만 "오늘 옳았던 것도 내일이면 틀릴 수 있는 것이 풍속"이다. "책에 기록된 각 항목들이 모든 내용을 다 갖추고 있었을지라도 지금과 옛날의 단절된 느낌을 피할 수는 없기" 마련이었다. 시간이 지나 또 다시 바뀌었기 때문이다. "신하된 도리로서 눈으로 직접 보고 귀로 들은 것들을 바로 잡고 태평성세를 노래하여 알리고자 편찬한 책"이 『도문잡영』이었

---

28) 『증보도문기략』권4: 竹枝詞者, 古以紀風俗之轉移, 表人情之好尙也. 前賢著作, 如楊米人竹枝詞, 得碩亭草珠一串, 繪風列俗…. 草芬之臣, 目擊耳聞正, 可詠歌太平籍以鳴. 國家之盛, 但思竹枝取義, 必於嬉笑之語, 嚼寓箴規, 游戱之談, 默存諷諫.…恐其近於嘲弄, 有傷詩人忠厚之旨, 仍踏誹謗之愆緣. 都門紀略成書, 友人再三慫恿, 遂勉强效響, 補成打油歌.(양사안 외, 1877: 4).

29) 『증보도문기략』권5: 下及『都門竹枝詞』, 『草珠一串』等書, 雖列風繪俗纖, 悉無遺第, 可供學士之吟哦, 不足擴市廛之聞見.…道光二十五年十一月潞河楊靜亭識於都門客邸.(양사안 외, 1877: 4).

다.[30] 여러 문인들의 의견을 수렴한 후 『도문기략』은 기존의 작품들과 함께 달라진 정서까지 담아낼 수 있는 시사 작품들을 보완하여 재발간된 다.[31]

『도문잡영』은 국가의 성대함을 칭송하며[32] 『도문기략』이 『일하구문』 의 계보를 잇고 있음을 상기시킨다. 도문타유가(都門打油歌)라고도 불리 며 한 권의 책으로 따로 엮일 수 있었던 것도 양사안과 주변 문인들의 교류가 큰 역할을 했다. 이로 인해 『도문잡영』에는 다양한 시선이 담길 수 있었다. 12가지 항목으로 분류된 『도문잡영』의 경우, 풍속(風俗)·절령 (節令)·춘대련(春對聯)·한묵(翰墨)·고적(古蹟)·인사(人事)·기예(技 藝)·시상(時尚)·복용(服用)·식품(食品)·시전(市廛)·사장(詞場) 등이 포함되어 있다.

12항목 모두 당시 풍속의 변화에 따른 유행의 양상을 담아내고 있는데 그 주요 특징을 살펴보면 다음과 같다. 풍속에서는 과거제도와 관련된 사 회 현상, 새해 인사 등과 같이 상대적으로 단단하게 고정되어 있던 문화현 상을 다룬다. 절령은 절기 가운데 원단(元旦)·상원(上元)·청명(淸明)· 단양(端陽, 단오)·시월삭일(十月朔日)·칠석(七夕)·중원(中元)·중추 (中秋)·중양(重陽)제석(除夕) 등 10가지 주요 세시풍속을 서술했다. 춘 대련에서는 당시 베이징이라는 도시가 사람들과 소통하던 방식들을 보여 준다. 봄이라는 변화의 계절을 맞이하여 만물의 새로운 시작을 알리는 입

---

30) 『증보도문기략』권5: 雖楊米人得碩亭, 所詠各條纖悉具備然, 今昔殊尙之感, 草芬 之臣目擊耳聞正, 可詠歌太平籍以鳴.(양사안 외, 1877: 4).

31) 『증보도문기략』권4: 然今已十數餘年, 風土有可變更, 人情有所嗜好, 風移俗易, 昨 是今非. 實未有革故鼎新, 重修而增補者忽, 于甲子端陽後, 諸友人談及都門雜 詠一書, 不免動今昔殊情之惑.…同治十一年序於宣武門寓齋.(양사안 외, 1877: 6).

32) 『증보도문기략』권4: 靜亭楊老夫子, 作都門打油歌…國家之盛, 繪風列俗, 得傳街 巷之情搜羅, 殆美善竝稱矣.(양사안 외, 1877: 6).

춘방(立春榜) 춘련, 고관대작들이 자신들의 주택 앞에 직함(官銜)이나 소란 금지 등의 문구를 적어두던 패(牌)인 문봉(門封), 공지문에 해당하는 고조(告條), 과거제도의 공정성을 알리는 회피(回避) 제도 등을 소개하고 있다. 한묵에서는 당시 베이징 사람들의 생각 혹은 가치 파생이 가능한 사회 문화 현상들을 살펴볼 수 있다. 시상·복용·식품 등에서는 시간의 흐름에 따라 유동적으로 변화하는 사물들을 집중적으로 소개한다. 곳곳에 분포되어 있던 상업 지역의 다변화 양상과 세분화 과정은 시전에서 확인할 수 있다. 사장을 통해서는 상업과 결합되어 가고 있던 청대 공연 문화의 현장들을 엿볼 수 있다

그런데 기존 문인들의 감성으로 베이징의 풍속을 담은 죽지사들이 시장의 분위기를 파악하기에는 유용했으나 여전히 실질적이고 구체적인 내용을 파악하는 데에는 한계가 있었다. 『도문기략』은 먼 곳으로부터 목적을 지니고 베이징을 방문한 객상들을 위해 설계된 여행안내서이다. 위로는 풍속에서부터 아래로는 음식, 의복, 유람할 장소까지 상세하게 밝힌 자질구레한 것들에 대한 기록, '잡기'가 필요해진 것이다. 수집한 자료들을 근거로 직접 방문하는 수고 또한 더해졌다.[33]

V. 타자의 탄생, 장소의 구성

청말, 중국의 수도 베이징은 가장 번화한 도시여야 했다. 시장의 상가가 드러내는 고급스러움 역시 천하제일이었다. 대책란·주주시(珠主市)·서

---

[33] 『증보도문기략』권5: 一, 是書之作, 原爲遠省客商而設, 暫時來京, 耳目難以周知, 故上自風俗, 下至飮食服用, 以及遊眺之所, 必詳細注明, 以資采訪 , 庶幾雅俗共賞.(양사안 외, 1877: 8).

하연(西河沿)·유리창 등의 상점들, 비단 가게·찻잎 가게·피혁 가게 곳곳에 새겨진 정교한 조각과 휘황찬란한 금벽이 사람의 눈을 아찔하게 했다. 축산물시장에 늘어선 술집과 식당들마다 밝힌 불빛들이 환하게 빛을 발하며 게임을 즐기는 소리가 거리를 가득 채웠다. 정월대보름 명절처럼, 매일이 축제 같은 베이징의 밤을 따라 올 곳은 없었다.[34] "지식의 정수가 모여 있었고 온갖 아름다운 음악 소리가 귀를 즐겁게 했다. 각지에서 도착한 진귀한 물건과 산해진미는 곳곳에 산재해 있었다."[35]

하지만 그 많은 누리고 즐길 거리들이 베이징이라는 도시에 대한 정보를 지니지 못한 이들에게는 무용지물이다. "숙소에만 머무르다보니 느낄 수밖에 없는 답답함과 무료함이 낯선 타지를 그저 바라보기만 해야 하는 나그네의 서러움만 키울 뿐이다. 고향에 가져 갈 작은 선물이라도 마련하기 위해 바깥으로 나서본다. 그런데 비좁은 골목길들에 혼잡한 인파는 길을 잃는 것은 아닐지 우려만 싹틔운다. 혹여 잠깐의 부주의로 놓치곤 하는 상점의 간판들처럼 뒤섞여 있는 진위를 가려내지 못할 수도 있다는 근심까지 더해질 뿐이었다."[36] 주체화된 공간으로서의 장소는 사람들의 체취와 이야기가 객관 공간의 공허와 공포를 길들임으로써 만들어진다.[37]

왕도가 미치는 수선의 도시 경사, 베이징은 이제 왕법(王法)만으로는

---

34) 『증보도문기략』권5: 京師最尙繁華, 市塵鋪戶, 妝飾富甲天下, 如大柵欄, 珠主市, 西河沿, 琉璃廠之銀樓緞號, 以及茶葉鋪, 靴鋪, 皆雕梁畫棟, 金碧輝煌, 令人目迷五色. 至肉市酒樓飯館, 張燈列燭, 猜拳行令, 夜夜元宵, 非他處所可及也.(양사안 외, 1877: 14).

35) 『증보도문기략』권5: 京畿…鑒於古者圖書翰墨之精, 悅於耳者絲竹管弦之盛, 琳琅來瀛海之殯珍饈, 錯極上方之貴.(양사안 외, 1877: 4-5).

36) 『증보도문기략』권5: 惟外省仕商暫時來都, 往往寄寓旅邸, 悶坐無聊. 思欲瞻遊, 化日抒羈客之離懷, 抑或購覓零星備鄉間之饋贈, 乃巷路崎嶇, 人煙雜遝, 所慮者不惟道途多舛, 亦且坊肆牌匾真贋易淆, 少不經心, 遂成魚目之混.(양사안 외, 1877: 5).

37) 『풍경이 온다』(서영채, 2019: 7).

교화되기 어려운 곳이었다. 『도문잡기』는 객상들에게 가장 필요한 것이
무엇인지를 알고 있었다. 『도문잡기』가 게재한 "상점들은 모두 일이백년
의 역사를 지닌 유명한 곳들로 진품만을 취급했고 가격은 정가"였다.[38]
또한 베이징을 소개하는 정보들을 풍속·대련·한묵·고적·기예·시상·
복용·식품·시전·사장 등 10개 분야로 나누고 그림 설명도 더했다. 게다
가 특별히 자주 찾는 차관·주점·상점 등은 주소뿐만 아니라 위치까지
정확하게 제시함으로써 독자들이 헤매다 못 찾는 일이 발생하지 않도록
했다.[39] 공연과 같이 시의성이 짙은 분야의 경우에는 목차에서부터 책 속
에 제시된 정보가 "수시로 가감될 수 있다"는 단서까지 덧붙여 두었다.[40]

  물론 『도문잡기』가 베이징의 모든 것들을 책 속에 다 담아내려 한 것은
아니었다. 특히 이미 국제도시로 자리매김한 베이징의 다양한 풍속은 다
기록할 수조차 없을 정도였기에 관리나 객상들과 무관한 것들은 아예 포
함시키지 않음 역시 목차에서부터 밝혀두었다.[41] 명확하게 설정된 독자
는, 넓은 베이징의 공간과 문화현상 가운데 일부는 기록하지 않거나 한두
가지만 간략하게 선별해내고 또 쓸모가 있을 만한 것들은 상세하게 나열
하는 등 관련 내용들에 대한 선택과 집중을 가능하게 했다.[42] 편찬자는

---

38) 『증보도문기략』권4: 一, 京師鋪戶林立, 市廛貨物, 往往以僞亂眞, 價亦低昂無定.
    玆集所開載者字號, 皆系一二百年老鋪, 馳名天下, 貨眞價實, 言不二價.(양사안
    외, 1877: 8).
39) 『증보도문기략』권5: 玆集所登諸類, 分列十門, 並繪圖說, 統爲客商所便, 如市廛
    中之勝跡, 及茶館酒肆店號, 必註明地址與向背東西, 具得其詳, 自不至迷於所
    往.(양사안 외, 1877: 5).
40) 『증보도문기략』권5: 詞場, 幷序著名脚色隨時增減.(양사안 외, 1877: 5).
41) 『증보도문기략』권5: 京師風俗, 最爲淳厚, 筆亂盡迷. 淮無關於仕商者, 槪不載入.
    (양사안 외, 1877: 14).
42) 『증보도문기략』권5: 一, 京師地面遼闊, 惟前三門爲天下仕商聚彙之所, 市廛地址,
    必詳細注明. 以資采訪. 內城禁地, 外省之人足跡罕至, 雖名園勝境及風土人情,
    槪不載入冊內, 雖略登一二, 以物關仕商要用, 不敢遺忘, 如欲靦縷細陳, 反致掛

『도문잡기』의 계통적 분류와 그림이 더해진 설명이 이 책을 읽는 이들에게 가져다 줄 효용성을 확신하고 있다. "황제의 수레바퀴가 지나는 도성에는 온갖 좋은 것들이 다 모이기 마련"이었기 때문이다. 아울러 "책 속에 기록한 몇 가지 항목들로 부각되지 못하고 파묻혀버린 귀하고 좋은 것들이 분명 있을 것"도 알고 있었다. 베이징은 "오직 한 사람의 이목만으로 모든 것을 알리기 어려운" 도시였던 것이다. 이에 "학식과 덕망 높은 독자들의 깨달음을 모두 모아" 부족한 부분들이 채워질 수 있기를 기대한다. 작가와 독자 모두의 식견이 필요했다.[43]

　　문자를 주요 매체로 삼고 있는 서적인 것은 동일했으나, 『도문잡기』에서 아속(雅俗)은 문제시되지 않았다. 공간 자체에 대한 지식이 아닌 공간이 장소로 경험되어질 수 있는 도시에 대한 정보가 더 중요하다는 판단 때문이다. 따라서 『도문잡기』는 혼자서 시장을 돌아다닐지라도 이 책을 읽고 지도를 따라 다니기만 하면 굳이 여러 차례 물을 필요가 없을 정도의 편리함과 상세함을 갖추어야만 했다.[44] 이는 『도문잡기』가 수차례 재발간된 까닭이기도 하다. 아무리 구체적이고 상세하게 서술되었을지라도 방대한 베이징이라는 공간을 채우는 사물들은 시간이 흘러 도시의 규모가 커진 만큼 더 새로워지고 있던 것에 기인한다.[45] 『도문잡기』는 고정된 지식이 아닌 공간의 유동적 정보들을 전이된 시선으로 선별해낸다. 그리고 근대로의 변화 과정 중에 기획된 여행안내서 『도문잡기』에서 베이징의 공간

一漏萬.…靜亭再誌.(양사안 외, 1877: 9).

43) 『증보도문기략』권5: 一, 輦轂之下, 萬美畢集, 冊內所著數門, 不免有遺珠之歎, 惟一人之耳目難以周知, 統供博雅君子領會賜見聞, 謹空簡端再增入. 靜亭再誌.(양사안 외, 1877: 10).

44) 『증보도문기략』: 閱是書者, 按圖以稽, 一若人遊市肆, 凡仕商來自遠方, 不必頻相顧問.(양사안 외, 1877: 5).

45) 『증보도문기략』권5: 余見都門紀略一書…初二三集旣詳且盡矣, 然而…在京者, 觀京物之維新縱橫, 自任出京者, 恐道途之未識跋涉惟難.(양사안 외, 1877: 6).

은 객상들을 위한 장소로 재구축되기 시작한다.

Ⅵ. 나오는 말

베이징의 자금성(紫禁城)·황성(皇城)·내성(內城)·외성(外城) 등 구획된 공간이 만든 경계는 깊숙이 감춰둔 성 안을 더욱 찬란하게 만들며 그 깊이를 굴절시켜 왔다. 『도문기략』의 도시 관련 정보 역시 예로부터 전해진 지식을 분류하고 배치하는 과정에서 수도의 공간적 특성과 끊임없이 상호 작용한다. 그런데 『도문기략』이 주목한 것은 안과 밖을 분리시키는 성벽이라기보다 두 개의 공간을 이어주는 통로로서의 성문이었다. 늘 오고 가는 사람으로 북적이다 보니 각지의 독특한 물건들이 모여들었고 성문 주변은 어느새 교역의 장소가 되어 있었던 것이다. 『도문기략』의 시선은 사람과 사물이 오고가던 외성의 골목 시장에 머무른다.

『도문기략』은 1845년 처음 간행된 이후 여러 차례 인쇄 되는 과정에서 휴대하기 쉬운 크기로 조정되면서 주요 독자층인 외지의 상인들에게 더 많은 환영을 받았다. 『도문기략』의 성공 비결은 베이징이 지닌 다양한 문화적 요소들 가운데 특정 독자들에게 필요한 정보를 선별해 분류하고 시각적으로 재배치한 데 있었다. 도시의 정보들이 지닌 일시성과 유동성을 감지하고 있었던 것이다. 『도문기략』 각 권들의 내용은 서로 얽혀 베이징의 공간적 전회를 이끌며, 여행객들을 위한 장소를 구성하기 시작한다.

| 참고문헌 |

김인환 역해. 2006.『周易』, 서울: 고려대학교 출판부.

거자오광. 이원석 옮김. 2012. 『이 중국에 거하라』. 파주: 글항아리.

둥젠훙. 이유진 옮김. 2016. 『고대 도시로 떠나는 여행: 중국 고대 도시 20강』. 파주: 글항아리.

데이비드 시먼. 최일만 옮김. 2020. 『삶은 장소에서 일어난다』. 서울: 앨피.

東洋史學會. 2009. 「특집: 동아시아 역사에서 旅行과 他者 認識」. 『東洋史學硏究』. 제107집.

뤄차오. 이승희 옮김. 2018. 『동방 제국의 수도』. 파주: 글항아리.

柳晟俊. 2001. 「『明詩綜』 所載 高麗 文人詩 考」. 『中國學硏究』. 제21집.

마크 에드워드 루이스. 김우영 옮김. 2020. 『하버드 중국사 진·한, 최초의 중화 제국』. 서울: 너머북스.

백선혜. 2005. 『장소성과 장소마케팅』. 파주: 한국학술정보.

서영채. 2019. 『풍경이 온다』. 고양: 나무나무.

신경진. 2013. 『고찰명: 중국 도시 이야기』. 파주: 문학동네.

신재균. 2018. 「조선후기 지식인과 朱彝尊」. 『東洋漢文學硏究』. 第50輯.

쑨지. 홍승직 옮김. 2017. 『중국물질문화사』. 서울 : Alma.

아즈마 히로키. 안천 옮김. 2016. 『관광객의 철학』. 서울: 리시올.

앙리 르페브르. 양영란 옮김. 2014. 『공간의 생산』. 서울: 에코리브르.

외르크 되링·트리스탄 틸만. 이기숙 옮김. 2015. 『공간적 전회: 문화학과 사회 과학의 공간 패러다임』. 서울: 심산.

이준영 해역. 2002. 『주례: 최초로 법과 관직의 체계를 세우다』. 서울: 자유문고.

이중톈. 심규호 옮김. 2010. 『독성기』. 서울: 에버리치홀딩스.

이-푸 투안. 윤영호·김미선 옮김. 2020. 『공간과 장소』. 서울: 사이.

정헌목. 2016. 『마르크 오제, 비장소』. 서울: 커뮤니케이션북스.

진재교. 2017. 「燕行錄과 知識·情報: 지식·정보의 수집과 기록방식」. 『大東文化硏究』. 제97집.

팀 크레스웰. 심승희 옮김. 2012. 『장소』. 서울: 시그마프레스.

허신. 하영삼 역주. 2022. 『완역 설문해자』. 제4권. 부산: 3.

황윤하. 2011. 『淸代 北京竹枝詞 硏究 : 市井風俗을 중심으로』. 서울: 이화여자

대학교.

班固. 顔師古 注. 1992.『漢書』. 第11冊. 北京: 中華書局.

廮書儀. 2004.「道光至光緒間的京師旅行指南」.『文史知識』. 2004年第1期. 北京: 中华书局.

司馬遷. 1994.『史記』. 第10冊. 北京: 中華書局.

辛德勇. 2004.「關於『都門紀略』早期版本的一些問題」.『中國典籍與文化』. 2004年第4期.

徐永年 增輯. 1971.『都門紀略』.『近代中國史料叢刊』第七十二. 臺北: 文海出版社.

楊士安等 編. 李靜山 增補. 1877.『增補都門紀略』本堂藏板.(국립중앙도서관 소장본: 古2810-2).

永瑢·紀昀 主編. 1999.『四庫全書總目堤要』. 海口: 海南出版社.

于敏中等 編. 1983.『北京古籍叢書: 日下舊聞考(1)』. 北京: 北京古籍出版社.

張岱年·徐複·王利器·錢伯城·戴文葆 主編. 1996.『傳世藏書·子庫·文史筆記』. 卷4. 海口: 海南國際新聞出版中心.

鄭玄 註. 金蟠 訂. 刊寫地未詳.『周禮』1. 永懷堂.(국립중앙도서관 소장본: 古1234-79-1).

朱彝尊 會粹. 朱昆田 補遺. 1736-1795.『日下舊聞』.

邱仲麟. 2014.8.11.-2014.8.13.「從『都門紀略』到『北平旅行指南』: 北京旅遊資訊的近代化歷程」.『全球視野下的中國近代史研究』. 臺北: 中央研究院近代史研究所 國際學術研討會.

제2부

중국 로컬리티의 지식화

신해혁명 이후 중국 동북지역 토지 문제를 둘러싼 갈등, 1911-1932

● 정세련 ●

I. 머리말

중국 동북지역(東北地域), 통칭 '만주(滿洲)'는 동아시아 근현대사의 중요한 교차점이자 치열한 민족 갈등의 현장이었다. 기존 지배세력인 만주족의 입장에서는 영광과 고난이 교차하는 지역으로 평가될 수 있다. 청조의 입관(入關) 이후 민족의 발상지로서 성지(聖地)로 여겨져 봉금(封禁)되었으나, 청말 만주족 기인(旗人)의 생계난을 타파하기 위해 건성(建省)을 통한 개발이 추진되었던 것도 잠시였다. 신해혁명의 격랑에 동북지역은 관(官)-신(臣)-민(民)의 견제 구도 및 군벌 장쭤린(張作霖) 일가의 집권 등 여러 정치적인 격랑을 거치게 되었다.

한편 이시기 일본인은 1906년 남만주철도주식회사(南滿洲鐵道株式會社, 이하 '만철')를 설립하여 중국 동북지역의 식민화 및 경영을 위한 초석을 다지기 시작하였다. 이는 군사적 정복을 선행한 경제적 침탈이 아닌, 만철을 중심으로 한 기존의 경제적 침략을 토대로 군사적·정치적 장악을 획책하였다는 점에서 여타 식민화 전략과는 차이를 보였다. 이 과정에서

---

* 이 논문은 「신해혁명 이후 중국 동북지역 토지 문제를 둘러싼 갈등, 1911~1932」, 『동양학』90 (2023)을 수정·보완한 것이다.

** 서울대학교 사범대학 역사교육학과 강사.

한족, 만주족, 조선인은 일제의 이해관계에 의해 이용되거나 혹은 이에 적극적으로 영합하면서 자신들의 기득권 혹은 이익을 보전·확대하고자 하였다.

신해혁명 이후 동북지역에서의 만주족·한족의 행보에 대한 연구는 꾸준히 진행되고 있으나 통시적 시각의 연구는 그리 많지 않다. 동북지역의 토지와 행정에 대한 연구는 이민과 개발 과정 및 소유권 변동에 초점을 두고 진행되고 있다(허혜윤, 2013; 김희신, 2013; 유지원, 2012 등). 동북지역에 소재한 지린성 훈춘(吉林省 琿春) 지역을 중심으로 혁명 이후 한족과 만주족, 조선인의 역할을 다방면에서 규명하고자 시도하는 연구 역시 활발히 진행되었다(윤욱, 2015; 2016; 2017; 2018; 2019). 동북지역 개발을 둘러싼 민족간 갈등을 주제로 한 한국사 연구자들의 연구 역시 꾸준히 성과가 도출되어 민족 간의 시각차 규명의 폭을 넓히고 있다(손춘일, 1999; 정안기, 2015 외 다수).

국외 연구는 동북지역을 중심으로 한 토지소유의 변화에 대해 이바오중(衣保中) 등의 대표적인 중국 연구자들이 활발히 성과를 도출하고 있다(衣保中, 1993; 1995; 1996; 王立群, 2013 등). 이에 더해 신해혁명 이후 동북지역의 토지 문제와 경제 개발을 조망하고자 하는 시각의 연구들이 점차 확대되는 추세이다(常書紅, 2011; 刁書仁, 1994; 張士尊, 2003; 範立君, 2005). 동북지역을 둘러싼 정치적 이념 논쟁과 민족 갈등에 대해서는 일본을 중심으로 다수의 연구가 진행되었다(周藤吉之, 1944; 阿部由美子, 2014; 楊紅, 2007; 江夏由樹, 1997).

그러나 상기한 연구들은 모두 특정 민족과 국가를 중심으로 진행되는 경우가 대다수이며 동북지역을 둘러싼 갈등에 대해 통시적으로 다루고 있는 연구는 많지 않다. 이를 보다 명확하게 규명하기 위해 본고에서는 먼저 관내 및 동북지역의 토지문제가 발생한 원인 중 상당수가 기존 지배층이었던 만주족이 보유한 기지에 대한 것이었음에 착안하였다. 이를 통

해 신해혁명 이후 기존 지배층이었던 만주족과 새로운 기득권층으로 등장
한 한족이 경제적 기반의 유지와 구축을 위해 어떻게 대립하고 타협하였
는가를 동북지역을 중심으로 살펴보고자 한다. 아울러 동시기 동북지역에
서 나타난 조선인의 이주 및 토지 취득 등의 경제 활동을 개괄하고, 이와
관련된 한족과 일본인, 만주족의 대립을 고찰하고자 한다.

Ⅱ. 東北地域 토지 정책과 滿漢의 시각차 : 旗地 처리를 중심으로

청조는 기본적으로 만주족을 중심으로 동북지역 일대를 경영하고자 하
였다. 이에 만주의 미간지(未墾地)도 만주족 기인의 경작지 확보에 대비
하기 위해 관지(官地)로써 그 사적 소유를 유보하였고, 동북지역의 봉금
조치를 유지하면서 한족의 진출을 막았다. 청조의 기지는 기서(旗署)에
의해 관리되고 있었으며, 경영 방식에 따라 관장(官莊)과 팔기관병(八旗
官兵) 및 기정(旗丁)의 분지(粉地, 일반 旗地) 로 분류될 수 있다. 특히
동북지역 일대에 황장(皇莊)을 집중적으로 지정하여 사사로운 매매 행위
로부터 보호하는 동시에 황실 등 만주족 고위층의 재원을 안정적으로 운
용하고 재정적 기반을 마련하고자 하였다(윤휘탁, 2001: 61).

그러나 일부 만주족은 노동력의 부족 및 농경 기술의 미숙 등의 원인으
로 직접 농경을 기피하고 가복(家僕)이나 소작인 가운데 유력한 자, 즉
장두(莊頭)에게 토지의 경영 관리를 맡기고 자신들은 소작료를 받아서
생활하였다. 이러한 행태가 장기화됨에 따라 장두는 기지의 지조(地租)
징수 및 상납 과정에서 일정한 차액을 획득하게 되었고, 이를 통해 점차적
으로 부를 축적할 수 있었다. 그 결과 장두는 기지에 설정된 '이지주(二地
主)' 또는 '일전양주(一田兩主)'로 칭해지기도 하였다(賴惠敏, 2010:

121-122). 한편 청말 기인의 생계난이 더해지면서 청조는 1905년 기민부득교산(旗民不得交産) 원칙을 철폐하여 사실상 기지의 매각을 자유롭게 허용하였다. 여기에 청말 동북지역에 대한 초민개황(招民放荒) 과정에서 한족 관료·상인·고리대 업자 등이 투자 또는 불하(拂下)를 통해 대규모의 토지를 획득하게 되었다. 이 과정에서 동북지역 농촌 사회에서 한족의 영향력이 급속도로 확산되었다. 여기에 급작스럽게 발생한 신해혁명의 소용돌이 속에서 기존 만주족의 기지 및 기산(旗産)을 어떻게 처리할 것인가가 새로운 문제로 부각되었다. 혁명 세력의 경제적 안정 기반 확보 및 만주족 사회의 동요 방지를 위해 만주족의 생명과 재산은 보호하되, 기영(旗營) 및 만주족의 공사건물(公私建物)과 기타 재산은 모두 몰수하여 매각하는 것이 대강의 원칙으로써 시행되었다. 그러나 시행 세칙에서는 전국적으로 통일된 규정이 없었기 때문에 지역별로 그 편차가 커지고 있었다. 이를 해결하고 안정적인 재정을 확보하는 것은 신해혁명 이후 집권 세력의 난제였다. 아래에서 이에 대해 자세히 살펴보기로 한다.

1. 혁명 이후 집권 세력의 旗地 재편 정책

신해혁명 직후부터 즈리성(直隷省) 등 경기지역(京畿地域)과 동북지역 등에서는 "기지는 이미 중화민국(中華民國)에 귀속되어 전량(錢糧)이 징수되고 있다. 한 토지에서 두 개의 조(租)를 낼 수는 없다"고 주장하며 기조(旗租)의 교납(交納)을 거부하고 기지의 회수를 요구하는 전호의 요구가 커졌다(中国農村慣行調査刊行会 編, 1953b: 377, 473-481). 특히 황장의 경우 기본 조역(租役)은 감소하였으나 양조(糧租)·은조(銀租) 등의 부가조(附加租)가 합산되어 실제 민전에 비해 부가되는 조의 액수가 과중하였다(衣保中 外, 1992: 206). 이는 모두 전호의 부담으로 작용하고 있었다. 그러나 『關於大淸皇帝辭位後優待之條件(이하 '우대조건')』에

서는 이미 청조 황실 및 왕공(王公) 등 만주족의 私産(사산)을 보호하기로
공포된 바 있었다. 이에 기지 문제의 처리 원칙을 설정하고 기조 부과의
기준 및 방법을 모색하여 양측의 반발을 무마하는 것이 북양정부의 중대
한 과제가 되었다. 이에 북양정부는 종래의 토지제도를 관유지(官有地)와
민유지(民有地)로 구분하여 재편성하겠다는 원칙을 수립하였다. 이 과정
에서 문제가 되는 것은 청대의 관장·王公官莊(왕공장전)·기지·직전(職
田)·민지(民地)에 대해 어떠한 기준을 적용하여 재편성할 것인가였다.
그러나 종래 관장 및 왕공장전은 사산(私産)과 공산(公産)이라는 두 가지
측면을 동시에 보유하고 있었기 때문에 이를 명확하게 구분짓는 것은 어
려웠다. 민간의 기지 회수 운동과 이에 맞선 청조 황실 및 왕공을 중심으로
한 저항이 속출하는 가운데, 이를 원활하게 해결하기 위해서는 관유지를
보다 명확히 정의하기 위한 근거와 절차를 세밀하게 규정하는 것이 필요
했다. 그러나 북양정부 집권 초기 대내외적으로 불안정한 정국이 지속되었
고, 토지를 둘러싼 이해관계와 각종 권리가 첨예하게 대립하고 있었기 때
문에 이 문제에 대한 논쟁은 쉽게 해결될 성격의 것이 아니었다.

　상술한 토지제도 재편 문제가 내부적인 것이였다면, 외부적으로는 영토
의 물리적 상실 위기가 대두되었다. 당시 시장(西藏)·와이멍(外蒙)에서
반란과 독립운동이 발생하였고, 영국·러시아가 배후에서 이를 지원하고
있었다. 이에 주변 민족의 이탈과 이로 인한 대내외적인 위기가 더이상
확산되지 않도록 하기 위해 북양정부는『우대조건』에서 명시한 정치적
·사회적 예우 외에도 부속 조건에서 약속한 사유 재산의 보호, 즉 황장
·왕장에 대한 기존 권리의 보장에 힘쓸 수밖에 없었다. 이러한 토지는
특히 동북 변경지대 및 서북 변경지대 주변으로 집중되어 있었기 때문에
영토 방어 차원에서도 중요한 문제였다. 아울러 급격한 기지체제의 붕괴
는 만주족을 위시한 기인의 반발을 초래할 가능성이 있기 때문에 최대한
점진적인 개혁 조치가 필요했다. 이러한 상황을 이용하여 선통제(宣統帝)

휘하 소조정(小朝廷)의 내무부(內務府) 대신은 1912년 5월 총통 위안스
카이(袁世凱)에게 황장수조(皇莊收租)의 보호를 건의했다. 이에 따라 북
양정부는 장두의 수조와 주현의 대징(代徵)이 계속되도록 각 주현에 명령
을 내렸다. 민족대동회(民族大同會) 회원 류큐이(劉揆一), 吳景濂(우징
렌) 등도 「北京敎育會通俗敎育會中華民族大同會請願眾議院書」를
통해 "민국이 창건되고 오족(五族)이 일가(一家)를 이루었으니 기인의
공사재산은 마땅히 보호되어야 한다"는 내용을 상주하였다(劉揆一·吳
景濂, 1914: 3). 북양정부(北洋政府)는 이를 받아들여 각 지역정부에『우
대조건』의 후속조치로서「保護旗人公私財產文」을 반포하여 기인의 공
사재산을 보호하라고 명령하였다. 이는『우대조건』제정 이후 만주족을
중심으로 하는 기인의 권리 보장이 공적인 권위에 의해 다시 한번 정당성
을 획득하였다는 점에서 그 의의가 있다. 다만 "공산의 경우 … 청사경리
(淸查經理)하여 팔기의 생계를 도모하는 데 사용한다"는 규정은 이후 소
유권이 불분명한 기산·기지 등을 공산으로 분류하여 몰수하는 근거로 작
용하였다. 이러한 제반 조치는 기지를 중심으로 하는 만주족의 경제적 기
반에 대한 집권 세력의 공통적인 기본 입장으로 작용하였다.

　한편 정권 이양의 대가로 만주족에 대해 실시된 각종 우대조치에 대한
한족 중심의 반발이 점차 격화되었다. 당시는 혁명의 분위기에 편승하여
1911년 가을 이후 기조 납부 거부가 확산되고 있던 상황이었다. 민중은
새로운 정부의 출범과 함께 토지제도가 개혁될 것이라 기대하고 있었다.
각 주현의 의사회(議事會)는 성 의회에 '취소기지, 잠완교조(取消旗地,
暫緩交租)'를 요구하고 있었다. 장두가 전호와 결탁해 기조의 교납을 거
부하고 소송을 하는 경우도 간혹 발생하였으며, 소규모 기지의 경우 조주
(租主)였던 만주족이 신해혁명 이후 민중의 반발을 두려워하여 기조의
수취를 포기하였다는 관련 진술도 존재한다(中國農村慣行調查刊行会
編, 1953a: 45). 한족을 중심으로 하는 민중의 경제적 요구가 지방의회

및 언론의 개혁 요구와 연결되면서 민족적 성격의 운동이라는 정당성을
확보하게 되었던 것이다.

그러나 새로운 국가의 중앙 수조 체계가 완전히 갖추어지지 않은 상태
에서 각 지방당국이 단시간에 기지의 재편 문제를 처리하기는 어려웠다.
또한 지방 재정에서 기지가 차지하는 비중은 매우 컸다. 신해혁명 전후의
혼란을 틈타 종래 내무부나 호부로 송부하고 있던 각종 기조 중 상당 부분
을 지방에서 임의로 유용하는 경우도 많았다. 따라서 민중의 요구와는 달
리 지방 당국은 기지의 처분에 소극적이었다. 이러한 복잡성과 더불어 재
정 문제가 심각해지면서 위안스카이는 중앙 정부 차원의 기지 정리를 서
두르게 되었다. 1913년 7월 북양정부는 「財政部淸査官有財産章程」을
제정하여 재정부에 관산청리처(官産淸理處)를 설치하고 관산(官産)에
대한 조사 및 처분을 주관하도록 하였다(奉天省賦課章則叢編, 1917:
1-2). 이에 제2혁명 진압 이후 11월에 제정된 「管理官産規則」에서 관산
에 대한 매각(賣却)·조차(租借)·양여(讓與) 등의 처분 방법이 처음으로
규정되었다.

한편 1914년 제1차 세계 대전의 발발로 인해 북양정부는 서구 열강으로
부터의 재정 원조를 기대할 수 없게 되었다. 이에 북양정부는 7월 「官産
處分條例」를 발표하여 재정부가 전국의 관산에 대한 처리를 모두 관할하
도록 조치하였다(天海謙三郞, 昭和 12年: 217-219). 처분의 주 대상은 팔
기 관병의 직전과 관황지(官荒地)였으며, 매각과 조전(租佃) 모두 해당되
었다. 이에 1914년 말부터 황장·왕장·팔항기조지(八項旗租地)에 대한
청장(淸丈)과 전부(田賦)에 대한 청리(淸理)가 관산의 정리와 병행하여
전국적으로 추진되기 시작하였다. 그러나 기인들이 사적으로 매입한 토지
에 대해서는 현행 방침대로 납세하도록 하였으며, 이외의 다른 기지에 대
해서는 승과납세(升課納稅) 조치를 시행하지 않았다. 이후 북양정부는
1915년 11월과 12월에 「整理京兆所屬租糧地章程」과 「大興縣淸丈官

産處投報南苑地畝簡章」을 반포하여 기지의 매각을 서둘렀다(天海謙三郎, 昭和12年: 247-250). 이러한 일련의 조치는『우대조건』을 극히 최소한으로 보장하는 선에서 기지를 민량지(民糧地)로 변경하여 북양정부의 세수 확보를 위한 재정 기반을 마련하는 것을 목적으로 하였다. 즉, 이는 기지가 대다수를 차지하던 종래의 토지제도를 개혁하여 국가가 재정의 주도권을 확보하고자 한 것이었다. 이 과정에서 기지를 바탕으로 한 만주족의 경제적 기반은 제도적으로 붕괴되어 갔다.

여기에 중국 내부 정세의 변화에 따라 기지 정책이 또다시 재편되었다. 1916년 위안스카이의 제제복벽(帝制復辟) 실패 이후 1917년 장쉰(張勳)의 복벽과 호법전쟁(護法戰爭)의 발발로 이어진 정국의 혼란 속에 기지에 대한 정리사업 역시 영향을 받았다. 경기지역의 청장과 전부에 대한 정리는 중단되었으며, 기타 각 성에서는 해당 사업이 모두 연기되었다. 관산 중 정리 대상은 당분간 미개간 토지인 관황지로 한정되었으며, 팔항기지에 대한 정리는 보류되었다. 이후 집권한 돤치루이(段祺瑞) 내각은 재정난 극복을 위해 중단된 관산처분조치 중 팔항기지의 매각을 재추진하고자 하였으나 이는 전호와 지방 당국의 강력한 저항에 부딪혔다(天海謙三郎, 昭和12年: 194-210).

이러한 상황에서 물가 급등으로 인해 종래 수령하던 기조로 생계를 이어가기 곤란하였던 왕공·도통·기인 등의 만주족은 지산연(地産捐) 부과 조치 시행이 예고되면서 조세 부담까지 추가로 감당하여야 할 상황에 직면하였다. 이에 만주족은 자신들의 경제적 손실을 최소화하기 위해 기지의 매각을 서둘렀다. 이에 1920년 6월 국무원은 기산관산청리처(旗産官産淸理處)를 설치하고「處分滿淸王公八旗圈地章則」을 제정하여 왕장 및 팔기장전의 매각을 추진하기로 하였다. 내무부 역시「大淸內務府淸理房地章則」을 제정하고 황장의 매각에 나섰다. 이는 원칙적으로 토지의 매각 대금은 대부분 원소유주인 만주족과 만주 황실 및 기지 관련 사항을 관장하던 내무부가 보유하게 되었음을 의미한다. 소조정은 이를 통해 확보한 자금력을 바탕으로 재정을 운영하였고, 만주족은 매각 자금을 생활 기반으로 활용할 수 있게 되었던 것이다. 그러나 그 실제 집행 양상은 지역별로 차이를 보였다. 여기에 일부 장두는 1912년 국체변환 이후 만주족의 상황이 혼란한 틈을 이용하여 자신이 관리하던 기지의 지조를 모두 가로채거나 전호에게 권리관계를 명시하지 않아 분쟁이 발생하였다. 이에 소조정 내무부와 만주족은 북양정부에 대해 장두의 패조행경(霸租行徑)에 관한 대책을 강구하여 줄 것을 수 차례 촉구하였다. 1914년 12월 15일 당시 동북지역에 거주하고 있던 숙친왕(肅親王) 산치(善耆)가 경사경찰청(京師警察廳)에 보낸 주정문(奏呈文)에는 이러한 상황이 구체적으로 명시되어 있다(王立群, 2012: 82-83).

이렇게 만주족의 사회적·경제적 지위가 약화되어가는 가운데, 1924년 10월 펑위샹(馮玉祥)의 베이징 입성 후 성립된 황푸(黃郛) 내각은 11월 5일 핍궁사건(逼宮事件)을 일으켜 『修正清室优待条件』을 공포하고 선통제 이하 소조정을 자금성에서 출궁시켰다. 그러나 황푸 내각은 다른 군벌 및 열강 공사단의 압력 속에서 고립되어 곧 붕괴하였고, 돤치루이를 집정으로 한 임시정부가 성립되었다. 임시정부는 1925년 6월 「京兆旗産地畝淸理簡章」 및 「同施行細則」 등을 제정하여 대부분의 일반 기지에 대해 일률적으로 전호에게 유치(留置)하는 것을 원칙으로 하였다(印鑄局官書課編纂, 1925: 11-16). 하지만 기지의 가격 책정 및 세율 결정 과정에서 원칙과 기준 등의 변동이 지속되면서 해당 정책은 민중의 불신을 초래하였다.

한편 펑톈군벌 장줘린은 북양정부 장악 이후 1927년 8월 전국관산독변공서(全國官産督弁公署)를 설치하고 군비 염출을 위한 강력한 기지 매각 정책을 추진하였다. 그 결과 전국적인 범위의 기지 해체가 대폭 진전되었다. 하지만 이는 강제적인 조치로 그 매각 대금은 만주족에게 할당되지 않고 대부분 군비로 충당되었다. 그러나 황장의 경우 처분권을 소조정 내무부에 부여하면서 그 집행은 1920년 제정된 「淸內務府淸理房地章則」에 의거하도록 하였다. 결국 1928년 6월 24일 전국관산독판공서가 국민당군에게 접수되면서 북양정부의 기지 정책은 일단락되었다.

이후 정권을 획득한 난징 국민정부는 북양정부의 기지 정책을 계승하지 않고 기인구제(旗人救濟)를 위해 예산을 편성한다는 명목을 내세워 대부분의 기지를 국유화하기 시작하였다. 기존 기지의 조세 수취권은 중앙 정부 혹은 각 지방당국이 보유하게 되었고, 이들과 계약을 체결한 일반 농민이 전종권(田種權)을 부여받게 되었다. 하지만 난징 국민정부의 수립 이후에도 사산으로서의 기지는 여전히 존속하였다. 동시에 전호가 항조(抗租)하지 않을 경우 증조탈전(增租奪佃)을 허용하지 않는다는 청대부터의 관행은 여전히 효력을 발휘하고 있었다(賴惠敏, 2016: 89). 이에 따라 관산·사산 기지에서 전호의 권리는 계속해서 보장되었다. 동시에 정책 변화에 따라 기조가 감소하였기 때문에 일반 농민층의 해체를 어느 정도 억제할 수 있었다. 따라서 국민정부의 제도 개편 의지와는 달리 각 지역에서의 사산 기지 청산은 실제 원활하게 이루어지지는 않았다. 그러나 이는 기조의 수취자인 만주족에게는 역으로 수입의 축소를 의미하였고, 이는 곧 이들의 경제기반 약화로 이어졌다. 즉, 난징 국민정부 시기에 시행된 국유화를 원칙으로 한 기지 제도의 개편과 실제 운용은 모두 만주족에게는 불리하게 작용하였던 것이다.

2. 東北地域에서의 旗地問題 처리

신해혁명 이후 동북지역 토지제도 개편의 요체가 된 것은 내무부관장(內務府官莊), 성경호부관장(盛京戶部官莊), 왕공장전 등을 어떻게 분류할 것인가였다. 이들 토지가 청조 황실, 팔기왕공의 사산인지 혹은 관에

속한 관산·공산인지의 문제를 해결해야 하였던 것이다. 특히 동북지역의
경우 이 문제가 쉽게 해결되지 못하고 만주국 시기까지 이어졌다. 여기에
동북지역에 광범위하게 분포하고 있었던 수결지(隨缺地)·오전(伍田) 등
의 직전 및 일반 기지는 정도의 차이는 있지만 모두 관례적으로 팔기관병
및 기인이 보유한 사산으로서의 성격과 관에 소속된 공산으로서의 성격을
동시에 지니고 있었다. 이들 토지가 만약 개편 과정에서 공산으로 간주되
면 관유지로 구분되어 민간에 대한 불하 대상으로 규정될 것이었다. 반대
로 청조 황실 및 왕공기인의 사산으로 구분된다면 민유지로 정의되어 사
유재산권을 인정받을 수 있었다. 따라서 당국이 관유지의 불하를 통해 재
원의 확대를 도모하기 위해 청조황실, 왕공 및 만주기인의 특권적 토지
지배권을 폐기하고자 한다면, 일단 동북지역의 관장·왕장·기지·직전의
대부분을 공산으로 구분해야 했다. 그러나 이들 토지가 지닌 사산으로서
의 성격을 완벽하게 무시하기는 어려웠다. 한편 신해혁명 초기 청조 황실,
왕공 및 만주족이 동북지역 기지의 붕괴에 맞서 저항하였던 양상은 전술
한 관내의 사례와 유사하였다. 따라서 지역 당국의 입장에서 이에 적절히
대응하기 위해서는 '관유지'를 보다 명확히 규정하기 위한 근거와 절차를
세밀하게 규정하는 것이 필요하였다.

　여기에 개간지와 관련된 문제 역시 고려사항으로 대두하였다. 동북지역
경작지의 전체 면적은 청말 한족의 유입과 더불어 개간이 활성화되면서
급속히 증가하였다. 이들 개간지에 대해서는 청 중기 이래 기지와 민지를
나누지 않고 기인과 민인(民人)의 업주권(業主權)을 인정하지 않으며 모
두 관지로 편입한다는 원칙이 수립되어 있었다. 즉 개간지를 점유한 자는
부(賦)가 아니라 지주의 자격으로 국가에 조(租)를 납입한 것이다. 이같은
개간지는 기인 및 민간의 업주권이 인정되는 홍책지(紅冊地, 원액지(原
額地))에 대비되는 의미에서 여지(餘地)로 불렸다(張硏, 2002: 102). 여지
는 관내에도 존재하였으나, 동북지역의 경우 여지가 전지역에 걸쳐 광범

위하게 분포되어 있었다는 점에서 주목할 필요가 있다. 이는 한족 농민이 동북지역 기지를 장악하는 것을 방지하고자 하였던 것과 깊이 관련되어 있었다. 해당 여지에서 발생하는 조의 수입은 만주족 등 기인의 생계를 구제하기 위한 재원으로 사용되었다. 단, 여지에 조를 납입하는 자는 토지를 자유롭게 이용하면서 이익을 취할 수 있었으며, 그 경작권의 처분 역시 권리로 인정되고 있었다. 따라서 혁명 이후 여지를 관유지로 간주할 것인가, 아니면 민유지로 간주해야 하는가는 동북지역이 직면한 가장 중요한 문제 중 하나로 작용하였다. 제도적인 측면에서 발생하는 문제 이외에도 각 토지를 둘러싼 실제 권리관계의 흐름을 추적하는 것은 한층 더 복잡하였다. 다만 동북지역의 경우 지역적 특성 및 중앙정부의 간섭이 상대적으로 어려웠다. 이러한 상황을 활용하여 펑톈군벌은 관지청장국(官地淸丈局)을 통해 지역 사정에 유리한 방향으로 정책을 추진하고자 하였다(耿常華, 2020: 21-22). 이에 혁명 이후 동북지역의 황장과 왕장은 관내와는 달리 승과(升課)가 강제되는 동시에 전호에게로의 매각이 촉구되었다. 그러나 펑톈성(奉天省)을 제외한 기타 동북지역의 경우 이러한 토지들이 종종 승과 대상에 포함되지 않은 채 방치되는 경우가 발생하였다. 이는 각 지역이 처한 사정에 따라 관련 당국이 임의로 만주족의 토지를 몰수하여 처분하거나, 지역민의 동의를 받지 않고 일괄적으로 승과 혹은 매각 조치를 취하는 것이 불가능하였기 때문이었다. 동시에 이는 해당 토지의 조주·업주였던 만주족이 기존에 권리를 보유하고 있던 기지에 대해 어느 정도 영향력을 유지할 수 있었음을 반증한다.

이러한 사정으로 인해 동북지역의 기지 정책은 관내와는 다른 양상을 보였다. 민국 초기 제1차 세계대전 발발로 인해 외몽골과 동북지역에 대한 러시아의 압력은 약화되었지만, 대신 일본이 산둥반도에 출병하여 독일의 권익을 접수하고 만몽으로의 진출을 도모하고 있었다. 이같은 주변의 정세 불안과 장기간 시행되었던 봉금조치로 인해, 동북지역에 집중적으로 분포되었던 대규모 황장·왕장에 대해 관내와 별도의 정책을 추진할 수밖에 없었다. 이에 1914년 북양정부는 헤이룽장성(黑龍江省)을 시작으로 지린성 등지에서 「清丈局之清丈放荒辦法」을 공포하고 청장·방황(放荒)·초간(招墾) 등에 관련된 규칙을 제정하여 공포·실시하고자 하였다(郭保琳 等編, 1915: 148-154).

다만 예외적으로 펑톈성의 경우 펑톈군벌 정권이 일찍부터 황장과 왕장에 대한 정리작업을 실시하여 자신들의 재정을 확충하였다. 이들은 청조 황실 및 왕공부가 기지를 관리할 능력이나 기지 정리사업에 저항할 수 있는 실질적인 힘을 이미 상실하였다고 간주하였다. 이에 펑톈성 관지청장국은 소조정 산하 내무부가 관할하는 관장의 토지를 原額莊地(원액장지)와 浮多地(부다지)로 나누어 파악하고, 전자를 청조 황실의 사유지, 후자를 관유지로 분류하였다(滿洲國民政部土地局 編, 1934: 57-61). 부다지를 관유지로 볼 수 있었던 근거는 전술한 것처럼 이들이 여지로 간주되었기 때문이다. 하지만 원액장지와 부다지를 구별하고지 한 것은 행정상의 조치일 뿐 실제로 양자 사이에 명확한 구분 경계가 존재한 것은 아니었다. 소조정 내무부는 산하 장지에 대한 관리·처분 능력을 상실해 가고 있었기 때문에 이같은 정리작업을 저지하지 못하였다. 이들은 다만 원액지의 매매 과정에서 발생하는 수입은 청조 황실의 것으로 한다는 관지청장국의 규정에 따를 수밖에 없었다. 이제 청조 황실은 종래 자신들의 사산으로 인정받던 기지마저 상실하기 시작한 것이다. 이러한 조치는 이후 성경호부(盛京戶部)·성경예부(盛京禮部) 등지에 소속되었던 황장 등이 잇달아 민간에 매각될 때에도 동일하게 적용되었다(滿洲帝國協和會 地籍整理周分會 編, 1939: 356-357).

왕장도 마찬가지였다. 신해혁명 이후 기존의 왕장에 대해서는 원 소유주인 왕공의 사적 소유가 인정되었다. 그러나 그 대상은 원액지로 한정되었으며, 부다지는 관유지로 간주되었다. 이에 1915년 「査丈王公莊地章

程」이 공포되어 관유지로 상정된 부다지를 중심으로 한 불하 작업이 시작되었다. 부다지의 매각 수입은 모두 각 지방당국의 재정에 편입되고, 원액지의 매각 수입은 20%를 관이, 나머지 80%는 각 왕공부가 수령하도록 규정하였다(滿洲國民政部土地局 編, 1934: 61-63). 이후 관지청장국은 정리 대상지를 점차적으로 확대하여 나갔다. 그 결과 1915년부터 1923년 사이에 펑톈성이 획득한 관유지 매각 대금은 동 기간 펑톈성의 세입을 능가하게 되었다. 이는 관유지 매각으로 얻은 수입이 방대한 규모였음을 증명하며, 동시에 장쭤린 정권에 있어서 귀중한 재원으로 기능하였을 것임을 쉽게 짐작할 수 있게 해준다(園田一龜, 1927: 附錄 1).

그러나 동북지역 관장 및 왕장의 전호들은 관내와 마찬가지로 그동안 관습적으로 인정되어 왔던 그들의 영전권(永佃權)이 박탈되는 것을 두려워하였다. 이로 인해 동북지역 재지사회(在地社會)에는 관유지 매각에 저항하는 분위기가 뿌리 깊게 자리잡고 있었다(王魁喜 外, 1948: 446-454). 그러나 동북지역 재지지주 및 유력층은 관내와 달리 관유지의 매각을 강력하게 촉구하였다는 것은 특기할 만하다. 이들에게는 관유지에 대한 청장 실시 후 매각이 확정된다면 이를 매입하여 자신의 업주권을 확립할 수 있도록 우선권이 주어졌기 때문이다. 매입을 통해 획득할 수 있는 경제적·사회적·정치적 이익이 더 큰 경우 이들은 적극적으로 관유지 확보에 나섰다. 반면 민유지의 경우 토지 청장이 실시되면 지세의 증액만이 초래될 뿐 자신들에게 돌아올 이익은 없었기 때문에, 청장 과정에서 전호 뿐만 아니라 재지지주 역시 격렬하게 저항하였던 것이다. 따라서 관지청장국은 관황지·황산·왕장·직전 등 관유지의 정리는 비교적 성공하였으나 민유지에 대해서는 뚜렷한 성과를 거두기 어려웠다.

이러한 분위기 속에서 매각되는 관유지를 확보할 여력이 있던 일부 만주족 재지지주 등을 제외하면, 일반 만주족이 동북지역에서 물적 기반을 확장하기는 쉽지 않았다. 따라서 이들은 기존에 자신들이 보유하고 있던 토지와 생산 시설을 지키기 위해 최대한 노력하였다. 이들은 동북지역에서 한족과 오랜 기간 공존하였기 때문에 혁명 이후에도 반만정서로 인한 피해는 크게 발생하지 않았다. 한편 혁명 발발 당시 동북지역은 총독 자오얼쉰(趙爾巽)의 결정에 따라 관내로 지원군을 파병하지 않았기 때문에 만주족의 인적·물적 손실 역시 경미하였다. 따라서 이들은 기존의 사회적 영향력과 경제적 기반을 비교적 온전하게 보전할 수 있었다. 아울러 동북지역 만주족은 대부분 기존에 농업 생산에 종사하거나 현지 거주를 통해 부여받은 기지와 유리되지 않았기 때문에, 관내 만주족과는 달리 자신들의 기지를 쉽게 상실하지 않았다. 따라서 주방의 폐지로 인해 군사적인 영향력과 직업을 상실하더라도 자활이 가능하였다는 점 역시 생계유지 방책을 도모하기에 유리하였다. 여기에 전술한 관유지 이외에도 재지 만주족에게 할당이 가능한 토지가 존재하였다는 것 역시 강점으로 작용하였다. 지역별로 편차는 있지만 동북지역은 『우대조건』에 따라 관황지를 만주족에게 분배하거나 계구수전(計口授田) 혹은 수결오전(隨缺伍田)을 통해 만주족의 생계를 해결하였다(高强, 2015: 86-93). 1917년 반포된 「修定吉林通省旗署官産變賣章程」에서는 관산을 처분한 경우 그 40%는 기인 생계를 위한 자금으로 사용하도록 규정하였다(윤욱, 2018: 131; 윤휘탁, 2001: 69). 따라서 동북지역 만주족은 신해혁명 이후 기지의 승과 및 기존 민지와의 징수 기준 통일 과정에 큰 문제 없이 적응할 수 있었던 것이다. 이는 동북지역 만주족이 군인에서 농민으로 변모하여 자립할 수 있었던 기반으로 작용하였다.

한편 동북지역 당국의 지속적인 기지 매각에도 불구하고 다수의 황산은 여전히 청조 황실의 소유로 남아 있었고, 소조정 역시 이를 인지하고 있었다. 1924년 제출된 진량(金梁)의 건의서에서는 "중요한 것은 비밀리에 회복을 꾀하는 것으로 … 재산을 정리하여 재정을 재건해야 합니다. … 토지재산의 정리는 베이징 및 동북지역에서부터 착수할 것입니다.…

동삼성에는 펑톈의 염전·양어장·과수원, 삼릉(三陵)의 장원, 내무부의 장원, 관유삼림(官有森林), 지린·헤이룽장성의 조공품 산지, 왕칭(汪淸) 등지의 붕지(棚地)가 있습니다. 이 안에는 석탄·철·보석 등의 광산이 포함됩니다. 그중 하나만 확보하여도 나라를 부유하게 하기에 족합니다. 이것들은 모두 황실의 재산이고, 사람을 얻어 정리하면 모두 회수할 수 있습니다"라고 대체적인 황산의 규모를 파악하고 있었다(愛新覺羅 溥儀, 1999: 186-190). 실제 이는 선통제가 1924년 출궁 이후 1931년 만주국에 합류하는 시기까지 생활을 유지할 수 있는 자금의 원천으로 기능하였다.

관내와 관외의 상황을 종합하여 보면, 일단 북양정부 시기『우대조건』에서 명기한 '황실 및 왕공의 사유 재산을 보호한다'는 원칙은 어느 정도 지켜진 것으로 보인다. 그러나 북양정부는『우대조건』위반에 거의 근접할 정도의 조치를 통해 기지를 민량지로 변경하는 방법을 사용함으로써 『우대조건』미준수에 따른 비난을 회피하고자 하였다. 또한 전술한 바와 같이『우대조건』에서 기지를 매각하여 기인의 생계에 충당하겠다는 약속 역시 제대로 지켜지지 않았다. 아울러 장두에 의한 기조의 착복과 전호에 대한 인신지배는 만주족의 사회경제적 입지를 약화시키는 직접적인 원인으로 작용하게 되었던 것으로 파악된다.

Ⅲ. 東北地域 토지 확보를 위한 중일간 대립

1. 日本의 東北地域 진출과 利權을 둘러싼 분쟁

신해혁명 전후 동북지역에 대한 만주족과 조선인, 그리고 한족의 인식은 이후 그들의 행보의 기반으로 작용하였다는 점에서 눈여겨볼 필요가 있다. 만주족은 전술한 대로 청조 수립 이후 동북지역을 '민족의 발상지'

이자 자신들이 반드시 확보해야 할 거점지역으로 간주하였다. 이를 바탕으로 신해혁명 당시 일부 황족을 중심으로 청조가 협상에 응하는 대신 동북지역으로 옮겨야 한다는 주장이 강하게 제기되기도 하였다. 한족에게 동북지역은 종래 '변경'으로 인식되었으나 러시아 및 일본의 진출이 본격화된 이후에는 국가의 이익을 위해 상실할 수 없는 '중화영토'로 변모되었다. 한편 조선인은 국권 상실 이후 '단군의 강역' 혹은 '고토'로서 동북지역에 접근하였다(윤화수, 『동광』 33호, 1932.5.: 36-39). 한편 일본은 1912년 러시아로부터 남만주 및 동부 내몽골에 대한 이익권을 승인받으면서 동북지역을 대륙확장의 교두보로 간주하였다.

이같은 관념적인 인식은 점차 영토지배권 개념으로 실질화되었다. 만주족은 종래 기득권의 보호와 만몽독립의 근거지로서 동북지역을 상정하게 되었다. 조선인 역시 동북지역을 이주민의 생계유지를 위한 기반으로 인식하여 일본의 비호 아래 제반 권리를 획득하고자 하였다. 한족 역시 동북지역의 과분 위기에서 러시아·소련 및 일본의 확장을 저지하고 이곳이 중국의 영토임을 대내외적으로 인식시켜야 했다. 이들 모두와 연결된 일본은 1917년 러시아혁명 과정에서 북만주로 진출하면서 장쭤린과의 유대관계 혹은 관할권의 확대를 통해 동북지역을 자신들의 세력권 내에 편입하고자 하였다. 이는 1932년 만주국 수립 이전까지 이른바 '만몽정책'이라는 이름 하에 일본의 이익선이자 생명선을 유지·보호한다는 명목으로 추진되었다. 이를 위해 일본은 때로 조선인을 활용하여 민족 갈등을 조장하거나 방치하였다.

먼저 당시 혁명파의 동북지역 인식에 관해 살펴보자. 이들은 한일합병 시기 동북지역에 대해 중원을 방어하기 위한 '울타리'이자 '변경'으로서 인식하였다. 당시 상하이에서 발행된 『神州日報』는 다음과 같은 평론을 실었다.

"무릇 일본이 원하는 것은 만주를 삼키는 것인데, 이를 위해서는 반드시 한국부터 멸망시켜야 한다. 한국은 일본이 만주로 건너가기 위한 다리이다. … 오늘날 일본이 이미 한국을 삼키고 만주를 침입하려 하니 침략자가 가져올 화가 이미 조짐이 보인다. … 중국은 조선을 애도하되 이를 거울로 삼지 않으면 다른 나라가 다시 중국을 애도하게 될 것이 분명하다."(『神州日報』 1910.8.30.)

반면 북양정부는 동북지역을 자신들의 이익을 위해 협상의 대상으로 삼을 수 있는 존재로 인식하였다. 특히 토지 측면에서 이러한 시각이 주로 나타난다. 청조는 원칙적으로 외국인의 토지 소유를 허용하지 않았으며, 귀화한 조선인에 대해서만 그 개간지에 대한 권리를 인정해 주었다. 이를 기피하는 경우 전민제(佃民制)를 통한 집단 소유의 형태로 개간지에 대해 권리를 행사하였다. 따라서 일본인이 직접적으로 토지를 매입하거나 소유를 목적으로 개간에 착수하는 것은 쉽지 않았다(『滿鐵調查月報』 1937.11.: 67). 따라서 일본이 본격적으로 대륙 진출에 나서기 이전에는 귀화 조선인의 명의를 빌려 토지를 취득하는 경우가 다반사였다. 그러나 이 규정은 1909년 『간도협약』의 성립, 1910년 조선의 국권 피탈, 1911년 신해혁명을 거치며 차츰 느슨하게 적용되었다.

1912년 7월 체결된 제3차 『러일협약』에서 일본은 동부 내몽골을, 러시아는 서부 내몽골을 각각의 이익분할선으로 합의하였다. 이로써 일본은 남만주와 동부 내몽골까지 세력권을 확대할 수 있었다. 이후 일본의 대륙 정책은 『21개조 요구(二十一條要求, 対華21ヶ条要求)』라는 형태로 구체화되었다. 한편 1915년 『中日北京條約』의 체결 과정에서 일본은 만주 및 동부 내몽골에 대한 이권을 구체적으로 요구하였다. 그 결과로 체결된 『關於南滿洲及東部內蒙古之條約』, 통칭 『南滿東蒙條約』이라 불리는 이 조약에서 "일본국 신민은 남만주 및 동부 내몽골에서 각종 상공업 시설의 건설 또는 경작을 위해 필요한 토지의 임차권 혹은 소유권을 취득할 수 있다"고 규정하여 토지상조권을 명문화하였다(中日條約硏究會編, 1932: 372-374). 동시에 제3조 만주내지(滿洲內地)의 잡거권(雜居權), 제4조 동부 내몽골에서의 농공업 합판경영권(合辦經營權) 등을 주요 내용으로 담고 있었다. 특히 토지상조권 규정은 일본인의 토지획득을 중국이 법적으로 인정하는 것으로, 이후 일본의 만몽 특수권익 취득의 근간으로 작용하였다. 이는 일본이 토지에 대한 침략행위를 국제법에 따른 조약으로 보장하려는 목적에서 비롯된 것이었다. 일본은 토지상조권의 인정 및 잡거권 부여에 따라 일본인이 남만주 전역에 자유로이 거주할 수 있는 권리를 획득했다고 간주하고, 이를 국내 인구과잉 문제를 해결하는 방안으로 활용하고자 하였다. 그러나 중국 측은 이를 일본의 중국 침략 수단이자 영토주권 침해로 간주하였으며, 일본인에 대한 토지 대여를 매국죄(賣國罪), 국토도매(國土盜賣)로 처벌하는 방침을 취함으로써 대항했다. 이를 위해 「徵升國籍條例」(1915.6), 「土地盜賣嚴禁條令」(1929.2), 지린성 정부의 「商租禁止令」(1929.1) 등 60어 개나 되는 법령을 발하여 토지·가옥의 상조 금지 실현 및 기존에 대차된 부동산의 회수를 시도하였다. 아울러 일본인들이 귀화 조선인의 명의로 취득한 토지에 대한 권리 역시 분쟁 대상으로 부상하면서 조세의 부과와 납부를 둘러싼 민족간 갈등이 증가하였다(야마무로 신이치, 윤대석 역, 2009, 46). 이같은 토지상조권에 대한 중국 관민의 저항으로 인해 일본인이 지주가 되는 것은 사실상 불가능하였다. 때문에 일본은 중국인과의 합자사업이라는 명목으로, 또는 중국인의 명의를 차용 또는 도용하는 방식으로 토지를 매수하고자 하였다.

여기에 1916년 총리대신으로 취임한 데라우치 마사타케(寺內正毅)는 만몽에 대한 일본의 경제적 이권 확대를 위해 적극적 침략 정책을 입안·시행하였다. 그는 1917년 6월 「東洋拓殖株式會社法」을 개정하여 동양척식주식회사(東洋拓殖株式會社, 이하 '동척')의 영업 범위를 기존의 조선에서 만주로까지 확대하였다(「東洋拓殖株式會社法中改正ノ件ヲ

決定ス」, 大正6年 6.2.). 동척은 동시에 펑텐과 다롄(大連)에 지점을 설치하여 본격적인 토지매수에 착수하였다. '토지상조권'이란 용어는 국제 정치상의 협상을 위해 중국과 일본 양자가 타협한 조어(造語)로 이를 통해 일본인의 토지 '소유권'이 완전히 보장된 것은 아니었다. 그러나 일본은 『남만동몽조약』을 근거로 그간 금지되었던 동북지역의 외국인 토지매수를 법적으로 완화시키는 데 성공하였고, 이를 바탕으로 동척을 내세워 본격적인 토지 확보에 나섰던 것이다(조정우, 2018: 185-186). 한편 당시 동북지역에서 거래가 가장 활발하였던 토지의 대부분은 종래 만주족이 보유하였던 기지였다. 이 중 일부는 조선인을 대리로 내세운 일본인에 의해 꾸준히 매입되었다. 이는 만주족의 토지 소유 및 수조권 등 토지에 대한 제반 권리가 지속적으로 축소된다는 것을 의미하였고, 이에 비례하여 일본의 토지 소유 및 영향력이 점차 확대되어 갔다. 이 과정에서 기존 만주족과 한족의 소작권은 부정되었으며, 이는 대부분 조선인에게로 이관되었다.

그러나 인구 증가 및 식량 부족 문제 등으로 일본 내 경제 상황이 악화일로를 걷자, 1927년 출범한 다나카 키이치(田中義一) 내각은 직접적인 만몽 개발이 이를 해결할 수 있는 유일한 방법이라 여기고 만몽 이주 정책을 적극적으로 추진하였다. 이러한 방침에 일본 군부 역시 동의하면서 만몽에 대한 침략 정책이 점차 가시화되어 갔다. 이 시기 관동군 사령부(關東軍 司令部)는 「對滿蒙政策に関する意見送付の件」를 작성해 육군차관과 참모차장에게 송부하였다. 의견서의 주요 내용은 만몽정책 추진의 필요성, 동삼성의 자치 추진, 친일 대리정권(代理政權)의 수립과 이권 확보 등에 관한 것이었다. 이들은 해외 진출을 통해 일본의 미래를 좌우할 인구 및 식량문제를 해결할 수 있다고 판단하였고, 그 중심지를 만몽 및 시베리아 방면으로 설정하였다(關東軍司令部: 昭和 2 年). 이후 발표된 「日本田中內閣侵略滿蒙之積極政策」 중 「滿蒙懸案解決二関スル件」

에서는 "중국에 견실한 만몽정부가 성립되기까지 일본은 각 지방 권력을 상대로 하여 개개의 문제를 해결한다. 우한(武漢) 방면에서는 우한정부(武漢政府), 상하이와 난징 방면에서는 난징정부(南京政府), 동삼성 방면에서는 장쮀린 정권과 교섭한다"는 제안을 통해 이후 대중국 외교 정책의 방향을 제시하였다(「滿蒙懸案解決二関スル件」: 昭和 2 年). 일본은 이미 신해혁명 직후부터 만몽지역의 분리와 영유권 획득을 목표로 종사당(宗社黨)을 지원한 바 있었다. 이제 일본은 만몽 진출을 본격적으로 추진하면서 지역 장악을 위해 일본인을 집중적으로 이주시키고, 동시에 동북지역의 자치 추진과 친일 대리정권 수립을 실현하고자 하였던 것이다. 그리고 자치의 명분을 얻기 위해 주된 공략대상으로 설정한 것이 동북지역에서 영향력을 행사하고 있던 선통제 및 구 종사당 출신 만주족과 청조 유신이었다. 이는 이후 만주국 건국 과정에서 그 명분으로 '만주인(滿洲人)의 독자적 국가 건설'을 내세우는 것으로 연결되었다.

그러나 난징 국민정부에 의한 중국 통일이 가시화되자 다나카 내각의 만몽정책은 큰 위기에 봉착하였다. 북벌 이후 중국 내 민족주의가 고조되면서 중국 내부에서 한족을 중심으로 한 통일의 당위성 및 기대 또한 지속적으로 높아져 갔다. 중국이 통일될 경우 만몽에서 특수 권리를 보장받아 본국의 현안들을 해결하려던 일본의 계획은 실패할 것이 자명하였다. 이러한 위기감은 1928년 관동군이 장쮀린을 폭살하고 동북지역 일대를 직접 장악하려고 시도하였던 황구툰 사건(皇姑屯事件)으로 표출되었다. 그러나 이는 장쉐량(張學良)의 역치(易幟)로 인해 실패로 돌아갔으며, 오히려 중국인의 국권 회수 운동이 고양되는 등 중일 간의 분쟁이 더욱 격화되는 원인으로 작용하게 되었다.

2. 조선인의 간도 이주 본격화와 민족간 관계 변화

한편 이 과정에서 1910년 국권피탈 이후 신채호 등 조선의 독립운동가들은 그 활동무대를 동북지역으로 이전하면서 '만주단군강역론'과 '만주단군후예론'을 통해 동북지역에 대한 고토의식(故土意識)과 동족의식(同族意識)을 드러내었다. 이는 동북지역이 독립운동의 근거지 건설에 유리한 지리적 조건과 인적 기반을 갖춘 곳이라는 점을 역사적으로 입증하고자 하는 목적에서 비롯된 것이었다. 이에 반해 국내에서 활동한 장지연은 동족의식을 강조하기 보다는 동북지역이 역사상 고조선과 고구려에 소속된 영토였음을 부각하면서 영토관념으로서의 고토의식에 무게를 두었다. 그는 현실적으로 동북지역은 고조선과 고구려의 '고지(故地)'이므로 민족의 '이식(移植)'으로 주의(主義)를 삼으면 조선인의 이주는 해롭지 않을 것이라 주장하였다(이명종, 2018, 177-179).

동북지역에 대한 이러한 주장은 1920년대에 들어 '대고려국(大高麗國)' 구상, 혹은 '간도자치론' 등으로 구체화되었다. 그러나 이 시기는 독립운동 기지 설치보다 거주권 및 자치구 수립에 대해 적극적으로 여론을 형성하면서 동북지역에 거주하고 있는 조선인의 이익을 도모하는 것에 중점을 두었다. 1920년대 간도사변에서 발생한 조선인 참살(慘殺) 사건과 이로 인한 조선인들의 생존권 및 이주 문제가『조선일보』,『삼천리』,『동광(東光)』등의 언론 매체를 통해 본격적으로 공론화되었던 것을 그 대표적인 사례로 언급할 수 있다. 이와 관련하여 1927년 동양협회(東洋協會)의 야마구치 쇼조(山口省三), 타쿠쇼쿠대학(拓殖大學)의 이와모토 지로(岩本二郎)가 발표한「(秘)滿蒙の米作と移住鮮農問題」에서는 "조선이 일본과 중국의 세력을 교묘하게 이용하여 일본 측을 조종하여 실력을 양성하고, 간도와 훈춘에서 신고려국(新高麗國) 건설을 도모하고 있음을 알아야 한다"고 지적하고 있었다(山口省三·岩本二郎, 1927, 139). 중일 양국의 대립은 조선인이 이들의 통제에서 벗어나 독자적인 조선인 사회를 형성하고자 하는 정치적 '완충지대' 내지는 일종의 '안전지대'의 창출을 야기한 것이다. 또한 육당 최남선이 '불함문화론(不咸文化論)'을 내세워 한반도와 랴오둥반도(遼東半島), 동북지역 일대를 한민족의 영토로 규정하고자 한 것에서 나타나듯이, 동북지역은 한국 민족의 역사와 긴밀하게 결합되어 있던 한국 민족주의의 상징적 공간이면서 동시에 일본 제국주의의 핵심적 공간이기도 하였다(조정우, 2015, 218-219).

1927년 이후 일본의 동북지역 진출이 본격화되면서 만몽정책 추진의 최우선 과제로 설정된 조선인의 이주가 본격적으로 추진되었다. 이는 식민지 수탈 경제 체제 하에서 곤경에 처해 있던 조선인들에게 신개척지와 생활 방도 마련에 대한 기대감을 안겨 주었다. 당시 조선은 일본 국내의 인구 및 식량 문제 해결을 위한 산미증식계획 추진 과정에서 경제 상황이 파탄 지경에 이른 상태였다. 일본의 경제 불황이 계속되면서 일본에 비해 허약한 구조를 가지고 있던 식민지 조선의 경세는 더 큰 타격을 입었다. 일본은 삶의 터전을 잃은 조선의 농민들에게 동북지역으로의 이주를 적극 장려하였고, 몰락한 조선인 자작농과 소작농들이 이에 호응하였다. 이들은 대부분 일본의 만몽정책이 가지는 침략성에 대해서는 자각하지 못하였다. 조선인의 만몽 이주를 둘러싼 비난이 제기되자 이를 단순히 열강과 일본 간의 외교문제 정도로 치부하기도 하였다. 이는 대부분 '식민지'라는 특수한 환경의 영향에 기인하였다. 일본은 만몽정책이 태생적으로 가지고 있는 침략성에 대한 반대 여론의 형성을 조기에 차단하고자 다나카 내각의 대내외 정책에 대한 구체적인 정보를 제공하지 않았다. 당시 일본 및 식민지 언론에 보도되는 만몽정책 관련 기사는 중국 측의 간단한 항의서 제출이나 이민자들의 만주 이주 경과 보고 정도에 불과하였다. 동시에 일본은 중국 측의 비난은 만몽에서 일본이 보유한 특수권에 대한 탄압이라는 기사를 연일 게재하며 자신들의 정당성을 선전하였다. 만몽정책의 침략성을 대내외에 알리려는 시도도 일부 발생하였지만 일본 정부는 이를 지속적으로 통제하고 처벌하였다. 1921년 '조선민중의 신문'을 자처하며 개혁을 단행한 『조선일보』의 주필 안재홍(安在鴻)도 일본의 군대 파견을 중국에 대한 침략행위라고 비난하는 기사를 발표하여 징역 5개월을 언도받은 것이 그 대표적 사례이다. 이렇게 제한된 정보로 인해 식민지 조선의 일반인들이 일본의 대륙진출에 개재된 의도를 명확하게 파악하는 것은 사실상 불가능하였다. 이에 다나카 내각의 조선인 이주 정책은 조선인들에게 큰 반감 없이 수용되었던 것이다. 식민지 조선인들은 스스로 인식하지 못한 상황에서 일본의 침략 정책을 집행하는 대리주체가 되었다.

이제 동북지역에서 각 민족의 관계는 일본에 의해서 악영향을 받게 되었다. 난징 국민정부 및 펑톈군벌의 입장에서 친일 재만 조선인은 일본의 만주 침략을 위한 첨병으로, 반일 재만 조선인은 일본의 간섭을 야기하는 구실로 인식되었다. 이에 난징 국민정부는 재만 조선인의 증가는 일본의 만주 침략을 강화시킨다는 인식 아래 일본과 외교적 마찰을 일으키지 않으면서 재만 조선인을 효과적으로 통제할 수 있는 방안을 모색하기 시작하였다. 이들은 일본과 충돌을 피하면서 동북지역의 통치권을 확립하기 위해 재만 조선인을 자신들의 통제 하에 둘 필요가 있었다. 이는 일본과 외교적 갈등을 초래하였고, 일본은 이를 빌미로 동북지역에 경찰을 배치하여 자신들의 영향력을 지속적으로 확대하고자 하였다. 이는 중일 간의 충돌이 발생하게 되는 원인으로 작용하였다. 이러한 상황에서 동북지역의 한족과 만주족은 대체로 만몽이주정책이 조선인을 내세운 일본의 명백한 침략행위라고 간주하였다. 따라서 대부분 생활의 방도를 찾기 위해 이주에 동참했던 조선인들은 그들의 의도와는 달리 동북지역에서 일본제국주의의 주구 혹은 앞잡이로 간주되었고, 이는 재만 조선인에 대한 경계와 구축(驅逐)으로 이어졌다(이명종, 2018, 287-292).

한편 이러한 조선인의 움직임은 동북지역을 자신들의 발상지이자 근거

지로 여기며 미약하게나마 새로운 정체 건립 혹은 자치의 의지를 이어오
던 만주족의 활동과는 정면으로 배치되는 것이었다. 전술한 바와 같이 만
주족이 지니고 있던 동북지역 기지에 대한 권리는 한족과 일본인 및 조선
인에게 점차적으로 양도되었다. 이제 민족 근거지로서의 상징성까지 조선
인에게 잠식당하기 시작한 것은 이를 방어할 여력이 없었던 만주족 공동
체의 약화를 보여주는 증거가 되었다. 실제 만주족 공동체가 비교적 온전
하게 운영되고 있던 훈춘 지역의 경우에도 간도 사변 발생 이후에는 중등
이상의 교육을 이수한 조선인이 절대 다수의 비중을 차지할 정도로 증가
하였다(윤욱, 2016, 173-196). 만주국 수립 이전인 1920년대 일제의 통치
효율성 도모를 위한 조선인 육성책의 결과 동북 지역 농업 지대에서 재만
조선인의 세력은 지속적으로 확장되었고, 이에 비해 만주족의 입지는 점
점 위축되어 갔던 것이다. 펑톈 등 상공업이 발달한 도시에서는 기존에
거대자본을 형성하였던 만주족의 세력이 유지되고 있었으나, 이들 역시
일본의 본격적인 진출과 맞물려 쇠퇴하기 시작하였다. 아울러 정치적인
측면에서도 종사당이 주축이 된 만몽독립운동 역시 실패하였다. 따라서
1920년대 이후 동북지역에서의 만주족의 입지는 점차 축소될 수 밖에 없
었던 것이다.

V. 맺음말

중국의 동북지역은 영토 범위상 중국의 행정구역으로 편제되어 있었으
나, 신해혁명 이후 그 주도권을 둘러싸고 각국의 국익을 위한 대립, 민족
간 갈등 등이 첨예하게 발생하였다. 동북지역에 장기적인 거점을 마련하
기 위해서는 무엇보다도 경제적 기반의 구축이 필요하였다. 이에 농경지
를 중심으로 한 토지 취득과 개간 뿐만 아니라, 근대 산업 발전을 위한

시설 건설 부지의 마련 역시 관련 민족 및 국가의 당면과제로 부상하였다. 가장 손쉽게 토지를 취득할 수 있었던 대상은 청조 치하에서 만주족에게 부여되었던 기지였다. 신해혁명 이후 북양정부 및 펑톈군벌은『우대조건』및 후속 조치의 허점을 활용하여 관내 및 동북지역의 기지에 대한 지배를 확대해 나갔다. 이 과정에서 한족은 한편으로는 민족 감정을 내세워 기지 몰수의 정당화를 주장하였고, 다른 한편으로는 만주족의 경제적 곤궁을 틈타 이들로부터 지속적으로 기지를 매입해 나갔다.

한편 동북지역의 만주족은 관내에 비해 기지를 비롯한 지역 사회에 대한 장악력이 높았으며, 이를 활용하여 혁명 이후 자신들의 입지를 재정립해 나가려고 노력하였다. 그러나 일본의 만주 진출이 본격화되면서 이들의 시도도 점차 난관에 부딪히게 되었다. 이 과정에서 조선인은 중일 양측으로부터 토지 취득과 경작을 위한 대리자로 이용당하거나, 혹은 동북지역에 자신들의 존립 기반을 마련하고자 시도하면서 그 정당성을 주장하였다. 이는 기존에 동북지역에 거주하고 있던 민족들과의 갈등을 격화시키는 결과를 초래하기도 하였다.

본고에서는 동북지역을 둘러싼 한족-만주족-일본인-조선인이라는 각 민족 주체들의 활동을 그들의 사회·경제적 지위 구축을 중심으로 고찰하고, 이는 민족 갈등 또는 제국주의의 침략과 저항 등으로 단순화할 수 없음을 밝히고자 하였다. 이를 통해 당시 중국 동북지역의 상황을 동아시아 지역사적 시각에서 재구성하고자 하였다는 점에서 의의를 지닌다. 만주국 수립 이후의 동북지역 토지 문제와 민족간 대립에 대한 연구는 후속 과제로 남긴다.

| 참고문헌 |

김희신. 2013. 「민국초기 토지소유권 증명과 驗契」. 『중국근현대사연구』 60.

손춘일. 1999. 『"滿洲國"의 在滿韓人에 대한 土地政策 硏究』. 백산자료원.

야마무로 신이치. 1993. 윤대석 역. 『키메라, 만주국의 초상』. 소명출판.

유지원. 2012. 「淸代 吉林烏拉의 형성과 한족 移住에 따른 변화」. 『동북아역사
논총』 37.

윤욱. 2015. 「滿洲族의 孤城 琿春, 1911~1931: 琿春 滿洲族 엘리트의 鄕村支
配의 지속과 변화」. 『東洋史學硏究』 132.

윤욱. 2016. 「"二等公民" 擡頭 下의 琿春」. 『동양사학연구』 136.

윤욱. 2017. 「中華民國 國民과 滿洲族 사이」. 『역사학보』 234.

윤욱. 2018. 「琿春 旗地의 소유와 운영, 1879-1931」. 『동방학지』 184.

윤욱. 2019. 「琿春 滿洲族의 沒落, 1931~1949 ― 朝鮮族의 興起를 兼論 ―」.
『역사와 세계』 56.

윤휘탁. 2001. 「변지에서 내지로 ─ 중국인 이민과 만주(국)」. 『중국사연구』 16.

이명종. 2018. 『근대 한국인의 만주 인식』. 한양대학교출판부.

정안기. 2015. 「1930년대 재만조선인, 이등국민론의 비판적 성찰: 교육정치사
의 관점과 사례를 중심으로」. 『동북아역사논총』 48.

조정우. 2015. 「만주의 재발명 ─ 제국일본의 북만주 공간표상과 투어리즘-」.
『사회와 역사』 107.

조정우. 2018. 「지역조사와 식민지의 경계지대 ─ 1919년 전후 동척과 조선은행
의 간도조사」. 『만주연구』 26.

허혜윤. 2013. 「淸代 동북지역의 旗地 매매와 분쟁」. 『中央史論』 37.

高強. 2015. 「章炳麟出任東三省籌邊使始末」. 『西北大學學報(哲學社會科學
版)』. 45卷 2期.

耿常華. 2020. 『民初奉天全省官地淸丈局硏究(1912-1929)』. 遼寧大學 碩士學
位論文.

郭保琳 等編. 1915. 『東三省農林墾務調查書』. 發行處 不詳.

範立君. 2005. 「近代東北移民與社會變遷(1860-1931). 浙江大學 博士學位論文.

賴惠敏. 2010. 『淸代的皇權與世家』. 北京: 北京大學出版社.

賴惠敏. 2016. 『乾隆皇帝的荷包』. 北京: 中華書局.

常書紅. 2011. 『辛亥革命前後的滿族硏究: 以滿漢關系爲中心』. 北京: 社會科
學文獻出版社.

刁書仁. 1994. 『東北旗地硏究』. 北京: 民族出版社.

王魁喜 外. 1948. 『近代東北史』. 黑龍江人民出版社.

王立群. 2012. 「北洋時期京直地區旗地莊頭考述」. 『北京社會科學』 2期.

王永江. 1917. 「財政部淸查官有財産章程」. 『奉天省賦課章則叢編』. 奉天財政廳.

印鑄局官書課編校. 1935. 『法令全書 ― 中華民國十四年第四期』. 印鑄局.

衣保中 外. 1992. 『淸代滿洲土地制度硏究』. 長春: 吉林文史出版社.

張硏. 2002. 『淸代經濟簡史』. 臺北: 雲龍出版社.

張士尊. 2003. 「淸代東北移民與社會變遷: 1644-1911」. 東北師範大學 博士學
位論文.

中日條約硏究會 編. 1932. 『中日條約全輯』. 發行處 不詳.

滿洲國民政部土地局 編. 1934. 『土地関係舊法規』.

滿洲帝國協和會 地籍整理周分會 編. 1939. 『土地用語辭典』. 嚴南堂.

園田一龜. 1927. 『奉天省財政の硏究』. 盛京: 盛京時報社.

周藤吉之. 1944. 『淸代滿洲土地政策の硏究』. 東京: 河出書房.

天海謙三郎. 1937. 「北支土地慣行資料(其二)」. 『支那土地問題に関する調査
資料』. 南滿洲鉄道調査部. 昭和12年.

阿部由美子. 2014. 「辛亥革命後の淸室優待條件體制の成立と崩壞: 20世紀前
半の華北・滿洲地域における滿洲族硏究への新たな視座」. 『News
letter』, No. 26.

楊紅. 2007. 「滿州族の經濟生活: 愛新覚羅王族の後裔たる村の事例硏究か
ら」. 『名古屋大學人文科學硏究』 Vol. 36.

江夏由樹. 1997.「土地利權をめぐる中國・日本の官民關係 ― 舊奉天の皇産をめぐって ―」.『アジア經濟』38.1.

中国農村慣行調査刊行会 編. 1953.『中國農村慣行調査』2卷. 東京: 岩波書店.

中国農村慣行調査刊行会 編. 1953.『中國農村慣行調査』3卷. 東京: 岩波書店.

山口省三・岩本二郎. 1927.『(秘)滿蒙の米作と移住鮮農問題』. 東洋協會. 1927.

윤화수. 1932.「간도문제란 무엇인가」.『동광』33호

劉揆一・吳景濂. 1914.「北京教育會通俗教育會中華民族大同會請願眾議院書」.『京師教育報』第2期.

作者未詳. 1910.「論日本併韓與中國所獨受之關係(續)」.『神州日報』.

作者未詳. 1937.「間島に於ける農業機構の概要」.『滿鐵調査月報』17卷 11號.

「東洋拓殖株式會社法中改正ノ件ヲ決定ス」. 大正6年 6.2.. JACAR(アジア歷史資料センター) Ref.A13100273200.

關東軍司令部. 「對滿蒙政策に関する意見送付の件」. 昭和2年 6.1.-6.6.. JACAR(アジア歷史資料センター) Ref.C01003764000.

「滿蒙懸案解決二関スル件」. 昭和2年 8.4.. JACAR(アジア歷史資料センター) Ref.B04120038900.

옌양추(晏陽初) 향촌건설운동의
지역 지식화 과정과 함의

● 최은진 ●

I. 머리말

옌양추(晏陽初, 1983-1990)는 제임스 옌(Y.C. James Yen)으로 불린 평민교육가이자 향촌건설운동가로 중국인으로 국제적인 영향력을 행사한 인물이라 할 수 있다(宋恩榮, 2003). 그는 미국 예일대학에 재학 중 1차세계대전에 참가하여 프랑스에 있던 중국 노동자들에게 글을 깨우치게 한 활동을 시작으로 평민교육운동을 전개하였고, 이후 농촌으로 운동을 확대하면서 향촌건설운동을 전개하였다. 그러므로 옌양추는 기존의 교육체제를 넘어선 평민교육운동 방식을 통해 대중이 지식을 습득할 수 있도록 하고 평민의 대부분을 차지하는 농촌의 농민들로 대상과 공간을 더 확장시켜 교육을 실행하여 중국 농촌의 변화를 도모했다고 할 수 있다.

근대 이래 중국의 농촌은 피폐해졌고 농촌의 인재가 도시로 유출되었으며, 농촌지역사회는 군벌과 지역토호들의 통치하에 놓여 있었을 뿐 아니라 세계시장에 연동된 농산품의 가격도 불안정했다. 전통의 향촌질서가 무너졌지만 근대적 질서가 수립되지 않은 상태에서 농민들의 삶은 나날이

---

* 이 글은 「晏陽初 鄕村建設運動의 지역 지식화의 과정과 함의」, 『중국사연구』, 제44집, (2023)을 수정·보완한 것이다.
** 국민대학교 중국인문사회연구소 HK교수

힘들어졌다. 정치적으로도 불평등조약체제가 존재하고 남경국민정부가 수립되었으나 불완전한 중앙집권체제로 각 지역에 대한 장악력을 완전히 확보하지 못하고 있었다. 근대적 정치, 경제 체제의 확립을 위해서는 교육 체제를 지방에도 확고히 수립해야 했지만 그만한 여력이 없었다. 그럼에도 국민당과 공산당의 대립상황과 일본의 화북침략 등의 상황에서 농촌의 발전을 도모하려는 민간의 조직과 활동은 민국시기 국가와 민간의 상호작용을 통해 진행되었다.

민국시기 지식인들은 전통중국은 농업국가로 부강한 서구공업문명과 대조되는 것으로 인식하였고, 중국은 향토중국이며 낙후되어 있어서 개조의 대상이라고 보았다. 또한 향촌은 우빈약사(愚貧弱死)의 상태이며 진화론에 따라 이러한 전통적 향촌은 와해되어야 한다고 보았다.

이렇게 진행되었던 민국시기의 향촌건설운동은 민간단체들과 지식인들이 주도하여 근대화로 중국의 부강을 이루고자 했으며, 경험한 활발한 민간단체의 활동의 궤적은 오늘날 농촌의 문제를 해결하기 위한 방안으로 재검토 되고 있다(孟雷 編著, 2005). 특히 민국시기 전개된 향촌건설운동 가운데 옌양추의 평민교육운동과 향촌건설운동은 향촌진흥정책과 삼농(三農)문제(농민, 농촌, 농업)의 해결을 위한 중국의 역사적 경험으로서 다시금 주목받고 있다. 그의 4대교육은 여전히 시행해야 할 부분으로 간주되고 있으며 그의 향촌을 중시했던 태도도 중시되었다(錢理群, 2018). 여전히 대다수의 국민들이 정서적으로 향촌민이며 도시민들이 향토성을 뿌리 깊게 지니고 있는 중국에서 공산당의 집권 체제가 잘 유지되려면 농촌과 도시의 균형이 이루어져야 하기 때문에 향촌건설운동에 대한 평가도 변화한 것이다. 이에 따라 옌양추의 향촌건설운동에 대해서도 실패한 운동으로 규정했던 것, 개량주의와 제국주의를 위해 복무했다고 비판하던 경향에서 벗어나 적극적으로 검토하고자 하는 경향이 형성된 것이다. 그러나 그럼에도 여전히 옌양추는 농촌을 치료해야 하는 대상으로 본다는

의미의 치농파(治農派)로 바라보고, 량수밍에 대해서는 농촌을 문명의 근
원지로 회복해야 한다고 보는 자치파(自治派)로 바라보고 이를 구분하면
서 옌양추는 중국문명의 근원이라 할 농촌을 서구적 시각에서 부정적으로
보았다고 평가한다(徐新建, 2006).

옌양추는 미국의 원조를 기반으로 향촌건설운동을 수행할 수 있었기에
두드러진 성과를 낼 수 있었고 이때문에 제국주의적 문화침략의 일환으로
보아야 한다는 비판을 받을 여지도 있다. 이러한 비판이 가능한 것은 옌양
추가 수행한 과학과 기술에 기반한 농촌의 근대화로의 개조가 미국의 경
제적, 문화적 원조를 통해 수행되었고 전후 냉전시기까지 비공산국가로
확산되는데 기여했기 때문이다(周逸先, 2021).

기존의 옌양추 연구는 평민교육운동과 허베이(河北) 딩현(定縣)실험을
포함한 향촌건설운동에 대한 연구에 집중되어 있으며[1] 점차 국가와 사회
관계의 관점에서 민간단체를 조직하고 활동한 과정과 의미를 분석한 연구
등으로 확장되었다. 하지만 옌양추가 자신의 향촌건설운동의 경험을 딩현
에서 성(省)단위로 다른 국가로 확대해 나간 항일전쟁 전후 시기 및 1949
년 전후의 활동에 대한 연구는 많지 않다.[2]

그러므로 본고에서는 옌양추가 딩현 실험을 전국적 차원으로 또 국가

---

1) 기존의 연구로는 페어뱅크(John King Fairbank) 의 영향을 받은 Charles W. Hayford
(1990)가 대표적으로 여기에서 옌양추는 자유주의자로 평가되었다. 宋恩榮 主編
(2013)은 옌양추를 개량주의자로 본다. 이외 국내 이병주(1995)는 평민교육촉진회의
활동을 상세하게 정리하였으며 蘭軍·餘子俠(2007)은 국제조직과의 관련성을 밝혔으
며 徐新建(2006)은 향촌에 대한 논쟁 속에서 옌양추의 인식을 분석하였으며 이외
孫詩錦·龍秀淸(2006); 平野健一郎 著, 於逢春 譯(2003) 등이 있다. 대부분 1949년
이전 옌양추의 활동을 연구했다. 張建軍(2021)은 옌양추와 량수밍을 비교하여 연구했
고 향촌건설운동의 실패 요인을 정치적 역량의 부족으로 보았다.
2) 1949년 이후에 대한 옌양추의 활동을 소개한 저서는 宋恩榮(2003)으로 옌양추와 펄벅
과의 관계를 밝혔고, 吳相湘 著(2001)은 직접 인터뷰와 사료를 집대성해서 본고에서
는 실제 사료적 가치도 있다고 보아 참고하였고, 宋恩榮 主編(2013)는 사료집이다.

의 경계를 넘어 동남아, 남미, 인도로까지 확장해 나간 과정을 고찰하여 지역과 공간에서 향촌건설운동의 지식이 어떻게 지역화되는가를 드러내 보고자 한다. 이를 위해 2장에서 중화평민교육촉진회와 딩현 실험을 통해 형성된 그의 평민교육관을 먼저 고찰해 볼 것이다. 나아가 3장에서는 중국농촌부흥연합위원회(中國農村復興聯合委員會)를 중심으로 중국내 다른 지역 및 세계 각지역으로 전파되어 형성된 향촌건설의 지식에 대해 살펴보고자 한다. 이를 통해 국가와 거리를 두면서 또한 국가를 활용하였던 옌양추가 전개한 향촌건설운동의 구체적인 활동의 함의와 지역화의 특성이 드러날 수 있을 것이다.

Ⅱ. 평민교육운동에서 향촌건설운동으로의 확산

1. 옌양추와 중화평민교육촉진회(中華平民教育促進會)

향촌건설운동에 주력했던 옌양추가 1949년 장제스를 따라 타이완으로 가지 않고 미국으로 가서 국제적인 향촌건설운동을 전개하게 된 이유는 무엇일까. 이하에서는 그의 평민교육관을 고찰하여 그가 초국적으로 활동하게 된 배경을 밝혀보고자 한다.

옌양추는 쓰촨성(四川省) 파중(巴中)의 서당에서 전통교육을 이미 충실히 받았고 이후 '기독교 내지회'가 설립한 바오딩부(保宁府)의 서학당(西學堂)을 다녔다. 이 서학당은 영국의 중국포도회(中國布道会)의 선교사 테일러(James Hudson Taylor)가 상하이(上海)와 닝보(寧波)에서 의료선교를 하다가 1865년에 내지회(China Inland Mission)를 창립한 후 1877년 쓰촨성에 들어와서 1895년 지은 서구식 학당이었다. 이 학당은 파중에서 200킬로 떨어진 바오딩부에 설립되었다. 1898년 청년 목사 알디스

(William B. Aldis)가 부임하여 설립한 이 서학당에 옌양추의 아버지가 중국어 교사로 초빙되면서 옌양추도 학교에 다니게 되었던 것이다. 당시 10세였던 옌양추는 알디스 목사에게 상당한 영향을 받았으며(Timothy Cheek 지음, 최은진 옮김, 2021:114-116) 기독교를 접하고 서구학문도 익히게 되었다. 이후 쓰촨성 청두(成都)의 화메이(華美)고등학교를 다녔고 이후 선교사가 될 꿈을 안고(宋恩榮 主編 ,2013: 543) 홍콩대학을 거쳐 미국 예일대학교에 진학하였다. 그는 홍콩에 있을 때 기독교청년회(YMCA)와 접촉을 하였는데 당시에는 활동을 하지는 않았다.

한편 예일 대학시절에는 태프트(William Howard Taft, 1857-1930) 전 대통령과 친하게 지내면서 미국의 민주주의와 법치 사상을 공부했고 우호적인 인종 간 교류와 평등한 관계를 경험했다고 한다(鄭杭生·張春, 2004: 66). 그러므로 그의 성장과정을 보면 어린시절부터 미국에서 유학하는 동안 서구사회를 충분히 접하고 이해했다고 볼 수 있을 것이다.

그는 2년간 학업을 마친 뒤 미국에서 가입했던 기독교청년회(YMCA)의 소개로 제1차 세계대전에서 유럽으로 징용된 중국인 노동자를 돕는 일을 하게 되었다. 그는 중국인 노동자의 부탁을 받고 대신 편지를 썼고 그러다가 의뢰자가 늘어나자 스스로 편지를 쓸 수 있도록 식자 교육을 자연스럽게 하게 되었다. 그는

> 화공(華工)이 모두 양호한 교육을 받는다면 그들은 그러한 비루한 행동을 하지 않을 것이며 동시에 조직을 하여 단결력을 발휘하고 파업(罷工) 등의 방법을 통해 모욕과 기만에 저항할 수 있을 것이다(宋恩荣 編, 1989: 196).

라고 하였다.

옌양추는 이렇게 화공교육을 하면서 '문맹을 제거하고 신민(新民)을 양육한다(除文盲作新民)'는 신념을 형성했다(馬建強 2010, 47). 그는 저층

인민이 우매무지함에서 벗어나 중국의 자립을 가능하게 하고자 문맹제거
에 특히 치중했고, 문자를 아는 것에 그치는 것이 아니라 이를 통해 필요
한 지식을 찾을 수 있어야 자립이 가능하다고 보았다.

옌양추는 후에 자신의 향촌건설운동은 '공자(Confucius), 그리스도
(Christ), 쿨리(苦力)(coolie)'의 세 가지 요소(3C)를 종합하여 절충한 결과
물이라고 하였는데 유교사상의 민본사상, 서학당 시절 목사님의 본보기,
민간의 지혜와 고통에서 유래한 것이라고 하였다(宋恩榮 主編 第 3卷,
2013: 544).

한편 옌양추는 프랑스에서 미국으로 돌아와 1919년 프린스턴 대학에서
일 년 더 공부해 석사학위를 받았으며 앨리스(Alice Huie)와 결혼하였다.
그녀의 아버지는 쑨원(孫文)과 친분이 있는 뉴욕시 기독교장로회 교회를
창건한 화교 출신의 목사였다(鄭杭生·張春, 2004: 69). 그리고 결혼 이후
앨리스의 가족들은 옌양추가 활동하는데 중요한 지지자들이 되었다.

1920년 8월 14일 중국으로 귀국 한 후 뉴잉글랜드 기독교청년대회에
참석했던 옌양추는 YMCA가 중국의 개조를 위해 활동해야 한다고 주창했
다. 옌양추는 미국유학시기 미국유학생들의 기독교 학생회의 회장을 했었
는데 이 조직은 위르짱(余日章)이 만들었기에 친분이 있었다. 그리고 중
국의 중화기독교청년회(YMCA)에서 전국협회 총간사를 위르짱이 역임하
고 있었던 상황이었기에 옌양추의 주장은 잘 받아들여졌다. 중국으로 돌
아온 옌양추는 위르짱의 지지를 얻어 기독교남자청년회에 평민교육부를
설립할 수 있었다(宋恩榮 主編 第 3卷, 2013: 581). 결혼과 중국으로 귀국
했던 상황을 보면 옌양추의 기반은 기독교인들과 중화기독청년회라고 볼
수 있을 것이다. 그리고 그가 시행한 평민교육은 기독교 조직에 기반한
특성을 지니고 있었다.

평민교육부가 YMCA에 설치된 후 1920년 겨울부터 1922년 봄까지 일
년여의 시간 동안 옌양추는 전국 19개 성(省)을 다니며 각 성의 평민교육

의 실태를 조사하고 평민교육 교사의 무경험, 교재의 결핍, 무조직 등을 주요한 문제로 지적했다. 그는 운동을 실시하기 전에 먼저 조사 이후 실험을 하는 방식을 취했고 이것을 과학적인 접근이라고 보았다. 당시 중국에서 큰 영향력을 행사했던 존 듀이(John Dewy 1859-1952)의 실용주의 관점에 옌양추도 영향을 받아 사회조사와 사회실험 방법, 평민교육을 중시한 것이다(夏軍, 1998). 또한 미국의 선진적인 과학기술, 개인주의에 기초한 인격존중과 개인의 자아 강조 등을 바탕으로 하는 평민주의교육사상을 수용했고 이를 유교의 민본사상과 연계하였다.

그의 3C사상이 농민들이 대중(평민)의 대다수를 차지하므로 이들이 개인의 자유와 자아를 실현할 수 있어야 한다는 민본사상과 기독교의 박애주의가 결합된 것이었지만, 옌양추 평민교육운동의 근간은 기독교와 미국과 유럽의 대중주의에 보다 더 기초한 것이었으며 활동의 방향도 중국 내부에만 국한한 것이 아닌 국제적이고 초국적인 성격을 띤 것이었다(平野健一郎 著. 於逢春 譯, 2003: 21). 즉 그의 평민교육관은 세가지 방면에서 듀이의 평민교육의 내용이 더 큰 부분을 차지 했던 것이고 세계주의적 성격을 강하게 띄었다고 할 수 있을 것이다.

당시 중국은 듀이의 평민교육사상이 하나의 사회사조가 되었으며 이 때문에 과거의 교육은 소수귀족교육으로 간주되었기에 이와 대비되는 평민학교가 전국각지에 학생회와 개인, 민간에 의해 건립되었다(孫邦華 外, 2022:65). 즉 전국적으로 평민교육의 열풍이 불고 있었다.

그러므로 옌양추의 평민교육활동도 이러한 전국적 활동의 하나였다고 할 수 있는데, 그는 기독교청년회와 함께 후난성(湖南省) 창사(長沙)에서 시행되었다.

후난성 창사에서는 먼저 4개월 내에 『평민천자과』교육을 완성 하는 것을 실험했다. 창사는 이미 연성자치론(聯省自治論)에 영향을 받아 비교적 활발한 분위기가 형성되어 있었고 마오쩌둥도 참여했던 평민학교가 시행되었던 곳이라는 점 외에 창사의 기독교청년회 간사였던 하롤드 라운드(Harold Rounds)의 적극적인 협조가 있었기 때문에 선정되었다(이병주, 1995: 83). 또한 1922년 봄 시작된 문자교육운동이 전개되자 평민천자과는 360만부나 출판되었을 뿐 아니라 매우 성공적으로 진행되었다. 문맹의 퇴치에 주력한 것이라 할 수 있다.

한편 전 국무총리 슝시링(熊希齡)의 부인 주치후이(朱其慧)는 전국적으로 평민교육운동을 시행할 조직을 만들 것을 타오싱지(陶行知), 옌양추, 후스(胡適), 위안시타오(袁希濤), 푸뤄위(傅若愚) 등에게 요청하였고 이에 '중화평민교육촉진회(中華平民敎育促進會)'(이하 평교회)가 성립되었다. 평교회는 톈진(天津) 난카이대학(南開大學)의 장바이링(張伯苓)등의 후원과 '중화교육개진사'의 협조로 1923년 8월 23일 베이징 칭화대학(北京靑華大學)에서 제 1회 평민교육대회를 개최하였다.

당시 전국 21개성 교육청과 민간교육회 대표 6백여명이 참석하였고 각 성 마다 2명씩 이사를 선출하고 이사장에 주치후이 여사가 선출되었다. 집행이사는 타오싱지, 장멍린(蔣蒙麟), 장바이링 등이 취임했다. 그리고 총회 총간사로 옌양추가 임명되어 모든 실무를 총괄하게 된다(孫邦華 外, 2022:90). 옌양추가 총간사가 된 배경은 당시 옌양추의 평민교육운동이 다른 평민교육운동에 비해 효과가 뛰어나다는 평가가 있어서였다. 특히 그를 영입하려 했으나 기독교 청년회에서 옌양추를 다른 기관에 보내지 않으려 해서 타오싱지와 주치후이가 설득하여 평교회에 영입했는데 옌양추가 오게 된 것은 전국적인 조직하에 전국적으로 평민교육운동을 전개할 수 있을 것으로 간주했기 때문이었다(華中師範學院敎育科學硏究所 主編, 1985:33-34). 이를 보면 옌양추는 처음부터 평민교육운동을 평교회와 함께 전국으로 확장할 의도를 지니고 있었다고 볼 수 있다.

평교총회는 최소한의 경비로 최대한의 평민을 교육할 것을 내세우며 공화국민에게 필요한 지식이 내포된 96과의 천자과(千字課)를 교과서로 사용한다고 선언하였으며 환등필름을 활용하고 각종 평민총서, 잡지, 신문 등을 편집하여 평민의 지식을 증진하고 전국에 보급하고자 했다(「中華平民敎育促進會宣言」, 『新敎育』: 479-480, 이병주, 1995:87에서 재인용).

천자과 교과서를 타오싱지(陶行知)와 주징농(朱經農)이 옌양추 등에게 비평을 받아 교육받는 사람이 매일 한시간씩 16주에 식자를 완성할수 있도록 다시 만들어 상무인서관에서 출판했다.

옌양추와 평교회는 17개성에 성립평민교육촉진회를 성립시켰고 주요 전략적 도시를 포함한 32개시에 시립촉진회도 창설했다. 그리고 문맹이 많은 군대와 농촌에서도 활동을 전개했다. 군인에 대해서는 봉천성기독교청년회 회장 왕쩡푸(王正輔)를 통해 장쉐량(張學良)에게 평민교육의 중요성을 설명하게 하여 1924년 7월 1일부터 5만부의 평민천자과와 5천장의 색채슬라이드와 60대의 환등기를 준비해서 교육을 했다. 11월에는 미국공리회 소속 선교사와 교인들의 협조로 쓰촨 바오딩의 12개현 200여향(鄕)에 평민학교를 설립하여 5천여명 정도 학생이 평민천자과를 배울수 있었고, 1926년까지 5만여명 학생에 3천명의 졸업생이 배출되었다. 또한 베이징 근교의 칭허(淸河)지역의 농민들에게도 평민교육을 시행하였다.

옌양추는 이상과 같이 기독교와 서구의 평민교육사상에 영향을 받고 쿨리의 지혜를 민본사상과 연계하여 평민교육관을 형성하였으며, 기독교 조직에 근간해 평교회의 활동을 확장해 나갈 수 있었다. 전국적인 평민교육운동의 목적은 듀이의 평민교육사상을 중국에 적용한 것으로 식자교육을 중심으로 평민교육을 시행하여 민주적인 국민을 양성하기 위한 것이었다고 할 수 있다.

2. 도시에서 농촌으로 : 딩현(定縣)실험

중화평민교육촉진회에는 이후 농촌교육부가 설립되었는데 옌양추가 활동의 방향을 농민에게로 향했기 때문이다(鄭杭生·張春, 2004:65; 謝健, 2017:164). 옌양추는 미국적 의미의 자유주의자로 미국의 중산층 관념을 통해 중국을 바라 보았다. 그리고 그가 전개한 향촌건설운동은 기독교 자체를 전파했다기 보다는 자유주의를 중국에 전파하고자 하는 과정과 맞물려 있었다(Charles W. Hayford, 1990:114).

실험은 옌양추가 미국 코넬대학의 향촌교육학 박사 푸바오천(傅葆琛)에게 평교회의 향촌교육부 주임직을 맡아 줄 것을 요청하면서 본격화 되었고 1924년 9월 푸바오천이 미국에서 귀국한 뒤 향촌평민교육을 시행할 계획을 정하였다. 푸바오천은 도시중심의 교육이 공화국의 앞길에 방해가 되므로 향촌인민에게 주목하여야 하며 최단기간에 2억에 이르는 향촌청년과 성인을 대상으로 교육을 하여 문자운용능력, 경제독립, 자치, 자조의 능력을 구비하게 해야 한다고 하였으며 먼저 문자교육, 생계교육, 공민교육을 순차적으로 수행한다고 했는데(傅葆琛, 1927) 이는 옌양추의 생각이기도 했다.

평교회는 1925년 가을부터 조직을 확대 강화하였는데(孫邦華 外, 2022:108) 연구조사부는 코넬대학 출신의 농학박사로 동남대학 농과교수였던 펑루이(馮銳), 도시교육부는 콜럼비아대학 교육학 석사로 북경 정법대학 교수인 탕마오루(湯茂如), 1926년 가을에는 평민교육부는 일본 와세다 대학 정치학과 출신이자 국회의원이었던 천주샨(陳筑山)이 담당했고, 1927년 봄에는 공민교육과에 하버드대학 교육학 박사이자 북경 법정대학 교수 취스잉(瞿世英), 공업보급기술연구과에 오하이오주립대학 화공학 박사이자 북경사범대학 교수 류퉈(劉拓), 시청직관교육부는 북경미술전문학교 교수 정진(鄭錦)이 담당하게 하고 평민생활사회조사 연구자는 미국사회학자 시드니 갬블(Sidney D.Gamble)을 초청하여 전국적인 조직을 결성했다. 평교회는 비영리 사회개조 사업의 성격을 띠고 진행되는 것이었기 때문에 기금을 미국의 모금에 의존한 것과 마찬가지로 엘리트들의 헌신에 의존하는 방식으로 운영되었다.

그러나 그가 평민교육운동에서 추구한 것은 서구식의 엘리트 교육이 아니었고 평민이 필요로 하는 내용을 4개월에 완성하는 것을 목표로 하는 4대교육이었다. 비록 1926년에서 1928년까지 중국은 국민혁명전쟁을 치르고 있었으나 1926년 허베이(河北) 딩현(定縣)을 사회개조 실험실로 선정하고 향촌건설을 시도하였고 이는 도시에서 농촌으로 대상을 확장한 것으로 볼 수 있다.

옌양추가 실험을 전개한 딩현은 인구 7천명 중 83%가 문맹인 농촌마을로 평민교육의 일환인 문맹퇴치 뿐 아니라 농민을 과학적 농부로 만들고 지적이고 진보적인 공화국의 시민으로 만드는 것이 목표로 하였다 (Charles W. Hayford, 1990:101). 교육뿐 아니라 오랜 세기 동안 자치적이고 민주적이었던 중국의 향촌마을들이 공화국의 향촌이 될 수 있도록 그 이상의 활동이 필요하다고 옌양추는 보았다(Charles W. Hayford, 1990: 104).

옌양추는 농촌사회가 낙후한 원인을 '우빈약사(愚貧(窮)弱私)'의 병에 걸렸기 때문이라고 진단했다. 그리고 이를 치유하기 위해서는 문예교육, 생계교육, 위생교육, 공민교육의 '4대교육'과 '3대방식'인 학교교육, 가정교육, 사회교육의 방식이 필요하다고 했다(宋恩榮 主編, 2013:213-215). 이러한 4대병폐, 4대교육, 3대 방식은 매우 명료하게 캠페인의 방식으로 운동의 동력을 만들어내었다고 할 수 있고 성과를 얻는데도 효과적이었다.

문예교육은 딩현의 472촌에 향촌평민학교를 설립해서 초급과 고급, 종합학교로 다양하게 하여 글자를 가르쳤고 교재는 합작사, 농촌위생, 농업, 중국의 정치사회 등을 내용으로 하였다. 특히 효과적인 평민교육에 관심

을 갖고 있어서 뉴욕의 현대연극을 공부하고 중국에 적용시킬 연극을 만
들고자 했던 베이징의 유명 극작가 슝푸시(熊佛西)를 초빙하여 농민들의
심리를 변화시키는데 활용하려 했다. 이를 위해 1934년까지 농민극단을
만들었다. 이외에도 효과적인 교육을 위해 방송국을 건립하고 여러 프로
그램을 활용하고자 했으며 타오싱지의 소선생제도 또한 적극 도입하였다.

생계교육은 표증(表証)농가라는 시범농가를 정해서 이들을 통해 다른
농가를 지도하게 하였고 품종개량을 통해 농가의 수입을 실제 증가시켰
다. 생계교육의 중요한 내용에 합작사도 중시되었는데 1932년 1월 까오토
우촌(高頭村) 소비합작사를 성립시키고 1933년 7월에는 평민학교 졸업생
의 자조회를 성립하게 도왔다(이병주 1995; 최은진 2020). 옌양추는 협력
주의를 자본주의와 폭력적인 공산주의 사이에서 나아갈 길이라고 보고
적극 주창했으나 신용합작사 설립과정에서는 경찰의 도움을 받아야 하는
경우도 있었다(Charles W. Hayford, 1990:172).

위생교육은 미국 밀뱅크 기금 관계자들의 기금을 받아 1929년 공중보
건캠페인을 벌였으며 부족한 의사양성을 기다리기 어려워 사회적 의학체
계의 모델을 구현했다.

공민교육은 농민의 자치능력을 길러 민주정치의 기초를 수립할 것을
중시했는데 천주샨이 주도하여 가족화합을 확대한 천하일가(天下一家)
를 향촌자치라고 주장했다.

한편 1933년에는 에드가 스노우가 딩현을 방문한 이후 팅셴이즘을 서
구에 전파해서 많은 외국인들과 기독교인들이 방문을 하면서 국제적으로
도 알려지게 되었다(Charles W. Hayford, 1990:145).

이렇게 우빈약사에 대한 처방으로 시행된 이러한 4대교육은 평교총회
의 전문가들을 통해 과학지식을 대중들에게 전파시키는 것을 농촌개조의
핵심적인 내용으로 한 것을 알 수 있다. 그리고 문맹퇴치 교육은 이러한
과학기술과 과학적 사고방식을 향유할 수 있게 하는 가장 중요한 기초적

단계였기 때문에 평민교육의 가장 핵심적 내용이 되었다(宋恩榮 主編 第 1卷, 2013: 74).

한편 평교회가 민간조직이므로 향촌건설운동을 전개하기 위해서 엔양 추는 실질적인 추진을 위해 자금을 모집하는데 주력했다((平野健一郎 著. 於逢春 譯, 2003: 21).

1925년 호놀룰루에서 열린 태평양학술회의에 중국대표로 참석하여 미 국의 자유주의 개신교 위원회에 소속되었던 록펠러 3세((John Davison Rockefeller III, 1906-1978), 스탠포드 대학 총장인 레이 라이먼 윌버(Ray L. Wilbur.1875-1949) 박사 등에게 지원을 얻게 되었으며 국제적으로는 필리핀이 그의 프로그램에 관심을 보였다(Charles W. Hayford, 1990:69). 이러한 미국 내에서의 모금활동과 강연으로 국제적인 지지자들을 형성할 수 있었고 화교(華僑)들의 지원을 고려하여 화교교육부를 평교총회에 설 립하기도 하였다. 특히 1925년 3월 엔양추가 볼셰비키의 효과적이고 위협 적인 선전을 언급하며 민주주의를 선전하는 방식에 대해 고민했던 것을 보면 평민교육을 통한 민주주의의 확산을 평교회 활동의 중요한 방향으로 보았음을 알 수 있다(Charles W. Hayford, 1990:61). 또한 1927년 〈평민교 육의 목적과 최후의 사명(平民教育的宗旨目的和最后的使命)〉이라는 글에서

나는 중화문화와 서방민주사상 결합의 산물이다. …나는 일개 선교사 로 평민교육을 선교하는데 출발점은 인(仁)과 애(愛)였다. 나는 혁명가이 기도 한데 교육을 통해 악습을 없애고 옛 것을 버리고 새 것을 창신하지 만 폭력을 행사하고 살인과 방화를 하는 것을 중시하지 않는다. 만약 사 회주의 정의를 평등주의라고 하고 기회와 권익을 평등이라고 한다면 나는 한 명의 사회주의자라고 할 수도 있다. 그러나 인류가 평화의 방식으로 문제를 해결하기 바라기 때문에 투쟁하는 것은 찬성하지 않으며 계급이 인성을 결정한다고 믿지 않는다. 나는 '사람은 모두 요순(堯舜)이라 믿는

다, 성어거스틴은 매 영혼의 깊은 곳에는 신성함이 있다라고 하였는데 나
는 인류가 양지(良知)를 지닌 보편적 존재라는 것을 의심해 본 적이 없다
(宋恩榮 主編, 2013:508; 錢理群, 2022:4-6).

라고 언급하기도 했던 것을 보면 공산주의를 폭력혁명으로 보았음을 알
수 있다. 그리고 평민교육을 실시하는 것에 대해서 다수 민중이 정치적
지식을 지니고 있지 못하므로 민중의 지식을 평민교육을 통해 제고시켜
진정한 민주정치를 실현할 수 있을 것이라고 하였는데 이 역시 미국의
민주주의제도의 안착을 궁극적으로 추구한 것이었다고 볼 수 있다. 또한

> 우리 세대는 평민교육의 목적으로 국민의 원기를 함양하고 국민생활을
> 개선하며 국민의 기초를 공고히 하고자 노력하였는데 이는 주의의 노예가
> 되지 않고 당파에 좌우되지 않고 지방의 경계를 없애고, 개인의 배경도,
> 신구의 한계도 없게 하기 위한 것이었다. 그러므로 3억 이상의 배우지 못
> 한 동포들이 20세기의 보편적인 최저한도의 기초교육을 받기를 바란다.
> 또한 애국정신이 있더라도 편협한 국가주의로 치우치지 말아야 한다. 비
> 록 세계를 사랑하는 것을 이상으로 하더라도 광막한 세계주의로 치우치지
> 는 말아야 한다. 종교상에서나 당파상에서 신도가 되는 것은 국민들의 자
> 유의지로 선택하는 것이지 평민교육이 끼어들어 선전하지 않아야 양심적
> 이고 인격적으로 자신감이 있는 것이다. ……그러므로 평민교육의 최후
> 사명을 말하고자 한다. 인류문화의 진보는 어떤 민족 문화라도 동일한 과
> 정을 밟는데 즉 그러한 관계는 협소한 것에서 점차 넓은 곳으로 전 세계
> 로 확대되어 가는 것이다. 사람의 관계도 적은데서 많은데로 점점 전인류
> 에게로 나아가는 것이다. 20세기의 신문화의 추세는 전세계 전인류의 대
> 문을 향해 나아간다. 그러므로 각국 문화가 진보하는 것은 국가의 범위
> 내에서 민중화 되는 것이고 세계범위 내에서 전인류화 되어야 하는 것이
> 다(宋恩榮 主編 第 1卷, 2013: 104-105).

라고 하여 평민교육은 정치적이거나 종교적인 당파나 목적이 아닌 국민생

활의 개선만을 목적으로 한다고 주장하되 전세계적 전인류적으로 나아가
는 동일한 과정이라고 하여 지역적 문화적으로 확장되어야 한다고 표방했
다. 당시 복잡한 정치세력간의 투쟁이 벌어지는 상황에서 중립의 입장을
취하고자 노력한 것으로 보인다.

옌양추는 정치적 중립을 취하고자 활동의 자금들을 주로 미국방면에
의존하였다. 1927년 가을에는 국내의 상황이 복잡하자 딩현의 실험을 진
행하기 위해 북미지역의 기금 모금 투어를 시작했다. 옌칭(燕京) 대학의
총장이자 후에 중국 주재 미국 대사가 된 스튜어트(John Leighton Stuart,
1876-1962) 등 미국인 3인과 중국인 3인으로 구성된 '중미공동위원회'가
결성되어 평교회를 위한 모금을 계획했던 것이다.3) 그리고 1928년에는
YMCA와 태평양관계연구소와의 네트워크를 통해 예일대학의 기념식에
참석하고 미국 대통령을 만나게 되면서 미국 내에서 중요한 위상을 확보
하게 되었다. 그리고 이러한 위상에 따라 미국의 주요재단과 기업들이 지
원을 하였고 이들 지원기관들은 지원을 통해 중국에서의 선교가 가능할
것으로 기대하였다. 이외에도 미국 동부지역의 신문기사에서는 옌양추의
활동이 아시아의 민주주의를 위해 노력하는 것이라는 기사가 실렸고 이로
인해 많은 경제적지원을 받을 수 있었다(Charles W. Hayford, 1990:74-75).
그리고 지원은 중화교육문화기금동사회에서도 받았다(宋恩榮 主編 第
1卷, 2013: 159-160).

당시 남경국민정부는 딩현실험을 중화교육문화기금동사회와 록펠러재
단, 외국 단체와 화교들의 기부금으로 운영되었기에 성공한 것으로 평가
한 적이 있지만, 이러한 운영방식은 평교회가 민간 단체로서 정부와 거리

---

3) 미국의 인사들과 옌양추와의 관계에 대해 吳相湘의 책에 옌양추와의 직접적 인터뷰
및 사료에 근거한 사실이 소개되어 있어서 사료적 가치가 있다고 판단하였고 본고는
주로 이책에 근거해 서술하였다(吳相湘 著, 2001: 352).

를 둘 수 있게 한 요인이 되기도 했다. 옌양추는 국가건설에 관한한 정파를 막론하고 협조를 하지만 투항하거나 타협하지 않는다는 평교회총회의 원칙을 늘 강조했었다(宋恩榮 主編 第 1卷, 2013:104-105). 이러한 운영의 방식이 관철된 것과 함께 도시에서 농촌으로 확장된 딩현 실험에서도 향촌건설운동은 교육의 실행을 가장 중요하게 여겼다.

3. 후난(湖南) 헝산(衡山)과 쓰촨(四川) 신두(新都) 실험 및 화시(華西) 실험구

딩현실험의 성과는 1933년 2차 내정회의 이후 정부의 현정개혁안으로 채택되었던 것을 보면 그 성과를 인정받았다고 할 수 있지만 동시에 정부의 현정건설에 강제적으로 포함된 것으로도 볼 수 있다. 옌양추는 허베이성 현정연구원 원장이 되었고 이제 현정개혁 실험과 딩현의 4대교육 가운데 실제적으로 공민교육이 연계되었다. 한편 옌양추는 쑹즈원(宋子文)의 국민경제위원회에도 영입되고 내정회의에 참석을 하였으나 행정부와 너무 긴밀해지는 것을 원치는 않았다(Charles W. Hayford, 1990:151).

옌양추는 현정연구원과 평교회의 관계는 정치와 학술의 협력관계라고 하고, 평교회는 사적으로 창립된 교육학술단체이므로 정부와 사회에 연구와 실험을 참고하게 하는 역할을 하는 것이라고 했다. 또한 필요할 때 합작을 하는 것으로 평교회 실험인 현단위 업무가 향상될 수 있고 전국적 실험을 목표로 할 때 필요한 정치력의 도움을 받을 수 있다고 하면서 이것을 '학술의 정치화'라고 표현했다. 이는 정부의 기구와 협력을 통해 학술단체로서 평교회가 지니지 못한 정치역량을 확보한다는 의미이다(宋恩榮 主編 第 1卷, 2013: 300).

그리고 1935년 제 3차 전국향촌공작토론회가 열린 이후 남경국민정부가 농촌정책을 본격화하게 되면서 정부와 긴밀해질 수 밖에 없었다. 즉 정부가 농촌에 대한 정책을 수립하자 옌양추도 정부의 역량을 활용하고자 했고 縣단위제도의 조직을 활용하여 향촌건설을 시행하고자 했고, 1933년과 1934년 1,2차 향촌공작토론회에 11개성 76개 단체 150여명이 모였을 때 행정원농촌부흥위원회, 전국경제위원회 등 관방기구가 참가 하면서 전국적인 향촌교육과 향촌운동을 해야 한다고 옌양추 자신도 인식한 것으로 보인다(宋恩榮 主編 第 1卷, 2013: 244-245). 또한 그는 1936년의 5개기구(난카이(南開)대학, 칭화대학, 옌칭대학, 협화(協和)의학원, 평교회)로 구성된 화북농촌건설협진회의 기관의 하나로 평교회가 포함되자 평교회의 전국적 활동의 필요성을 강조했었다(孫詩錦 著, 2012: 73-74).

옌양추는 정부와의 관계를 통해 전국적으로 향촌건설운동을 확대해 나가고자 하였다. 1936년 5월 옌양추가 T.H.孫에게 보내는 편지에 "후난, 광시, 쓰촨 세 省에서 계획을 실시하고자 하는데 이 계획이 나에게는 장래 중국에서 시행할 최대 계획이 될 것"이라 하였던 것에서 나타난다(宋恩榮 主編 第 4卷, 2013: 488-489).

이는 항일전쟁으로 인해 딩현의 실험이 용이하지 못한 것과도 관련이 있었는데 옌양추는 1936년 우선 창사(長沙)로 평교회 본부를 옮겼고 1937년 9월 딩현에서 완전히 떠났다.

한편 평교회와 옌양추는 후난 형산(衡山)과 쓰촨성 신두(新都)에도 실험을 확대했는데 이는 공간적으로 縣을 중심으로 한 실험을 省으로 확대한 것이라 볼 수 있다.

후난 형산 실험현은 1936년 7월 성립되었다. 이후 형산향촌사범학교가 성립되었고 왕더량(汪德亮)이 교장이 되었다. 형산현의 주요공작은 현정건설이었고 局을 科로 고치고 區를 없애고 鄕을 병합하는 행정기구의 정비조치와 지방재정의 정돈, 保國民學校를 중심으로 하는 교육의 강화 등을 주요하게 수행하였다. 그러므로 이제 평교회의 활동은 교육 위주의 향촌건설을 하려는 것이 아닌 남경국민정부의 현정건설실험의 방식으로 완전히 전향하였던 것이다(宋恩榮 主編 第 2卷, 2013: 163-164). 즉 기존의 딩현 방식의 민간 향촌건설사업과 달리 국민정부의 현정건설의 방안과 같아졌다는 의미였다. 후난에서 항전역량이 강화된 것은 현정건설실험에 의한 것이라 보기도 한다(宋恩榮 主編 第 2卷, 2013: 274-275).

1937년 3월 옌양추는 쓰촨 청두(成都)의 평교총회 회원들과 만나 정치에 개입하지는 않지만 도움을 주고자 한다고 하고 중앙정치학교 출신 천카이쓰(陳開泗)를 추천하여 신두 실험현 현장이 되는데 기여했다. 그리고 천카이쓰는 4월 11일 부임했고 그는 이미 저장성 난시현(蘭溪縣)에서 실험을 시행했던 인물이기도 해서 토지등기안인 토지귀호책(土地歸戶冊)을 완성하여 전부세(田賦稅)를 징수하여 지방건설에 필요한 경비를 조달할 수 있었다. 1938년 천카이쓰의 총괄보고에 의하면 현정건설이 중점이 되었다고 했다. 호적, 지정, 보갑, 경찰, 위생 등이 정비되었으며 평교총회에서 〈농민필독〉이라는 50과의 교과서가 보급되었다(Charles W. Hayford, 1990:190).

하지만 후난 형산실험은 일본과의 전쟁으로 지속이 어려웠고 지방세력의 방해로 쓰촨 신두 실험현의 현장은 파직되고 실험이 종료되었다.

그리고 1938년 8월 1일 천주샨이 쓰촨성 성정부 비서장이 되고 후츠웨이(胡次威)가 민정청장이 되면서 그들은 후난에서의 경험을 쓰촨에서 시행하고자 한다. 또한 1939년 3월 쓰촨의 군인들이 반란을 일으키자 장제스가 쓰촨성정부주석으로 국방건설을 주도하게 되면서 1940년 4월 쓰촨성 생산계획위원회가 성립되었다. 쓰촨성 생산계획위원회는 행정과 학술의 긴밀한 논의 하에 수행하는 딩현 방식을 수용하기로 했고(吳相湘 著, 2001:316) 현정 실험이 성차원에서 수행될 수 있게 된 것으로 의미를 부여할 수 있을 것이다. 그러나 중앙정부의 현정건설의 방법과 거의 일치하고 동일하였다고 볼 수 있을 것이다. 그러므로 자율적으로 시행한 딩현의 실험은 후난과 쓰촨성에서 정부의 현정건설의 방식에 따라 진행되었던 것이다.

한편 전쟁이 끝난 이후 옌양추는 1946년 2월에 쓰촨성 비산현(璧山縣)에 대한 조사를 끝내고 농촌공예와 부업합작사 운영을 제안했다. 그리고 7월에는 화시실험구(華西實驗區)가 설립되었다. 당시 쓰촨성 정부주석 장쥔(張群)은 옌양추와 긴밀한 사이였고 이에 제 3행정구(충칭(重慶))를 포함한 향촌건설학원이 소재한 바현과 비산현10현을 실험구로 하여 평교회가 지도하게 하였다.

화시실험구는 평민교육을 중시하고 사회경제 건설을 동시에 진행하기로 하였는데 특히 토지개혁을 시행하기로 하였다. 토지개혁은 실용적인 훈련계획과 함께 중시되면서 제 3행정독찰구 쑨거랑(孫則讓)이 실험구 주임을 겸임했다. 또한 경비와 인력 이유로 우선 비산현과 바현 두 곳에서 시행하게 되면서 바비실험구라고 불렸다. 쑨거랑은 합작사의 설립을 매우 강조했만 옌양추는 토지개혁에 대해서는 평교회보다는 정부가 노력해야 한다는 입장을 취하였다.

1946년 10월 23일 화시실험구는 비산현의 생산합작사를 통합하였고(吳相湘 著, 2001:341) 도생제(導生制)를 수행했다. 그 결과 1947년 9월 쓰촨성 베이베이(北培)의 8개 향진에 전습처 440곳이 생겼고 학생은 1만 1746명에 이르렀다. 화시실험구는 1949년에도 지속적으로 운영이 되면서 성단위 실험과 이를 기반으로 하는 전국단위의 실험을 계속하였다. 실험은 비교적 잘 진행되었는데 1948년 10월 미국원조기금 중 옌양추조항이 포함된 원조기금을 관리하기 위해 성립된 중국 '농촌부흥연합위원회'(이하 농부회) 중미위원 5명이 이 지역을 탐방하였던 것에서 알 수 있다.

전쟁기간 딩현실험을 지속하기 어려웠던 상황에서 후난과 쓰촨으로 실험을 확대시켰던 옌양추는 정부에 적극 협조하면서도 전국적인 실험의 확산의 계기로 삼고자 했으며 전후 화시실험구에서 이러한 의지는 더 명확히 드러났다.

Ⅲ. 전후 향촌건설운동의 초국적 지역화와 특징

1. 중국농촌부흥연합위원회(中國農村復興聯合委員會)와 옌양추

일본과의 전쟁이 종료된 후 옌양추는 국민당정부에 적극적으로 향촌건설을 시행해야 하니 지원이 필요하다고 호소했으나 내전을 치르게 되면서 경비가 부족해지자 장제스는 지원을 하지 않았다(Charles W. Hayford, 1990:207).

이러한 상황에서 옌양추는 향촌건설을 수행할 수 있는 원조를 미국에서 받아오기 위해 1947년 4월 미국으로 갔다.

1948년 3월 14일 트루먼 대통령이 옌양추를 대통령집무실로 초대하여 전략회의를 하여 중국에 원조를 하되 10%(2750만달러)를 먼저 지원한다고 하였는데 이는 옌양추가 대중교육은 담당하도록 하는 조건하에 이루어진 것이었다.

당시 미국정부는 농촌부흥위원회를 중국 농촌을 부흥시켜 중국에서 혁명이 일어나 공산주의가 확산되는 것을 막고 미국의 노선을 따르도록 하기 위해 설립했다. 농촌부흥위원회(이하 농부회) 설립에 적극적이었던 당시 미국 대사 스튜어트는 "중국공산당의 문제는 군사적인 방법으로는 해결하기 어렵다. 농촌민중이 공산당보다 더 좋아할 수 있는 지방정부가 건립된다면 자연스럽게 해결이 될 것이다. 그러나 국민당 정부는 이러한 문제를 간과했고 이것이 최대 약점이 되었다. 이럴 때 옌양추 박사와 그가 창시한 평민교육운동이 떠올랐다"라고 하였다.[4] 대통령 트루먼(Harry S. Truman, 1884-1972) 역시 미소 양극체제에서 전세계 인구의 1/5이 우리와 함께 할 수 없다면 곤란한 지경에 놓일 것이라고 우려하고 원조를 하기로

---

[4] 司徒雷登. 2011. 『在華五十年:司徒雷登回憶錄』. 北京:中央編譯出版社, 172는 王聰穎, 2022: 59에서 재인용.

하였다(吳相湘 著, 2001:417). 그리고 이러한 원조는 옌양추의 건의에 따른 것이었는데(張瑞勝 R·道格拉斯·赫特, 2019) 냉전이 시작되는 시점에서 1948년 3월 31일 상하원 회의 위원회에서의 회의는 '중국원조법안'을 통과시켰고 예산의 10%가 중미농촌재건공동위원회로 지급될 것이 지정되었다(Charles W. Hayford, 1990:214; 王聰穎, 2022:58). 이는 '옌양추조항'이라고 불렸다. 트루먼 대통령, 조지 마셜(George Catlett Marshall, 1880-1959) 등이 이러한 법안통과에 대해 축하했다(吳相湘 著, 2001:419).

당시 미국정부는 중국정부에 원조하는 것에 회의적이었기에 옌양추는 자신은 1/10만 받고자 했으며(宋恩榮 主編 第 3卷, 2013, :165), 중국정부는 미국의 원조를 받기 위해 농부회 조직 조건을 수용했다. 그리고 농부회를 조직하는 과정에서 미국정부는 농부회가 미국경제합작총서(Economic Cooperation Administration) 의 지도와 감독을 받아야 한다고 주장했고 장제스는 이를 반대하고 자신이 좌우하고자 했다. 그러나 농부회 이사들은 독립적으로 활동하기 위해 미국정부가 5명 위원회 위원 중 2명을 선정하고, 중국정부가 3명을 임명하는 것으로 절충하는 방식으로 정하였다.

당시 중국은 미국과의 관계에서 자치를 행사하고 싶어했고 미국은 통제를 하려 하는 상황이어서 옌양추의 입장은 민감할 수 밖에 없었다. 옌양추는 농부회보다는 향촌건설위원회로 명칭을 바꾸기를 원했는데(宋恩榮 主編 第 2卷, 2013: 521-522). 향촌이 농촌보다는 그 포함하는 의미가 더 넓다는 이유에서였다. 또한 정치파벌과 집단의 방해를 받지 않는 전문가들로 이루어져야 한다고 주장하며 장제스에게 장췬(張群)을 중국측 이사로 추천했다.

그러나 1948년 8월 10일 난징(南京)에서 농부회가 설립되었을 때 중국측의 위원에 옌양추, 장멍린(蔣夢麟), 션종한(沈宗翰)이 선출되고 장췬은 배제되었다. 주임은 장멍린이 되었으며 미국측의 위원은 모이어(Raymond T. Moyer)와 존 얼 베이커(John Earl Baker) 두 사람으로 스튜어트

레이든도 배제되어 있었다. 이에 옌양추는 막후에 통제세력이 있다고 격분했다(宋恩榮 主編 第 4卷, 2013: 651).

옌양추는 장제스의 신임도에 따른 이러한 인선에 불만을 갖게 되었고 장제스는 향촌건설 자체보다는 농부회의 자금에만 관심을 갖는 것으로 인식하게 되면서 장제스와의 관계는 더욱 멀어졌다.

또한 전반적인 수행계획에도 의견이 달랐는데 옌양추는 민중교육을 확대한 이후 경제발전을 논하자고 했고 션종한은 식량생산에 주력해야 하며 이를 위해 소작제도 개혁 즉 토지개혁을 우선해야 한다고 주장했다. 션종한은 코넬대학 출신으로 생산량의 증산과 위에서 아래로의 방식을 선호한 반면 옌양추는 각 지방의 자발적 운동과 자조를 중시하며 아래에서 위로의 시행 방향을 중시했다. 이는 옌양추가 토지개혁보다는 평민교육과 커뮤니티의 발전을 강조하는 입장이었던 것과 달리 장멍린이 토지개혁을 강조하였던 것의 차이에서 비롯된 것이기도 하였다(黃俊傑, 2011; 王聰穎, 2022:61).[5]

그리고 이러한 입장차는 최종적으로는 토지개혁 중심의 생산증대와 평민교육의 시행 두 가지를 모두 하기로 결정하면서 정리되었다.

이에 따라 옌양추의 주요 활동지인 쓰촨성의 제3행정구 베이베이(北培)는 사회교육운동을 중심으로 평민교육을 진행하고 저장성 항저우는 농업확대의 방식을 추구하고 푸지엔성 롱안현(龍岩縣)은 정부가 주도하여 토지개혁을 각기 먼저 시행하기로 했다.

또한 전국농촌에는 전조제도의 개혁, 수리계통의 재건, 작물 개량, 목축품종의 개량, 병충해 방지 등의 작업을 하되 농부회가 정부기관, 농민과 합리적으로 의논해 충돌을 피하면서 진행하기로 했다.

---

5) 黃俊傑 2011. 『台灣"土改"的前前後後:農復會口述歷史』. 北京:九州出版社 , 2는 王聰穎, 2022: 61에서 재인용; 顔芳, 2021: 71-72.

옌양추는 사회재건이 없는 물질적 재건은 단순히 중국을 거대한 땀흘리는 기계로 만들 뿐이라고 하면서 엘리트주의적이고 이론적인 프로그램을 농부들에게 강요해서는 안된다고도 했다. 하지만 당시 옌양추의 방식은 즉각적인 효과를 내기는 어려웠기에 폐기되고 말았다. 그리고 과학과 기술에 치중하는 미국 농무부 해외농업관계처 극동팀의 주임, 중국 경제협력조사단 단원을 중임했던 모이어와 선종한은 소맥 개량을 같이 할 정도로 같은 생각을 지닌 긴밀한 관계였고, 장명린도 마찬가지여서 문화사회방면을 강조하는 옌양추의 견해가 수용되는 것은 현실적으로 어려웠다(王聰穎, 2022: 62).

뿐만 아니라 농촌부흥연합위원회 산하의 집행기관인 종합계획팀, 농업생산팀, 지방자치계발팀, 사회교육팀 등은 옌양추의 4대교육을 연상시키는 조직이지만 실제로는 지방자치계발팀을 농업생산팀으로 보내고자 했고 지방자치계발팀은 취소시켜 버렸으며 사회교육조도 공문상으로만 존재하는 것 등을 보면 농부회는 옌양추의 주장을 실행하지 않았던 것이라 볼 수 있다.

그럼에도 옌양추는 농부회의 활동을 지속하였는데 1949년 화시(華西) 실험구에서의 연설에서 옌양추는 현재 미국 경제원조를 긍정적으로 보지 않는 정서가 있음을 알고 있지만 이는 경제적 원조일 뿐이라고 강조했다(王聰穎, 2022: 59).

> 우리의 공작에 찬성하는 사람은 모두 동지이며 어느 나라 사람이건 어떠한 도움이건간에 우리는 받아들여야 한다. 반대로 비록 대량 원조도 필요하지 않은데 왜냐하면 우리는 어떠한 정당의 도구도 아니고 정치적 당파도 아니기 때문이다. 우리는 중국을 재건설하고 좋게 만들고자 할 뿐이다. 우리를 향건파(鄕建派)라고도 부르는데 이것은 말도 안되는 소리이다. 우리가 받는 지원은 오로지 고심하고 있는 향촌사업을 성사시키기 위함일 뿐이며 정치적 작용을 하려는 것이 아니다(宋恩榮 主編 第 1卷,

2013: 101-105).

라고 〈평민교육의 목적과 최후의 사명〉에서 언급했으며 이는 평민교육운동을 시행할 때부터 유지해 온 일관된 입장이기도 했다.

1949년 8월 농부회는 광저우에서 타이뻬이로 이전했다. 같은 해 11월 20일 옌양추는 회의에 참석하기 위해 타이완으로 갔지만 일주 후에 미국으로 건너가, 그 이후로는 농부회의 어떤 사업에도 참여하지 않았다.

옌양추는 향촌건설운동의 근간은 평민교육에 있다고 보았고, 自助를 농민들 스스로의 활동에 기반한 것으로 해석한 점에서 장제스 정부와 견해를 달리했음을 알 수 있다.

1950년 1월 12일 옌양추가 포함된 평민교육운동 미중위원회는 뉴욕에서 회의를 열고 여기서 그간의 농부회의 활동을 보고 했다. 4대교육의 생계교육에 중점을 두었고 예산의 50%는 수리공정에 사용하였는데 동정호 홍수방지 제방공사(민간과 농부회가 각각 경비를 공동으로 부담) 진행, 쓰촨의 25감조의 추진과 제 3행정구 확충에도 지방정부와 민중의 협조가 잘 이루어졌다고 하였다. 또한 미국측은 소련의 세력이 미치지 못한 낙후한 지역에서 사회경제 건설을 추진하고자 했는데 이는 미국이 당면한 기회라 간주하면서 전심전력으로 진행하였다(吳相湘 著, 2001: 588).

그런데 1950년 한국전쟁이 발발하자 중국과 미국은 대립국면에 접어들었다. 미국의 원조를 받는 평교회는 이사장 옌후이칭(顔惠慶)이 운영하고 있었고 취쥐농(瞿菊農)이 평교회 대리간사로 여전히 인민정부와의 공조를 지속해 왔으나, 1950년 12월 1일 평교회는 해산이 되었다. 이외 1951년 1월 평교회는 반동조직으로 선포되었으며 화시실험구와 향촌건설학원은 모두 공산당에 접수되고 평교회의 대륙에서의 활동은 이것으로 종료되었다.

옌양추는 600명 이상의 평교회 동료들이 쓰촨에 남아있는 상황에서는 타이완으로 가게 되면 동료들에게 박해가 심해 질 수 있다고 판단하여 미국에 잔류하였고 삼반오반운동의 과정에서 쓰촨의 동료 뤄쭤푸(盧作孚)도 사망했기에 더욱 미국을 중심으로 한 활동에 국한하여 움직일 수밖에 없었다.

1948년에서 49년까지의 농부회의 활동이 중국을 혁명에서 빠져나오게 할 수는 없었다. 그러나 옌양추와 평교회의 전국적인 향촌재건의 방향은 정부의 입장과는 차이가 있었음을 발견할 수 있다.

2. '무지로부터 벗어날 5대 자유'와 국제향촌개조운동(LMEM) 수행

옌양추의 국제적 활동은 미국에서의 그의 영향력과 관련이 있을 뿐 아니라 그 자신이 미국의 중국원조의 방향에 상당한 영향을 끼쳤다.

이미 1943년 1월 코페르니쿠스 서거 4백주년 전미기념회가 현대세계에 공헌한 100인 선정에 옌양추는 아인슈타인, 포드, 듀이 등과 함께 선정되었다. 그는 연방대법관 더글라스(William Orville Douglas.1898-1980), 제27대 대통령 태프트의 아들, 리더스다이제스트 창판자와 긴밀한 관계였을 뿐 아니라 특히 펄벅(Pearl S·Buck,1892-1973)에 의해 세계적으로 알려지게 되었다.[6]

1943년 옌양추를 만난 펄벅은 1945년 옌양추를 인터뷰 한 내용을『Tell The People』로 발간했는데 여기에 옌양추의 실용주의와 평민주의가 잘 소개되어 미국과 세계에 널리 알려지게 되었던 것이다. 또한 이를 계기로 UN의 세계범위의 기본교육계획의 수립에서 그의 평민교육이 참고가 되었다.

1943년 여름 옌양추는 미국의 각지에서 평민교육의 중요성을 연설하였

---

6) 중국에서 오래 생활했고 동난(東南)대학, 진링(金陵)대학에서 교편을 잡았으며 1934년 미국으로 돌아간 뒤 1938년『대지』로 노벨상을 수상했다(宋恩榮, 2013: 76).

는데 루즈벨트 대통령이 창도한 "4대자유"에 대해 평론을 더 하면서 제 5자유 즉 전지구의 2/3이상이 '무지에서 벗어날 자유'가 중요하다고 강조하였다(錢理群, 2018:65-66).

"천하의 문맹을 없애어 세계의 신민(新民)을 만든다"는 것은 평교총회가 설립되었을 때 옌양추가 지닌 포부였는데 1943년 이래 옌양추는 재차 세계 3/4의 인류에게 우매와 무지를 벗어나게 할 필요가 있다는 것을 강조하면서 이를 실제 실현할 수 있게 되었다.

그는 이미 유네스코에서 고문으로서 활동하고 있었으며 그를 지원하는 미국내 지지자가 많아서 세계적 활동에 적합하다고 평가되었기 때문에 선출되었다.

미국에 체류하게 된 이후 옌양추는 그의 향촌건설계획을 미국의 원조계획에 부합시키고자 그의 지원자인 펄벅과 함께 1950년 12월 5일 낙후지역의 업무를 돕기 위해 소형위원회를 결성하고 미국의 제 4차계획과 유엔의 기관과 협조할 수 있도록 하겠다는 서면계획을 대법관 더글라스에게 제출했다. 더글라스는 옌양추가 중국인으로서 외국에 나가서 활동할 수 있을지 회의를 나타냈지만 옌양추는 중국에서는 省경계를 넘어서 활동하는 것이 마치 국가를 넘어서 하는 것과 같이 어려웠지만 지방정부의 의지와 관심사 및 해당지역에 적절한 지도자를 양성하여 성공할 수 있었다면서 적극적인 의지를 보였고 이에 더글라스는 그를 지지하였다(吳相湘 著, 2001: 591). 또한 12월 15일 록펠러(Nelson Rockefeller)에게 옌양추는 전쟁으로 문제를 해결할 수 없으며 경제와 사회전선에서만이 인민의 영원한 선의를 얻을 수 있다고 설득하여 록펠러는 옌양추가 미국의 제 4차 계획의 아시아부분에 참여하기를 바랬다.

12월 18일에는 평민교육운동 미중위원회가 옌양추가 건의한 낙후한 지역의 인민에의 원조안을 의결했는데, 옌양추는 현재 민주주의와 공산주의의 세계적 경쟁에서 군사전선에만 의지하는 것은 치명적이라고 하고 세계

인구의 2/3가 기아, 질병, 우매, 억압의 고통에 빠져있으므로 지체없이 낙후된 사람들에게로 나아가야 한다고 주장하였다. 옌양추의 영향력이 컸던 평민교육운동 미중위원회는 당시 태국, 남베트남, 이집트, 시리아, 인도, 쿠바등의 요청을 받고 있는 상황이라 적극적으로 사회와 경제건설의 계획을 제공하여 낙후된 인민들을 돕고 스스로 자립하도록 하며 세계평화와 번영을 위해 분발하는 파트너가 될 수 있게 하자고 주장했고 그들을 전선의 적이나 생존에 의존하는 식객이 아닌 동맹과 공작의 파트너가 되게 해야 한다고 하였다(吳相湘 著, 2001: 591-593). 이는 자립과 자조를 중시하는 옌양추의 평민운동 방향과도 맥락을 같이 하는 것으로 그의 구체적인 건의서는 평민교육운동미중위원회에서 비준 되었고 이 안건의 시행을 위해 1951년 국제평민교육운동추진위원회(The International Committee of The Mass Education Movement)가 설립되었다.

이상을 볼 때 옌양추는 미국의 제 4차원조계획의 평민교육운동 프로그램에 제 3세계가 포함될 수 있도록 하였고 사회경제적 그리고 문화적으로 미국의 영향력을 확대시키도록 작용했다고 할 수 있다. 이후 옌양추는 유네스코의 고문역할을 하면서 자신의 활동을 전개하였고 그 과정에서 딩현 실험에서의 경험을 소개하였다. 그리고 냉전이 본격화 된 이후 1951년 10월부터는 멕시코의 파츠쿠아(Patzcuaro) 향촌 기본교육계획을 시찰하고 딩현 실험의 경험에 근거한 향촌의 자조, 전국적으로의 제도화 등을 제안했다. 이어 1952년 2월 11일에는 필리핀을 방문하여 필리핀 향촌개조운동촉진회라는 민간기구를 건립하여 평교회의 4대교육을 시행하게 하였으며 3월 15일에는 인도네시아의 문맹상황을 파악하고 31일 태국으로 가서 태국 교육의 낙후성을 보고하는 등 동남아시아를 탐방했다.

이외에도 1952년 4월 5일에는 인도로 가서 에타와 농촌계획(Etawah Rural Project)을 참관하고 미국의 지원을 이끌어 냈으며 딩현의 4대교육을 이곳에서도 시행하게 하였다. 이미 옌양추의 평민교육운동을 인도에서 진행했던 메이저의 에타와 프로젝트는 평교회의 방식을 따라 종합적으로 진행했던 것이어서 옌양추의 평민교육운동의 방식은 이전부터 인도에 이식되어 있었다.

옌양추는 1952년 4월 12일에는 파키스탄과 16일에는 레바논과 시리아로 갔다가 20일 로마와 제네바에서 유엔농업식량기구, 세계보건기구와 농촌협력을 논의했으며 5월 2일에는 파리에 가서 유네스코 사무총장을 만나 태국의 학교제도 혁신사업을 도울 것을 요청하였다.

특히 옌양추는 필리핀의 농촌개조사업을 적극적으로 지원하였는데 필리핀 정부가 매우 적극적으로 호응을 하였기 때문으로 평민교육미중위원회로부터 6만5천달러를 받아 업무를 추진할 수 있도록 하는 등 필리핀의 사업이 진행될 수 있도록 도왔다. 이에 1952년 7월 17일 필리핀농촌개조운동추진회가 공식적으로 결성되어 마닐라 근처의 리잘(Rizal)성의 낭카(nangka)촌을 선도 시범구역으로 지정할 수 있게 하였다. 그리고 옌양추는 1954년 필리핀 대통령의 초대로 필리핀의 향촌개조행동위원회의 고문이 되었다.

이렇게 딩현 실험의 경험이 필리핀에서도 수용되면서 그 지역 역시 비슷한 성과를 내었다. 즉 1958년 필리핀에 향촌개조촉진위원회가 설립되어 3년계획을 수립하고 필리핀의 향촌건설운동은 이후 십여년간 진행되었는데 그 과정에서 의료와 위생이 개선되고 농민의 수입이 늘어나고 교육의 형식이 다양화되었다. 나아가 농지개혁법도 통과되면서 25감조까지 시행할 수 있게 되는 성과를 거두었다(吳相湘 著, 2001: 512-516).

그리고 이러한 성과에 힘입어 1967년 5월 2일 필리핀에 국제향촌개조학원(International Institute Of Rural Reconstruction, 즉 IIRR)이 설립되었다. 학원은 중국에서의 40여 년간의 활동 경험 특히 딩현의 경험과 4대교육을 내용으로 운영되었다. 또한 딩현의 '농민과학화'를 확산시킬 간부를 국제적으로 양성하는 곳으로 자리잡기도 했다.

당시 옌양추가 제시한 국제학원의 향촌공작수칙 9개항목은 "민간으로 들어가라, 평민과 하나가 되어 지내라, 평민(People)에게 배울 것, 평민과 계획하라, 농민이 아는 것에서 시작하라, 그들이 지니고 있는 것 위에 건설하라, 사회에 순응하지 말고 개조하라, 자질구레하게 하지 말고 전체적으로 연쇄적으로 진행하라"는 것이었다. 또한

> 기본적인 문제들은 서로 연결이 되어 있는데 경영방법을 모르면 고리대금업자에게 착취를 당할 수 있다. 생산이 증가해도 자신의 것이 되지 못한다. 딩현의 실험이래 5개국 농촌회는 모두 이 수칙을 잘 준수해왔다. 마지막으로 구제가 아닌 발양이다. 프랑스에서의 경험으로 농민의 지혜가 발양될 수 있다고 믿어왔다. 농민에 대한 신뢰를 바탕으로 해왔다(宋恩榮 · 熊賢君 著, 1994:207).

라고 하였는데 이것은 개인의 고상한 도덕 즉 열정, 헌신을 강조한 옌양추의 관점과 동일한 수치이자 항목이라는 것을 알 수 있다.

그러나 필리핀에서의 향촌건설운동은 순탄하지만은 않았는데, 1972년 필리핀에 국가계엄령이 발포되고 토지문제가 발생하자 국제학원은 각국의 내정문제에 대해서는 간섭할 수 없는 민간학술연구기구라는 입장을 내세우면서 대응하였다(吳相湘 著, 2001: 582). 이는 중국에서와 마찬가지로 향촌건설운동이 정치적으로 좌우되는 것을 방지하려 한 것이었다.

옌양추의 1960년대와 70년대 활동과 함께 태국, 필리핀, 인도, 가나, 쿠바, 콜롬비아, 과테말라 등에도 딩현의 실험이 확산되었다. 제 3세계를 향한 딩현실험의 정신과 조직은 옌양추의 초국적 활동에 따라 세계 각국가의 농촌지역에서 적용되고 활성화되어 실제적인 영향력을 갖게 되었다.

Ⅳ. 맺음말

옌양추는 1919년 제1차 세계대전에 참전한 중국인 노동자들을 대상으로 문맹 퇴치를 위한 평민 교육운동을 전개하고 미국과 중국의 기독교 단체에 기반하여 운동을 지속하고, 중화평민교육촉진회(평교회)가 조직되자 도시에서 농촌으로 그 운동을 확대하였다. 또한 볼셰비키적 방식이 아닌 교육을 통해 미국의 민주주의에 기반한 농촌사회를 건설하고자 하여 문해교육뿐 만 아니라 농촌의 자립과 발전을 위한 향촌건설 실험을 진행하였고 이에 따라 전국의 향촌건설운동이 확산되는데 상당한 영향을 끼쳤다.

옌양추의 평민교육운동에 기반한 실험은 1927년 허베이성 딩현의 실험을 시작으로 후난과 쓰촨 등으로 확산되었다. 그리고 옌양추는 이를 실현하기 위해 미국의 경제적 지원과 원조를 구하고자 노력했으며 이 때문에 이러한 운동을 지속할 수 있었다. 즉 경제적 원조를 미국에서 주로 받고 정치적인 지원을 국내에서 받아 평교회의 실험을 이어가려 했다고 볼 수 있다. 그가 그렇게 했던 이유는 평민교육운동을 농촌으로 확장하려는 3C적 태도에 기반한 평민교육관을 실천하고자 했기 때문이다.

딩현 실험은 농촌의 문제인 우빈약사를 치유하기 위해 4대교육, 3대방식의 모델을 시행하는 것이었고, 그 내용은 교육을 통해 향촌 농민의 자립을 모색하려 한 농민과학화를 추구한 것이었다. 물론 이러한 방식이 엘리트적이고 중국의 농촌에는 부합하지 않았다는 비판과 공산당의 농촌정책, 량수밍의 향촌건설운동과 비교하여 낮은 평가를 받는 경우도 있다. 그러나 옌양추와 중화평민교육촉진회의 활동은 전후 농촌의 근대화 과정에서 일정한 성과를 보여준 민간 지원방식 모델로 평가될 수 있을 것이다.

성차원을 넘어서 전국으로 확장하려는 옌양추의 의지는 1935년 이후 남경국민정부의 현정건설 및 농촌정책과 밀접하게 나아가게 되었고 그럼에도 평교회를 학술기관이라고 규정해 정부와 거리를 두려는 입장을 고수

했다. 이는 1949년 미국의 옌양추조항 원조를 통한 농촌부흥연합위원회의 결성과 그 활동에서 이탈하는데까지 지속된 옌양추의 입장이었다.

또한 무지로부터 벗어날 5대 자유를 외치며 국제적 무대로 활동을 넓힌 옌양추는 미국정계와 여론의 지원을 받으며 초국적 활동을 통해 딩현의 실험을 확산시켰다. 무엇보다 평교회 조직이 그의 활동을 뒷받침했으며 냉전 이후에도 미국에서도 평교회 활동은 지속될 수 있었다.

전후 냉전시대 옌양추의 딩현에서의 평민교육과 향촌건설의 경험은 인도, 멕시코, 필리핀, 태국, 남미, 아프리카 등을 중심으로 국경을 넘나들며 이식되었는데 1951년 '국제평민교육운동추진위원회'의 설립을 시작으로 필리핀의 경우 국제향촌건설운동을 이끄는 '국제향촌개조학원'을 건립하였다. 이는 국제적인 향촌건설의 인재를 양성하는 기구로서 과거 딩현에서의 교육방식과 인재양성의 9개 항목 등이 여전히 관철되고 있었다. 지도자의 헌신에 기반하는 도덕성을 가장 중요한 덕목으로 간주하는 철학과 학술이 정치와 거리를 두면서 협력한다는 '학술의 정치화'라는 평교회의 활동방식은 평민교육운동이 장기적이고 국제적으로 존속 할 수 있었던 이유라고 할 수 있을 것이다.

이러한 옌양추의 향촌건설운동의 실천과정은 딩현의 경험이 중국의 전역과 국경을 초월해 각 국가의 농촌지역에서 적용되어 보편적 지식으로 전환되는 과정이기도 했다. 즉 1949년 미국으로 간 옌양추는 문맹을 제거하여 신민을 만든다던 구호를 "천하 문맹을 제거하여 세계 신민을 만든다"로 바꾸고 아시아, 아프리카, 라틴아메리카 저개발 국가로 확장해 나갔기 때문이다. 유가의 민본사상과 천하일가(天下一家) 관념이 이러한 확장을 가능하게 한 근본적인 신념이었는데, 이 천하일가 관념은 기독교의 사해가 모두 형제라는 것과 하늘 아래 모두가 하나라는 것이었다. 그러므로 이러한 옌양추의 세계적인 풍모가 인류의 공존을 믿는 초계급, 초종족적 문제로 접근할 수 있도록 이끌었다고 하겠다.

한편 옌양추는 평교회를 민간단체로 운영하면서 정부와 거리를 두고 미국의 원조를 받으며 국내에서는 독자성을 유지하였는데 이러한 조직과 활동은 자유주의적 신념과 기독교 신앙에 기반한 것으로 과학으로 농촌사회의 근대화를 추구한 것의 사례라고 할 수 있다. 그리고 이는 냉전시기 제3세계에 대한 미국의 원조와 농촌에의 영향력의 확대과정을 보여주는 것이기도 하다. 그러므로 그의 성경계를 넘은 초국가적 활동에 따른 중국 지역 경험의 지식이 국내지역과 국외에서 수용된 것은 미국의 대중민주주의에 근거한 옌양추 향촌건설운동의 확산과정이라는 함의를 내포하고 있다. 다만 이러한 옌양추 딩현실험의 초국적 확산에 대한 평가는 실험 지역의 농민들과 공동체의 평가와 대응을 고찰하여 추후에 진행해 보고자 한다.

| 참고문헌 |

이병주. 1995. 「평민교육촉진회의 평민교육운동」. 『중국현대사연구』. 제1집.

최은진. 2020. 「中國 鄕村建設運動의 확산과정과 鄕村敎育의 함의」. 『史林』. 제72호.

Timothy Cheek 지음. 최은진 옮김. 2021. 『중국 근현대사의 지식인』. 서울: 학고방.

『敎育雜志』(1909-1948). 上海: 商務印書館.

鮑玉倉. 2013. 「中國共産黨與平敎會關系考析」. 『河北學刊』. 第4期.

楚依. 2020. 『衡山乡村建设实验的研究(1936-1939)』. 湖南師範大學碩士論文.

傅葆琛. 1927. 「鄕村平民敎育大綱」. 『敎育雜志』. 第19卷 第9號.

鄧也. 2021.5.10. 「今天, 晏陽初過時了嗎?」. 『四川日報』. 第012版.

杜俊華. 2008. 『抗日戰爭時期的大後方平民敎育運動—以新都實驗縣爲中心』. 成都: 四川師範大學碩士論文.

何建華. 2010. 「試論晏陽初平敎運動對政府的影響」. 『華中師範大學學報』. 第

49卷 第1期.

胡容傑. 2008.「早期民間組織與政府的合作關系—以中華平民教育促進會爲個案」.『社會科學論壇』. 第4期.

華中師範學院敎育科學硏究所 主編. 1985.『陶行知全集』5卷. 長沙: 湖南敎育出版社.

錢理群. 2018a.『志願者文化叢書·晏陽初卷』. 北京:生活·讀書·新知三聯書店.

_____. 2022b.「我讀晏陽初」.『敎育理論與敎育管理』. 北京: 敎育理論與敎育管理雜誌社.

蘭軍·餘子俠. 2007.「平民敎育與國際敎育組織:加入, 促進與融合」.『敎育硏究與實驗』. 第1期.

苗勇. 2021.『晏陽初』. 北京:東方出版社.

李景漢. 2005.『定縣社會槪況調査』. 上海:上海人民出版社.

李在全·遊海華. 2008.「抗戰時期的鄕村建設運動—以平敎會爲中心的考察」.『抗日戰爭硏究』. 第3期.

劉慶豊. 2019.『抗战时期"四川平教会"的乡村建设活动及其当代启示』. 重慶交通大學碩士論文.

馬建強. 2010.「晏陽初：世界平民敎育之父」.『敎育』. 第15期.

孟雷 編著. 2005.『從晏陽到溫鐵軍』. 北京: 華夏出版社.

吳相湘 著 2001.『晏陽初傳』. 臺北: 嶽麓書社.

平野健一郎 著. 於逢春 譯. 2003.「晏陽初及其平民敎育和鄕村 建設運動的過去, 現在與未來-評宋思榮編著〈晏陽初及其平民敎育和鄕村建設〉」.『河北師範大學學報(敎育科學版)』. 第5卷 第6期.

丘建生. 2014.「晏陽初:世界平民敎育之父」.『基礎敎育論壇』. 第17期.

孫邦華外. 2022.『中華平民敎育促進會史』. 重慶: 西南大學出版社.

孫詩錦·龍秀涛. 2006.「晏陽初硏究的回顧與展望」.『天津師範大學學報』第2期.

孫詩錦著. 2012.『啓蒙與重建-晏陽初鄕村文化建設事業硏究(1926-1937)』. 北京: 商務印書館.

宋恩榮 主編. 2013.『晏陽初全集』全 4卷. 天津:天津敎育出版社.

宋恩榮·熊賢君 著. 1994. 『晏陽初敎育思想硏究』. 沈陽: 遼寧出版社.

宋恩榮·楊春發. 1989. 「晏陽初與國際鄕村改造學院」. 『敎育論叢』. 第4期.

宋恩榮. 2003. 「"世界公民"—晏陽初與賽珍珠」. 『河北師範大學學報』. 第5卷 第4期.

王聰穎. 2022. 「民國鄕村建設中社會力量與政府的合作困境—以晏陽初離職農 複會爲中心」. 『重慶交通大學學報』. 第22卷 第5期.

王冠. 2011. 「論非營利組織社區參與的實踐路徑—以晏陽初中華平民敎育促進 會爲例」. 『學會』. 第10期.

王先明. 2008. 「20世紀前期中國鄕村社會建設路徑的歷史反思」. 『天津社會科 學』. 第6期.

夏軍. 1998. 「杜威實用主義理論與中國的鄕村建設理論」. 『民國檔案』. 第5期.

謝健. 2017. 「國家,社團與個人視野下的民國鄕村建設運動及其嬗變 —以平敎 會爲中心的考察」. 『四川師範大學學報』. 第44卷 第3期.

徐新建. 2006. 「"鄕土中國"的文化困境—關於"鄕土傳統"的百年論說」. 『中南 民族大學學報』. 第4期.

徐秀麗 主編. 2004. 『中國農村治理的歷史與現狀: 以定縣,鄒平和江寧爲例』. 北京: 社會科學文獻出版社.

徐秀麗. 2002a. 「中華平民敎育促進會掃盲運動的歷史考察」. 『近代史硏究』. 第6期.

_____. 2005b. 「梭嘎記事: 國家和底層的關聯與互動」. 『民族藝術』. 第三期.

_____. 2006c. 「鄕土中國"的文化困境——關於"鄕土傳統"的百年論說」. 『中 南民族大學學報(人文社會科學版)』. 第4期(https://thetomorrow.cargo. site/11).

宣朝慶. 2011. 「地方精英與農村社會重建—定縣實驗中的士紳與平敎會沖突」. 『社會學硏究』. 第4期.

楊華軍. 2015. 『敎育家晏陽初硏究』. 濟南: 山東人民出版社.

張秉福. 2006. 「民國時期三大鄕村建設模式: 比較與借鑒」. 『新疆社會科學』. 第2期.

張建軍. 2021. 『尋路鄉土：梁漱溟,晏陽初鄉村建設理論與實踐比較研究』. 北京:中國社會科學出版社.

張穎夫. 2009. 『晏陽初"平民教育"理論與實踐研究—基於當代中國社會轉型期的視角』. 西南大學碩士論文.

张瑞胜・R・道格拉斯・赫特・壮志未酬. 2017. 「美国洛克菲勒基金会在中国农村(1934-1944)」. 『中国农史』. 第3期.

張瑞勝・R・道格拉斯・赫特. 2019. 「"中美合作"視角下的台灣農村複興——以中國農村複興聯合委員會(1948—1979)爲案例的研究」. 『安徽史學』. 第1期.

蔣偉國. 1996. 「抗戰時期平教會的農民抗戰教育」. 『民國檔案』. 第1期.

鄭杭生・張春. 2004. 「晏陽初:平民教育從中國到世界的曆程」. 『江蘇社會科學』. 第2期.

周逸先. 2021. 『定縣模式與鄒平模式:晏陽初,梁漱溟鄉村敎育比較研究』. 長春: 吉林科學技術出版社.

Charles W. Hayford. 1990. *To the People: James Yen and Village China*. New York: Columbia University Press.

1980년대와 1990년대 중국의
사상정치공작

: '베이징 사상정치공작 연구회'의 활동과
이데올로기를 중심으로

I. 서론

1980년대 개혁기에 들어선 중국은 기존 사회주의에서 벗어나 포스트
사회주의로의 경로와 목표를 모색하고 있었다. 이미 공산당은, 1981년 6
월 통과된「건국 이래 당의 약간의 역사문제에 관한 결의(關於建國以來
黨的若干歷史問題的決議)」에서 문화대혁명(文化大革命)의 오류를 비
판하고 마오쩌둥(毛澤東) 시기의 '계급투쟁'과 '계획경제'로 돌아가지 않
는다는 점을 명시한 상황이었고, 기존 마오쩌둥 시기의 사회주의에서 벗
어나는 체제전환은 곧 공산당이 자신의 정치적 기반인 노동자 계급에게
체제전환의 경로와 목표를 설명하고 동의를 끌어내는 '정당화 작업'을 필
요로 했기 때문에, 공산당은 이러한 정당화 작업을 '사상정치공작(思想政

---

* 이 글은「개혁기 중국 베이징 사상정치공작 연구회의 활동과 이데올로기: 1980년대와
   1990년대를 중심으로」,『도시인문학』16:1 (2024)을 수정·보완한 것이다.
** 국민대학교 중국인문사회연구소 HK연구교수.

治工作)'으로 규정하였다.

이에, 1983년 1월 중국공산당 선전부(宣傳部)는 '전국 직공 사상정치공작회의(全國職工思想政治工作會議)'를 개최하고, 7월에는 「국영기업 직공 사상정치공작 강요(國營企業職工思想政治工作綱要)」를 발표한다. '전국 직공 사상정치공작회의'는 중국공산당 중앙서기처(中央書記處)의 위탁으로, 중공중앙(中共中央) 선전부(宣傳部), 중공중앙 조직부(組織部), 중앙서기처 연구실, 국가경제무역위원회(國家經濟貿易委員會), 중화전국총공회(中華全國總工會), 공산주의청년단(共産主義靑年團) 중앙, 전국부녀연합(全國婦女聯合)의 7개 단위(單位)가 연합하여 개최한 회의였다. 이 회의에서 당시 선전부장 덩리췬(鄧力群)은, 직공의 사상정치공작에서 공산당의 역할 강화와 국가의 정치생활에서 노동자 계급의 지도적 역할의 발휘가 회의의 토론주제임을 강조했다(百度百科, 2024).「국영기업 직공 사상정치공작 강요」는 당시 중국 기업 직공의 사상정치공작에 대한 대규모 조사에 기초해서 제정된 것으로 기업 사상정치공작의 강화와 개선을 위한 기본적인 원칙, 방법, 정신을 담고 있었다(中國經濟網, 2024).

사실, '사상정치공작'은 마오쩌둥 시기에도 학교, 기업, 군대, 사구(社區) 등 다양한 공간에서 당 건설, 선전, 조직, 유지 등의 분야에서 사회주의 건설과 관련된 '사상정치'의 문제를 중심으로 수행되는 다양한 '활동[工作]'을 가리키는 개념으로 사용되었다. '사상정치공작'과 유사한 개념으로 '사상정치교육(思想政治敎育)'이 있다. 전자에 비해서 후자는 주로 각급 학교에서의 사상정치 관련 '교육'을 가리킨 것에 비해서, 전자는 교육을 포함하는 보다 광의의 의미이다. 하지만, 실제로는 이 두 개념은 엄격한 구분 없이 혼용되는 경향이 강하다(馮剛·曾永平, 2018).

하지만, 개혁기 1980년대 본격화된 사상정치공작은 기존 사회주의를 벗어나서 '포스트 사회주의(post socialism)'로의 근본적인 체제전환에 대한

이데올로기적 정당화 작업이라는 점에서 기존 마오쩌둥 시기의 사상정치
공작과는 중대한 차별성을 가진다. 특히, '공장의 주인은 노동자(工人就
是工廠的主人)'와 같이 기존에 이념적으로 규정된 노동자 지위를 '노동
계약[勞動合同]'과 같이 법률적으로 규정된 임금노동자 지위로 바꾸고,
주식제를 도입하여 보유한 주식의 액수만큼 기업에 대한 소유권을 행사할
수 있게 하고, 파산·인수·합병 등 산업구조 조정을 통해서 상당수 국유
기업을 사유화(私有化 privatization)시키는 국유기업 개혁은, 곧 노동자
지위와 국유기업 체제의 근본적인 전환을 의미하기 때문에, 국가로서는
사상정치공작을 통해서 노동자 계급에게 이러한 전환을 설명하고 동의를
끌어내는 정당화 작업이 매우 중요했다. 다시 말해서, 이러한 국유기업의
소유권 개혁과 산업구조 조정이라는 제도적 변화는 곧 이러한 이데올로기
적 정당화 작업을 필요로 했다는 것이다.

  '사상정치공작 연구회(思想政治工作硏究會)'는 바로 이러한 이데올
로기적 정당화 작업을 수행하는 단체로, 1983년 1월 18일 베이징(北京)에
서 중공중앙 선전부, 중앙서기처 연구실, 국가경제무역위원회, 중화전국총
공회의 공동 발기로 설립되었다. 설립 당시 제정된 「중국 사상정치공작
연구회 장정(中國思想政治工作硏究會章程)」에 따르면, '사상정치공작
연구회'는 "중국공산당의 지도를 받아서 신시기 직공 사상정치공작에 관
한 이론연구를 하는 연구단체"로서, "공산당의 노선, 방침, 정책을 관철시
키며, 특히 경제건설과 경제체제 개혁을 위해서 사상정치공작 연구를 한
다"는 점을 명시하고 있다(中國思想政治工作硏究會章程, 1984).

  그렇다면, 개혁기 각 시기 제기된 체제전환의 구체적인 사안에 대해서
'사상정치공작 연구회'가 수행한 이데올로기적 정당화의 내용은 무엇일
까? 또한, 이러한 사상정치공작은 구체적인 지역/도시에서는 어떻게 나타
났을까?

  우선 본 연구는 분석대상 시기를 1980년대와 1990년대로 설정한다. 노

동자에 대한 사상정치공작이란 측면에서 보면, 1980년대는 이전 시기 문
화대혁명의 종료와 개혁개방의 선언 이후 '공산주의 신앙의 위기'와 '배금
주의 풍조'가 확산되고 동시에 시장경제의 태동으로 '사회주의 정신문명
(社會主義精神文明) 건설'이 강조되던 시기였다. 이에 대해, 1990년대는
단위체제(單位體制), 국유기업(國有企業), 복지제도 등 사회주의 체제의
핵심을 이루는 물질과 제도가 집중되어있던 도시를 대상으로 하는 체제전
환이 진행되었다. 1998년 '공유제 주택[公有住房]' 제도의 전면적 폐지로
1990년대의 체제전환은 일단락한다. 사상정치공작 측면에서는, 1980년대
와는 달리 체제전환 목표로 공포된 '사회주의 시장경제(社會主義市場經
濟) 건설'과 '현대적 기업(現代公司) 제도 확립'이 강조된다.[1]

　또한, 본 연구는 이러한 1980년대와 1990년대 사상정치공작의 내용을
'베이징'을 중심으로 분석한다. 즉, 국가는 사상정치공작을 통해서 포스트
사회주의로의 체제전환에 대한 이데올로기적 정당화를 진행하는데, 본 연
구는 이러한 사상정치공작의 내용을 지역/도시에서 나타난 사례로서 '베
이징'에 초점을 맞춤으로써, 전국적인 층위에서 진행된 이데올로기적 정
당화가 실제로 지역/도시에서 진행된 양상을 분석하고자 한다.[2]

---

1) 2001년 세계무역기구(WTO) 가입으로 글로벌 자본주의 규범을 정식으로 수용하면서
　'세계의 공장'이된 이후 중국은 10년 가까이 연평균 9%를 상회하는 GDP 성장률을
　구가하게 된다. 그 결과, 1980년대 및 1990년대와 달리, 2000년대 들어서는 체제전환의
　문제에 있어서도 중국 국내 정치경제 변수와의 관련성보다 글로벌 자본주의 변수와의
　관련성이 더욱 커지게 된다. 따라서 본 연구는 분석대상 시기를 체제전환의 문제에
　있어서 중국 국내 정치경제 변수와의 관련성이 더욱 큰 1980년대와 1990년대로 설정하
　고, 2000년대 이후 베이징 사상정치공작의 문제는 별도의 연구를 통해서 분석하고자
　한다.

2) 주의할 것은 1983년 성립 당시 '사상정치공작 연구회'의 정식 명칭은 '중국 직공 사상
　정치공작 연구회(中國職工思想政治工作硏究會)'였는데, 2003년 '중국 사상정치공
　작 연구회'로 변경되었다는 점이다. 그 이유는 사상정치공작의 대상을 기존의 직공,
　즉 기업 노동자만이 아니라, 대학생, 연구자, 예술가 등의 다양한 사회집단으로 확대할

주지하다시피, 중국은 체제 특성상 대학과 연구기관의 중요한 역할 중 하나가 국가의 지식과 담론을 연구 생산 교육하는 것이다. 중국 내 어느 지역/도시보다 베이징에 가장 많이 집중된 각종 대학과 연구기관은 국가가 요구하는 지식과 담론을 연구 생산 교육하기 때문에, 베이징은 사상정치공작과 같은 이데올로기적 특징이 강한 지식과 담론을 생산, 유통하는 중심지가 된다. 이렇게 볼 때, 개혁기 중국의 포스트 사회주의로의 체제전환을 노동자에게 정당화하기 위한 이데올로기의 연구 생산 교육의 기구로 성립된 '사상정치공작 연구회'가 구체적인 지역/도시에서 어떤 사상정치공작을 전개했는가를 분석하기 위한 사례로서 도시 베이징은 매우 적절하다고 할 수 있다. 이러한 분석을 통해서, 개혁기 중국 국가의 체제전환에 대한 이데올로기적 정당화인 사상정치공작이 전국적인 층위에서만이 아니라 실제 지역/도시 층위에서 전개된 구체적인 양상을 밝힐 수 있기 때문이다.

본 연구는 1980년대와 1990년대 '사상정치공작 연구회'의 성립과 활동을 통해서 체제전환과 관련해서 각 시기 제기된 도전에 대응하는 사상정치공작의 내용을 알아보고, 베이징의 '사상정치공작 연구회'를 분석한다. 아울러, '사상정치공작 연구회'가 1983년 설립 당시부터 발행하고 있는 학술지『思想政治工作研究』에 실린 글을 분석하여, 포스트 사회주의로의 체제전환을 정당화하는 사상정치공작이 베이징에서 어떻게 나타났는지를 규명하고자 한다.3)

선행연구를 살펴보면, 중국에서는 '사상정치공작 연구회' 관련 연구가

필요성이 제기되었기 때문이다. 하지만, 본 연구에서는 1980년대와 1990년대 노동자를 대상으로 하는 사상정치공작에 초점을 맞추도록 한다.

3) 학술지『思想政治工作研究』의 내용은 '중국즈왕(中國知網)'에서 볼 수 있다. 다음을 참고.: https://chn.oversea.cnki.net/knavi/JournalDetail?pcode=CJFD&pykm=SSGZ(검색일: 2024.3.21.)

매우 많지만, 중국 체제와 연구 주제의 특성상 노동자를 비롯한 다양한 사회집단이 당과 국가에게 충성해야 한다는 관점에서, 당정(黨政) 고위지 도자의 사상이나 발언의 해설, 사상정치공작의 이론 분석, 현장 사례와 경험 교류 등의 소개, 사상정치공작에 있어서 당의 지도적 지위에 대한 강조 등이 압도적인 다수이다. 또한, '베이징' 관련 연구도 소수로 주로 '베이징 사상정치공작 연구회'에 대한 연대기적 기록과 단편적인 지식 전 달에 머무르고 있다(本刊編輯部, 1983; 全國職工思想政治工作會議祕 書處・中國職工思想政治工作研究會 編, 1983; 陳進玉, 1984; 王永鳳, 2010; 張瑞芬, 2018; 馮剛・梁超鋒, 2022). 즉, 중국 측 선행연구는 '포스 트 사회주의로의 체제전환을 노동자에게 정당화하는 이데올로기로서의 사상정치공작'이라는 비판적 관점이 배제되어있다고 할 수 있다.

또한, 국내에서 '사상정치공작 연구회' 관련 연구는 3편이 있는데, 이 연구들은 국가가 이데올로기적 정당화를 통해 1980년대, 1990년대, 2000 년대 체제전환 과정에서 각 시기 제기된 도전에 어떻게 대응했는지를 '다 롄 기차 차량창(大連機車車輛廠)'와 '안강 사상정치공작 연구회(鞍鋼思 想政治工作研究會)' 등의 기업 사례를 통해서 분석하고 있다(박철현, 2020; 박철현 2021; 박철현 2022). 하지만 이 연구들도 전국적인 층위에서 '사상정치공작 연구회'의 활동과 사상정치공작의 내용을 분석하고, 그것 이 개별기업에서 어떻게 나타나는지를 분석하는 것에 그치고 있을 뿐, 해 당 기업이 소재한 지역/도시의 사례를 다루고 있지는 않다.

체제전환에 대한 이데올로기적 정당화로서의 사상정치공작은 전국적 인 층위만이 아니라 특정 지역/도시 층위의 현실 속에서 진행되는 것이라 는 관점에서, 본 연구는 '베이징 사상정치공작 연구회'를 통해서 개혁기 국가가 투사한 체제전환 정당화 이데올로기가 구체적인 지역/도시에서는 어떻게 나타났는지를 분석하기로 한다.

본 연구는 다음과 같이 구성된다. 서론에 이어서, II장에서는 1980년대와

1990년대 '사상정치공작 연구회'의 성립과 활동을 살펴보고, 각 시기 제기된 문제들에 대응하여 국가가 투사한 사상정치공작의 내용을 밝힌다. 또한, '베이징 사상정치공작 연구회'의 성립과 활동을 살펴본다.4) III장에서는 학술지『思想政治工作研究』에 게재된 글에 통해서, 개혁기 베이징의 기업과 공장 사례를 통해서 베이징 사상정치공작이 구체적인 기업과 공장에서 어떻게 나타났는지를 분석한다. IV장 결론에서는 본 연구의 분석을 정리하고, 개혁기 중국의 체제전환을 베이징 사상정치공작의 사례를 통해서 규명하는 것의 의미를 설명하고, 후속연구에 대해서 밝히도록 한다.

II. 개혁기 사상정치공작의 문제와 베이징

이 장에서는 1983년 성립된 '사상정치공작 연구회'가 개혁기 체제전환 과정에서 제기된 주요 도전에 어떻게 대응했는지를 먼저 살펴보고, 다음으로 '베이징 사상정치공작 연구회'의 성립과 활동에 대해서 알아보자.

1. 사상정치공작 의제와 '사상정치공작 연구회'

1989년 중공중앙 선전부와 헤이룽장성(黑龍江省) 당 위원회 선전부의 협업으로 발행된『宣傳工作詞典』에는 '기업 사상정치공작(企業思想政治工作)'을 다음과 같이 설명하고 있다. "기업에서 중국공산당의 사상정치공작. 근본 임무는 기업 직공에 대한 공산주의 사상체계의 교육 진행을 통해, 이 계급이 처한 역사적 지위와 책임에 대한 정확한 인식을 제고하

---

4) '베이징 사상정치공작 연구회'의 정식 명칭은 '베이징시 사상정치공작 연구회(北京市思想政治工作研究會)'이며 '베이징시정연회(北京市政研會)'로 약칭한다.

고, 세계 인식과 세계 개조의 능력을 증강하고, 개혁을 촉진하고, 사회주의 경제를 발전시키는 것이다. 기본 내용은 애국주의, 집체주의, 사회주의, 공산주의 사상교육과 일상적인 사상정치교육. 공작의 중점은 청년 노동자에게 둔다(戚貴元·王樹人 編, 1989)." 즉, 기업 사상정치공작은 공산당이 교육을 통해서 노동자로 하여금 자신의 역사적 지위와 책임을 '정확하게' 깨닫게 하고, 애국주의로 무장한 노동자가 단결하여 공산당의 지도에 따라서 공산당이 제시하는 목표를 향해서 정진하게 하는 것이다.

따라서, '사상정치공작 연구회'는 개혁기 체제전환 과정에서 각 시기에 제기된 '도전'에 대응하여, 노동자로 하여금 이 도전을 '정확하게' 인식할 수 있도록 인도하고 나아가서 공산당이 제시한 경제건설이라는 목표로 나아가기 위한 사상정치공작을 수행한다. 이하, 각 시기 제기된 사상정치공작 관련된 대표적 의제와 '사상정치공작 연구회'의 대응을 살펴보자.

기업 사상정치공작과 관련해서 1980년대에 제기된 첫 번째 의제는 '공장장 책임제[廠長負責制]'였다. 공장장 책임제란 기업의 총책임자인 공장장이 기업의 생산과 경영 관리를 책임지는 제도로, 개혁기 기업에 대한 당 조직과 국가 부문의 개입을 최소화하고 공장장의 권한을 크게 확대하여 기업의 효율을 제고하려는 목적으로 도입되었다. 생산과 경영의 효율 제고를 통한 이윤 증대에 강조점을 두는 '공장장 책임제'는 마오쩌둥 시기의 계획경제의 원리와 중대한 차이를 가지고 있으므로, 개혁기 국가는 '공장장 책임제'를 정당화하기 위한 사상정치공작을 전개했다. 특히, 당시 공산당 내부에서도 '공장장 책임제'가 기업에 대한 당의 지도원칙을 위협하고 기업에게 '자본주의 영리 추구'를 부추길 가능성을 우려하는 시각이 존재했기 때문에, 공산당으로서는 '공장장 책임제'가 중요한 사상정치공작 의제였다(趙新源, 1989).5)

---

5) 1989년 3월 31일~4월 3일 난징(南京) '사상정치공작 연구회' 연회(年會)에서 '공장장

두 번째 의제는, 1989년 6월의 '톈안먼(天安門) 사건'으로, '사상정치공작 연구회'는 동년 4월부터 시작된 베이징 톈안먼 광장에서의 시위를 '동란(動亂)'으로 규정하고 노동자의 시위 참가를 금지하고 조직기율과 작업현장을 지킬 것을 요구하고, 각종 매체를 동원하여 노동자에게 관련된 교육을 전개하고, '사상정치공작 책임제'를 실시하여 공장 간부들이 자신의 관할 범위의 노동자에 대한 교육을 철저히 실시하도록 규정하는 활동을 수행한다(박철현, 2020).

1990년대는 '국유기업(國有企業) 개혁'과 '단위체제(單位體制) 해체'가 체제전환의 핵심내용이었다. 국유기업 개혁은 1980년대부터 시작되었지만, 1990년대는 '사회주의 시장경제(社會主義市場經濟) 건설'이 체제전환의 공식 목표로 확정되면서 소유권 개혁과 산업구조 조정에 의한 국유기업 개혁이 본격화되는 시기였다. 국가는 국유기업 개혁에 수반된 기업파산, 지위변동, 정리해고 등으로 인한 노동자의 불만과 저항에 대해서 사상정치공작으로 대응했다.

이 시기 사상정치공작의 첫 번째 의제는 '주식제(股份制)' 도입에 의한 소유권 개혁이었다. '사상정치공작 연구회'는 주식제 도입이 초래한 변화에 대한 노동자의 인식 조사 결과를 분석하면서, 현재 노동자는 자신이 과거 공장의 주인(主人)이었지만 이제는 주식제 도입으로 무산자(無産者)로 전락한 현실을 개탄하고 있다고 지적하면서, 다양한 매체를 동원해서 '사회주의 시장경제' 제도, '현대적 기업(現代公司)' 제도, 주식제 등에 대한 선전과 교육을 통해서 노동자가 주식제 기업에 대한 '정확한 인식'을 가지게 하는 것이 중요하다고 강조한다.

두 번째 의제는 국유기업 개혁으로 필연적으로 초래된 노동자 '정리해고[下崗]'의 문제이다. 마오쩌둥 시기 '철밥그릇[鐵飯碗]'이었던 노동자

책임제' 사상정치공작에 관한 논의가 이뤄진다.

의 일자리는 개혁기 들어서 그 안정성이 위협받게 되었고 1990년대 들어서 소유권 개혁과 산업구조 조정으로 노동자는 '합법적으로' 정리해고될 수 있게 되었다. 정리해고에 대한 노동자의 불만과 저항에 대해서 국가는, '사회주의 시장경제' 건설이 목표인 개혁기에 정리해고는 자연스러운 현상이며 노동자는 오히려 정리해고를 기회로 인식하고 자기개발을 통해서 새로운 일자리를 얻기 위해서 노력해야 하며, 국가도 재취업 지원과 직무 훈련 등을 통해서 돕겠다는 내용의 사상정치공작을 전개한다.6)

세 번째 의제는 '단위체제 해체'였다. 주지하다시피, 마오쩌둥 시기 중국 도시에서 노동자는 단위에 소속되어 국가가 단위를 통해서 제공하는 의료, 교육, 문화, 주택 등의 사회보장을 누렸는데, 1990년대 국유기업 개혁이 초래한 단위체제 해체로 이러한 사회보장은 사라지거나 대폭 축소되었기 때문에, 노동자 개인은 자신의 소득으로 시장에서 이러한 사회보장을 '구매'할 수밖에 없게 되었다. 특히 단위가 소속 노동자에게 매우 저렴한 사용료만 받고 제공하던 '공유제 주택'은 특유의 '폐쇄성'과 '포괄성'을 기초로 동일 단위 소속 노동자 집단의 정체성 형성과 유지에 결정적인 역할을 하는 공간이었다. 국가는 단위체제 해체가 초래한 노동자의 불만과 저항을 인지하면서도, '사회주의 시장경제 건설'이라는 대의를 제기하면서 '시장 기제'에 의한 주택시장 형성을 당연한 것으로 수용해야 한다는 사상정치공작을 전개한다.7)

이상과 같이 '사상정치공작 연구회'는 개혁기 1980년대와 1990년대 체

---

6) 노동자의 정리해고, 생활보장, 재취업에 관해서 중공중앙 선전부가 각 지역, 각 부문, 각급 기관의 '사상정치공작 연구회'에 하달하는 사상정치공작 요구사항은 다음을 참고.: 中共中央宣傳部·勞動和社會保障部. 1999. 「國有企業下崗職工基本生活保障和再就業工作宣傳提綱」. 『思想政治工作研究』. 3期.

7) 주식제, 정리해고, 주택문제 등과 관련해서 '다롄기차차량창'에서 전개된 사상정치공작의 구체적인 내용은 다음을 참고.: 工廠簡史編委會編. 1999. 『大連機車車輛廠簡史 1899-1999』. 北京: 中國鐵道出版社. 340-341, 386-398.

제전환 과정에서 해당 시기에 제기되는 '도전'에 대응하는 사상정치공작
을 전개해왔다.

2. '베이징 사상정치공작 연구회'의 사례

'사상정치공작 연구회'는 1985년 말이 되면 전국에 119개 단체회원을
보유하게 되는데, 단체회원에는 대도시, 중등도시, 중대형 기업, 성(省),
자치구(自治區), 직할시(直轄市), 중앙정부 부처와 총공사(總公司), 중국
과학원(中國科學院)이 포함된다. 2010년 12월 말에는 거의 모든 중화학
공업과 경공업 부문은 물론, 중앙정부가 소유권을 보유한 중대형 국유기
업인 '중앙기업(中央企業)'에도 '사상정치공작 연구회'가 성립되고, 기업
별, 지역별, 부문별, 업종별 '사상정치공작 연구회'도 성립되었다.[8]

지역별로는 성, 자치구, 직할시 등 1급 행정구는 물론, 지급시(地級市)
와 주요 현급시(縣級市)까지 망라하며, 대표적으로 '베이징 사상정치공작
연구회', '상하이 국유자산(國有資産) 기업 사상정치공작 연구회' 등이 있
다. 기업별로는 국유기업과 집체기업은 물론 민영기업과 외자기업(外資
企業)을 망라한다. 부문별로는 '중앙기업 당건(黨建) 사상정치공작 연구
회' 등이 있고, 업종별로는 '중국 건설(建設) 직공 사상정치공작 연구회',
'중국 방직(紡織) 직공 사상정치공작 연구회' 등이 있다.

이처럼, 1983년 성립 후 지역별, 기업별, 부문별, 업종별로 다양하게 분
화된 '사상정치공작 연구회' 중에서도, '베이징 사상정치공작 연구회'는
매우 중요한 위상을 가지고 있다. 국가가 규정하는 베이징 사상정치공작
의 위상은 다음과 같다.: 첫째 '사상인도[思想引領]'로 공산당의 지휘에

---

8) 지역별 '사상정치공작 연구회' 성립 현황에 대해서는 다음을 참고.: http://siyanhui.
wenming.cn/xb2015/hydw/1/(검색일: 2024.3.21.)

따라 중국 전체의 사상을 이끌고 지도해야 한다. 둘째 '표준창조[首善標準]'로, 다른 지역과 부문들이 보고 배울 수 있는 사상정치공작의 표준을 창조해야 한다. 셋째 '시대반영[與時俱進]'으로, 시대적 변화를 적극적으로 반영하는 사상정치공작을 시행해야 한다. 넷째 '효과창출[效果導向]'로, 다양한 '공정(工程)'을 통해서 긍정적 효과를 창출할 수 있도록 사상정치공작을 전개해야 한다(中共北京市紀律檢査委員會, 2021). 이러한 규정은, 최근 시진핑(習近平) 시기 '중국식 현대화(現代化)' 건설을 위한 사상정치공작에 있어서 베이징의 위상에 관한 것이지만, '베이징 사상정치공작 연구회'의 역사를 살펴보면, 개혁기 초기부터 일관된 위상이라는 사실을 알 수 있다.

'베이징 사상정치공작 연구회'는 1989년 8월 4일 중국공산당 베이징시당 위원회의 결정으로 성립되었다(劉洪祥, 1989). 성립 대회에서, '베이징 사상정치공작 연구회'의 임무는, "마르크스레닌주의와 마오쩌둥 사상의 지도하에, '4항 기본원칙(四項基本原則)'과 개혁개방을 견지하며, '자산계급 자유화(資産階級自由化)'에 반대하며, 전시(全市) 개혁건설의 실제와 긴밀히 결합하여, 다양한 층위와 학과에서 사상정치공작의 이론연구와 응용연구를 전개하는 것"이라고 공포되었다. 여기서 '4항 기본원칙'은, 사회주의의 길, 인민민주 독재(人民民主專政), 중국공산당의 영도, 마르크스레닌주의와 마오쩌둥 사상 등이다.

이와 같이 성립 대회에서 공포된 임무에는, 1989년 6월 '톈안먼 사건' 직후 당내 보수파(保守派)의 주장이 강해진 당시의 시대적 분위기를 반영하여 '자산계급 자유화' 반대와 마르크스레닌주의와 마오쩌둥 사상의 지도가 언급되어있고, '4항 기본원칙'에도 사회주의의 길과 인민민주 독재가 포함되어있지만, 주지하다시피 이로부터 3년 후인 1992년 덩샤오핑(鄧小平)의 남순강화(南巡講話)와 뒤이은 '사회주의 시장경제 건설' 선언으로 중국은 포스트 사회주의로의 체제전환이 가속화된다. 이렇게 보면,

1989년 '베이징 사상정치공작 연구회' 성립 대회에서 공포된 '임무' 중에서 이후에도 지속되는 것은 사실상, 공산당의 영도, 베이징 개혁의 현실, 다양한 이론연구와 응용연구 등 3가지가 된다. 이 3가지는 앞서 언급한, 최근 중국식 현대화의 맥락에서 규정된 베이징 사상정치공작의 위상인 '사상인도', '표준창조', '시대반영', '효과창출'과도 잘 부합된다.

다시 말해서, 개혁기 포스트 사회주의로의 체제전환 가속화에 따라서 베이징 사상정치공작은, 1980년대 '베이징 사상정치공작 연구회' 성립 초기의, 사회주의의 길, '자산계급 자유화' 반대, 마르크스레닌주의와 마오쩌둥 사상의 지도, 인민민주 독재 등에 대한 강조는 약화되고, 해당 시기에 제기되는 '삼개대표', '조화사회', '과학발전관', '사회주의 현대화'와 같은 국정 이념을 반영하면서도, 개혁기 수도 베이징의 현실과 문제를 고려한 다양한 이론연구와 응용연구라는 특징을 가지게 된다.

1989년 성립 당시 '베이징 사상정치공작 연구회'는 사무실, 연구부, 정보조사연구부, 교육훈련부, 중외기업문화(中外企業文化) 잡지사 등 6개 부문 30여 명의 직원을 거느리고 있었다. 그 주요 직책은 베이징시 기층 사상정치공작의 응용연구, 사회 선전과 실천이며, 시 전역의 지역별 업종별 단체회원 600여 개가 가입했으며, 3000개나 넘는 기층 조직 네트워크를 갖추고 있었다. 연구는 중점과제연구, 기층과제연구, 기층연구성과교류의 3가지로 나뉘며, 사상정치공작 우수 공작자(工作者)와 우수 단위를 선발하며 표창을 시행하고 관련 선전 활동을 전개했다(鍾岩, 2009). 1991년 12월에는 '베이징시 당교 계통 사상정치공작 연구회(北京市黨校系統思想政治工作研究會)'가 성립되어, 베이징 당교 소속 교직원에 대한 사상정치공작의 이론과 경험을 연구하기 시작함으로써, 베이징 사상정치공작의 대상이 기존 기업 노동자에서 당교(黨校) 소속 교직원과 같은 고급 지식인들로 확대되었다(龔常, 1992).

2002년 '베이징 사상정치공작 연구회'는 베이징시 정부(北京市政府)

행정편제(行政編制)에 속하게 되어, 소속 인원 숫자가 법률에 의해서 규정되고 경비는 베이징시 정부 예산에서 지급하게 되었으며, 부국급(副局級) 지위가 부여되었다(常武顯·李惠南, 2014). 2003년 대학생, 연구자, 예술가와 같은 새로운 사회집단을 사상정치공작으로 포함하기 위해 '중국 사상정치공작 연구회'로 명칭을 변경한 것을 배경으로, 2007년 12월에는 대학의 사상정치공작 강화를 목적으로 하는 '베이징 고교 사상정치공작 연구센터(北京高校思想政治工作研究中心)'가 수도사범대학(首都師範大學)에서 성립되고, 2008년 10월에는 관련 학술지『北京敎育』이 창간된다.9) 2009년에는 당시 과학기술 연구와 관련 상품 판매의 중심지로 부상한 베이징 중관촌(中關村)의 경험을 소재로「신경제조직 사상정치공작의 창신과 시사점(新經濟組織思想政治工作的經驗與啓示)」을 발간하여, 새로이 부상하는 정보통신기술 산업과 기업도 사상정치공작의 대상이 되었다(鍾岩, 2009).

'베이징 사상정치공작 연구회'의 장정(章程)에 따르면, 제3조에 마르크스레닌주의, 마오쩌둥 사상, 덩샤오핑 이론과 함께 당시 장쩌민(江澤民) 주석이 제기한 국정 이념 '삼개대표'가 지도 사상이며, '베이징시'의 개혁 발전과 경제건설의 실제에 긴밀히 결합한다고 명시되어있다. 또한, 제4조에는 '사회주의 시장경제' 발전이 당시 사상정치공작의 목적이라고 되어 있으며, 제37조에는 그 경비(經費)가 베이징시 정부 재정에서 지급되고, 베이징시 각급 기업 단위와 사업 단위 등의 기부로 충당된다고 규정되어 있다(百度百科, 2023).

이상과 같이 '베이징 사상정치공작 연구회'는 지역별, 기업별, 부문별, 업종별 조직으로 진화하면서, 체제전환 각 시기에 제기된 도전에 대응하

---

9) '베이징 고교 사상정치공작 연구센터' 홈페이지는 다음을 참고.: https://bjgxszzx.
   bjtu.edu.cn/zxjj/index.htm(검색일: 2024.3.21.)

는 국정 이념인 '삼개대표', '조화사회', '과학발전관'에 기초한 사상정치공작을 전개했다. III장에서는 지식과 담론의 연구 생산 교육의 주체인 대학과 연구기관의 밀집 도시로서 수도라는 특수한 지위와 사회주의 대표 도시로서의 경험을 반영하는 베이징의 사상정치공작이 1980년대와 1990년대 구체적으로 어떤 내용을 가지고 전개되었는지를 분석하도록 한다.

III. 『思想政治工作研究』 내용 분석

『思想政治工作研究』은 '사상정치공작 연구회'가 성립된 1983년 1기(期)가 발행된 이후 지금까지 발행되고 있는데, 1985년부터는 매달 1기씩 1년 12기가 발행되고 있다. 1983년부터 2006년 11기까지는 세부항목 구분 없이 글들이 게재되었으나, 2006년 12기부터 권두어(卷頭語), 특집[專論], 사회주의 영욕관 수립 필담(樹立社會主義榮辱觀筆談), 탐색과 연구(探索與研究), 전형초점(典型聚焦), 공작경험(工作集錦), 조사보고(調查報告), 기업영도논단(企業領導論壇), 사상만담(思想漫談), 학교사상공작(院校思想工作), 서평(書評), 사구촌진문명(社區村鎭文明) 등의 세부항목으로 구분되었고, 이후 몇 번의 변화를 거쳐서 오늘날에 이르고 있다. 발행의 주관 단위는 '중국 사상정치공작 연구회'이다. 학술지의 특성상 최고지도자의 국정 이념을 그대로 반영하고 있는 특집과 항목이 매 기마다 등장하고 있다.

본 연구는 '베이징 사상정치공작 연구회'의 사상정치공작의 내용을 분석하기 위해서, 중국학술지 데이터베이스 중국즈왕(中國知網)의 『思想政治工作研究』 사이트 (https://chn.oversea.cnki.net/knavi/JournalDetail?pcode=CJFD&pykm=SSGZ)에서, '篇名'과 '主題'에서 '北京'을 키워드로 검색한 결과, 각각 88건과 190건의 관련 논문이 검색되었다. 검색된 논문

중에서 본 연구 주제인 '베이징 사상정치공작 연구회'의 사상정치공작과 관련된 1980년대와 1990년대의 논문 62건을 추출하여, '기업과 노동자'에 해당하는 논문에 대한 내용분석을 진행하였다.

1. 1980년대 베이징: '사회주의 정신문명', '배금주의 풍조', '신앙의 위기'

1979년 10월 30일 덩샤오핑은 '중국 문학예술 공작자 제4차 대표대회 (中國文學藝術工作者第四次代表大會)'에서 물질문명 건설만이 아니라 '사회주의 정신문명(社會主義情神文明) 건설'도 중요하다고 강조한다(澎湃, 2021). 이후 '사회주의 정신문명 건설'은 1982년 12월 4일 공포된 수정헌법 제24조에도 정식으로 삽입된다. '사회주의 정신문명 건설'은 문화대혁명 종료와 개혁개방 선언으로 1980년대 초 사회 전반에 공산주의에 대한 불신이 팽배해지는 '신앙의 위기(信仰的危機)'가 발생하자, 국가가 공산주의 실현과 중국공산당 통치의 정당성을 강조할 목적으로 만들어 낸 이데올로기이다.

'사상정치공작 연구회' 성립 후인 1983년 3월 발행된 『思想政治工作 研究』 1기에 실린 글 「당 조직 정비 중 공산주의 사상교육 강화에 대해 서」에서, '사상정치공작 연구회' 소속 중쭈청(仲祖誠)은 '베이징 자동차 잭(jack 千斤頂) 공장' 조사를 기초로 당원과 직공의 사상교육 문제를 제기한다(仲祖誠, 1983). 이 글은 공산주의 실현에 대한 믿음이 사라지고 개인주의가 만연한 사례로 이 공장 당 지부(支部) 서기와 부서기, 공장장의 부패를 지적하며, 그 원인은 문화대혁명 시기 '사인방(四人幫)'과 린뱌오(林彪)에 의한 혼란 및 파괴와 개혁개방 초기라는 조건 속에서 국내외 착취계급의 '부패 사상(腐敗思想)' 침투라고 설명한다. 이 문제를 해결하기 위해서, 공장 지도부는 물론 특히 직공에 대한 공산주의 사상교육을 강화할 필요를 강조한다.

이미 1981년 베이징은, 수도강철(首都鋼鐵), 베이징광화의기창(北京光華儀器廠)을 비롯한 400여 개 국유기업을 대상으로, 기업의 자주권을 확대하고 정부의 권한을 이양하는 '방권양리(房權讓利)'를 중심으로 국유기업 개혁을 시행하고 있었다(高佐之, 2008). '방권양리'는 '독립채산(獨立核算)'으로 기업 경영권의 자주권을 확대하면서, 경영의 결과로 나타난 이윤과 손실을 모두 기업에게 귀속시키는 것이었다. 1983년에는 기존 국유기업의 베이징시 정부에 대한 이윤상납을 세금납부로 바꾸는 '이개세(利改稅)'가 시행되었다.

문제는, 이러한 1980년대 국유기업 개혁은 경영효율 제고로 인한 기업 이윤 증가를 가져왔지만 동시에 경제 부패와 범죄를 초래했고, 이에 대해 중공중앙은 1983년 8월 25일 「형사 범죄 활동의 엄격한 타격에 관한 결정(關於嚴厲打擊刑事犯罪活動的決定)」을 공포하고 이후 전국적인 범위에서 대대적인 범죄인 단속과 체포가 시작되었다는 사실이다(新浪, 2007).

이렇게 보면 중주청의 글에서 나오는 '공산주의 사상교육 강화'는 기존 마오쩌둥 시기 '계급투쟁'과 '계획경제'로의 회귀 주장이 아니라, 시장경제로의 점진적 전환을 모색하던 시기 부패 및 '신앙의 위기'와 같은 국유기업 개혁의 만연한 '부작용'에 대응하기 위해서, 직공들이 공산당의 영도에 의해 실현될 '미래의 공산주의'에 대해서 믿음을 가지라고 요구하는 사상정치공작이다. 물론 이 글에서는 '미래의 공산주의'의 구체적인 내용은 없고, 단지 "장기간에 걸친 끊임없는 투쟁"에 의해서만 가능하다는 추상적인 내용뿐이다.

이러한 '공산주의 사상교육'은 '정공간부(政工幹部)' 역할의 중요성에 대한 강조로 이어진다. 「정공간부 희색만면」이라는 글은, 1985년 9월 30일 '베이징 백화점(北京百貨大樓)'에서 개최된 당정간부 좌담회에서 사회주의 정신문명 건설의 중요성과 시급성이 제기된 것과 이러한 사회주의 정신문명 건설에 있어서 정공간부의 역할의 중요성이 지적되었다고 강조한다(本刊記者, 1985). 여기서, 정공간부는 당 조직에서 '정치사상공작'을 전담하는 간부를 가리킨다. 1924년 성립된 중공중앙 선전부는 줄곧 '사상 정치공작'을 담당하면서 당(黨) 정(政) 군(軍)의 국가기구, 도시의 단위, 농촌의 인민공사(人民公社)의 당 조직에 정공간부를 설치하여 이데올로기 공작을 담당하게 했다. 정공간부 중에서도 특히 국유기업, 집체기업(集體企業), 외상투자기업(外商投資企業), 향진기업(鄕鎭企業)에 설치된 정공간부를 정공사(政工師)라고 한다. 이 글은, '베이징 백화점' 판매원으로 1979년 전국노동모범(全國勞動模範)으로 선정된 장빙구이(張秉貴), 백화점 부총경리(副總經理) 리헝마오(李恒茂), 신발 모자 상품부 당 지부 서기 쑨칭허(孫慶河), 백화점 당 위원회 부서기 자이빙쥔(翟炳君) 등이 배금주의와 물질문명에 대한 과도한 숭배를 비판하고 기업 내 사회주의 정신문명 건설을 위해 정공간부의 중요성과 당에 대한 믿음을 강조했다고 얘기한다. 같은 호에 게재된 글 「비행기의 정시 이륙을 보장하기 위하여」에서도, 민항(民航) 베이징 관리국 항공유 부문 청년 직공들 사이에서 만연한 배금주의와 공산주의 불신 풍조를 경계하기 위해서, 덩샤오핑의 '4유교육(四有敎育)'에 입각한 사상정치공작의 효과를 설명한다.[10]

　1986년 10월 베이징시 정부와 당 위원회는 「칠오 기간 사회주의 정신문명 건설 강화에 관한 약간의 조치(關於"七五"期間加强社會主義情神文明建設的若干措施)」를 공포하고, '수도 의식(首都意識)' 건설을 제기한다.[11] '수도 의식'은 '사회주의 정신문명' 건설을 도시 베이징 차원에서

---

10) '4유교육'은 1985년 3월 덩샤오핑이 인민해방군 관병에 대한 사상교육이, '이상, 도덕, 문화, 기율 4가지를 가진 교육'이 되어야 한다고 강조하면서 제기된 개념이다. 劉吉. "論鄧小平同志思想政治敎育思想", 2004年 7月 29日, https://news.sina.com.cn/c/2004-07-29/16003862888.shtml(검색일: 2024.3.21.) ; 馮廣大·繞城. 1985. 「爲了保證飛機準時起飛 - 民航北京管理局油料處靑工輪訓紀事」, 『思想政治工作硏究』. 11期.

11) '칠오' 기간은 '제7차 5년 계획(第七個五年計劃)' 기간을 의미하는 것으로 1986년

해석한 것이다. 건국 이전 전쟁 시기에는 어려움을 견디고 분투하는 '옌안 정신(延安情神)', 건국 이후 사회주의 건설 시기에는 자력갱생의 '다칭 정신(大慶情神)'이 정신적 지주였다면, 개혁기 베이징 주민은 모두 '전국 의 정치 중심과 문화 중심'으로서 '사회주의 물질문명과 정신문명을 건설' 하여 '전국 도시의 모범'이 된다는 '수도 의식'을 가져야 한다고 강조한다 (本刊評論員, 1986).

실제로 당시 베이징은 이미 1984년 7월 25일 '톈챠오 백화점(天橋百貨 商場)'이 개혁기 최초의 주식제 국영기업으로 전환되고, 동년 10월 중국 공산당은 「경제체제 개혁에 관한 중공중앙의 결정」을 공포하여, 당시 국 영기업의 경영권과 소유권을 분리하는 '정기분리(政企分開)'를 통한 국 영기업의 자주경영을 결정했다(百度百科, 2024; 中國政府網, 2024). 또 한, 베이징은 1990년 10월과 1991년 11월 각각 국영기업의 '청부 경영책 임제(承包經營責任制)'를 강화하는 정책을 발표한다(陳長文, 2024; 張 明義·王立行 主編, 1992). 이렇게 1980년대 초중반 베이징은 사회 전반 적인 자유화 분위기 확산과 국유기업 개시로 인한 시장경제의 태동으로 발생한 부패와 배금주의 풍조에 대응하기 위해서 '사회주의 정신문명 건 설'로 대표되는 사상정치공작을 전개했던 것이다.

주의해야 할 것은, 당시 베이징의 사상정치공작 내용은 단지 시장경제 개혁의 '부작용 견제'만이 아니라, 시장경제 개혁의 '가속화'도 담고 있었 다는 점이다. 1988년 3월 게재된 글 「천신만고 끝에 큰 업적을 이루다」에 서는 1980년 '베이징 제지 7공장(北京造紙七廠)'에 부임한 왕린(王麟)

-1990년을 가리킨다.; 1986년 9월 28일 제12기 중앙위원회 제6차 전체회의에서 중공중 앙은 「사회주의 정신문명 건설 지도방침에 관한 결의(關於社會主義情神文名建設 指導方針的決議)」를 통과시킨다. 다음을 참고.: 中國政府網. "關於社會主義情神 文名建設指導方針的決議", 2008年 6月 26日, https://www.gov.cn/test/2008-06/26/ content_1028287.htm(검색일: 2024.3.21.)

공장장이 맞닥뜨린 절망적 공장 현실-설비 낙후, 관리 부실, 에너지와 원료 부족, 자금 결핍, 만연한 배금주의-을 베이징시 노동모범 쉬칭루(徐慶祿)과 함께 진행한 청년 직공에 대한 사상정치공작과 간부 솔선수범 노동 참가 제도 등을 통해서 극복하고 베이징시 선진기업으로 환골탈태한 점을 강조한다.

2. 1990년대 베이징: '사회주의 시장경제', '현대적 기업 제도'

국유기업 개혁이 본격화되는 1990년대 베이징 국유기업은 조업정지와 정리해고라는 냉엄한 현실을 맞이하게 된다. 「마음을 합쳐서 조직을 안정시키다」는 중국 국내 최대의 냉장고 컴프레서(compressor) 제조 공장이던 '북경 냉장고 컴프레서 공장(北京電氷箱壓縮機廠)'이 해외 수입 컴프레서로 인해서 경쟁력을 상실하고 1989년 11월 전면 조업 중지된 이후, '사회적 혼란 방지와 안정'을 핵심내용으로 하는 직공 사상정치공작을 기초로, 감원정책을 시행했다고 기술하고 있다(劉岩·王鎮, 1990). 여기서 감원정책이란 1,850명의 직공 중 생산, 유지보수, 품질검사, 공정기술 등 전문성이 있는 직공 750명은 직위를 보장하고, 나머지는 '정리해고[下崗]'를 통해 직업훈련이나 취업대기 인원으로 처리하는 것이다.

이렇게, 1980년대는 베이징 '사상정치공작'의 강조점이 '시장경제 태동'으로 인한 부패와 배금주의에 대한 경계와 사회주의 정신문명 건설에 두어졌다면, 1990년대 베이징 '사상정치공작'의 강조점은 '베이징 냉장고 컴프레서 공장'의 사례에서 보이듯이 국유기업 개혁 본격화에 의한 '정리해고'가 초래한 노동자의 불만과 저항을 누그러뜨리는 것과 동시에, 적극적인 시장경제 수용에 의한 '기업의 성장과 창신'에 대한 강조로 점차 옮겨가기 시작한다.

1993년 5월 게재된 글 「창조와 성취」는, '베이징시 제1 경공업 총공사

(北京市第一輕工業總公司)' 업무회의에서 공로를 인정받아 거액의 포 상금을 받은 당 위원회 서기 3명의 인터뷰를 싣고 있다(本刊記者, 1993). 각각 '베이징 솽허성 5성 맥주 집단공사(北京雙合盛五星啤酒集團公 司)', '베이징 피아노 공장(北京鋼琴廠)', '베이징 양주 총창(北京釀酒總 廠)'의 서기들은, 정공간부와 행정간부가 상호 업무를 학습하는 솔선수범, 간부와 직공이 상호 업무 이해를 통한 연대감, '새로운 시작'에의 적극적 동참을 핵심내용으로 하는 사상정치공작이 자신들이 포상금 받은 이유라 고 강조한다.

이러한 '기업 경쟁력' 강화에 초점을 맞춘 사상정치공작은 곧 '기업문화 (企業文化) 건설' 강조로 이어진다. 1994년 11월 「"모란"문화 창시인」 글 에서, 기자는 천제(陳杰)와의 인터뷰를 통해서, '베이징 모란 전자 집단공 사(北京牡丹電子集團公司)' 총경리인 그가 이미 1987년 '베이징 텔레비 전 공장(北京電視機廠)' 공장장 시절부터 '기업문화 건설'이 신시대 기업 사상성치공작의 핵심내용이라고 인식했다는 점을 강조한다(馬樹林, 1994).

천제는 1989년 6월 '톈안먼 사건' 후 제기된 '기업문화 건설'이 곧 '자산 계급 자유화'라는 비판을 받아 수많은 기업이 '기업문화 건설'을 중단하는 현실에도 아랑곳하지 않고 꿋꿋이 '기업문화 건설'을 지속했는데, '기업문 화'는 시장경쟁에서 살아남기 위해서 '삼회(三會)'-공작회의, 정치공작회 의, 직공대표대회-를 조직한 것이며, '삼회'를 통해서 간부와 직공의 의지 를 모아 품질향상에 주력하여 1991년 일본, 한국의 전자제품 박람회에서 금상도 획득하고, 흑자 전환에도 성공했다고 말한다.

이처럼, 1990년대 베이징 사상정치공작의 중점의 '기업 경쟁력 강화'와 '기업문화 건설'로의 전환은, 1992년 10월 '중국공산당 제14차 당 대회'에 서 '사회주의 시장경제(社會主義市場經濟) 건설'을 체제전환의 목표로 확정된 것이 거시적 배경이라고 할 수 있다. 1992년 말이 되면 베이징시 정부 소속 국유기업의 70%가 다양한 형태의 '청부 경영책임제'로의 전환을 완료하여, '기업 자주권' 확대를 통해 기업은 노동자의 생산 적극성 독려에 의한 경영의 효율성 제고를 달성하고자 한다.

또한, 베이징은 1995년 3월 「일부 중점기업 선택해서 현대적 기업 제도 시점 건립에 관한 통지(關於一批重點企業進行建立現代企業制度試點的通知)」를 공포하여 138개 기업을 시점(試點)으로 선택하였고, 1997년에는 190개 중대형 국유기업을 선택하여 '현대적 기업 제도 건설'을 시행하여, 2000년 말 이 중 82%의 기업에서 '현대적 기업 제도' 수립을 완료했다(高佐之, 2008). 여기서 '현대적 기업 제도'는, '주식제'를 수단으로 국유기업의 법인(法人)제도를 확립하고, 재산권 관계를 명확히 하며, 다양한 형태의 주주를 가진 유한책임회사로 전환함으로써, 기업 경영에 관한 정부의 개입을 최소화하는 '정기분리(政企分開)'를 실현하는 것이다.

1995년 4월 게재된 「합격 답안을 제출하기 위해서」에서는 '베이징 왕푸징 백화점(北京王府井百貨大樓)' 당 위원회 서기 겸 이사장 궈촨저우(郭傳周)의 인터뷰를 싣고 있다(韓旭, 1995). 이 글에서는, 당시 베이징시 당 위원회 서기 천시퉁(陳希同)이 백화점 시찰 과정에서 궈촨저우에게 제기한 질문을 나온다. 천시퉁은, 백화점의 주식제 전환 이후에도 공산당의 정치적 작용이 흔들리면 사회주의 시장경제가 아니라고 강조하고, 주식제 국유기업에서 공산당의 핵심적 역할 발휘 방법과 '신삼회(新三會)와 노삼회(老三會)의 관계' 처리 방법을 질문하면서, 사상정치공작은 무엇을 할 것인가를 질문한다.[12]

이글은, 궈촨저우가 과거 '베이징 4대 쇼핑몰(商場)' 중 백화점, 둥안시장(東安市場), 시단상장(西單市場)의 3개의 책임자로 일한 경험을 가지

---

12) '노삼회'는 기업 내 당 위원회, 직공대표대회, 공회(工會)를 가리키며, '신삼회'는 주주총회(股東會), 이사회(董事會), 감사회를 가리킨다. 주식제 도입으로, 국유기업 내부 지배구조가 노삼회에서 신삼회로 전환되었다고 평가된다.

고 천시퉁의 질문에 실천으로 답했다고 한다고 강조한다. 즉, 그는 '베이징 왕푸징 백화점'이 주식제 기업이지만 국가가 50% 이상의 주식을 가진 지배주주이므로 여전히 공유제(公有制) 기업이며, 당 조직은 기업에 대한 감독의 역할과 주주의 이익을 보장하는 역할을 동시에 수행해야 하며, 기업 경영효율과 소비자 이익의 제고 모두에 관여하고 있다고 지적한다.

또한, 그는 "그럼 직공은 기업의 주인인가?"라고 질문하면서, 직공은 당연히 주인일 뿐만 아니라 '이중의 주인'이라고 답하면서, 백화점 직원 100%가 주식을 보유하고 있으므로 직공은 노동자이자 소유자, 즉 정치상 주인이며 동시에 경제상 주인이라고 주장한다. '직공대표대회(職工代表大會)'에 대해서는 주식제 도입 이후 그 권한을 '합리적으로 조정'했지만, 관리 역할은 축소되지 않았을 뿐 아니라 오히려 '민주관리(民主管理)'에 의해 직공의 적극성이 크게 동원될 수 있었고, 그 결과 1993년 판매수익이 크게 증가했다는 것이다.

이 글에서 알 수 있듯이, 1990년대 '사회주의 시장경제 건설' 선언과 '현대적 기업 제도' 수립으로, 베이징 사상정치공작의 초점은 이제는 1980년대와 같은 '사회주의 정신문명 건설', '배금주의 풍조 배격', '신앙의 위기 경계'에 머무르지 않고, '기업문화 건설', '기업 경쟁력 강화', '기업 수익 실현'으로 확실히 전환된다. 사상정치공작에서 노동자는 이제 '공장의 주인'은 당연히 아니고, 충실한 직공, 건전한 주식 보유자, 합리적 소비자로 역할 할 것이 요구되며, 기업지배구조에서 '노삼회'의 약화와 '신삼회'의 부상은 시장경제 심화로 자연스러운 현상이 된다. 그리고, 이 모든 전환에서 사상정치공작의 주체로서의 공산당의 지위는 불변이다.

IV. 결론

본 연구는 개혁기 중국의 국가가 체제전환과 관련해서 노동자에게 투사한 정당화 이데올로기를 베이징의 사례를 통해 분석하였다. 이를 위해서 본 연구는 1983년 성립된 '사상정치공작 연구회'에 주목했다. '사상정치공작 연구회'는 1983년 1월 중공중앙 선전부 주도로 성립된 단체로 개혁기 시기마다 제기되는 '도전'에 국가의 관점에서 체제전환을 정당화하는 이데올로기를 투사했다. 베이징은 중국에서 가장 많은 대학과 연구기관이 밀집해 있는 도시이기 때문에, 이러한 '사상정치공작'과 같은 이데올로기적 성격이 강한 지식과 담론을 생산 유통하는 중심지가 된다. 또한, 본 연구는 체제전환에 있어서 국내 정치경제 변수의 관련성이 큰 1980년대와 1990년대를 분석대상 시기로 했다.

본 연구는 우선 '사상정치공작 연구회'의 성립과정을 살펴본 후, 이 연구회가 체제전환과 관련해서 제기된 1980년대 '공장장 책임제', '톈안먼 사건', 1990년대 '주식제 도입', '정리해고', '단위체제 해체' 등의 의제에 대해서 어떤 사상정치공작으로 대응했는지 분석했다. 이어서 본 연구는 '베이징 사상정치공작 연구회'의 성립과 활동을 살펴본 후, 1980년대와 1990년대 '도시 베이징'의 구체적인 기업과 노동자를 중심으로 전개된 '사상정치공작'을 '사상정치공작 연구회'가 발행하는 학술지 『思想政治工作研究』에 게재된 관련 글의 내용을 통해서 분석했다.

분석결과, 1980년대 사상정치공작의 내용은 문화대혁명 종료와 개혁개방 선언에 뒤이은 시장경제의 태동이 초래한 배금주의 풍조와 '신앙의 위기'를 경계하고자 하는 '사회주의 정신문명 건설'과 '공산주의 사상교육 강화' 등이었다. 하지만, 이러한 사상정치공작은 마오쩌둥 시기의 '계급투쟁'과 '계획경제'로의 회귀를 의미하는 것은 아니었고, 오히려 공산당에 대한 충성과 공산당이 인도하는 '미래의 공산주의'에 대한 신뢰를 강조하

는 것이었다. '베이징 사상정치공작 연구회'도 '부패 반대', '정공간부의
역할', '수도 의식' 등을 강조하면서, 당이 인도하는 체제전환의 방향에
대한 신뢰를 강조한다.

국유기업 개혁과 단위체제를 중심으로 하는 1990년대 이뤄진 사상정치
공작은, '시장경제'의 급속한 확산에 대한 수세적인 자세가 위주였던 1980
년대와는 달리, 매우 적극적인 시장경제 지지로 나타난다. 1992년 10월
체제전환의 목표로 확정된 '사회주의 시장경제'는 이 시기 사상정치공작
의 방향타였고, '베이징 사상정치공작 연구회'는 '기업의 성장과 창신', '기
업문화 건설', '기업 경쟁력 강화', '현대적 기업 제도 수립', '기업 수익
실현' 등을 강조한다. 이 시기 '사상정치공작'에는 1980년대에서 보이는
'시장의 힘과 확산'에 대한 일정한 경계는 보이지 않고, 이제는 확정된
'공산당 인도의 중국식 시장경제 건설'의 정당화와 합리화가 주요 내용이
된다.

본 연구는 중국 국내외의 선행연구와 달리, '포스트 사회주의로의 체제
전환을 노동자에게 정당화하는 이데올로기로서의 사상정치공작'이라는
비판적 관점에서 사상정치공작이 어떻게 진행되었는지를 1980년대와
1990년대의 베이징의 사례를 통해서 분석했다. 또한, 본 연구는 이를 통해
서 전국적 추상적 수준에서 진행된 이데올로기적 정당화로서의 '사상정치
공작'이 아니라, '구체적인 지역/도시의 현실' 속에서 '사상정치공작'을 밝
혀낼 수 있었다.

향후, 필자는 대학과 연구기관이 가장 많은 수도 베이징과 다른 상황에
처한 지역/도시-예를 들어서, '개혁개방 1번지' 선전(深圳), '노후공업도시
(老工業城市)' 선양(瀋陽), '경제수도' 상하이 등-의 개혁기 사상정치공
작을 분석하고 지역간 도시간 상호비교연구를 수행하고자 한다. 또한, 향
후, 체제전환의 문제에 있어서 중국 국내 정치경제 변수와의 관련성이 중
심이 된 1980년대 1990년대와 달리, 세계무역기구 가입 후 글로벌 자본주

의 변수와의 관련성이 중심이 되는 2000년대 이후 국가의 사상정치공작도 분석하고자 한다.

| 참고문헌 |

박철현. 2020. 「개혁기 중국의 국가와 노동자 교육: 1980년대 「사상정치공작 연구회」의 설립과 활동을 중심으로」. 『도시연구』. 제23호.

박철현. 2021. 「중국의 체제전환과 「사상정치공작 연구회」: 1990년대 도시개혁 시기 국유기업 개혁과 단위체제 해체를 중심으로」. 『도시연구』. 제26 호.

박철현. 2022. 「2000년대 '세계의 공장' 중국과 사상정치공작연구회 : 권익수호 (維權)와 안정유지(維穩)의 문제를 중심으로」. 『만주연구』. 제33집.

高佐之. 2008. 「北京國企改革三十年」. 『投資北京』. 11期.

龔常. 1992. 「北京市黨校思想政治工作研究會成立」. 『陣地與熔爐』. 3期.

工廠簡史編委會編. 1999. 『大連機車車輛廠簡史 1899-1999』. 北京: 中國鐵道 出版社.

馬樹林. 1994. 「"牡丹"文化奠基人 - 訪北京牡丹電子集團公司總經理陳杰」. 『思想政治工作研究』. 11期.

本刊記者. 1993. 「有所創造 有所作爲 - 訪北京一輕系統獲重獎的三位黨委書 記」. 『思想政治工作研究』. 5期.

本刊記者. 1985. 「政工幹部喜上眉梢 - 北京百貨大樓部分黨政幹部座談會傍聽 記」. 『思想政治工作研究』. 11期.

本刊編輯部. 1983. 「加强思想敎育 促進全面整黨」. 『思想政治工作研究』. 1期.

本刊評論員. 1986. 「樹立首都意識 加速首都建設」. 『學習與研究』. 12期.

常武顯·李惠南. 2014. 「想得起 信得過 用得上 - 北京市政研會巡禮」. 『思想政 治工作研究』. 4期.

王永鳳. 2010. 「新時期群衆工作的新特點新要求」. 『思想政治工作研究』. 12期.

劉岩·王鎭. 1990. 人心不散 隊伍不亂 - 北京電氷箱壓縮機廠停産後的幾點做
　　法」.『思想政治工作硏究』. 4期.

劉洪祥. 1989.「北京市思想政治工作硏究會成立」.『思想政治工作硏究』. 10期.

張明義·王立行 主編. 1992.「北京市人民政府關於進一步搞好國營大中型工
　　業企業的若干政策」.『北京年鑑 1992』.

張瑞芬. 2018.「以人民爲中心 : 新時代思政工作價値取向」.『思想政治工作硏
　　究』. 12期.

全國職工思想政治工作會議祕書處 中國職工思想政治工作硏究會 編. 1983.
　　『全國職工思想政治工作會議經驗選編』. 北京: 企業管理出版社.

鍾岩. 2009.「北京市思想政治工作硏究會」.『思想政治工作硏究』. 7期.

趙新源. 1989.「在探索中運轉 在運轉中完善 : 中國職工思想政治工作硏究會
　　第五屆年會側記」.『思想政治工作硏究』. 5期.

仲祖誠. 1983.「在整頓黨組織中加强共産主義思想敎育 - 北京汽車千斤頂廠調
　　査」.『思想政治工作硏究』. 1期.

「中國思想政治工作硏究會章程」. 1984.『思想政治工作硏究』.

中共中央宣傳部·勞動和社會保障部.「國有企業下崗職工基本生活保障和再就
　　業工作宣傳提綱」.『思想政治工作硏究』. 3期.

陳進玉. 1984.『企業職工思想政治敎育槪要』. 北京: 企業管理出版社.

戚貴元·王樹人 編. 1989.『宣傳工作詞典』. 哈爾濱: 哈爾濱出版社.

馮廣大·繞城. 1985.「爲了保證飛機準時起飛 - 民航北京管理局油料處靑工輪
　　訓紀事」.『思想政治工作硏究』. 11期.

馮剛·曾永平. 2018.「"思想政治工作"與"思想政治敎育"槪念辯析」.『思想政
　　治敎育硏究』. 1期.

馮剛·梁超鋒. 2022.「完善新時代思想政治工作體系建構」.『思想政治工作硏
　　究』. 12期.

韓旭. 1995.「爲了拿出合格的答卷 - 訪北京王府井百貨大樓黨委書記董事長
　　郭傳周」.『思想政治工作硏究』. 4期.

百度百科. "北京市思想政治工作硏究會章程", 2023年 1月 4日, https://baike.

baidu.com/item/%E5%8C%97%E4%BA%AC%E5%B8%82%E6%80%9D
%E6%83%B3%E6%94%BF%E6%B2%BB%E5%B7%A5%E4%BD%9C%E
7%A0%94%E7%A9%B6%E4%BC%9A/2017639?fr=ge_ala(검색일:
2024.3.21.)

百度百科. "全國職工思想政治工作會議", 2024年 3月 21日, https://baike.bai
du.com/item/%E5%85%A8%E5%9B%BD%E8%81%8C%E5%B7%A5%E
6%80%9D%E6%83%B3%E6%94%BF%E6%B2%BB%E5%B7%A5%E4%B
D%9C%E4%BC%9A%E8%AE%AE/56665572?fr=ge_ala(검색일 : 2024.3.21.)

百度百科. "天橋百貨: 中國股份制的探路者和傳奇", 2023年 7月 25日, https://
baijiahao.baidu.com/s?id=1772362603680900372&wfr=spider&for=pc
(검색일: 2024.3.21.)

新浪. "中國共産黨大史記(1983年)", 2007年 8月 8日, https://news.sina.com.
cn/s/2007-08-08/142713620287.shtml(검색일: 2024.3.21.)

劉吉. "論鄧小平同志思想政治敎育思想", 2004年 7月 29日, https://news.sina.
com.cn/c/2004-07-29/16003862888.shtml(검색일: 2024.3.21.)

中共北京市紀律檢查委員會. "加强和改進新時代思想政治工作, 爲北京率先
基本實現社會主義現代化提高有力思想保障", 2021年 2月 12日, http://
www.bjsupervision.gov.cn/ttxw/202112/t20211213_76308.html(검색일:
2024.3.21.)

中國經濟網. "中共中央關於批轉「國營企業職工思想政治工作綱要(試行)的通
知", http://www.ce.cn/xwzx/gnsz/szyw/200706/07/t20070607_11633643.
shtml(검색일 : 2024.3.21.)

中國網. "改革開放以來北京國企改革發展經驗淺談", 2023年 7月 3日, http://
guoqing.china.com.cn/2023-07-03/content_90846187.htm(검색일: 2024.
3.21.)

中國政府網, "關於社會主義情神文名建設指導方針的決議", 2008年 6月 26日,
https://www.gov.cn/test/2008-06/26/content_1028287.htm(검색일:
2024.3.21.)

中國政府網. "中共中央關於經濟體制改革的決定", 2008年 6月 26日, https://
www.gov.cn/test/2008-06/26/content_1028140.htm(검색일: 2024.3.21.)
澎湃. "黨史日歷ㅣ這篇祝詞成爲新時期黨指導文藝工作的基本綱領", 2021年
10月 30日, https://m.thepaper.cn/baijiahao_15149770(검색일: 2024.3.21.)

중국 지방의 정책 추진과 엘리트 유형

: 11·5 기간 구이저우와 간쑤의 비교 사례

● 유은하 ●

I. 서론

중국의 이른바 삼농(三農: 농업, 농촌, 농민)문제는 개혁개방 이후 중국 당국이 해결해야 할 가장 중요한 과제(重中之重)로 인식되어 왔다. 삼농 문제 해결의 단초이자 핵심은 농민의 소득 문제로 도시주민보다 현저히 낮은 소득을 끌어올려 농민 생활 수준을 향상시키고, 도시주민과의 격차를 축소하는 것이다. 지역별로 보면 농민의 저소득 문제가 가장 심각한 곳은 서부지역인데, 서부지역 농민소득은 2022년 현재 4개 권역(동/중/서/동북) 중 가장 낮은 16,632위안(元, 1인당 평균)으로 동부지역 농민 소득(25,037위안)의 66.4% 수준이다.

서부지역 중에서도 구이저우(貴州)와 간쑤(甘肅)의 농민소득은 전국

---

* 이 글은 「중국 성급 (省級) 단위에서의 정책 성과와 엘리트 유형: 11·5 기간 구이저우 (貴州)와 간쑤(甘肅)의 농민소득 정책 비교를 중심으로」, 『현대중국연구』24:4 (2023)을 수정·보완한 것이다.

** 한신대학교 평화교양대학 조교수

1) 농민소득과 달리 2022년 서부지역의 도시주민 소득은 중부지역(42,733위안, 1인당 평균)과 거의 비슷한 42,173위안으로 동북지역(39,098위안)보다 높으며, 동부지역(58,460위안)의 72% 수준이다(『中國統計年鑑』2023年).

최저 수준을 보여오면서 중국 농민 저소득 문제의 주요 원인 지역이 되고
있다. 개혁개방 이후 두 지역의 농민소득은 구이저우가 미미하게 높은 가
운데 대체로 비슷했다가 1990년대 후반부터는 간쑤가 구이저우를 앞질러
구이저우 농민소득은 시짱(西藏)을 제외한 전국의 성급(省級) 지역 중
계속 최하위에 있었다. 그런데, 2007년을 기점으로 구이저우의 농민소득
이 간쑤를 추월하기 시작하였고, 이후 두 지역의 농민소득 차이는 매년
확대되어 2022년 현재 구이저우가 간쑤보다 1,542위안 많다(1인당 평균
연간소득 기준).[2] 농촌에서 시동된 개혁개방이 도시로 그 중점이 옮겨간
이후 농민소득이 만년 전국 최하위였던 구이저우는 2000년대 중후반에
이전 시기 대비 두 배 수준의 연평균 증가율을 보이면서 농민소득 증대에
성과를 거둔 반면 동 기간 간쑤의 농민소득은 도약하지 못하면서 구이저
우에 추월당하고 전국 최하위가 된 것이다.

구이저우와 간쑤는 각각 서남부와 서북부에 위치하여 두 지역 모두 자
연·인문 환경이 열악하고, 사회 인프라가 부족하여 발전에 유리하지 않은
조건에 처해 있다. 2000년대 중반 기준(2005년)으로 보면 인구는 구이저
우가 천만여명 더 많지만 농촌 인구 비중 및 산업구조가 비슷하고,[3] 1인
당 GDP가 구이저우가 전국 최하위이고 간쑤가 그 다음으로 두 지역이
중국의 대표적인 저발전 지역이다. 이처럼 낮은 생산력과 도시화율, 열악
한 농촌 환경이라는 유사한 여건하에 농민 저소득 해결이라는 같은 당면
과제를 안고 있는 두 지역에서 2000년대 중후반 구이저우가 간쑤보다 농
민소득 증대에서 보다 뚜렷한 성과를 보인 요인은 무엇인가?

일반적으로 소득 증감의 배경에 대해서는 경제 요인으로 설명하지만

---

2) 2022년 간쑤의 농민소득은 31개 지역 중 31위이고, 도시주민 소득은 29위이다.

3) 2005년 구이저우와 간쑤의 농촌 인구 비중은 각각 73%, 70%이며, 1·2·3차 산업 비중
은 구이저우 18.6%·41.8%·39.6%, 간쑤 15.9%·43.4%·40.7%이다(『中國統計年鑑』
2006年).

경제적인 분석만으로는 같은 시기에 제반 환경이 유사한 두 지역의 정책 성과 차이에 대한 설명이 충분하지 않다.[4] 중국은 31개 성급 지역이 중앙의 지도와 통제를 받기도 하지만 인구 규모 및 행정 범위의 방대함, 그리고 개혁개방 이후 변화된 중앙-지방 관계 동학(動學) 등이 기능하면서 현실적으로 지방의 재량권이 비교적 폭넓게 발휘되고 있다. 때문에 지역별로 정책적 우선순위 및 자원 동원과 그에 따른 정책 성과가 상이할 수 있다. 이러한 점을 감안한다면 중국 지방의 경제·사회적 성과(performance) 차이에 대한 보다 적실(適實)한 설명을 위해서는 경제적 요인 외에 지역의 정책 추진과 재량권 행사의 주요 주체인 지방 리더십(엘리트) 요인에 대한 고려가 필요하다고 판단된다.

이에 본 글에서는 지역의 정책 집행을 이끄는 지방 엘리트에 착목하여 같은 기간에 상황이 유사한 두 지역에서 농민의 소득 정책 성과에 차이를 보인 것에 대해 고찰해보고자 한다. 구체적으로 말하면 본 글의 목적은 2000년대 중후반 제11차 5개년 규획 시기(이하 '11·5 기간'으로 약칭함) 구이저우와 간쑤에 대한 비교를 통해 지방의 특정한 정책 성과 차이의 요인을 지방 엘리트 측면에서 탐색하여 그 영향 관계를 추론하고, 함의를 짚어보고자 하는 것이다. 이 같은 본 글은 중국 농촌문제의 핵심인 농민의 소득 증대에 관하여 경제 요인만으로는 설명이 부족한 부분에 천착함으로써 새로운 관점을 제시하고, 아울러 중국에서 가장 낙후된 지역에 속하는 구이저우와 간쑤에 대한 고찰을 통해 중국의 삼농문제 및 양극화 대응 연구에 일정한 함의를 줄 수 있는 의의가 있다.

본 글의 이하 구성은 다음과 같다. 먼저 2장에서 지방의 정책 추진 및

---

4) 예컨대 구이저우의 농민소득 증가에 대해서도 대부분의 기존 연구는 연관산업과 도시화 및 지역경제 성장의 맥락에서 분석하고 있다. 蔡承智·張瑞德(2010), 謝松·姚藍 (2010), 郭靖(2019), 梁穎·蔡承智(2020) 등을 참조

성과 차이에 대해 엘리트 요인의 영향을 설명하기 위한 분석의 틀로서 지방 엘리트 유형화를 제시한다. 3장에서는 분석 시기인 11·5 기간에 농민소득 증대에 대한 중앙의 정책적 중시에 대해 살펴본다. 다음 4장에서는 구이저우와 간쑤의 엘리트 유형을 비롯하여 농민소득 증대와 관련한 지방 정부의 정책 실행 및 성과를 비교 고찰한다. 그리고 이를 바탕으로 5장에서 결론과 함의를 도출한다.

II. 분석의 틀

개혁개방 이후 진전된 분권화(分權化)는 지방의 권한과 정책적 운신의 폭을 넓혀주었다. 지방 권력의 정점은 '1인자(一把手)'로 불리는 성급 지역의 당 위원회 서기(이하 '당서기'로 약칭함)로 성장(省長)이나 시장(市長)보다 권력 서열에서 앞선다. 당서기는 관할 지역에서 중앙의 방침을 실천하거나 지역의 자체 정책을 수립하여 집행하는 것을 주도하고 최종 책임을 지기 때문에 당서기의 정향(定向)에 따라 지역의 정책적 우선순위와 역점 사업에 영향을 줄 수 있다. 이에 본 글에서는 구이저우와 간쑤의 농민소득 정책 성과의 차이를 설명하기 위한 지방 엘리트 요인으로 당서기를 설정하고, 11·5 기간에 두 지역에 재임한 당서기를 비교하여 볼 것이다.

아울러 본 글에서는 황(Huang)이 지방정부에 대한 중앙의 정치적 통제에 관한 연구에서 성급 지역의 당서기를 네 가지 유형으로 분류한 것을 적용하여 분석의 틀로 삼는다. 첫 번째 유형은 성급 지역의 당서기 재임 기간에 정치국 위원 같은 중앙에서의 직위를 겸하고 있는 '중앙겸직형 (concurrent centralists)'으로 이들은 중앙과 지방의 정책 수립에 모두 관여한다. 두 번째 유형은 해당 지방에 부임하기 전 중앙에서 직위를 갖고 있던 '중앙경력형(centralists)'이다. 세 번째 유형은 해당 지방으로 부임하기 전 다른 지방에 재임했던 '외부자형(outsiders)'이고, 네 번째 유형은 자신의 정치 커리어를 대부분 해당 지역에서 보내면서 승진한 '토박이형(localists)'이다.

황은 중앙겸직형 당서기가 중앙의 정책적 선호에 가장 잘 따를 것이기 때문에 이들 지방에 대한 중앙의 통제가 가장 강하고, 중앙과의 정책적 동조성이 상대적으로 가장 낮을 것으로 본 토박이형 지역에 대한 중앙의 통제가 가장 약할 것으로 상정하였다. 그리고, 중앙경력형은 지방에 오기 전 중앙에서의 직책을 수행하면서 중앙의 정책적 선호에 대한 이해가 비교적 분명할 것이기 때문에 외부자형 지역보다는 중앙경력형 지역에 대한 중앙의 통제가 더 강한 것으로 상정하였다(Huang, 1996: 210-211; Huang and Sheng, 2009: 402-403).

어떤 지방 엘리트에 대한 중앙의 통제가 더 강하다는 것은 지방 엘리트의 측면에서 보면 중앙의 중점 정책에 더 충실하게 적극적으로 호응한다는 것으로 볼 수 있다. 따라서 해당 정책을 지역에서 정책적 우선순위의 상위에 두고 추진하게 될 것이며, 그에 따라 정책 성과도 보다 뚜렷할 가능성이 크다고 보는 것이다. 이에 본 글에서는 성급 당서기에 대한 황의 네 가지 유형에 따라 중앙겸직형, 중앙경력형, 외부자형, 토박이형의 순서대로 중앙이 중시하는 중점 정책에 대해 더 적극적으로 추진하는 것으로 가정한다.

〈그림 1〉 지방 엘리트 유형별 중앙과의 근접도(필자 작성)

요컨대 본 글에서는 여러 여건이 유사한 구이저우와 간쑤가 11·5 기간에 농민소득 정책 추진 및 성과에 차이를 보인 것에 대해 지방 엘리트 요인에 주목하고, 위와 같은 황의 지방 엘리트 유형화를 적용하여 설명해 보고자 한다.

Ⅲ. 11·5기간 농민소득 문제에 대한 중앙의 중시

덩샤오핑(鄧小平) 시기와 장쩌민(江澤民) 시기를 거치면서 고속성장을 구가한 중국은 동남 연해 지역과 대형 도시를 중심으로 괄목상대할 만한 경제 성장을 이룩하였다. 그러나, 내륙지역과 대부분의 농촌은 선부론(先富論)의 후순위에 처하여 선부(先富)지역과의 발전 격차가 크게 확대되었고, 이에 도-농 격차 완화와 삼농문제 해결이 당면한 중요 과제로 대두되었다. 이 같은 국정(國情) 가운데 최고 지도자가 된 후진타오(胡錦濤)는 11·5 규획(2006-2010)을 통해 사회주의 신농촌 건설을 주창하면서 집권 기간 동안 특히 삼농문제에 역점을 두었다.

후진타오 시기 국정(國政)의 핵심 기조가 담겨 있는 11·5 규획에는 이전 및 이후 시기에 비해 삼농문제 중에서도 농민소득 문제를 더욱 강조하고 있는 것이 뚜렷하다. 10·5 규획에서는 농민소득 증대가 '제3장 농업의 기초 지위 강화와 농촌 경제의 전면적 발전 촉진'의 한 절(節)로 구성되어 있고, 그 내용은 농민소득 증대의 영역을 확대해야 한다고 간략하게 제시되어 있다. 반면 11·5 규획에는 전체적으로 삼농에 관한 내용이 10·5 규획의 1개 장(障)에서 6개의 장으로 크게 늘어난 가운데 농민소득 증대가 그중 한 개의 장으로 독자적으로 편성(제5장 농민소득 증가)되어 이전보다 상위 항목이 되었다. 그 내용도 농업소득·비농업소득·농민부담 경감의 세 개 절로 세분화하여 훨씬 구체적으로 제시하였다. 그 가운데 눈에 띄는 점은 농민의 비농업소득 증대를 위한 향진기업(鄉鎮企業)의 역할과 발전을 주문한 것이다. 10·5 규획과 12·5 규획에도 농민의 비농업소득 즉 임금소득을 증대해야 한다고는 되어있지만 직접적으로 향진기업을 언급하지는 않고 있는데, 11·5 규획에서는 농민 비농업소득 증대의 중요 통로로서 향진기업을 지목하고 있는 점이 특징적이라고 하겠다.

또한 후진타오 시기에 농민소득 문제가 특히 중시되었다는 것은 중앙1호 문건(中央一號文件)을 통해서도 분명히 파악된다. 농가생산책임제 도입 등 농촌과 농업에서부터 개혁이 점화된 이후 1982년에 농촌의 새로운 생산제를 인정하고 확산시키고자 하는 개혁개방 이후 첫 번째 중앙1호 문건이 공표되었고, 1986년까지 5년 연속 농촌문제를 담은 중앙1호 문건이 매년 연초에 발표되었다.[5] 이후 개혁의 중심이 도시와 국유기업 등으로 옮겨갔고, 18년간 중앙1호 문건이 나오지 않았다. 그러다 2004년에 다시 중앙1호 문건이 공표되었는데, 문건의 제목이 '농민소득 증가 촉진에 관한 중앙과 국무원의 정책적 의견(中共中央國務院關于促進農民增加收入若干政策的意見)'이다. 1986년 이후 18년 만에 다시 등장한 중앙1호 문건이 농민소득을 증가시켜야 한다고 강조한 것은 개혁개방 20여년의 성과가 도시에 편중되어 농촌의 저발전 상태가 심각하고, 특히 농민의 저소득과 이로 인한 도-농 소득격차가 크게 확대되면서 사회 불안정 요소로 대두되었기 때문이다. 동 문건을 통해 중앙은 농업에 대한 투입과 농민취업을 늘려 농민소득 증대를 도모해야 한다고 강조하였다(張菀航, 2021: 5-9).

2004년에 재등장한 중앙1호 문건은 이후 매년 공표되었는데, 11·5 기

---

5) 중앙1호 문건은 1949년에 시작되었는데, 개혁개방 이후에는 1982년 1월1일 공표된 〈전국농촌업무회의 요록(全國農村工作會議紀要)〉이 첫 중앙1호 문건이며, 개혁개방 초기 농촌에서 시작된 여러 형식의 생산책임제를 공식 인정하고 장려하는 것을 골자로 하고 있다.

간의 5년 중에 2008년(〈농업기초건설을 강화하여 농업발전 및 농민소득 증대를 촉진하기 위한 중앙과 국무원의 의견(中共中央國務院關于切實加强農業基礎建設進一步促進農業發展農民增收的若干意見)〉)과 2009년(〈2009년 안정적인 농업발전 및 지속적인 농민소득 증대의 촉진을 위한 중앙과 국무원의 의견(中共中央國務院關于2009年促進農業穩定發展農民持續增收的若干意見)〉)의 중앙1호 문건은 농민소득 증대를 전면으로 강조한 것이었다. 2년 연속 제목에서부터 농민소득 증대를 내세운 중앙1호 문건에서 농업 현대화와 신농촌 건설을 통해 농민에게 직접적인 혜택이 돌아가도록 함으로써 농민소득 증대를 촉진해야 한다고 제시하였다. 특히 2008-2009 중앙1호 문건에서는 취업이 곧 최대의 민생 해결책이라는 기조하에 소득 증대를 위한 농민과 농민공의 취업 증가를 강조하였다.[6]

중앙이 삼농문제를 중시하고 있음을 보여주는 상징이 된 중앙1호 문건은 현재까지 매해 나오고 있지만 농민소득 증대를 제목에 전면으로 내세운 중앙1호 문건은 11·5 기간의 2008-2009년 이후 지금까지 한 번도 없었다. 이는 11·5 기간에 중앙이 특히 농민소득 문제를 당면한 중요 현안으로 인식하여 매우 중시한 것으로 해석할 수 있다.

한편 후진타오 시기 11·5 기간에 농민소득 증대에 대한 중앙의 정책적 중시는 농촌 세비(稅費) 개혁 단행으로도 확인된다. 그동안 농민들에게는 농업세를 포함한 각종 세금과 비용이 과다하게 징수되어 농민의 부담을

---

6) 당시 중국 농업부의 조사에 따르면 설 연휴 기간(春節) 귀향 예정인 농민공의 약 40%가 가족 방문이 아닌 실업 혹은 미취업으로 인한 귀향인 것으로 나타나 2009년 즈음의 1억3천만여명의 농민공 중 2천만명 정도가 실업 상태인 것으로 추산되었다. 2008-2009 중앙1호 문건에서 특별히 농민과 농민공의 취업 문제에 방점을 찍은 것은 당시의 이 같은 농민공 실업 상황이 농민소득 증가를 제약하고 있다는 판단에 의한 것이라 하겠다(張菀航, 2021: 18).

가중시키고 가처분소득을 더욱 줄어들게 하였다.[7] 여기에 지방 하급 정부의 재정 충당을 위한 불법적인 강제 징수까지 만연하여 농민들의 불만이 고조되면서 사회 불안정 요소로 대두되었다.[8] 이에 후진타오 정부는 2006년 1월 1일자로 2600년의 역사를 갖고 있는 농업세를 전격 폐지하고, 농업세에 수반되던 여러 세비를 없애거나 감면하는 농촌 세비 개혁을 단행하였다. 농민의 과중한 세비 부담은 개혁에 대한 중앙의 관심이 도시로 옮겨간 1990년대부터 두드러지기 시작했지만 덩샤오핑와 장쩌민 시기에는 중앙에서의 직접적인 조치는 크게 없었다. 따라서 후진타오 정부가 11·5 기간이 시작되는 첫해에 전국적으로 농촌 세비 개혁을 단행한 것은 농민의 부담을 경감시켜 실질소득을 끌어올리는 한편 중앙이 삼농문제를 '重中之重'으로 여기고 있음을 보여주는 정책이라고 볼 수 있다.

종합해 보면 조화사회(和諧社會)론을 내세웠던 후진타오 시기는 개혁개방 이후 선부(先富)층에 비해 너무 뒤처져버린 농민에 대해 보다 시혜적이었고, 중앙의 국정 방침을 담은 공식 중요 문건과 정책적 조치 등을 통해 삼농문제, 특히 농민소득 문제를 매우 중시하였음을 보여주고 있다.

---

7) 중국 농민에게 있어 1990년대는 '잃어버린 10년'으로 표현되기도 하는데, 일부 조사 연구에서는 1인당 소득이 가장 낮은 농가의 순소득에서 각종 세비가 차지하는 비중이 1986년 10.5%에서 1999년 25.5%로 증가한 것으로 추산하였다(陶然·劉明興·章奇, 2003: 3-12).

8) 1990년대에 농민의 과중한 부담과 관련된 악성 사건들이 전국적으로 발발하여 사회적인 반향을 불러일으켰고, 2001년 전인대에서 중요 논제로 채택되었다. 불법적 세비 징수에 맞선 농민들의 대항에 대해서는 Thomas P. Bernstein·Xiaobo Lü(2003, chap.5), Kevin J. O'brien·Lianjiang Li(2006) 참조

IV. 11·5 기간 구이저우와 간쑤의 엘리트 유형과 농민소득 정책 추진

앞 장에서 살펴본 바와 같이 후진타오 시기 11·5 기간에 중앙은 이전 시기에 비해 삼농문제, 특히 농민소득 문제에 정책적 중점을 보다 무겁게 두었고, 매우 상징성 있는 중앙1호 문건과 농업세 폐지 등을 통해 중앙의 정책적 의지를 내보였다. 그러면 중앙의 이러한 방침하에 당시 농민소득이 전국 최저 수준이었던 구이저우과 간쑤의 11·5 기간 농민소득 증대 성과는 어떠했는가? 본 글에서는 이에 관해 지방 엘리트 요인에 주목하고 있으므로 먼저 11·5 기간 두 지역의 지방 엘리트 유형을 비교한 후 농민 소득 정책 성과에 대해 살펴보도록 한다.

1. 구이저우와 간쑤의 지방 엘리트 유형: 중앙경력형 vs 토박이형

11·5 기간 구이저우성의 당서기였던 인물은 스중위안(石宗源)으로 2005년부터 2010년까지 재임하였다. 1946년 허베이(河北) 출생인 스중위 안은 1990년대에 간쑤와 지린(吉林)에서 선전부(宣傳部) 부장을 지낸 후 2000년부터 2005년 12월까지 국가신문출판총서(國家新聞出版總署)의 서장(署長)을 역임하였다. 신문출판서가 2001년에 정부급(正部級) 기구로 승격되면서 국가신문출판총서로 명칭을 변경하였는데, 신문출판서는 1987년에 국무원 직속기구로 설립되어 전국의 신문·출판 사업 관리 업무를 총괄하는 최고 행정기관이다.[9]

스중위안은 이같은 중앙기구의 장(長)을 수년간 역임한 후 구이저우의

---

[9] 국가신문출판총서는 2013년 국가방송영화TV총국(國家廣播電影電視總局)과 합쳐 져서 국가신문출판광전총국(國家新聞出版廣電總局)으로 개편되었다.

당서기로 부임하였기 때문에 본 글의 분석틀에서 보면 중앙경력형 지방 엘리트에 해당한다고 할 수 있다. 국가신문출판총서가 신문·출판에 관한 법령과 제도를 기안하고, 신문·출판 관리 방침과 정책을 제정하여 출판물 시장을 관리 감독할 뿐 아니라 당과 국가의 중요 문건·문헌과 도서 등 중점 출판물의 발행을 주관하였다[10]는 점을 감안할 때 스중위안은 중앙의 정책적 선호 및 의지에 대하여 비교적 정확하게 파악하고 있었다고 볼 수 있다. 때문에 구이저우의 책임자로 내려갔을 때 당시 중앙이 지방에, 특히 가난한 농촌의 대표 지역인 구이저우에 원하는 것이 무엇인지에 대한 이해가 분명했을 것으로 상정할 수 있다. 아울러 중앙경력형은 중앙기구의 장(長)으로 있으면서 중앙의 여러 인사와 공적·사적인 '꽌시'를 형성하게 되므로 지방으로 내려온 이후에도 이들을 통한 일종의 통제와 협력이 이루어질 수 있는 배경을 갖고있는 것으로 본다.

한편 같은 기간 간쑤의 당서기는 루하오(陸浩)이며, 2006년부터 2011년까지 재임하였다. 1947년 허베이 출생인 루하오는 본격적인 정치행정 커리어를 1982년 간쑤성 당 위원회 비서로 시작하였는데, 이후 2006년 간쑤성 당서기가 되기 전까지 한번도 중앙직이나 다른 지방의 직을 맡은 적 없이 계속 간쑤에서만 있었다. 즉 1982년 간쑤에 온 이후 간쑤성 당 위원회 조직부 부장, 란저우(蘭州)시 당 위원회 서기, 간쑤성 당 위원회 부서기, 부성장(副省長), 성장(省長)을 거쳐 2006년 7월에 간쑤성 당 위원회 서기가 된 것이다.[11]

이처럼 20년 넘게 간쑤에서만 있으면서 성내(省內) 요직을 두루 거쳐 간쑤의 최고 책임자로 승진한 루하오는 본 글에서 적용하고 있는 지방

---

10) 百度 百科(검색일:2023.01.03)

11) 中華人民共和國中央人民政府網 (http://www.gov.cn/gjjg/2006-07/18/content_3389 81.htm, (검색일:2023.01.03)

엘리트 유형 중 전형적인 토박이형에 해당한다고 하겠다. 즉 루하오의 출생지는 허베이이지만 본격적으로 왕성하게 일하는 30대 청년기에 간쑤에 와서 60대가 될 때까지 약 30년을 간쑤에서 보냈기 때문에 그에게 간쑤는 제2의 고향 그 이상일 것으로 짐작되는 바 루하오를 간쑤의 토박이로 규정하는 것에 무리가 없어 보인다.

토박이형 지방 엘리트는 그 지역에 오래 있으면서 자연히 지역내 다양한 네트워크와 이해관계가 형성되게 된다. 이로 인해 지역 정책의 선호도와 우선 순위가 중앙의 선호나 의지를 따라가기 보다는 지방 정부의 이익이나 토착세력과의 '꽌시'가 우선시 될 개연성이 좀 더 높은 것으로 상정된다. 간쑤의 루하오 경우도 30년간 간쑤에만 있었기 때문에 성내(省內) 다양한 그룹과 폭넓게 연계되어있을 것이어서 재임 기간 간쑤의 정책적 우선순위를 고려하는 데에 있어 중앙의 중점 정책 보다는 지역 내부의 요구와 이해관계가 더 반영될 여지가 크다고 보는 것이다. 그리고, 루하오 같은 토박이형 지방 엘리트는 중앙에서의 직무 경험이 없기 때문에 중앙의 의중과 정책 선호도 형성 등에 대한 파악력 및 중앙과의 인적 네트워크가 다소 약할 수 밖에 없어서 중앙에 대한 민감도가 다른 유형에 비해 상대적으로 가장 낮을 것으로 본다.

요약하면 11·5 기간에 구이저우와 간쑤의 최고 지도자인 당서기로 재임했던 스중위안과 루하오는 각각 중앙경력형과 토박이형 지방 엘리트로 규정해 볼 수 있다. 따라서 본 글의 분석틀을 준용한다면 11·5 기간에 구이저우는 중앙이 특히 강조한 농민소득 증대 정책을 간쑤보다 적극적으로 추진했을 것으로 가정된다.[12]

---

12) 본 글의 분석시기 이전인 10·5 기간(2001-2005)에 구이저우의 당서기는 첸윈루(錢運錄, 2000-2005 재임)이고, 간쑤의 당서기는 쑤룽(蘇榮, 2003-2006 재임)인데, 두 명 모두 본 글의 분석틀에서의 '외부자형'에 해당한다.

319 중국 지방의 정책 추진과 엘리트 유형

2. 구이저우와 간쑤의 농민소득 정책 추진 및 성과

앞 절에서 살펴본 대로 11·5 기간에 재임한 구이저우와 간쑤의 지방 엘리트 유형이 상이하고, 중앙경력형의 구이저우가 토박이형의 간쑤보다 중앙이 특히 강조한 농민소득 증대에 보다 적극적일 것으로 상정하였다. 본 절에서는 이에 대한 논증을 위해 11·5 기간 농민소득 증대와 관련된 두 지방 정부의 실행(input)과 농민소득 증가 성과(output)를 비교적으로 고찰하기로 한다.

1) 구이저우와 간쑤의 농민소득 정책 구상 및 추진

중앙의 11·5 발전 규획 공표 이후 각 성급 지역은 이를 반영한 지역별 11·5 발전 계획을 발표하였다. 여기에는 중앙 방침을 기조로 삼고 있는 것은 같지만 세부 항목 및 내용을 보면 그 안에 각 지방의 상이한 정책적 구상 및 의지를 탐지해 볼 수 있는데, 구이저우와 간쑤도 2006년 초에 11·5 기간 발전계획을 제시하였다. 중앙과 지방을 막론하고 중국 정부의 공식 중요 문건은 항목별 분량이나 선후(先後) 배치 및 어구의 표현 등이 엄선되기 때문에 그 차이나 변화가 유의미하다는 점을 감안하여 여기에 담긴 농민소득 증대 관련 부분을 살펴보면 이에 대한 두 지역의 정책적 의지를 가늠해볼 수 있다.

우선 〈구이저우 국민경제 및 사회발전 11·5 규획 요강(貴州省國民經濟和社會發展第十一個五年規劃綱要)〉을 보면 농촌문제를 다룬 제1장에서 제3절에 "모든 방법을 동원하여 농민소득을 증대시킨다(千方百計增加農民收入)"는 제목으로 농민소득 문제를 강조하고 있다. 그 주요 내용을 보면 농업과 관련된 소득 증대를 위한 구상과 다양한 경로를 상당히 구체적으로 제시하고 있을 뿐 아니라 11·5 기간에 향진기업을 적극적으로 지원하여 이를 통한 농민소득 증대를 도모하고자 하는 계획과 목표도 제시되어 있다.[13] 또한 스중위안은 부임 초기에 "농민의 샤오캉(小康) 없이 구이저우의 샤오캉은 없고, 농촌의 발전 없이 구이저우의 발전은 없다. 삼농문제는 현재와 향후 일정 기간 동안 구이저우의 가장 중요한(重中之重) 사안이며, 과학발전관에 입각하여 그 해결을 위해 분투해야 한다"고 강조하였다.[14]

반면 〈간쑤 국민경제 및 사회발전 11·5 규획 요강(甘肅國民經濟和社會發展第十一個五年規劃綱要)〉에는 농민소득 증대를 위한 구상이 구이저우처럼 별도의 항목으로 제시되어 있지 않다. 즉 구이저우는 농촌문제가 제1장이지만 간쑤의 경우에는 사회주의 신농촌 건설과 삼농문제를 다룬 농촌 항목이 제4장에 있는데, 그 주요 내용은 농업발전과 농촌 개혁에 관한 것이며, 농민소득 증대에 관한 구체적 구상이나 방안은 그 안에 포함되어 있지 않다.[15]

요컨대 11·5 기간 동안 지방정부가 추진하고자 하는 중점 정책의 내용과 목표를 알 수 있는 발전 규획과 당서기의 주요 발언을 보면 구이저우가 간쑤보다 농민소득 증대 문제에 더 큰 비중을 두고 있으며, 정책적 우선순위에서 상위에 놓고 있는 것이 발견된다.

한편 농민의 소득을 끌어올리기 위해 지방정부가 의지를 갖고 할 수 있는 직·간접 조치 중에 주요한 것이 농업에 대한 재정 지원 확대와 향진기업 운영 지원을 통해 농민의 농업소득 및 비농업소득 증대를 지원하는 것인데,[16] 이는 후진타오 정부가 11·5 규획을 통해서도 강조했던 내용이다.

---

13) 전문(全文)은 http://news.sohu.com/20060228/n242050656.shtml 참조
14) 中華人民共和國 農業農村部, "貴州省委書記石宗源 : 建設新农村 謀求新跨越"(2006年3月13日) (http://www.moa.gov.cn/ztzl/lhnyjj_1/2006/200603/t20060313_569169.htm, 검색일:2023.03.22)
15) 전문은 http://news.sohu.com/20060216/n241866653.shtml 참조
16) 농업재정과 농민소득에 관한 실증 연구들은 농업에 대한 재정 지출 확대가 농민소득

　　우선 지방정부의 농업 지원에 대해서는 전체 재정 지출에서 농업지원 지출이 얼마만큼의 비중을 차지하는지를 보면 농업에 대한 지방 정부의 정책적 중시 정도를 간접적으로 가늠해 볼 수 있다. 〈그림 2〉를 보면 11 · 5 기간에 2007년을 제외하고는 총재정지출에서의 농업지출 비중이 구이저우가 간쑤보다 높은 것으로 나타나 있다. 두 지역의 재정 상황이 비교적 열악하고, 당시 두 지역 산업구조에서 1차 산업 비중이 비슷했던 점을 상기하면 이 같은 농업재정 비중 차이는 구이저우의 농업지원에 대한 중시 정도가 간쑤보다 높았다는 것을 보여주는 것으로 해석될 수 있다.

〈그림 2〉 2006-2010 구이저우와 간쑤의 농업지원 재정 지출 비교*

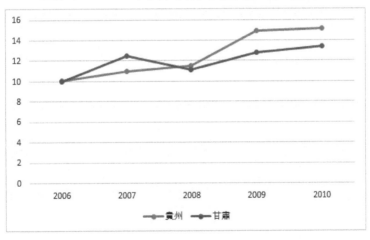

* 구이저우와 간쑤의 재정 지출 총액에서 농업지원(農林水事務) 지출이 차지하는 비중(%)
** 자료: 『中國統計年鑒』各年版 자료로 계산

증대에 기여하며, 특히 내륙지역에서 그 효과가 더 큰 것으로 밝히고 있다(柳雅婷 · 吳連翠 · 胡慧婷, 2020; 鍾藝夢, 2021 등을 참조). 향진기업 역시 농민소득 증대의 중요 통로인 것이 실증적으로 분석되고 있다(吳小嫣, 2009; 李傳軍, 2011 등을 참조).

〈표 1〉 2006-2008년 구이저우와 간쑤의 향진기업 취업자 수*

(단위: 만명, %)

	貴州		甘肅	
	향진기업 취업자 수	전년대비 증가율	향진기업 취업자 수	전년대비 증가율
2006	267.4	6.1	205.6	4.0
2007	285.5	13.2	221.1	11.7
2008	307.9	7.8	224.0	1.3

* 2009/2010 구이저우의 향진기업 취업인수 통계자료 미비
** 자료: 『中國統計年鑒』各年版 자료로 계산

　다음으로 〈표 1〉을 통해 11·5 기간 중 자료 획득이 가능한 연도에 대해 두 지역의 향진기업 고용 현황을 살펴보면 구이저우와 간쑤의 향진기업 취업자 수 차이가 확대 추세를 보이고 있다. 그런데, 구이저우의 농촌 인구가 좀 더 많기 때문에 총 취업자 수 보다는 증가율이 비교 지표로서 더 유의미한데, 11·5 기간 전반적으로 구이저우 향진기업 취업자 수의 전년대비 증가율이 간쑤를 비교적 크게 상회하는 것을 알 수 있다. 지방정부가 직접 향진기업을 설립·운영하는 것은 아니지만 〈향진기업법(鄕鎮企業法)〉을 통해 현급(縣級) 이상의 정부는 관할지역내 향진기업에 대한 관리 감독 뿐 아니라 협력할 책무 또한 부여받고 있기 때문에 구이저우 향진기업의 고용 증가세가 보다 우세하게 나타난 것은 구이저우 지방정부의 지원이 간쑤보다 유효했다는 것을 일정 정도 보여준다고 판단된다.

2) 구이저우와 간쑤의 농민소득 정책 성과

　앞 절에서 11·5 기간에 구이저우가 간쑤 보다 농민소득 문제를 중시한 것을 살펴보았는데, 그렇다면 11·5 기간 두 지역의 농민소득 정책 성과는 어떠한가?

〈표 2〉 2001-2010년 구이저우와 간쑤의 농민 가처분소득 변화(1인당 평균)

(단위: 元)

		貴州	甘肅
10·5 기간	2001	1411.7	1508.6
	2002	1489.9	1590.3
	2003	1564.7	1673.1
	2004	1721.6	1852.2
	2005	1877.0	1979.9
11·5 기간	2006	1984.6	2134.1
	2007	2374.0	2328.9
	2008	2796.9	2723.8
	2009	3005.4	2980.1
	2010	3471.9	3424.7

* 자료: 『中國統計年鑒』各年版

먼저 〈표 2〉를 통해 2000년대 두 지역 농민의 가처분소득 변화 추이를 보면 농민 1인당 평균 소득이 10·5 기간에는 간쑤가 구이저우보다 높았는데, 11·5 기간에 역전된 것을 확인할 수 있다. 즉 간쑤가 2005년에는 103위안, 2006년에는 150위안 더 많았는데, 2007년 구이저우의 농민소득이 전년대비 약 20% 증가하면서 간쑤를 추월한 것이다. 이후 이 같은 추세가 유지되면서 5년간 연평균 증가율이 10·5 기간에는 간쑤가 더 높았으나 11·5 기간에는 구이저우가 더 높게 나타났다. 이처럼 11·5 기간에 2007년을 기점으로 구이저우의 농민소득이 간쑤를 앞지른 이후 2011년부터는 두 지역의 차이가 더욱 확대되었고, 2022년 현재 농민 가구당 평균소득(4인 가족 기준)이 구이저우가 간쑤보다 약 6,200위안 더 많다.

그런데, 11·5 기간에 구이저우의 농민소득이 간쑤를 추월하는데 가장 크게 기여한 소득원은 임금소득(工資性收入)이다.

〈표 3〉 2001-2010년 구이저우와 간쑤의 농민 임금소득 변화(1인당 평균)

(단위: 元)

		貴州	甘肅
10·5 기간	2001	317.5	406.0
	2002	386.9	447.4
	2003	458.8	488.7
	2004	505.2	527.6
	2005	583.3	586.7
11·5 기간	2006	715.5	637.4
	2007	846.9	716.4
	2008	1002.7	868.0
	2009	1074.3	994.9
	2010	1303.9	1199.5

* 자료:『中國統計年鑒』各年版

〈표 3〉에 제시된 2000년대 두 지역 농민의 임금소득을 보면 가처분소득 변화 추이와 거의 유사하다. 즉 10·5 기간에는 간쑤가 더 높았으나 11·5 기간 첫해인 2006년부터 구이저우가 간쑤를 앞지르기 시작하였고, 11·5 기간 후반으로 갈수록 그 차이가 커지고 있는 것을 알 수 있다. 특히 2006, 2007년 구이저우 농민의 임금소득 증가율이 각각 22.7%, 18.4%를 기록하면서 당해연도 전체소득 증가를 견인하여 간쑤를 추월하는 지렛대로 작용하였다.

한편 농민의 최대 소득원인 농업소득(家庭經營收入)을 보면 11·5 기간에 구이저우가 이전 시기 대비 큰 폭으로 증가한 것이 두드러진다.

〈그림 3〉을 통해 구이저우 농업소득에 관해 두 가지를 알 수 있다. 첫째는 10·5 기간 대비 11·5 기간의 농업소득 증가율이 크게 상향되었다는 것인데, 기간내 연평균 증가율이 10·5 기간의 2.45%에서 11·5 기간에는 8.48%로 약 4배 가까이 증폭되었다. 둘째는 구이저우 농민의 총소득(가처분소득) 증감율이 전반적으로 농업소득과 같은 궤를 그리고 있다는 것이다. 이는 농업소득이 농민 전체소득에 미치는 영향이 크다는 것을 의미하는 바 2000년대 초반에 계속 마이너스 성장을 보였던 농업소득이 11·5

기간에 비교적 큰 폭으로 상승한 것이 구이저우 농민소득을 끌어올리는
데에 기여한 것으로 해석된다.

〈그림 3〉 2001-2010년 구이저우 농민 가처분소득 및 농업소득

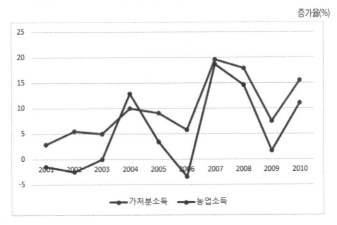

* 자료: 『中國統計年鑒』자료로 계산

종합해 보면 11·5 기간에 구이저우에는 '중앙경력형'의 지방 엘리트가
재임하여 당시 중앙이 특히 중시한 농민소득 문제에 대해, '토박이형'이
재임한 간쑤 보다, 정책적 우선순위에서 선순위에 두고 정책 자원을 보다
더 투입한 것으로 해석된다. 그리고, 이는 동 기간에 구이저우의 농민소득
이 간쑤를 추월하면서 전국 최하위를 벗어났을 뿐 아니라 이후 소득 증가
폭이 더 확대되는 전환적인 성과를 거두는 데에 유의미한 요인으로 작용
했다고 판단된다.

V. 결론

개혁개방 이후 분권화가 진전되면서 지방 엘리트, 특히 각 성급 지역의

1인자(一把手)로 불리는 당 위원회 서기가 어떤 인물인가에 따라 중앙-지방 관계 뿐 아니라 지방의 경제사회 성과 창출에 일정한 영향을 미치는 것으로 알려져 있다. 기존 연구에서 황(Huang)은 지방 엘리트의 대표격인 성급 지역의 당서기에 대해 'concurrent centralists(중앙겸직형)'·'centralists(중앙경력형)'·'outsiders(외부자형)'·'localists(토박이형)'의 네 가지로 유형화하고, 순서대로 중앙의 통제와 중앙 정책에 대한 조응 정도가 강하다고 제시하였다. 본 글에서는 이 같은 유형화를 적용하여 11·5 기간 구이저우와 간쑤의 농민소득 정책 성과 차이에 대해 지방 엘리트 요인을 중심으로 설명해보고자 하였다.

이를 위해 본 글에서 고찰한 바를 요약 정리하면 다음과 같다. 후진타오 집권 이후 중국 당정(黨政)은 조화사회(和諧社會)론을 내세우면서 개혁 개방의 부작용 해소를 위한 사회 양극화 완화를 중시하였고, 이를 위해 특히 농민의 소득 증대를 강조하였다. 이러한 국정 기조는 제11차 5개년 발전 규획에 반영되어 있고, 중앙1호 문건과 농업세 폐지 등을 통해서도 확인할 수 있다. 구이저우는 당시 전국에서 농민소득이 가장 낮은 지역이었는데, 11·5 기간에 농민소득이 비교적 크게 증가하면서 비슷한 수준이었던 간쑤를 추월하였고, 이후 두 지역 농민소득 차이가 확대되는 전환적 시기가 되었다. 바꿔 말하면 간쑤는 이전에 큰 차이는 아니었지만 구이저우보다 농민소득이 높았는데, 11·5 기간에 증가세가 상대적으로 정체되면서 구이저우에 역전된 이후 지금까지 전국 최하위를 기록하고 있다.

11·5 기간 두 지역의 이 같은 농민소득 정책 성과 차이를 설명하는 데에 있어 본 글에서는, 일반적으로 보는 경제적 요인 외에, 지방 엘리트 요인 즉 지방 엘리트의 유형에 주목하였다. 고찰한 결과 구이저우는 11·5 기간에 '중앙경력형' 당서기가 부임하면서 농민소득 증대를 강조한 중앙의 방침을 보다 적극적으로 실행하여 이를 위한 구체적인 구상을 제시하였다. 아울러 농업에 대한 재정 투입을 확대하고 향진기업 취업자 증

가를 지원하였는데, 이는 농민의 농업소득 및 임금소득 증가에 일정 정도 작용한 것으로 판단된다. 반면 간쑤의 11·5 기간 당서기는 중앙에의 조응 정도가 가장 약한 것으로 상정되는 '토박이형' 이었고, 동 기간 간쑤의 정책 목표에서 농민소득 증대가 구이저우만큼 우선시된 것이 발견되지 않았다. 결과적으로 11·5 기간을 기점으로 구이저우의 농민소득은 간쑤 를 추월하였고, 현재는 그 격차가 더 확대되어 있는 상태이다.

농민소득 증대 문제는 삼농문제의 핵심 사안이며, 중국의 정치 사회적 안정을 위협할 수 있는 심각한 양극화 문제 해결의 출발점이다. 본 연구가 11·5 기간 구이저우의 농민소득 정책 성과가 지방 엘리트 요인 때문만이 라고 주장하는 것은 결코 아니다. 다만 본 연구가 그동안 농민소득 문제에 관해 크게 고려되지 않았던 지방 엘리트 요인을 짚어보고 있다는 점에서 다음과 같은 세 가지 함의를 제공한다.

첫째, 중국의 농민소득 증대에는 도시화나 경제 성장 등 외에 지방정부 의 정책적 의지가 중요한 영향을 미칠 수 있다는 것이다. 둘째, 이러한 지방정부 시정(施政)의 영향은 특히 서부지역처럼 제반 환경이 열악하고 지방 재정력이 약한, 그래서 농민소득 수준이 가장 낮은 지역일수록 더 크게 기능할 수 있다는 것이다. 셋째, 모든 영역에서 당이 우위에 있는 중국의 체제 특성상 지방정부의 정책적 우선순위 결정에 영향을 줄 수 있는 지방의 당 지도자—지방 엘리트의 역할이 중요한 요소가 될 수 있다 는 것이다.

본 글은 분석 시기가 특정 기간에 한정되어 있고, 많은 지역을 사례로 포괄하지 못한 점 등의 한계를 지니고 있다. 그럼에도 불구하고 본 연구가 향후 이에 관한 일반화 논의를 위한 하나의 사례로 제시될 수 있으며, 중국의 다양한 지방 문제 연구에서 새로운 접근법을 발굴하는 데에 유용 한 면이 있다고 사료된다. 이후 후속 연구를 통해 논의 범위를 확장하고자 한다.

| 참고문헌 |

『中國統計年鑒』各年版

「甘肃国民经济和社会发展第十一个五年规划纲要」 http://news.sohu.com/200
        60216/n241866653.shtml(검색일: 2023.01.05)

「贵州省国民经济和社会发展第十一个五年规划纲要」http://news.sohu.com/20
        060228/n242050656.shtml(검색일: 2023.01.05)

中華人民共和國 農業農村部. "貴州省委書記石宗源：建設新农村 謀求新跨
        越"(2006年3月13日) (http://www.moa.gov.cn/ztzl/lhnyjj_1/2006/20060
        3/t20060313_569169.htm, 검색일: 2023년 3월 22일)

郭靖. 2019. 「農民收入、城鎮化與貴州經濟成長」. 『農場經濟管理』. 第7期.

梁穎·蔡承智. 2020. 「貴州省農業産値與農民收入關係的實證研究」. 『經濟研
        究導刊』, 第9期.

李傳軍. 2011. 「發展鄉鎮企業是解決"三農問題"的根本出路」. 『中國集體經濟』,
        第10期.

柳雅婷·吳連翠·胡慧婷. 2020. 「財政支農對農民收入的影向分析—基于中國
        省級面板數据」. 『農村經濟與科技』, 31(24).

謝松·姚藍. 2010. 「1978-2009年貴州農民收入增長貢獻測度與分析」. 『貴州師
        範學院學報』, 第10期.

吳小嫣. 2009. 「鄉鎮企業發展與農民收入:1978-2006」. 『改革與開放』. 第3期.

張菀航. 2021a. 「統籌城鄉發展,緊抓農民增收農業增産—2004年、2005年 中央
        一號文件出台背後」. 『中國發展觀察』, 第11期.

_____. 2021b. 「强基礎 重民生 促進農民持續增收—2008、2009中央一號文件
        出台背後」. 『中國發展觀察』, 第13期.

鍾藝夢. 2021. 「我國財政支農政策對農村居民收入水平影向的實證分析」. 「農
        村經濟與科技」, 32(21).

蔡承智·張瑞德. 2010. 「貴州農民增收的主要影向要素實證分析」. 『貴州經濟
        學院學報』, 第4期.

陶然·劉明興·章奇. 2003. 「農民負擔、政府管制與財政體制改革」. 『經濟硏究』, 第4期.

Kevin J. O'brien & Lianjiang Li. 2006. Rightful Resistance in Rural China. New York: Cambridge University Press.

Thomas P. Bernstein & Xiaobo Lü. 2003. Taxation without Representation in Contemporary Rural China. New York: Cambridge University Press.

Yasheng Huang. 1996. Inflation and Investment Controls in China: The Political Economy of Central-Local Relations during the Reform Era. New York: Cambridge University Press.

Yasheng Huang & Yumin Sheng. 2009. "Political Decentralization and Inflation: Sub-National Evidence from China," British Journal of Political Science, 39(2).

중국 로컬 공간에서의 재외동포
교육과 화교학교의 기능

● 김주아 ●

Ⅰ. 서론

이 글은 세계화 시대에 중국의 재외동포에 대한 교육이 어떻게 이루어지고 있는지, 그리고 이를 통해 무엇을 배울 수 있는지에 대한 연구이다. 재외동포는 그들의 모국과 사회적, 문화적, 경제적 연결성을 유지하며, 다른 나라에서 살아가는 고유한 집단이다. 따라서 재외동포에 대한 교육은 그들이 모국의 언어와 문화를 이해하는 동시에 거주국에서도 적응하고 성장할 수 있도록 돕는 중요한 역할을 한다. 한편, 글로벌 무한 경쟁 시대에 접어들면서, 각국 정부는 국가경쟁력 강화를 위해 인재 유치전을 펼치고 있다. 인재를 영입하기 위한 다양한 정책과 프로그램이 실행되고 있지만, 그중에서도 해외에 흩어져 있는 자국민 또는 재외동포들을 국가 이미지와 경쟁력 제고에 활용하려는 노력이 실효성을 발휘하고 있다. 한국 정부도 이를 위해 노력하고 있으며 다른 나라의 사례연구를 통해 벤치마킹을 시도하고 있다. 재외동포를 위한 정책은 정치 · 경제적 요인에 의해 작동되지만, 모든 국가정책이 그러하듯 '국익'이라는 큰 방향성을 가지고 있

* 이 글은 「중국의 재외동포 교육에 관한 연구-화문교육(華教)과 화교학교(華校)-」. 『중국연구』. 97(2023)을 수정 · 보완한 것이다.
** 국민대학교 중국인문사회연구소 HK연구교수

다. 각국 사이의 '보이지 않는 영토전쟁'이라고 할 수 있는 재외동포 정책 중에서도 그 문화적 영향력을 통해 모국과의 유대관계를 강화할 수 있는 교육정책이 특히 중요한 이유이다. 국내에서도 최근 해외 인재 유치의 한 방편으로 재외동포 교육정책이 주목받고 있다. 이에 본 문은 세계 최대 규모의 디아스포라인 화교·화인의 재외동포 교육에 대한 역사와 문화에 대해서 살펴보고자 한다.

중국은 6,000만 재외동포를 보유해 전 세계에서 재외동포가 가장 많은 나라로 알려져 있다. 한국은 공식적으로 750만 재외동포가 있으며, 최근 재외동포에 대한 지원을 확대하고 모국과의 유대를 강화하기 위해 재외동포청을 신설하기도 했다. 중국은 자타공인 재외동포가 가장 많은 나라이며, 한국은 본 국민 대비 재외동포 비율이 높은 나라이다.[1] 중국은 오랜 역사와 다양한 문화로 인해 세계 곳곳에 분포된 재외동포 커뮤니티를 보유하고 있다. 화교·화인이라 불리는 이들 재외동포는 중국과의 문화적 유대성을 유지하며 중요한 연결고리를 형성하고 있다. 중국 정부는 재외동포와의 연결을 강화하고 문화적 공감대를 유지하기 위해 다양한 정책을 추진하고 있다. 그중 '화문교육'과 '화교학교'는 중국의 재외동포 정책 중 하나로, 재외동포를 대상으로 중국 문화와 언어를 전달하고 교육하는 임무를 수행하고 있다. 이런 배경 속에서, 본 연구는 중국의 재외동포 교육 시스템을 분석함으로써 중국의 재외동포 교육정책의 보편성과 특수성을 고찰하고 그중에서도 중국의 오랜 이민문화 유산이라고 할 수 있는 재외동포를 위한 '중국 내 교육기관'에 대해서 알아보고자 한다. 이들 화교학교의 설립 배경과 역할 및 기여를 통해 중국의 재외동포 교육정책은 물론 해외 인재 유치정책을 심층적으로 이해하고자 한다.

---

1) 중국의 본 국민 대비 재외동포 비율은 약 3.3%지만, 한국은 약 15%이다.

Ⅱ. 재외동포 교육 관련 개념과 현황

재외동포 교육의 중요성은 크게 두 가지 관점에서 이해할 수 있다. 첫째, 개인의 정체성 형성과 관련된 관점이다. 재외동포 교육은 개인이 모국의 언어와 문화를 이해하고 존중하는 동시에, 새로운 환경에서 성공적으로 적응할 수 있도록 돕는다. 이는 개인의 이중 정체성을 형성하고 유지하는 데 중요한 역할을 한다. 둘째, 사회 통합과 관련된 관점이다. 재외동포 교육은 재외동포가 그들이 살아가는 사회와 문화를 이해하고 존중하는 데 중요한 역할을 한다. 이를 통해 재외동포는 다양한 배경과 경험을 바탕으로 사회에 기여할 수 있게 된다. 결론적으로, 재외동포 교육은 개인의 이중 정체성을 지원하고 사회 통합을 촉진하는 역할을 한다. 이러한 이유로, 재외동포 교육은 각 국가에서 중요한 교육정책 이슈로 인식되고 있다.

1. 중국의 재외동포, '화교·화인'

중국은 보통 해외 화교·화인, 해외동포 등의 용어를 사용하지만, 본문에서 다루는 교육 대상 중에는 중국 정부에서 규정한 화교나 화인도 아니고, 해외라고 볼 수 없는 마카오나 홍콩, 타이완 출신의 경외인구도 포함하고 있어 이를 포괄적으로 아우르기 위해 편의상 재외동포라는 용어를 통해 통합적으로 이해하고자 한다.

(1) 화교·화인의 개념과 현황

중국의 재외동포 교육을 이해하기 위해 먼저 중국의 재외동포 발전 현황과 이들을 지칭하는 용어와 개념에 대해서 이해할 필요가 있다. 먼저, 한국의 재외국민과 외국국적동포와 같이 모국의 국적 소지 여부에 따라 법률적 구분을 할 수 있다. 우리는 해외에 거주하는 중국인을 '화교'라는 이름으로 통칭해서 부르지만, 엄밀히 구분하면 해외에 거류하고 있지만 중국 국적을 소지한 중국의 공민은 '화교(華僑)', 중국 국적을 포기하고 외국 국적을 취득한 중국 공민과 그 후손에 대해서는 '외적화인(外籍華人)'으로 정의하고 있다. 이 밖에도 홍콩과 마카오와 같은 특별행정구나 타이완 사람들에 대해서는 '동포'라는 용어를 사용한다. 중국은 오랜 이민 역사로 인해 중국이라는 국민국가가 형성되기 전부터 해외로 이주한 구이민자가 많으며, 이들의 후예 또한 전 세계에 퍼져있다. 구민자의 경우 이미 4세대, 5세대로 이어져 오고 있다. 이처럼, 중국계 이민자의 후예라는 의미에서 '화예(華裔)'라는 용어를 사용하기도 한다.[2] 또한, 시기에 따라 중화인민공화국이 수립되기 전에 이주한 사람들에 대해서는 '노교(老僑)', 중화인민공화국 성립 이후에 이주한 사람들에 대해서는 '신교(新僑)'라고 구분하기도 한다. 이 밖에도 거주지역별로 해외 화교·화인, 또는 경외지역과 경내로 구분한다. 경내의 경우 모국으로 귀환한 '귀교(歸僑)'나 화교와 귀교의 가족과 친인척(眷屬)을 뜻하는 '귀권(歸眷)'도 큰 범위에서 중국 교민에 속한다. 이를 표로 정리하면 다음과 같다.

---

2) "국무원교무판공실", https://www.gqb.gov.cn/news/2021/0918/52188.shtml "華僑華人華裔分不清？哪个才是中國籍？"（검색일: 2023.09.15.)

〈표 1〉 중국의 재외동포 관련 용어

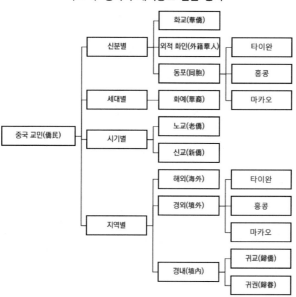

출처: 필자 정리

중국의 이주 역사는 한(漢) 대로 거슬러 올라간다. 쫭궈투(莊國土)의 연구에 따르면, 16세기 말부터 본격적으로 시작된 중국인의 이주 역사는 1950년대 초까지 이어져 왔고, 1980년대 들어 다시 한번 이민 열풍이 불기 시작하면서 국제이민의 주류를 형성하고 있다(賈益民, 2021: 2-10).

〈표 2〉 세계 화교·화인 분포와 인구

2016~2017년 세계 화교·화인 분포와 인구			
지역	숫자(만)	지역	숫자(만)
아시아	4,400	아프리카	150
동남아	4,100	유럽	300
기타	300	대양주	115
북미	685	총계	5,800
라틴미주	150	2020년	약6,000만

출처: 『華僑華人研究報告(2020)』, 2021: 14.

『화교·화인 연구보고서(2020)』의 인구통계에 따르면, 전 세계에는 약 6천만 명의 화교·화인이 분포해 있으며, 이중 노화교의 주요 이주지였던 동남아시아가 68.3%를 차지하며 여전히 가장 높은 수치를 차지하고 있다. 15세기 화교인구가 약 15만 명으로 추정되는 시기 동남아 화교의 인구 비중이 82%인 것을 고려하면, 사실상 동남아의 인구 비중은 점차 감소하는 것을 알 수 있다. 이는 초기 동남아에 집중되었던 이주지가 다변화되면서 화교·화인 인구는 점차 증가하고 있지만, 대륙별 인구 비중에는 다소 변화가 있기 때문이다.

〈표 3〉 선진국에 분포한 화교·화인 인구

1980년대 초~2017년 선진국의 화교·화인 숫자			
	1980년대 초	2006~2007년	2016~2017년
미국	812,000	3,565,000	5,080,000 (2018년)
싱가포르	1,856,000	2,710,000	4,150,000
유럽 각국	408,000	2,000,000	3,000,000 (추정)
캐나다	300,000	1,210,000	1,770,000
일본	55,000	607,000	900,000
호주	150,000	700,000	866,000 (2015년)
한국	30,000	500,000	570,000
뉴질랜드	19,000 (1986년)	147,000	200,000
합계	3,630,000	11,439,000	16,536,000

출처: 『華僑華人研究報告(2020)』, 2021: 19.

특히, 개혁개방 이후 본격화된 신이민의 물결이 주로 선진국으로 몰리면서 미국을 중심으로 한 선진국의 화교·화인 인구가 갈수록 늘어나고 있다. 최근에는 중국의 일대일로 프로젝트를 중심으로 그 주변 국가와 아프리카 지역의 신이민도 점차 증가하고 있다. 그렇다면, 위의 통계 자료에는 한족만 포함된 것인가? 그렇지는 않다. 과거 화교 또는 화인에 대한 인식은 한족을 중심으로 한 중국계 혈통(ethnic)을 가리켰지만, 중화인민공화국 수립 이후에는 소수민족의 해외 이주도 화교·화인의 인구통계에 포함하고 있다. 즉, 화교의 '華'가 소수민족을 포함한 근대적 의미의 '중화민족(nation)'으로 그 범위가 확대해석 되고 있다. 한국의 경우, 다른 지역과 달리 한족이 아닌 소수민족(조선족)의 이주가 더 많다는 특징이 있다. 한중수교 이후, 모국으로 귀환한 중국동포가 증가하면서 국내의 중국 출신 인구가 증가한 결과이다.

특히, 전 세계에서 중국인의 신이민이 가장 급증하는 나라로 한국과 일본이 손꼽히고 있다. 그중에서도 한국은 국내의 재외동포 정책과 맞물려 소수민족(조선족)의 이주가 다수를 이루고 있으며, 이들의 이주가 단순한 이주가 아닌 '귀환이주'라는 측면에서 주목받고 있다. 즉, 중국 밖에 있는 조선족은 '신교'로서 중국재외동포 정책의 대상자이다. 또한, 한국 정부 입장에서 조선족은 대한민국이 수립되기 이전에 해외로 이주한 대표적인 '노교'로서 우리의 재외동포 정책 대상자이기도 하다. 이러한 양국의 인적교류 현상은 상대방의 재외동포 정책에 관심을 기울일 수밖에 없는 구조적 양상을 보여준다.

2. 중국의 재외동포 교육, '華敎·華校'

재외동포 교육은 모국의 언어와 문화를 이해하고 존중하면서 동시에 거주국의 사회와 문화에 적응하는 능력을 키우는 과정이다. 재외동포는 그들이 살아가는 새로운 환경에서 양국의 문화를 이해하고 통합하는 중요한 역할을 수행하게 되는데, 이를 위해선 모국의 언어와 문화를 정확히 이해하고 전달할 수 있는 능력이 필요하다.

(1) 재외동포 교육 관련 용어

중국의 재외동포 교육은 대상과 내용에 따라 여러 가지 표현을 혼용하고 있다. 먼저, 교육대상과 교육내용을 포함한 '화교(華敎)'라는 용어를 사용한다. 물론, 여기에서 '華'는 화교 또는 화인, 화예로 폭넓은 의미를 내포하고 있다. 즉, '화교·화인'을 대상으로 한 교육이라는 의미에서 '화교 교육'의 줄임말로 이해할 수 있다. 또는 소위 교육내용을 지칭하는 '화문(華文)'이라는 의미에서 '화문 교육'의 줄임말로도 해석될 수 있다. 이 밖에도 '교육의 장'인 학교를 지칭하는 말로 '화교 학교(華校)'를 사용하기도 한다. 마찬가지로 이는 화교학교 또는 화문학교로 해석될 수 있다. 이를 표로 정리하면 다음과 같다.

〈표 4〉 중국의 재외동포 교육 관련 용어

출처: 필자 정리

이처럼 화교교육, 화문교육, 화교학교, 화문학교 등 다양한 키워드로 다루고 있지만, 이러한 주제는 모두 국내외의 화교·화인을 대상으로 한 재외동포 교육으로 이해할 수 있다. '화교교육'의 대상은 누구인가에 관한 문제에 대해서 대다수의 중국학자는 화교·화인과 그 자녀를 대상으로 한 한어(漢語)와 문화교육으로 정의하고 있다. 하지만, '화교교육'과 달리 교육의 내용에 방점을 둔 '화문교육'의 대상에 대해서는 학자마다 그 이해하는 범위의 폭이 다르다. 예를 들어, 우용이(吳勇毅)는 해외 화문교육(중국어 교육)이 국제화되면서 교육 대상이 '화교'에서 그 자녀들(華裔)로 확장되었으며, 비중국계(非華裔) 학생의 비중도 갈수록 높아지고 있다고 지적한다. 또한, 성인 학습자의 수가 증가하면서 이들의 학습 동기와 열기는 비성인 학습자와는 다른 양상을 보인다(吳勇毅, 2010: 14-15). 쟈이민도 화문교육의 대상이 화교·화인과 화예, 그리고 일부 非화예 학생을 포함한다고 했다(賈益民, 2012: 13). 장샹쳰(張向前)은 화문교육의 대상을 화교·화인과 기타 외국인 학생으로 정의하며, 다른 국적을 가진 학생들도 중국어와 중국 문화에 관심을 가질 수 있으며 이들도 화문교육의 대상에 포함시키고 있다. 이러한 학자들의 견해를 종합하면, 화문교육의 국제화로 인해 학습동기와 교육대상이 다양화되고 있음을 알 수 있다.

최근에는 위의 몇몇 학자들이 지적한 바와 같이 화문교육의 대상 범위를 확대하여 넓은 의미로 사용하기도 한다. 즉, 기존에는 해외에서 교육하는 중국어와 중국문화교육으로 주요 대상자는 화교·화인과 그 자녀들이었으나, 최근에는 화문교육의 대상에 非화교·화인(외국인)이 포함된 현실을 반영하여 넓게 해석하기도 한다. 이러한 추세를 반영하여 '해외에 있는 사람들을 대상으로 이루어지는 중국어 교육'에 대한 범용어로 사용되기도 한다. 중국은 교육 대상별로 서로 다른 용어를 사용하여 구분하고 있는데, 화문교육은 화교·화인과 그 자녀가 대상이었지만, 그 외연이 확장되고 있는 것이다. 즉, 진정한 의미의 재외동포교육은 '화교교육'이라고 할 수 있다. 하지만, 1950년대 중반 이후 해외 '화교사회'가 '화인사회'로 전환되면서 중국의 재외동포교육은 재외국민을 중심으로 한 '화교교육'보다는 외적화인을 포함한 '화문교육'으로 그 형태가 변화하였다. 궈시(郭熙)는 이에 대해 중국의 재외동포 교육이 '구식 화문교육 단계'에 이어 '화교교육 단계', '화문교육 단계'로 3단계의 발전 과정을 거쳤다고 분석하였다(郭熙, 2007: 50-54). 이 밖에도 화교·화인 학생을 지칭하는 의미의 '화교 학생(僑生)'과 화교·화인을 위한 학교라는 의미의 '화교 학교(僑校)'도 사용되고 있다.

Ⅲ. 중국 재외동포 교육의 발전 과정

중국 재외동포 교육의 발전 과정은 화교의 역사 및 지위와 밀접한 관련이 있다. 청대초기만 해도 화교는 '기민(棄民)'으로 취급받았지만, 청말에 이르면 화교에 대한 정책이 '호민(護民)' 정책으로 전환된다. '버려진 백성'에서 '보호하고 지켜야 할 백성'으로 격상된 것이다. 이후, 화교의 몸값은 갈수록 높아져 이제는 유치의 대상으로 인식되고 있다. 화교에 대한 부정적 인식과 대우가 극적으로 변한 것은 민국 시기라고 할 수 있다. 쑨원(孫文)이 화교를 혁명의 어머니라고 부른 것에서 알 수 있듯이, 화교는 더 이상 고향을 등지고 떠난 배신자가 아니라, 위기에 처한 조국을 구해줄 구원투수로 인식되기 시작했다. 이러한 인식의 변화는 시대적 흐름을 반영한 결과인데, 민국시기 이러한 인식이 정책에 반영되어 본격으로 화교에 대한 교육이 이루어지기 시작했다.

1. 중국 재외동포 교육의 발전 과정

〈표 5〉 화문 교육의 발전 단계

맹아기	시작기	발전기	침체기	회복기
진(秦)대~19세기 중엽	19세기 중엽~신해혁명	신해혁명~중화인민공화국 수립 이전	중화인민공화국 수립~개혁개방 이전	1978년 개혁개방 이후

출처: 張向前·朱琦環·呂少蓬, 2005: 2-4.

학자에 따라 중국의 이민사를 3단계에서 5단계로 구분한다. 그중 본문에서는 5단계로 구분된 연구 자료를 바탕으로 간략하게 정리하면 다음과 같다. 우선, 문헌으로 기록된 중국의 이민사는 진대로 거슬러 올라간다. 진시황이 서복을 일본으로 보냈다는 기록에서 시작해, 『후한서』에는 지금의 복주를 비롯해 필리핀 등지로 이주한 기록이 있다. 이후, 송대와 원대,

심지어는 해금 정책을 편 명대에도 크고 작은 이주는 끊임없이 발생했다. 하지만, 본격적으로 정착이 이루어진 시기는 19세기 이후라고 할 수 있다. 특히, 아편전쟁을 전후로 화공의 이주가 급증하면서 화교사회가 형성되었다. 화문교육은 단기 이주가 장기 정착으로 이어지면서 정부의 도움 없이 현지의 이주자를 중심으로 이뤄졌다. 특히, 청말에서 신해혁명 이후 중국 정부가 본격적으로 해외교민에 대한 이주 정책을 펼치기 시작하면서 화문교육의 역사도 변화하게 된다. 이후 중화인민공화국이 수립되면서 중국 정부 차원에서의 화문교육 지원 정책은 잠시 주춤하게 된다. 아울러 현지에서 배화운동이 일어나면서 화문교육은 침체기를 맞는다. 이후 중국의 개혁개방 정책과 이로 인한 경제 발전으로 전 세계적으로 중국어 열풍이 불면서 화문교육은 다시 한번 부흥기를 맞이하게 된다.

(1) 만청(晚淸) 정부의 태도 변화

19세기 말, 서양의 침략과 민중봉기 등 내우외환에 시달리며, 무력하게 무너져 내리는 청 왕조의 눈에 들어온 것은 '버려진 백성'으로 취급했던 화교의 존재감이었다. 오랜 세월 모국의 도움도 없이 타국에서 자리를 잡고 있던 화교는 청 왕조를 위협하는 서양에 대해서도 잘 알고 있었고, 이들과 교류한 경험과 인맥은 물론, 상당한 지식과 재력까지 갖추고 있었다. 게다가 동남아에 이어 중국 본토까지 넘보며 화교의 고향인 중국 동남 연해지역을 아편으로 멍들게 하고 침탈하려는 제국주의 세력 앞에 화교들이 보인 애향심은 충분히 활용할 가치가 있었다. 이에 사익을 위해 세상의 중심인 조국(中國)을 등진 해적단 취급을 받던 화교에 대한 태도가 '적대와 탄압'에서 '포섭과 친선'으로 변화하였다.

(2) 지식인과 화교사회를 중심으로 일어난 계몽운동

청 왕조의 패색이 짙어지던 20세기에 들어서는 지식인을 중심으로 계몽운동을 통한 구국운동이 활발하게 일어났다. 캉유웨이(康有爲)와 량치차오(梁啓超)로 대표되는 개량파는 교육을 통해 민중을 깨우고자 했다. 이처럼 유신운동에 참여하면서 해외로 망명을 떠난 유신파는 현지 화교사회와 협력해 학교를 설립하고 변법사상을 선전하고자 했다. 이 같은 노력의 하나로 량치차오는 1899년 일본에 대학교를 설립하고, 1903년에는 싱가포르에 '중화여자학당'을 설립하였다. 이 밖에도 화교인구가 많았던 페낭에는 사범반을 개설하였고, 화교가 가장 많은 인도네시아에도 여러 차례 방문해 교육의 중요성을 강조하며 계몽사상을 전파했다. 지식인과 화교사회를 중심으로 빠르게 확산한 구국 활동을 위한 민중 계몽운동은 화교를 일약 '혁명의 어머니'로 탈바꿈시켜 주었다. 실제로 화교사회는 신해혁명의 전파자이자 이들의 경비를 충당하는 경제적 물주가 되었다. 그뿐만 아니라 반청을 외치며 '우창봉기'에 가담했던 혁명 인사 중 상당수는 화교 신분이었다. 1906년 쑨원은 쿠알라룸푸르와 페낭섬 등지에 있는 화교의 야학교와 언론사를 빌려 혁명운동을 선전하기도 했다. 이 과정에서 현지의 화교학생들이 혁명운동에 직접 동참하거나 애국교학(愛國僑校)의 설립을 지원하였다. 통계에 따르면 1906~1909년까지 말레이시아에만 동맹회의 영향권 아래 있던 화교학교가 30여 개에 달했다고 한다(耿紅衛, 2021: 42). 이러한 열기는 1911년 신해혁명에 이어 중화민국의 성립으로 이어졌으며, 이 당시 해외 화교들의 민족의식은 그 어느 때보다 높아져 세계 각지에서 화교학교 설립 붐이 일어나기도 했다.

(3) 민국정부의 수립과 화문교육의 발전

청나라가 무너진 이후에도 북양 정부에서 남경 국민정부, 국민당, 남경

국민정부에 이르기까지 정권의 변화가 있었지만, 해외 교민업무를 중시하는 정책 기조에는 변함이 없었다. 심지어 왕징웨이(汪精衛) 시기에도 일관되게 유지됐다(金珠雅·李永梅, 2021,: 18).

청말에 관련 법률을 제정하는 등 화교교육에 대한 물꼬를 트긴 했지만, 화교교육의 본격적인 발전은 민국시기로 볼 수 있다. 사실상, 중국인의 이주가 대폭 증가한 19세기를 전후하여 동남아 일대를 중심으로 화교사회가 형성되면서 현지에서는 이미 화교교육이 이뤄지고 있었지만, 본격적으로 활기를 띤 것은 중국의 혁명운동과 무관하지 않다. 민국 정부가 들어서면서 화교교육에 관한 관심과 지원은 구체적인 법률의 제정으로 이어졌다. 특히, 5·4 신문화 운동의 영향으로 화교교육의 양적성장에 이어 질적 성장이 이어지면서 해외 화교사회는 중국 신식교육의 메카이자 시험대로 떠올랐다. 실제로 중국 정부는 1912년부터 1917년까지 화교들의 학업 현황을 조사하기 위해 말레이시아에 8차례 이상 관리를 파견하기도 했다. 1913년 정부는 해외 여러 나라에 영사관을 설치하여 '영사관리 화교학무규정' 및 '외국인 자녀 귀국 및 유학규정'과 같은 규칙과 규정을 공포하여 각국의 화문교육 발전을 감독했다. 1927년 난징 정부는 귀국한 화교 자녀들에게 편의를 제공하기 위해 국립 기남학당을 국립 기남대학으로 승격하였다(周聿峨, 1995: 15-22). 이후 교민교육위원회가 설치되었고, 1932년에는 교민 교육처가 1934년에는 교민교사 훈련반과 진학 화교학생 임시접객소 등이 각각 설치되었다(耿紅衛, 2021: 43). 1940년 국민당 중앙위원회는 전쟁 당시 '교민 교육 프로그램'을 채택하여 중화문화 교육과 대중 교육을 강화했다. 1931년 국민정부 교육부는 항전 및 구국의 필요성과 결합하여 교민 초등학교 교과서를 개정하여 근대 이후 중국의 침략에 저항한 민족정신을 반영하는 애국주의의 내용을 크게 반영하였다(胡培安·陳旋波, 2018: 233).

(4) 중화민국과 중화인민공화국의 지원 정책

기민에서 호민의 이르기까지 화교에 대한 중국의 시선에도 많은 변화가 있었듯이, 모국을 향한 화교의 태도에도 변화가 있었다. 중국의 이민 사조를 크게 3단계(고대, 중세, 근·현대)로 구분하는데, 그중 가장 많은 이주민이 발생한 것은 아편전쟁 전후로 중국인의 이주가 임시거주에서 정착으로 발전해 나간 단계이기도 하다. 국민국가에 대한 인식이 형성되지 않았던 시기인 만큼 이들에게는 모국 개념보다는 가족과 친지를 중심으로 한 애향심이 크게 작용하였다. 하지만, 외세의 침략으로 몰락하는 고국의 모습을 바깥에서 지켜보면서, 막연하게나마 언젠가는 돌아갈 땅이었던 모국을 향한 관심이 애국심으로 전환되는 시기이기도 하다. 특히, 이러한 애국심은 청일전쟁과 중일전쟁이라는 일본의 침략으로 더욱 촉발되었다. 이는 신해혁명에 이어 항일전쟁에 투입된 수많은 화교와 이들의 전쟁지원금을 통해서도 확인할 수 있다. 하지만, 이러한 애국심이 본격적으로 발현되고 열매 맺을 즈음 모국은 다시 이념대립으로 갈등하게 된다. 중화인민공화국과 중화민국으로 분열된 중국의 상황은 대륙과 타이완이라는 물리적으로 비교가 안 되는 두 모체이지만, 광둥성과 푸젠성 출신이 대부분인 화교에게 동향 출신이 대거 이주한 타이완은 중요한 연결고리가 되었다.

한편, 2차 대전의 종식으로 동남아 각국에서도 민족주의 정부가 수립되면서 화교 배척을 노골화하기 시작한 데다 사회주의 진영이었던 중화인민공화국과의 관계는 현지 사회에서 의심과 차별의 근거가 되었다. 게다가 모국인 중화인민공화국이 폐쇄적인 외교정책을 실시하면서 사실상 타이완으로 쫓겨난 중화민국이 화교의 모국 역할을 하며 정책적 지원을 하였다. 먼저, 타이완으로 철수한 중화민국 정부는 '초·중등학교 교민에 대한 헌장'과 같은 규칙과 규정을 제정하여 기존의 해외에 형성된 타이완 교민학교 시스템을 공고히 하였다. 자료에 따르면 1964년 타이완에는 전체의 45.2%인 총 2,285개의 화문학교가 등록되었다(吳端陽, 1994). 둘째, 타이완 정부는 화문 교육자의 교사 선발 및 훈련을 강화하였다. 주로 교포 학생을 타이완으로 유치하여 사범학과에 진학시키거나, 거주국에 사범반을 신설하였다. 또는 타이완에서 교사 세미나를 개최하는 등 해외 화문 교사의 역량을 강화하는 데 힘썼다(袁慧芳·彭虹斌, 2001: 49).

중화인민공화국도 초기에는 화교정책, 특히 화문교육 정책을 활성화하기 위해 노력하였다. 1953년 중국 정부는 귀국한 많은 화교 학생이 중국어와 문화를 배우기 위해 관련 학교에 입학할 수 있도록 '화교 학생을 장기 수용 및 처리하기 위한 작업 지침 및 계획'을 발표하기도 했다. 물론, 이러한 프로그램에 지원한 학생들은 대부분 동남아시아 출신 학생들이었으며, 일부 일본과 북한, 소련, 캐나다 출신자도 있었다(周聿峨, 1995: 23). 하지만, 얼마 가지 않아 이러한 정책은 주변 국가와의 외교적 관계와 화교사회의 안정을 고려해 '화교와의 거리두기 정책'으로 전환되었다. 1955년 중국의 이중국적 포기가 이러한 중국 정부의 의지를 표명한 중요한 이정표이다. 또한, 그 후 계속된 사회주의 노선 속에서 자본주의자로 낙인찍힌 화교 인사들은 중국에서 발붙일 곳이 없었다. 또다시 본토로부터 관심 밖으로 내몰리면서 이들은 더욱 타이완 정부와 끈끈히 연결될 수밖에 없었다. 하지만, 이러한 정책은 중국이 개혁개방 정책을 펴면서 변화가 일어났다. 개혁개방의 마중물이 된 '화교 자본'은 화교의 몸값을 한껏 올려놓았다. 소위 '중국 특색의 사회주의'라 부르는 중국식 시장개방에 선뜻 투자하는 외국 자본가가 부재할 때, 화교들은 또다시 신해혁명과 항일전쟁에 이어 개혁개방의 원정군이 되어 중국식 자본주의의 선봉장이 되었다. 앞선 두 시기와 다른 점이 있다면, 당시에는 기민에서 화교로 신분의 변화가 있었다면, 개혁개방 시기 화교는 이미 화인(거주국의 공민)으로 바뀐 상태였다. 따라서 이들의 투자는 과거 항일전쟁처럼 애국심에 기댄 무상원조가

아니라 일종의 '투자'로 변모하였다. 결과적으로 지난 40여 년 동안 개혁
개방의 마중물을 댄 덕분에 이들 화상도 막대한 부를 축적하며 세계적인
부호로 등극할 수 있었다.

2. 재외동포 교육기관의 유형과 현황

중국은 오랜 역사와 다양한 문화적 유산을 통해 해외에 거주하는 재외
동포와의 연결을 강화하려는 노력을 기울여 왔으며, 관련 정책은 재외동
포들이 중국문화와 정체성을 유지하며 중국과의 연결을 강화할 수 있도록
하는 것을 목표로 한다. 중국의 해외동포 정책은 주로 문화교류와 교육
지원, 경제 협력 등의 다양한 측면을 다루고 있다. 그중에서도 '교육'은
관계의 부침과 공간의 제약 속에서도 모국과의 연계를 이어 나갈 수 있는
보이지 않는 연결고리로 작용하고 있다. 현재 중국의 재외동포 교육은 중
국 통전부와 교육부가 주도하고 있다. 중국은 해외에 2,300여 개의 화문학
교와 중문반을 설립하여 중국어 교육과 중국 문화교육을 하고 있으며, 중
국어 능력 향상, 중국 문화 이해, 학업 지원 등을 중심으로 이루어지고
있다. 물론, 중국의 재외동포 교육 역시 문제를 안고 있다. 화교학교의 수
립을 위한 정책과 제정 및 교육 프로그램의 다양성과 교사의 역량 등에
대한 문제가 지속해서 제기되고 있다.

(1) 해외 교육기관의 유형

앞서 살펴본 바와 같이 중화인민공화국이 수립된 이후 70여 년 동안
중국 정부의 화교정책에 변화가 있었지만, 개혁개방 이후 지금까지 40여
년 동안 화교·화인을 중요한 외교적 자산이자 인적자본으로 여기는 기조
에는 큰 변화가 없었다. 오히려 재외교민과 동포에 대한 전폭적인 지원과

관심은 갈수록 증대되고 있다. 특히, 중국의 국제적 지위가 향상되면서 화교 사회와 모국의 연대는 일방적인 관계에서 쌍방적인 관계로 자리매김하고 있다. 하지만, 여전히 이러한 관계가 더욱 공고해지고 표면적으로 드러날수록 거주국 내에서 화교의 정체성은 오히려 의심받을 수 있으므로 대외적으로는 재외국민과 외적동포를 구분하여 관리하고 있다. 하지만, 6천만 화교·화인 중 다수는 화인(외적동포)으로 중국이 직접적으로 교육에 개입할 수는 없는 상황이다. 따라서 해외 화교교육은 거주국의 정책과 화교사회의 규모 및 구성에 따라 다양한 형태로 이뤄지고 있으며, 민간 조직을 중심으로 비제도권에서 이루어지는 경우가 대부분이다.

한편, 화교·화인의 교육 공간인 화문학교의 역사는 화교·화인의 해외 이주와 함께 시작되었으며 대부분의 화문학교는 거주국별로 자생적으로 세워졌다. 또한 중국의 개혁개방 이후 새롭게 해외로 이주한 화교·화인의 증가는 전통적인 동남아 지역에서부터 미주와 유럽으로 지역적 확장이 이루어졌으며, 이에 따라 주말 중문 학교 등이 급격하게 증가하였다. 화문(華文) 학교와 중문(中文) 학교는 전 세계에 걸쳐 약 5,000개가 있으며, 4개 유형으로 분류한다. 첫 번째는 동아시아 국가에 뿌리를 내린 구화인 사회의 화문학교, 두 번째는 언어 보습반 형태의 화문학교, 세 번째는 1980년 이후의 신이민으로 인해 광범위하게 형성된 주말 중문학교, 네 번째는 거주국 교육체계에 편입된 화문학교이다(陳真, 2007: 39). 이처럼, 전 세계 190여 개국에 흩어져 있는 화교·화인의 민족교육은 다양한 형태로 이루어지고 있다. 우선, 제도권 교육으로 편입된 경우와 그렇지 않은 경우가 있다. 말레이시아와 같은 특수한 경우를 제외하고는 대부분 비제도권 교육에서 진행되고 있다. 또한, 전일제와 비전일제 교육으로 구분해 볼 수 있다. 전일제 학교는 아이들의 학업을 전적으로 도맡으며 교육 서비스를 제공한다면, 비전일제 학교는 주로 주말학교나 방과 후 수업과 같은 형태로 보조적인 교육 서비스를 제공하는 시스템이다. 즉, 전일제 학교를 중심으로 주요 학원(補習班)이 보조를 이루고 있다. 전일제 중문학교는 주로 아시아, 아프리카, 오세아니아에 분포하는 반면 주말 학원 학교는 주로 유럽과 아메리카에 있다. 하지만, 이들 대부분 지역에서 화문교육은 더 이상 독립적인 민족 언어 및 문화교육이 아니며 중국어 학습 환경과 시간적 제한으로 많은 중국계 청소년들은 거주국의 언어를 제1 언어로 사용하고 있으며, 모국어는 제2 언어가 되었다(耿紅衛, 2021: 50).

(2) 해외 교육기관의 현황

불완전한 통계에 따르면 1991년 말까지 해외 전일제 일반 중문학교는 3,888개로 1957년 최고 수준에 근접했으며 제2차 세계 대전 이전의 전성기를 능가했다. 그중 아시아는 3,732개로 전체 해외의 96%를 차지하며 미주 91개, 유럽 13개, 오세아니아 16개, 아프리카 36개이다. 주말 취미반 중국어 학원, 각종 중국어 학원까지 합하면 최소 8,000여 개가 있다. 1990년대 이후 새로운 이민의 물결이 전 세계, 특히 유럽, 아메리카, 오세아니아 및 아프리카로 확산하면서, 1993년 아시아와 4대륙의 중국인 인구 비율은 87% 대 13%, 1967년에는 96% 대 4%였다. 중국인 인구가 증가함에 따라 중국어 학교, 특히 단기 속성학원(주말 학원, 야간 학교)이 가장 많이 증가했다. 2000년 데이터를 예로 들면 유럽에서는 프랑스의 거의 모든 중국인 커뮤니티가 중국어 학원(주중 야간반, 주말반), 네덜란드 24개 단기반, 영국 200개 단기반을 운영하고 있다. 미주에는 캐나다 밴쿠버에만 130개의 중국어 수업이 있고, 미국에는 670개의 중국어 단기 수업이 있다(顧聖皓·金寧, 2000: 26).

이처럼, 중국에서는 화문교육 기관에 대한 통계가 개별적인 연구와 보고서에서 파편적으로 제시되고 있지만, 타이완에서는 매년 화문교육기관에 대한 통계보고서를 발표하고 있다. 이에, 본문에서는 전 세계에 분포된 화문학교에 대한 대략적인 이해를 돕기 위해 타이완에서 정리한 화문학교와 중문반 및 타이완 학교에 대한 통계자료를 참고하였다. 이 같은 통계자료는 타이완 학교와 같이 일부 타이완 출신 이주자를 중심으로 한 재외동포 교육기관을 제외하면 중국의 재외동포 교육기관 연구 대상과 거의 같다고 볼 수 있다.

〈표 7〉 해외 화문학교와 중문반 및 타이완 학교

년도	합계	아시아	아메리카	유럽	오세아니아	아프리카
2002	3,143	2,014	834	193	87	15
2003	-	-	-	-	-	-
2004	-	-	-	-	-	-
2005	-	-	-	-	-	-
2006	-	-	-	-	-	-
2007	2,727	1,644	899	74	92	18
2008	2,806	1,741	863	78	106	18
2009	2,792	1,730	889	57	93	23
2010	2,853	1,892	812	53	79	17
2011	2,819	1,823	846	59	75	16
2012	2,807	1,826	833	60	74	14
2013	2,783	1,818	824	60	71	10
2014	2,706	1,815	754	57	71	9
2015	2,648	1,755	754	57	71	11
2016	2,620	1,746	735	59	69	11
2017	2,318	1,709	480	54	64	11
2018	2,329	1,710	486	58	64	11
2019	2,348	1,723	485	64	65	11
2020	2,356	1,737	479	67	59	14
2021	2,330	1,734	472	65	45	14
2022	2,319	1,733	458	67	46	15

출처: 타이완 華務統計年報, 2022: 79.

대륙별로 분포도를 정리한 위의 표에서 아시아는 주로 노교를 중심으로 형성된 동남아시아를 일컫는다. 한국의 경우, 중국 출신의 신화교가 많지만, 타이완에서는 이에 대한 인구통계는 포함하지 않고 있다. 반면, 타이완의 여권을 소지한 재한화교(노화교)에 대해서는 인구는 물론 이들의 대표적인 교육기관인 화교학교에 대해서도 집계하고 있다.

〈표 8〉 해외 화문학교와 중문반 및 타이완 학교

년도	합계	화문학교						타이완학교	중문반
		합계	전문대 이상	고등학교	중학교	직업 학교	초등 학교		
2002	3,143	1,989	-	104	107	-	1,778	6	1,148
2003	-	-	-	-	-	-	-	-	-
2004	-	-	-	-	-	-	-	-	-
2005	-	-	-	-	-	-	-	-	-
2006	-	-	-	-	-	-	-	-	-
2007	2,727	1,507						5	1,215
2008	2,806	1,587						5	1,214
2009	2,792	1,586						5	1,201
2010	2,853	1,585						5	1,263
2011	2,819	1,529						5	1,285
2012	2,807	1,743						5	1,059
2013	2,783	1,738						5	1,040
2014	2,706	1,736						5	965
2015	2,648	1,676						5	967
2016	2,620	1,669						5	946
2017	2,318	1,560						5	753
2018	2,329	1,560						5	764
2019	2,348	1,669						4	675
2020	2,356	1,562						4	790
2021	2,330	1,557						4	769
2022	2,319	1,558						4	757

출처: 타이완 華務統計年報, 2022: 80.

　구체적인 수치를 살펴보면, 타이완 출신 이주민을 대상으로 한 타이완 학교는 그 수가 많지 않다. 대부분 노화인 사회를 중심으로 세워진 화문학교이며 초등교육을 중심으로 이루어지고 있으며, 일부 중·고등학교가 운영되지만, 고등교육기관은 전혀 없는 것을 알 수 있다. 하지만, 본 통계에는 소수이긴 하지만 말레이시아와 같이 일부 화문 고등교육기관(대학)이 집계되지 않은 것으로 보아 통계의 불완전성을 드러내고 있다.

　한국도 이처럼 모국어와 문화를 교육하는 다양한 재외동포 교육시스템이 있다. 관련 기관과 부처 및 역할도 다양하다(민현식, 2014: 124-136). 다만, 중국의 재외동포 교육시스템과 한국의 가장 큰 차이점은 교육기관의 설립과 유지의 주체이다. 앞서 소개한 것처럼 중국도 초기에는 관련 법을 제정하며 정부가 직접적으로 관리하는 모습을 보였지만, 당시 중국은 모국의 지원보다는 현지화교사회의 적극적인 개입과 투자가 있었고, 이에 대해 중국 정부가 보조적인 지원을 할 뿐이었다. 한국은 그동안 재외동포 교육을 등한시하다가 최근 들어 재외동포를 인적자원으로 간주하면서 이들에 대한 지원에 관심을 기울이고 있다. 또한, 자문화 확산 차원에서 한국어교육을 대대적으로 지원하고 있다. 이처럼 한국은 국가에서 직접 설립과 관리를 추진하는 경우가 많지만, 중국은 현지 사회에서 설립된 교육기관에 대해 중국 정부가 간접적인 지원을 한다는 점, 즉 주체성에서 차이를 보인다. 또한, 한국과 중국의 재외동포 교육정책에서 보이는 큰 차이점 중의 하나가 바로 '국내 재외동포 교육기관'이다. 중국도 화교·화인 관련 교육기관은 현지에 설립된 경우가 대부분이다. 하지만, 중국은 일찍이 중국 내에도 화교 관련 교육기관을 개설하여 화교의 귀국을 유도하며, 모국과의 연계를 공고히 하고자 하는 노력을 해왔다. 이와 관련된 내용은 다음 장에서 상세히 다루도록 하겠다.

Ⅳ. '중국 내 화교학교'의 유형과 역할

중국과 한국의 재외동포 교육정책 중에 가장 큰 차이점을 꼽자면 '국내의 재외동포 교육기관'일 것이다. 중국의 재외동포 교육기관이라고 할 수 있는 '화교학교'는 재외동포 신분의 변화와 외교적 관계 등을 고려해 해외에 있는 화교와 외적화인 및 비중국계를 포함한 '화문교육'으로 변화되었다. 이들을 위한 교육기관은 현지의 화교·화인사회를 중심으로 이루어지며, 이에 대해 중국 정부는 직접적인 개입보다는 간접적인 지원을 하고 있다. 하지만, 국내의 화교 교육기관은 공식적인 재외동포 교육기관이자 국내의 교육시스템으로 관리되고 있다는 점에서 한국에는 없는 재외동포 교육정책이라고 할 수 있다.

1. 국내 화교교육 육성 정책과 역할

중국 내 화교학교는 중국의 재외동포 정책의 한 축이다. 화교학교는 중국의 문화와 언어를 재외동포들에 전달하는 중요한 역할을 수행하며, 그들의 문화적 정체성을 강화하고 유대감을 고취하는 역할을 한다. 이러한 학교들은 주로 중국어, 중국문화, 역사 등의 교육을 제공하여 재외동포들이 중국과의 연결을 유지하고자 하는 의지를 지원하고 있다.

(1) 중국의 국내 화교교육이 활성화된 배경

앞서 설명한 바와 같이 기민으로 취급받던 화교가 교포로서 대접받기 시작한 것은 청나라 말기부터였다. 중국은 1868년 '중미조약'에서 처음으로 '호교(護僑)'의 견해를 분명히 밝혔다. 이러한 태도의 변화를 극명하게 보여주는 조치 중 하나가 바로 영사관 설립과 교육 분야에 대한 투자이다. 그 후 십여 년 만에 영국, 미국 등 16개국, 45개 지역에 영사관을 설립하는 등 화교를 자국민의 범주로 끌어들이기 시작했다. 또한, 애향심을 넘어 애국심을 발휘하며 조국을 다시 찾는 화교 청년들이 늘어나면서 이들이 중국어와 그 문화를 배울 수 있도록 청 정부에서 처음으로 남경에 화교학교인 '기남학당(暨南學堂)'을 설립하였다(耿紅衛, 2021: 42). 해외에 흩어져 있는 화교 인재가 조국과 연계할 수 있는 길을 마련한 것이 바로 화교학교이다. 물론, 당시에도 동남아 지역을 비롯한 화교사회가 형성된 곳에는 화교교육이 이루어지고 있었다. 초기 사설 기관의 형식으로 설립된 화교학교는 후에 화교사회를 이끄는 구심점 역할을 했다. 중국에서는 현지에 세워진 화교학교에 대해서 교민 관리 차원에서 관여하기 시작하였고, 이를 위해 관련 법률을 정비하였다. 또한, 이들이 언제든지 조국을 찾을 수 있도록 국내(중국)에도 화교학교를 설립하였다. 이를 상징적으로 보여주는 교육기관이 바로 '기남학당'이다. 이후에도 화교의 고향을 중심으로 화교자본이 교육에 투자하면서, 중국 동남 연안 지역과 동남아에는 다양한 형태의 화교학교가 세워졌다. 그중에서도 지금까지 이어져 오고 있는 기남대학과 같이 '재외동포를 위해 세워진 학교'라는 의미의 '화교학교'가 있으며, 그 밖에도 귀국한 재외동포의 편의를 위해 지정된 학교라는 의미의 '화문기지'와 화문교육 활성화를 위해 지정된 해외 '화문교육시범학교'가 있다.

(2) 국내 '화문교육 기지' 및 해외 '화문교육 시범학교'

화교·화인사회의 교육 기반을 토대로 국무원 교무판공실과 중국해외교류협회는 중국 내 '화문교육 기지' 지정 및 해외 '화문교육시범학교' 사업을 추진하고 있다. 그중 국내 교육기관을 화문교육과 연계한 '화문교육 기지'는 2000년에 시작되어 2017년 12월 기준 중국 내 대학과 중·고등학교 등 49개 교육기관에서 운영되고 있다. 한편, 해외의 화문교육은 '화문교육 시범학교'를 선정하여 운영하고 있다. 2008년을 시작된 이 사업은 해마다 신규 기관을 추가 선정하고 있다. 2017년 25개 국가의 31개 학교가 추가로 선정되면서 현재까지 312개의 '화문교육 시범학교'를 지정하여 지원하고 있다. 예를 들어, 한국의 경우 2009년 처음 선정된 22개국의 59개소 학교 가운데 한성 화교소학교와 한국 대구 화교소학교가 선정되었다. 이후, 2015년 제5차 선발 과정에서 한성 화교 중학이 포함되어 한국에는 총 3개의 '화문교육 시범학교'가 있다(賈益民, 2021: 291-319).

이처럼 국내외를 기반으로 운영되는 화문교육 시스템은 화교·화인사회와 중국의 교육·문화 네트워크를 구축하는 기본 사업이며, 해외 화교·화인에 대한 교육을 지속해서 유지하고 발전시키기 위한 제도적 장치이다. 화교·화인 교육 네트워크의 중국 내 네트워크인 '화문교육기지'와 해외 '화문교육 시범학교' 지정을 통한 교육 네트워크가 유기적으로 가동되고 있다(김판준, 2015: 45). 다음은 2018년 발행된 『세계화문교육년감(2018)』에 제시된 화문교육 기지 목록과 이를 바탕으로 제작된 중국 내 지역별 분포도이다.

〈표 9〉 중국 내 '화문교육 기지' 목록

번호	소재지(성/구)	基地院校명칭	소재 도시
1	广东省	暨南大学	广州市
2		深圳耀华学校	深圳市
3	福建省	华侨大学	泉州市/厦门市
4		厦门大学	厦门市
5	北京市	北京华文学院	北京市
6		北京海淀进修实验学校	北京市
7	广西壮族自治区	广西华侨学校	南宁市
8		广西师范大学	桂林市
9	云南省	昆明华文学校	昆明市
10	安徽省	安徽大学	合肥市
11		安徽师范大学	芜湖市
12	吉林省	东北师范大学	长春市
13		延边大学	延吉市
14	海南省	海南大学	海口市
15		海南师范大学	海口市
16	河南省	河南大学	开封市
17		郑州大学	郑州市
18		河南省实验中学	郑州市
19	湖南省	湖南师范大学	长沙市
20	上海市	华东师范大学	上海市

번호	소재지(성/구)	基地院校명칭	소재 도시
21		上海师范大学	上海市
22	湖北省	华中师范大学	上海市
23	江西省	九江学院	九江市
24	辽宁省	辽宁师范大学	大连市
25	江苏省	南京师范大学	南京市
26		南京晓庄大学	南京市
27		常州大学	常州市
28	山东省	青岛大学	青岛市
29		泰山学院	泰安市
30		山东泰安艺术学校	泰安市
31		中国孔子研究院	曲阜市
32	山西省	山西大学	太原市
33	陕西省	陕西师范大学	西安市
34	四川省	四川大学	成都市
35		成都树德中学	成都市
36	天津市	天津大学	天津市
37	浙江省	温州大学	温州市
38		温州市少年艺术学校	温州市
39		温州体育运动学校	温州市
40		杭州学军中学	杭州市
41		浙江大学	杭州市
42	甘肃省	西北师范大学	兰州市
43	重庆市	重庆师范大学	重庆市
44		重庆市暨华中学	重庆市
45	黑龙江省	哈尔滨外语学校	哈尔滨市
46	河北省	张家口市第六中学	张家口市
47		河北大学	保定市
48	贵州省	贵州师范学院	贵阳市
49	青海省	青海民族大学	西宁市

출처: 『世界華文敎育年鑑(2018)』 참고.

〈그림 1〉 중국 내 '화문교육 기지'의 지역별 분포도

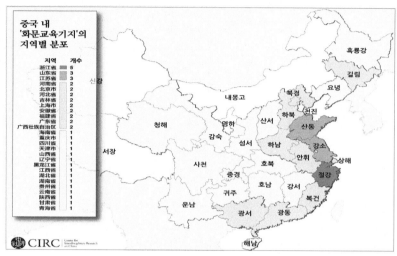

출처: 『世界華文教育年鑑(2018)』에 제시된 목록을 바탕으로 제작

　중국 내 화문교육 기지는 해외 화교·화인의 대표적인 송출 지역으로 유명한 동남 연안 지역에 국한되지 않고, 전국적으로 고르게 분포하고 있는 것을 확인할 수 있다. 해마다 화문교육 기지가 업데이트되는 상황을 분석해 보면, 신규 화문교육 기지는 되도록 관련 기관이 부재한 지역에 배치하는 것을 확인할 수 있다. 이는 다시 말해 기존 화교의 고향을 중심으로 설립된 화교학교와 달리 화문교육 기지는 각 지방자치단체가 모두 참여할 수 있는 형태로 이뤄지고 있다. 이렇게 설립된 화문교육 기지의 역할은 크게 3가지로 요약할 수 있다. 첫째, 해외의 화문 학교와 화문 교사를 육성하는 것이다. 둘째, 해외 화문 학교의 교재를 편찬하는 일이다. 셋째, 해외 화교·화인 청소년 여름, 겨울 캠프나 장단기 중국어 어학연수와 같이 해외 화교·화인을 대상으로 진행되는 국내 행사를 개최하는 일을 담당하고 있다.[3]

2. 중국 내 '화교학교'의 양대 산맥

중국 내 화교학교는 위에서 설명한 '화문기지'도 있지만, '화교를 위한 학교'로 특정된 '화교학교'는 기남대학과 화교대학, 베이징 화문학원, 광시 화교학교, 쿤밍 화문학교로 모두 5개이다. 이들 화교학교는 학교 교육과 함께 문화 프로그램, 이벤트, 교류 활동 등을 통해 재외동포와 고국을 연결할 수 있는 플랫폼을 제공하고 있다. 본문에서는 이중 대표적인 화교 관련 고등교육기관이라고 할 수 있는 기남대학과 화교학교에 대해 살펴보고자 한다. 중국 내 화교학교는 다양한 규모와 유형으로 운영되고 있다. 특히, 기남대학과 화교대학은 통전부의 직속 기관으로 중앙정부가 관리하는 '고등화교학부(高等華僑學府)'로서 중국 내에서 재외동포들의 교육을 주도적으로 담당하며, 중국문화와 언어 교육을 통해 재외동포들의 문화적 유대를 강화하고 있다.

(1) 기남대학

기남대학(暨南大學)은 광저우시에 있으며, 통일전선부 직속 기관으로 교육부와 통전부, 광둥성이 공동으로 건설한 대학이다. 2023년 3월 현재 광저우, 선전, 주하이 등 5개의 캠퍼스에 37개 대학, 58개 학과, 27개 직속 연구소와 105개의 학부 전공이 있으며 전임 교사 2,716명과 48,580의 재학생이 있는 종합대학이다. 기남대학은 100여 년의 역사를 자랑하며, 지금까지 160여 개 국가와 지역에서 온 약 30만 명의 인재를 양성하였으며, 현재 재학생 중에서도 화교와 외국 유학생이 1만여 명으로 전국에서 가장 많다.

---

3) "人民日報海外版". "國僑辦華敎基地積極服務海外華校敎師和華人子女". 2011 年05月28日 https://www.chinanews.com/hwjy/2011/05-28/3073890.shtml (검색일: 2023. 11.02.)

기남대학의 전신은 1906년 청나라 정부가 난징에 세운 기남학당이다. 기남학당은 1907년 3월 23일, 남경에서 정식으로 개교했다. 첫해 입학생은 21명으로 모두 자바에서 귀국한 교민이며 대부분이 광둥성 출신이었다. 이후, 항일전쟁과 국공내전, 중화인민공화국 수립 과정에서 기남대학의 터는 상하이에서 푸젠성으로 이전하는 등 수난기를 거쳤다. 특히, 40년대 후반 이후, 한때 폐교 상태에 들어가거나 재학생이 거의 없는 등의 역경을 거쳤지만, 개혁개방 이후 1978년 다시 문을 열었고 1979년에는 대학원생을 모집하기 시작했다. 1981년에는 전국에서 처음으로 학위 수여권을 가진 대학이 되었다. 이후, 1988년까지 재외동포 자녀는 재학생의 90%를 차지하기도 했다.[4] 1996년 6월, 21세기 핵심 건설을 목표로 하는 211 프로젝트에 선정된 기남대학은 2000년에는 국무원에서 지정한 최초의 '화문교육기지'로 선정되었다. 2018년 10월 24일, 시진핑 총서기가 기남대학을 방문하여 중국의 우수한 전통문화를 전 세계에 전파하도록 격려하기도 했다. 한편, 2020년 3월, 중앙 통전부의 승인으로 첫 해외 캠퍼스인 '기남대학교 일본학원'을 세우기도 했다.[5]

(2) 화교대학

1960년에 세워진 화교대학(華僑大學, Huaqiao University)은 푸젠성 취안저우시에 본부를 두고 있으며, 저우언라이 총리가 직접 설립을 승인한 중앙부속대학이다. 기남대학과 마찬가지로 중앙 통전부와 교육부 및 그 소재지인 푸젠성 지방 정부가 공동으로 건설한 종합대학으로 중국공산당 중앙위원회가 '국가 중점 육성 대학'으로 지정했다. 화교대학이라는 이

---

4) 기남대학 홈페이지 참고, https://www.jnu.edu.cn/2561/list.htm, (검색일: 2023.10.05.)

5) 바이두 지식백과 기남대학 편 참고, https://baike.baidu.com/item/%E6%9A%A8%E5%8 D%97%E5%A4%A7%E5%AD%A6/154250?fr=ge_ala, (검색일: 2023.10.05.)

름답게 개교 자체가 화교들을 위해 세워졌으며, 그 결과 처음 화교대학의 학생은 90% 이상이 동남아 17개 국가와 지역에서 온 화예학생으로 이뤄졌다.[6] 국가별로는 인도네시아에서 온 학생들이 가장 많았다.[6] 2023년 3월 현재 취안저우와 샤먼에 캠퍼스를 두고 있으며 전일제 일반 학부생 27,618명과 대학원생 7,392명이 있으며 그중 7,622명은 홍콩과 90개 이상의 국가와 지역에서 온 학생으로 구성되어 있다.[7]

이처럼, '화교학교'는 해외에 거주하는 외적화인은 물론 재외국민(화교)과 홍콩과 마카오, 타이완 등 경외지역 출신과 귀권, 교권 등 경내지역 학생들에게 특화된 학교라고 할 수 있다. 이들 화교학교는 중국어 교육뿐만 아니라 중국문화와 가치를 널리 전파함으로써 화교 커뮤니티의 유대감을 형성하고 강화하는 역할을 한다. 또한, 화교학교는 네트워크를 형성하여 화교 사회 간의 연결고리가 되어 화교 상호 간의 협력과 소통을 촉진한다. 이러한 네트워크는 비즈니스, 문화교류, 교육 협력 등 다양한 분야에서 활용될 수 있어 화교 커뮤니티의 발선에 기여하고 있다. 뿐만 아니라, 화교학교에서 졸업한 학생들은 사단을 결성하여 지속적인 교류와 지역 사회에서의 사회 봉사활동을 통해 화교 커뮤니티와 지역 사회 간의 유대감을 강화하고 화교 사회의 발전을 지원한다. 이러한 활동들은 지역 사회와의 문화교류를 촉진하며 상호 이해를 높여 중요한 사회적 기능을 하고 있다.

아울러 중국 내에 설립된 '화교학교'는 국내의 사법 규정에 따라 관리·운영되는 교육기관으로 거주국과의 마찰을 최소화하면서도 재외동포에 대한 교육과 체험의 기회를 충분히 제공할 수 있다는 장점이 있다. 또한,

---

6) 바이두 화교대학 편 https://baike.baidu.com/item/%E5%8D%8E%E4%BE%A8%E5%A4%A7%E5%AD%A6/221441?fr=api_baidu_edu_college&fr=zjbk_univ_kg (검색일: 2023.09.30.)

7) 화교대학 홈페이지. https://www.hqu.edu.cn/hdgk/xxjj.htm (검색일: 2023.10.05.)

전 세계에 흩어져 있는 재외동포들이 모국에 모여 함께 공부한다는 점에서 탄탄한 유대관계를 형성할 수 있는 플랫폼의 역할도 제공하고 있다.

3. 해외 우수 인재 유입 정책

화교학교가 중국의 해외 인재 유치 정책과 상호작용하는 모습도 주목할 만하다. 중국 정부는 해외에 거주하는 재외동포들의 전문 지식과 기술을 중국으로 유치하는 노력을 기울이고 있다. 화교학교는 이러한 정책을 통해 중국으로 유학하려는 재외동포들에 교육 및 문화 체험의 기회를 제공함으로써, 그 역할과 비중이 더욱 커지고 있다. 즉, 중국은 이들 중국 내 화교 전문 교육기관을 통해 재외동포들에 문화 전달과 함께 경제·기술·문화 분야에서의 협력 기회를 제공함으로써 모국과 재외동포 간의 유대를 더욱 공고히 다지고 있다.

건국 시기부터 화교·화인 우수 인재의 모국 기여를 경험한 중국 정부는 1980년대 개혁개방 이후 화교·화인 우수 인재에 주목하게 된다. 특히, 1990년대 지식기반 사회로 진입하면서 유학 후 해외에 정착한 20만 명 이상의 화교·화인 인재를 적극 유치하기 시작했고, 이들에 대한 귀국 인센티브 정책을 본격적으로 시행하였다. 이러한 정책의 하나로 1992년 국무원 교무판공실에서 '해외 유학 인원 관련 문제에 대한 통지'를 공포하는 등 유학 인재의 귀국 정책이 새로운 패러다임으로 제시되면서, 이들에 대한 귀국과 초빙, 창업을 지원하였다. 특히, 국가 경제 발전과 과학기술 개발을 위한 인재 확보를 위해 중앙 및 지방 정부 차원에서 '백인계획', '천인계획'을 비롯한 해외 우수 인재 유치정책을 추진하였으며, 이 밖에도 그린카드 제도를 도입하는 등 인재 비자를 신설하여 우수 인재의 중국 유입을 독려하였다(김혜련, 2019: 867).

V. 결론

재외동포란 타 국가에 장기 거주하거나 이민을 간 인구를 말한다. 이들은 다른 문화와 사회에서 살아가면서도 모국과의 연결성을 유지하는 특별한 집단이다. 이러한 이중적 정체성을 유지하며 적응하고 성장하는 데는 교육의 역할이 중요하다. 재외동포 교육의 핵심 목표는 이중적인 정체성을 유지하고 존중하는 것이다. 이를 위해, 재외동포 교육은 다음과 같은 세 가지 주요 영역에 초점을 맞추는 것이 중요하다. 첫째, 언어 교육이다. 재외동포는 그들의 모국어를 유지하고 발전시키는 것이 중요하다. 모국어를 유지하면서 타 국가의 언어도 배우는 것은 그들이 양쪽 문화를 이해하고, 다리 역할을 하는 데 도움이 된다. 둘째, 문화교육이다. 재외동포에게 자신들의 유산과 문화에 대한 이해와 존중을 깊게 하는 것이 중요하다. 이는 그들의 정체성을 유지하고 존중하는 데 중요한 역할을 한다. 셋째, 사회 및 경세적 적응이다. 재외동포는 그들이 살아가는 사회에 적응하고, 그 사회의 구성원으로서 기여할 수 있어야 한다. 이를 위해서는 사회, 경제, 정치 등 다양한 분야에서 교육이 필요하다. 이 세 가지 영역은 재외동포 교육의 핵심적인 구성요소이며, 이들의 복잡한 다중정체성을 관리하고 성공적으로 적응하고 성장하는 데 중요한 역할을 한다. 하지만, 이러한 교육을 실현하는 것은 쉽지 않다. 재외동포의 상황은 그들이 거주하는 국가, 사회경제적 배경, 그리고 개인의 특성 등에 따라 크게 다르기 때문이다. 따라서 재외동포 교육은 이러한 다양성을 인정하고 존중하면서 효과적인 교육 전략을 개발하는 것이 요구된다.

이에 본 연구는 중국의 재외동포 교육정책과 중국 내 화교학교의 역할에 관한 조사와 분석을 통해 중국의 재외동포 정책의 특징과 화교학교의 기능을 파악하였다. 첫째, 중국의 재외동포 교육정책은 모국과의 연결을 강화하고 문화적 유대를 유지하는 데 중요한 역할을 하고 있다. 이러한 정책은 재외동포들이 중국문화와 언어를 보다 깊이 이해하고 실제로 체험할 기회를 제공하고 있다. 둘째, 중국 내 화교학교는 중국 재외동포 정책의 중요한 구성요소로 작용하며, 중국문화와 언어를 재외동포들에게 전달하는 임무를 수행하고 있다. 화교학교는 문화 전달과 유대강화를 통해 재외동포들의 중국문화에 대한 정체성을 강화하는 데 중요한 역할을 하고 있다. 셋째, 중국 내 화교학교는 중국의 해외인재 유치정책과 상호작용하며 인재 유치를 위한 플랫폼을 제공하고 있다. 중국 정부의 인재 유치정책을 통해 화교학교는 재외동포들에게 교육과 진로 발전의 기회를 제공하면서 중국과의 연결을 강화하고 있다. 결론적으로 중국의 재외동포 정책과 화교학교는 국내외 재외동포 커뮤니티의 발전과 문화적 유대 강화에 중요한 역할을 수행하고 있음이 재확인되었다.

앞서 본문에서 살펴본 바와 같이 중국의 재외동포 교육정책은 그 역사성과 규모 면에서 타의 추종을 불허하는 경험치를 보유하고 있다. 또한, 중국은 예나 지금이나 주변국들의 견제 대상이기 때문에 중국의 재외동포 정책은 전략적 이원성을 유지하면서 외교적 마찰을 최소화하는 방안을 고찰해 왔다. 그런 면에서 재외동포 교육정책은 '인문교류'라는 타이틀로 모국과의 관계성을 심화할 수 있다는 점에서 단순한 비자 정책보다 효율적이라고 할 수 있다. 비근한 예로 서구를 중심으로 한 이민 국가들이 유학 후 이민을 장려하는 이유는 상호 간의 심리적, 정서적 완충지대를 마련하는 것이다. 또한, 이러한 인적 문화교류는 외교적 마찰도 최소화할 수 있다. 따라서 국내외의 재외동포 교육 활성화 방안을 통해 우리와 역사적(혈연적) 인연은 있지만, 문화적 충돌이 큰 재외동포를 국내의 교육방침에 편입함으로써 국내에서의 인적 네트워크 마련은 물론, 모국의 문화를 이해할 기회를 마련해 줄 수 있는 국내 재외동포 교육정책을 확대할 필요가 있다. 또한, 이러한 재외동포 교육은 단순히 이들을 국내에 유입하는 것이 목적이 아니라, 이들이 모국과 거주국 사이에서 균형 있는 정체성을 확립함으로써 거주국의 구성원으로 해야 할 역할을 다하는 것을 목적으로 해야 한다. 그중 일부는 모국과의 접촉을 통해 모국으로의 귀환을 시도할 수도 있고, 또는 거주국과 모국의 다리 역할을 할 수도 있을 것이다.

| 참고문헌 |

이진영·장안리·김판준·임영언·정호원·성일광. 2015. 『외국의 재외동포 청소년 정책 비교 연구』보고서. 한국청소년정책 연구원.

김혜련. 2019. 「중국의 해외 우수인재 유치 정책 연구」. 『인문사회21』. 제10권 4호.

민현식. 2014. 「한국의 대외 한국어 교육정책의 현황과 개선 방향」. 『국어교육 연구』. 제34집.

陳真. 2007. 『國際化背景下華文教育發展趨勢及影響研究』. 雲南師範大學學報.

耿紅衛. 2021. 『漢語言文化在海外的傳播與發展研究』. 中國社會科學出版社.

郭熙. 2007. 『華文教學槪論』. 商務印書館.

胡培安·陳旋波. 2018. 『華文教育與中華文化傳承』. 社會科學文獻出版社.

賈益民·張禹東·莊國土 主編. 2021. 『世界華文教育年鑑(2020)』. 社會科學文學出版社.

僑務委員會. 2023. 『2022 中華民國111年僑務統計年報』. 僑務委員會出版.

莊國土·張禹東·賈益民 主編. 2021. 『華僑華人藍皮書：華僑華人研究報告(2020)』. 社會科學文學出版社.

金珠雅·李永梅. 2021. 「韓國華僑華人的遷徙及定居」. 『馬來亞大學華人文學與文化學刊』. 第九卷 第二期.

吳端陽. 1994. 「臺灣海外華文教育工作述評」. 『海外華文教育』. 第2期.

吳勇毅. 2010. 「新時期海外華文教育面臨的形式及主要變化」. 『浙江師範大學學報』(社會科學版). 第2期.

袁慧芳·彭虹斌. 2001. 「臺灣華文教育初探」. 『高等函授學校』(哲學社會科學

版)第2期.

張向前·朱琦環·呂少蓬. 2005. 「世界華文教育發展趨勢及影響研究」. 『雲南師範大學學報』. 第3卷 第4期.

周聿峨. 1995. 『東南亞華文教育』. 暨南大學出版社.

"법무부 출입국·외국인정책본부", 『통계월보』, 2023년 6월호.

"재외동포청" 홈페이지, http://oka.go.kr/oka/information/know/definition/ (검색일: 2023.09.15.)

"중국국무원교무판공실", https://www.gqb.gov.cn/news/2021/0918/52188.shtml "華僑華人華裔分不清？哪个才是中國籍？" (검색일: 2023.09.15.)

"人民日報海外版", "國僑辦華教基地積極服務海外華校教師和華人子女" 2011年05月28日 https://www.chinanews.com/hwjy/2011/05-28/3073890.shtml (검색일: 2023.11.02.)

"中國日報網" 2020년 12월 21일 보도 "僑務"五校"與海外華文教育示範校舉行雲端交流活動"https://baijiahao.baidu.com/s?id=1686669547307257477&wfr=spider&for=pc (검색일: 2023.09.13.)

"화교대학" 홈페이지, https://www.hqu.edu.cn/hdgk/xxjj.htm (검색일: 2023.10.05.)

"기남대학" 홈페이지, https://www.jnu.edu.cn/2561/list.htm (검색일: 2023.10.05.)

바이두 지식백과 기남대학 편 참고, https://baike.baidu.com/item/%E6%9A%A8%E5%8D%97%E5%A4%A7%E5%AD%A6/154250?fr=ge_ala, (검색일: 2023.10.05.)

바이두 화교대학 편 https://baike.baidu.com/item/%E5%8D%8E%E4%BE%A8%E5%A4%A7%E5%AD%A6/221441?fr=api_baidu_edu_college&fr=zjbk_univ_kg (검색일: 2023.09.30.)

분단국가 대학생의 통일인식

● 이광수 ●

Ⅰ. 서론

1. 문제 제기

현재 한국은 북한과 정치군사적으로 대립과 갈등 관계에 있으면서 경제와 민간 수준의 교류도 거의 중단된 상태에 놓여 있다. 반면에 대만은 중국과 정치군사적으로 대립과 갈등 관계에 있지만, 경제 교역과 민간교류는 지속적인 발전의 모습을 보여왔다. 양안은 30여 년 동안 1987년 가족 왕래를 시작으로 1991년 〈양안인민관계조례〉 제정을 통한 민간교류의 제도화, 2001년 소삼통(통상, 통항, 통우) 에서 대삼통으로의 교류 지역과 영역의 확대, 2008년 ECFA(경제협력기본협정) 체결 등 교류 경험과 성과를 지속적으로 축적해왔다. 중국에는 2021년 기준으로 16만여 명의 타이샹(台商)이라고 하는 대만 출신 경제인들이 거주하고 있으며, 대만에는 현재 30여만 명이 넘는 '루페이(陸配)'로 불리우는 대륙 출신 배우자 즉 결혼이주민이 생활하고 있다.

70여 년의 분단과 대립, 교류와 단절은 대만의 대학생과 한국의 대학생 모두에게 민족적 연대감을 강조하거나 통합된 국가로서의 통일을 추구하기보다는 독립적이고 자주적이며, 실용적인 교류 관계를 희망하는 방향을

* 이 글은 『현대중국연구』 제25집 4호(2024)에 실린 논문을 일부 수정한 것임.
** 국민대학교 중국인문사회연구소 HK연구교수

선호하는 양상으로 나타나는 것처럼 보인다.

대만의 젊은 세대의 경우에는 더욱 적극적으로 대만을 중국과는 별개의 국가로 인식하는 경향이 강하게 나타난다. 분단 역사가 장기화하면서, 탈중국화(去中國化) 경향이 다방면으로 나타나고 있다. 1990년대 이후 민주화와 더불어 발생한 '본토 의식' 즉 대만을 자신의 국가로 인식하는 의식, 주체의식이 고양되면서 대만 대학생에게 자연스럽게 국가관을 형성하도록 했다. 선거를 통한 자유로운 정권교체는 서구 국가의 자유민주 가치와 제도를 더욱 선호하도록 했다. 최근 10여 년 사이에 나타난 해바라기 학생운동, 코로나 팬데믹, 홍콩에서의 일국양제의 실천 상황은 대만의 대학생에게 권위주의적 정치체제로서 중국에 대한 부정적인 인식을 강화시키고 양안 통일에 대한 거부감을 증가시켰다.

한국의 젊은 세대 경우에도 김씨 일가의 3대 세습 구도의 정착과 미사일 발사와 핵무기 개발을 통한 군사력 의존 정책은 비타협적인 대외정책과 함께 북한에 대한 부정적인 인식을 심화시켰다. 또한 북한의 폐쇄적인 태도에 대해 점차 실망감과 함께 민족 공감대도 낮아지고, 통일 지향보다는 남북한이 각자 독자적인 국가체계를 유지하는 것을 더욱 선호하는 것으로 나타나고 있다.

이 글은 분단국가 대학생으로서 한국과 대만 대학생의 통일인식을 비교하는 것을 목적으로 했다. 이를 위해 우선 한국과 대만의 역사적, 정치적, 사회적 유사성과 차별성을 비교해 보았다. 또한 키워드를 통해 대만과 한국대학생의 사회적 경험을 비교 분석했다. 다음으로 한국과 대만 대학생의 통일에 대한 인식을 분석하였다.

2. 세대분류와 정의

세대 간의 사회적 특징을 주로 연구하는 세대사회학에서는 '코호트

(cohort)' 개념을 통해 특정한 역사적 경험을 통해 사회화 과정을 거친 연령 집단의 특징에 주목한다. 지식사회학의 대표적 연구자 칼 만하임 (Karl Mannheim)은 특히 세대(Generation) 개념을 사회적 현상으로 주목하고 이론적으로 정립했다. 만하임은 "출생시기의 차이에 따라 경험하게 되는 구조의 차이를 '경험의 성층화(stratification of experience)로 정의했다. 또한 세대 형성 과정에 대하여 역사학적 접근 방식과 사회학적 방식을 통한 연구를 주장하고, 특히 17 ~ 25세 사이의 젊은 세대의 경험이 중요하다고 인식했다. (Mannheim, 1952) 또한 비슷한 시기에 태어나 경험을 공유하고 있는 세대 단위들은 동일한 실제세대의 범주 내에서 각각의 다양한 '세대 단위'들을 구성한다고 설명했다. (세대문제, 책세상, 2020)

〈표 1〉 국가별 세대 분류 용어

출생시기	미국	한국	대만	중국
1960년대	BabyBoomers (1946-65)	BabyBoom	5年級	60後
1970년대	X (1965-80)	X	6年級	70後
1980년대	Millenium (1981-96)	Millenium	7年級	80後
1990년대	Millenium	Millenium	8年級	90後
2000년대	Z (1997-2012)	MZ	9年級	00後
2010년대	Alpha (2013-2024)	MZ	10年級	10後

출처: What are the 7 Generations?, 필자 정리

한국의 세대 구분은 비교적 미국식 연구나 용어 사용법을 채택하여 이루어지고 있다. 2024년 현재 대학생세대에 포함되는 연령층은 대부분 1980년대 후반에서 2000년대 초반에 출생한 세대로서 이른바 MZ세대라고 호칭한다. 한국의 MZ세대 인구는 2020년 기준으로 1980~1994년 출생자인 Millenium세대와 1995~2005년 출생자인 Z세대를 포함하여, 1600여만명으로 전체 인구의 32.5를 차지하고 있다. 이들 젊은 세대에 비교하여, 부모세대라고 할 수 있는 상위연령층의 세대는 베이비붐 세대와 X세대로

기성세대를 구성하고 있다.(오기성, 81)

대만의 경우에는 중화민국의 기년체 습관이 반영되는 세대 분류를 하고 있다. 즉 1911년 신해혁명으로 인해 시작된 건국을 기준으로 하고 있다. 즉 1950년대 출생자는 건국 40년대에 출생하였기에 4학년생이라고 하고, 2000년대 출생자는 건국 90년대 출생자이기에 9학년생이라고 부른다. 한국의 MZ세대와 대만의 MZ세대인 8학년생과 9학년생은 유사성과 함께 차별성도 보인다.

한국과 대만의 대학생 세대는 출생할 때부터 디지털 환경에 익숙한 디지털 네이티브로서 정보의 자유로운 습득과 다양한 의사표현 방식을 활용하는데 익숙한 환경에서 성장했다. 동시에 이들은 대부분 X세대의 자녀로 정치적 민주주의를 향유하고, 불확실한 미래와 경쟁의 치열함을 체험하면서 안정성과 실용성을 추구하는 특징이 있다. 이러한 인식은 분단 국가로서 통일에 대한 인식과 분단 상대방에 대한 인식에 있어서 영향을 미치면서 세대간 유사성과 차별성을 보인다. 한국은 여전히 40대 이상은 통일에 대한 희망과 기대를 놓지 않고 있다. 반면에 MZ세대는 통일보다는 평화적 환경을 구축하면서 실제적인 이익을 우선적으로 추구하는 입장을 강하게 보여준다. 이러한 세대간 인식 차이는 대만의 경우에서도 유사하게 나타나고 있다. 대만도 중장년세대는 중국과의 문화적 공감대를 더욱 많이 인식하고, 대만의 미래에 대한 부분에서도 통일을 선택하는 비율이 점차 감소되는 추세이지만 젊은 세대에 비해서는 상대적으로 높게 나타난다. 즉 동일한 사회집단 내부에서 연령별 차이에 대한 인식상의 차별성을 볼 수 있고, 지역적 배경이 다른 사회집단이지만, 비슷한 시기에 태어나 경험을 공유하기 때문에 동일한 인식을 공유하는 특징을 보유하는 유사성을 보인다. 대만의 대학생 세대에 대한 대만의 대학교수의 평가를 보면 한국의 대학생 세대가 보여주는 모습과 별다른 차이를 발견할 수 없을 것이다.

"1980년대 출생한 7학년 학생은 어느 정도 고생도 해보았고, 기성세대가 말을 하면 듣기도 한다. 1990년대 출생한 8학년 학생은 자기 생각을 표현하고, 대학생들이 주로 이용하는 온라인커뮤니티에서 의견을 표시한다. 반면에 2000년대 출생한 9학년 학생은 바로 일반인이 사용하는 온라인 커뮤니티에서 댓글을 남기고 자유롭게 감정을 표출한다."(郝明義, 2023, 199)) 이 말은 세대간의 사회적 경험이 다르면서 인식 정도와 행동의 수준도 차이가 있음을 보여준다는 의미다.

한국에서도 밀레니엄 세대와 Z세대의 공유된 특성을 연구하여 정리하기도 한다. 오기성(2023)은 MZ세대는 다양한 가치관을 존중하면서도 자신의 가치도 인정받기를 중시하는 세대이고, 사회적 문제보다는 개인의 생존과 발전을 추구하는 세대라고 설명한다. 또한 국가와 민족관련 가치보다는 인류보편적 가치에 반응하는 감수성을 지니고 참여의식을 갖고 있다고 지적한다. 그리고 오프라인에 보다 친화적인 밀레니엄세대와 디지털 환경에 보다 익숙한 Z세대의 비유를 통해 두 세대의 차이를 말하는데, 밀레니엄세대의 사례로 구의역 스크린도어 사고에 대한 추모 사례와 Z세대의 경우에는 대학교 온라인 커뮤니티 '대나무숲'이나 코로나 팬데믹 초기에 출현했던 '코로나맵', '해시태크(#Prayforturkey))'을 비교 사례로 제시한다.(오기성, 85)

Ⅱ. 한국과 대만 대학생의 사회적 경험

한국과 대만 대학생의 사회적 경험은 대만과 한국의 역사적 경험, 가치 문제, 지정학적 환경, 외교적 환경 등의 요인을 통해 구축되고 변화한다. 네 가지 요소는 한국과 대만의 분단 문제에 대한 보다 심층적인 이해와 합리적인 사고를 하도록 할 것이다. 이 장에서는 대만과 한국의 유사성과 차별성을 분석하고, 키워드를 통해 대만과 한국 대학생의 사회적 경험을 비교한다.

1. 대만과 한국의 유사성과 차별성

1) 대만과 한국의 유사성

한국과 대만의 유사성을 역사적 경험, 가치, 지정학적, 외교적 등 4가지 측면에서 분석할 수 있다. 이는 외견상으로나 실제적으로나 한국과 대만의 분단 환경을 유사하게 인식하도록 하는 요인으로 작용하고, 대응방법에 있어서도 유사한 반응이 나타나는 요인으로 작용한다. 첫째, 역사적 경험 측면에서 한국과 대만은 식민지 경험과 분단, 내전, 미군정, 계엄, 민주주의의 회복이라는 일련의 역사적 경험을 근현대사를 거쳐 유사하게 경험해왔다. 한국은 1910년부터 36년간의 식민지 경험을 거쳐왔고, 대만은 1895년 이후 50년간의 식민지 역사를 경험했다. 이민족에 의한 침략과 병탄의 경험은 독립운동을 통한 내부 민족주의적 단결의 기운을 불러일으키는 요인이 되었고, 이후 분단과 내전은 동북아시아에서 유일한 분단국가라는 공통점도 공유하도록 했다. 냉전시기에는 반공블럭의 일원이 되도록 했고, 탈냉전 이후에도 여전히 미국을 중심으로 중국에 대한 압박의 일원으로 형성할 것을 요구했다. 1970~80년대양측은 비슷한 시기에 경제의 고도성장과 더불어 정치적 민주주의도 획득하게 되면서 시민의 직접선거를 통한 정권의 평화적 교체를 제도화하는 선진적 정치체제를 정착시켰다. 이때의 경험은 대만학자와 대학생과의 인터뷰에서 대만의 역대 총통의 기여도를 질문에 대해 장징궈 총통을 첫번째로 평가하고 있다는 점에서 잘 드러난다. 방담자들은 장징궈의 업적을 대만의 기반시설을 정비한 '10대 건설'과 계엄의 해제, 중국 대륙과의 소삼통의 허용은 오늘날 대만 발전에 중요한 토대가 되었다고 연령에 상관없이 모두가 인정하였다. 한국의 경우에도 박정희, 김대중 두 대통령에 대해 보수와 진보 세력에서 각각 업적을 높이 평가하고 있다는 점이 이를 반영한다고 볼 수 있다.

두 번째 유사성은 바로 이러한 민주주의 투쟁을 통해 공통의 자유와 민주를 기본이념으로 형성하였다는 점이다. 대만은 동성결혼의 합법화, 자유로운 언론환경, 다양한 정당활동의 보장을 통해, 대만의 가치가 서구식 자유민주에 있음을 표명하고 있는데, 이는 중국특색의 사회주의를 내세우는 중국과의 차별성을 강조하기 위한 의도를 포함하고 있다. 이와 같이 가치 측면의 차별성을 통해 분단 상대국과의 체제 우위를 강조하려는 시도는 한국도 유사하다. 북한의 노동당 일당지배체제에 비교되는 복수정당체제와 선거를 통한 자유로운 정권교체 시스템을 통해 체제의 우위를 내세우고, 이는 사람들의 통일과 북한 인식에도 영향을 미치고 있다. 대만과 한국은 가치 측면에서의 유사성으로 인해 서로의 정치체제에 대한 익숙한 비교 태도를 보이고 있다.

세번째 유사성은 지정학적 측면이다. 대만과 한국은 동아시아의 유일한 분단국이다. 내전을 경험하면서 분단이 성립되었고, 이후 이념과 체제의 대립과 갈등이 현재까지 유지되고 있으며, 여전히 정치적 및 군사적 대치와 긴장 상황이 발생하고 있다. 한국은 북한의 미사일 발사 실험과 핵무기의 보유를 통한 위협에 직면해 있고, 대만은 중국의 일국양제 통일방안의 압박과 해공군의 일상적인 무력시위라는 압력을 받고 있는 상태이다. 이는 양측 모두 전쟁과 평화의 기로에 처해 있는 국제적 분쟁 발생가능성이 높은 위기 지역임을 인식하도록 한다. 따라서 양측은 공히 외교적 측면에서도 유사한 입장과 태도를 취하고 있다. 즉 대만과 한국 모두 외교정책에서 미국과의 외교적 친밀감을 높이고, 정치군사적 동맹관계를 추구하는 입장을 표명하도록 작용한다. 이는 한국에서는 주한미군의 주둔, 한미연합군사훈련 실시 등과 같이 미국의 동아시아 정책의 일원으로 동행하는 것을 허용하는 요인으로 작용하고, 대만은 이른바 '친미우일(親美友日)' 즉 미국과 친밀하게, 일본과 우호적인 관계를 유지하고, '안미경중(安美

經中)’ 즉 안보는 미국과의 협력을 기대하고, 경제는 중국의 협력을 기대하는 실용주의적 대외정책을 추진하는 요인으로 작용한다. 물론 중국과의 협력은 대만의 독립을 막고 통일 환경을 조성하려는 중국의 정책에 따라 핑퐁게임을 하듯이 불안정성이 나타나지만, 양안관계에서 대만의 입장은 기본적으로 정치부분의 교류협력은 신중하게, 경제부분의 교류와 협력은 지속적으로 유지하겠다는 이른바 ‘정냉경열(政冷經熱)’의 입장을 갖고 있다.

2) 대만과 한국의 차별성

한국과 대만은 역사적 경험, 가치, 지정학적, 외교적 등 4가지 측면에서 차별성도 있는 것으로 보인다. 이러한 차이는 대만의 분단문제는 폭발성은 작지만, 뿌리가 깊으며, 해결방안의 마련도 장기적이고도 복잡한 과정을 거쳐 이루어질 가능성이 높으며, 반면에 한국의 분단문제는 폭발성은 상대적으로 크지만, 분단문제의 해결은 상대적으로 용이하게 진행될 가능성이 있다. 물론 이러한 낙관적인 분석이 통용될 만큼 국제정세가 예측가능한 낙관적인 상태는 아니다는 것을 전제해야 한다. 차별성을 분석하는 이유는 대만과 한국 각각의 통일문제에 대한 접근과 상대국에 대한 대응방식의 특징을 이해하고 보다 나은 방안을 창출할 수 있기 때문이다.

첫째, 대만과 한국의 차별성은 역사적 경험이다. 대만은 1624년 네덜란드 동인도회사의 배가 현재의 대만 남부 타이난시의 안핑(安平)지역에 근거지를 마련하면서 역사가 시작되었고 이후 대만에서의 독자적인 발전이 이루어졌다고 본다. 이러한 인식은 명나라 말기 정성공 왕조의 흥망, 청에 의한 복속과 할양, 일본 식민통치 시기, 장제스 중화민국 정부의 대만 이전 등 일련의 과거 역사에 대해서, ‘외래인의 점거 및 통치’가 있었으며, 대륙 중국도 여러 외래인 중의 하나라는 인식이면서, 동시에 대만의 역사는 중국 역사의 일부가 아닌 대만 독자적인 역사라는 인식이 강하게 작용하였다. 이에 따라 대만의 독자성을 강조하는 입장에 따라 '아름다운 섬'이라는 의미를 지닌 'Formosa' 라는 용어를 대표적으로 사용하고 있다. 반면에 한국은 1948년 남한과 북한 각기 단독정부를 수립하기 전까지는 하나의 민족, 하나의 국가 속에서 살아왔다. 대만과 비교하여 보면 상대적으로 민족적 일체감이 강하고, 역사적 공감대도 보다 폭넓게 보유하고 있다. 이러한 차이는 대만에서는 자신을 대만인으로 느끼는 고유의 민족 정체성이 증가하고, 중국의 통일압박에 대한 거부감이 증가하는 요인으로 작용한다.

둘째, 가치 측면에서 대만과 한국 간의 차별성이 분명하게 나타난다. 대만은 1949년 이후 분단 상황이 75년여가 진행되면서 대만의 '탈중국화' 경향과 더불어 대만의 '본토화(Taiwanization)' 의식이 강화되고 있다. 이는 1990년 이후 대만의 학교교육과정에서 시작된 '대만주체의식'의 강화교육과 역사교과서 등의 교재의 대만화 즉 탈중국화 노력이 주요한 원인이다. 과거의 대만사는 중국사의 일부였지만, 교육과정 개편을 통해 중국사는 세계사로 분류되고, 대만사는 독자적인 역사 분야로 인정되면서, 대만사를 자연스럽게 국사로 인식하는 세대가 지속적으로 증가하였다. 현재의 젊은 세대는 1990년대와 2000년대 이후 태어난 세대로서 대만 본토화교육과 정치 운동을 경험한 세대들이며, 이들 세대는 본토화 의식 교육세대로서 독립에 대한 인식이 태어나면서도 생성된 천연독(天然獨) 세대들로 불린다. 반면에 한국은 앞서 역사적 측면에서 보았듯이 남북한 간의 역사성의 공유와 인식의 공감대도 대만과는 달리 비교적 선명하게 유지하고 있다. 하지만 남북한의 분단 역시 70여년이 지나고, 관계 단절이 장기화되면서 상호간의 이질적인 인식이 증가하는 상태이다.

셋째, 대만과 한국은 지정학적 측면에서 차별성을 갖고 있다. 대만은 대륙 중국과의 경계를 대만해협이라는 바다를 두고 있으며, 대륙 푸젠성과 대만섬과의 간격도 100km 정도에 이르고 있다. 이른바 긴장과 대결국면을 완화시킬 수 있는 완충지대를 상당정도 확보하고 있다고 볼 수 있다. 반면에 한국은 북한과의 접경지역으로 불과 4km 의 간격을 유지하는 남북한 군사분계선이 155km에 이를 정도로 기다란 비무장지대를 사이에 두고 있다. 따라서 완충지대로서의 역할도 제한적일 수 밖에 없다. 위기 발생 가능성이 높고, 확대 가능성도 높다. 이는 대만해협에서의 충돌보다 비무장지대에서의 충돌 위험 요소가 상대적으로 높다고 볼 수 있으며, 위기관리의 중요성도 배가된다.

네번째로 대만과 한국의 차별성은 외교적 측면에서 찾아볼 수 있다. 대만은 현재 중미국교수립 직후 미국 의회에서 비준한 '대만관계법'에 의해 미국의 군사적 지원과 보호를 자국 안보의 중요한 교두보로 삼고 있다. 대만 역시 미군이 주둔한 적도 있었지만 미군이 철수한 이후 현재는 미국재대협회(美國在台協會, 대만주재 미국 대사관 역할 기구)를 경비하는 소수의 군인 이외의 대규모 부대가 존재하지 않으며, 괌과 오키나와에 포진해 있는 미해군 7함대의 원격지원을 받고 있다. 이는 한국에 주둔하는 주한미군의 존재와는 사뭇 다르게 인식된다. 즉 인터뷰를 한 대만인은 미군의 존재가 무력충돌을 방지하는 중요한 억제수단이 될 수 있다면서, 미군이 주둔하지 않는 대만은 중국으로부터 받는 위협을 그만큼 더 크게 느낀다고 심리적 위기감을 표현했다. 한편 앞서 언급했지만 일본에 대한 인식에 있어서, 대만은 한국과 달리 우호적이고 긍정적인 인식을 갖고 있다. 물론 여기에는 역사적 평가와 가치 측면에서의 공감대 유지 이외에 중국을 상대하는 데 있어서 일본의 존재와 역할을 활용하고자 하는 전략적 이해도 바탕으로 존재함을 알 수 있다.

2. 대만과 한국 대학생의 사회적 경험

한국과 대만의 대학생 세대는 비슷한 시기에 태어났고, 유사한 역사적 배경과 사회적 경험을 공유하고 있는 세대로서 많은 부분 동일한 실제적 문제에 직면하는 경우를 찾아볼 수 있다. 이러한 사회적 경험은 키워드를 통해 대만과 한국 대학생의 유사성과 차별성을 확인할 수 있으며, 이는 이후 통일이나 민족, 국가와 관련한 인식에 영향을 미치기도 한다.

1) 국내정치 및 생활 관련 키워드

국내 정치와 국민생활 관련 범주로 소득불균등, 국가운명, 불균형 발전, 민주화운동, 여성주의 등 5가지로 분류하여 한국과 대만의 사회적 배경을 비교해 보았다.

소득불균등 문제는 대학생 세대의 학업, 장학금, 여가생활, 취업, 결혼과 연관되는 사회적 문제이자 심리적 문제이기도 하다.

한국에서는 세대 담론으로 88만원 세대론이 있고, 대만에서는 22K 세대론이 있었다. (일본에서는 사토리 세대론 (さとり世代論) 이 있다.) 이러한 세대 담론은 "2차대전 이후 고도성장기가 지나가고 저성장사회로 접어들면서, 세 나라 모두 성장둔화, 경기침체, 저출산 고령화 사회로의 이행을 경험, 노동시장의 유연화, 상대적으로 기성세대는 안정적인 직장과 지위를 누리는 반면에 젊은 청년세대는 취업난, 저임금, 노동강도의 강화 등으로 신음하는 세대간의 간극이 심화되는 것을 일컫는 용어이다. (홍백의외, 3)

88만원 세대는 1983년생에서 1996년생으로 속한 연령층이다. 처음으로 이 용어를 사용한 우석훈, 박권일은 신자유주의의 영향에 따라 세대간 경쟁, 세대간 착취가 심화되었음을 지적하면서, 노동시장의 유연화에 따른 노동조건의 악화가 젊은 세대에 전가되고 있다고 주장했다.(우석훈, 박권

일, 2007)

한국에서는 2000년대 중반 당시 비정규직 노동자로 살아가는 청년세대의 기본급 88만원을 상징화하여 소득불균형으로 인한 젊은 세대의 빈부문제와 박탈감을 표현했다. 2007년도 우석훈과 박권일 두 사람이 집필한 경제 에세이집 [88만원 세대]에서 유래되었던 용어는 젊은 세대의 저소득과 불안정한 고용 상황을 설명하는 용어가 되었다. 이후 연애, 결혼, 출산을 포기했다는 의미로3포 세대, 주택 구매 포기와 취업난을 더하여 5포 세대, 미래에 대한 희망과 인간관계를 포기하는 7포 세대, 자포자기하여 건강과 외모도 포기한다는 의미에서 9포 세대, 심지어는 모든 것을 다 포기한다는 의미로서 N포세대 용어까지 유행되기도 했다. 대학생 세대의 소득불균형은 부모의 소득수준이나 재산보유규모에 따라 흙수저, 동수저, 은수저, 금수저 등의 이른바 '수저계급론'으로 나타났다. 한편 학업, 취업, 생활 등 다양한 분야에서 치열한 경쟁에서 도태하거나 혹은 도피하려는 젊은 세대들에게 취업, 교육, 훈련을 거부하는 젊은 세대가 나타나면서 이른바 NEET족이 출현하고 있다. 대만에서도 소득불균형은 심각한 사회문제로 대두되었다. 대만에서의 기본 소득으로 22K, 40K라는 용어가 유행하고, 최근에는 결혼도 출생도 하지 않는다는 신조어(不婚不生)가 출현하고, 최근에는 니트족과 유사한 의미로서 탕핑족(躺平族)이 출현했다. 일반적으로 22K 프로그램 또는 22K 정책으로 알려진 전문대 이상 졸업자의 기업 실습(견학, 인턴십) 프로그램으로 2009년 4월부터 2011년 9월까지 중화민국 교육부가 2단계로 시행한 취업 지원 프로그램이다. 교육부(鄭瑞城 당시 교육부 장관)와 대(전)학 및 행정원 노동위원회(당시 주임위원 王如玄)의 협력 플랫폼을 통해 졸업후 3년간 직장 인턴십을 지원하며, 정부는 졸업생 1인당 월 급여 2만2천위안(속칭 22K)과 근로건강보험을 지원하는 내용으로, 총 3만여 명의 졸업생을 지원한다. 대만 노동부의 2022년도 대졸 초임의 평균은3만4천 위안이다. 4만위안에 미치지 못한다.

기본급을 받는 사람이24%를 차지하며, 제조업 급여가4만 위안으로 가장 높고, 숙박 및 음식점업이 가장 낮다.

국가운명과 관련하여 한국에서는 지옥이라는 의미의Hell과 한국을 의미하는 '조선'을 함께 사용하는 것을 통하여, 현시대의 한국 운명을 비하하고 있다. 대만에서도 일제시대에 사용되었던 '아시아의 고아(亞細亞的 孤兒)'라는 용어와 '망국의 감정(亡國感)'이라는 용어를 사용하여, 국가로서 인정받지 못하는 대만의 슬픈 운명을 비유했다. 대만과 한국은2차대전 이후1970~80년대 본격적인 경제발전을 진행했다. 당시 한국의 박정희와 대만의 장제스는 경제발전노선을 추진하면서 경제발전5개년 계획과10대 건설을 각각 시행했다. 하지만 개발은 수도권 중심으로 진행되면서 불균형 발전이라는 비정상적 발전으로 나타났다. 그 결과 한국은 수도권 집중화 현상과 대학 입시 과정에서 In-Seoul 선호 현상이 강하게 나타났다. 이러한 수도권 집중은 타이완에서도 유사하게 나타났다. 즉 수도인 타이베이시와 주변의 신베이시, 지룽시 등 북부지역을 주요 발전지역으로 지정하여, 공업단지를 건설했고, 남부지역은 상대적으로 낙후된 현상(重北 輕南)이 나타났다. 또한 남부지역의 주민들이 유학, 취업, 사회복지, 문화시설 등 조건이 좋은 북부 지역으로 이동하면서 소위 북부에서 유랑하는 젊은 세대 즉 베이퍄오(北漂族)이 나타났다. 베이퍄오(北漂)라는 용어는 대만 중남부의 사람들이 북부의 타이베이, 신베이 등지에 가서 생활을 추구하는 것을 가리킨다. 1965년부터 많은 대만 청년 지식인들이 타이베이에 가서 인생 사업을 해보고 싶어했고, 타이베이에 와서 다양한 발전 기회를 모색했다. 그 이유가 타이베이는 중화민국의 수도이자 대만의 정치·경제·문화·교육·의료·과학·학술 연구의 중심이기 때문이다.

한국과 대만은 1980년대 후반과 1990년대 초반에 각각 독재정치에 항거하여 민주주의를 갈망하는 대중의 반정부 시위가 대규모로 진행되었고, 마침내 국민의 직접투표를 통해 지도자를 선출하는 민주운동이 진행되었다. 한국의 경우에는 이러한 민주운동에 나섰던 세대를 419세대, 긴급조치세대, 386세대 등 각 시기를 특징하는 용어로 사회현상을 설명했다. 대만도 이와 유사하게 메이리다오세대(美麗島世代), 야생백합세대(野百合世代), 해바라기세대(太陽花世代) 등의 용어가 당시의 사회운동과 사회현상을 설명하는 용어로 자주 사용된다.

한편 한국에서는 여성주의의 흥기와 남녀 젊은 세대의 인식차이를 설명하는 용어로, [82년생 김지영], 이대남, 이대녀라는 용어가 사용되고 있다. 본래 여성주의는 성별 등의 정치, 경제, 사회문화적인 평등을 지향하는 사상 및 활동이다. 즉 여성의 권리를 추구하고, 여성에 대한 차별을 반대한다. 소설을 통해 억압받는 여성의 사회적 지위를 회복하고 다시 세우려는 여론이 발생했다. 동시에 일부 남성의 반발과 저항으로 인해 이대녀, 이대남 등의 갈등 야기형 용어가 사회현상을 설명하고 있다.

2) 통일문제 및 분단 관련 키워드

통일 문제 및 분단대상국과 협력에 있어서는 대만이 한국보다 교류의 역사가 장구하고 교류 분야도 광대하며, 교류의 성과도 비교적 다양하고 풍부하게 축적되어 있다. 한국의 남북협력 사례를 보면, 이산가족 상봉이 비정기적으로 있어왔고, 경제협력도 개성공단이 존재했으나, 현재는 성사되지 않고, 또한 폐쇄된 상태이다. 반면에 대만과 중국의 교류는 1989년 민간인 방문부터 시작된 이래 장구한 역사, 광대한 교류, 다양하고 풍부한 성과를 보이고 있다. 특히 대만은 중국의 개혁개방정책의 본격적인 실시와 맞물려 다수의 기업과 경제인들이 대륙 중국에 투자하고 공장을 설립함으로써 적극적으로 양안교류를 실시했다. 흔히 서진(西進)이라고 부르는 대만 경제인의 중국 진출이 그것이다. 서진은 대만경제인들이 1990년대 중국으로 진출하던 움직임을 일컫는 용어이다. 30여년의 서진 이후 중

국경제의 성장과 경쟁의 가속화, 양안 정치 관계의 변화로 인해 대만경제
인들의 서진이 감소하고 있다. 중앙연구원의 린종홍(林宗弘)은 타이샹의
중국진출 역사를 3단계로 분류했다. 1단계는 1992년부터 2007년까지로
'도금시기(鍍金時期)', 2단계는 2008년 아시아금융위기에서 2014년 대만
의 해바라기학운까지 '대파도시기(巨浪時期)', 마지막으로 2015년 이후
대만 기업이 중국에서 철수하는 '퇴조시기(退潮時期)'로 나뉜다. 최근 중
국에서 취업하는 인원수가 8년 연속 감소하였는데, 중미 무역전쟁의 영향,
사업실패와 생산공장 이전 등으로 인한 타이샹의 철수, 노동인구의 이동,
코로나 팬데믹의 영향 등이 작용하였다고 평가하고 있다. 이러한 감소 요
인으로 인하여 대만 대학생의 중국 진출 즉 서진(西進)의 동기를 자극시
키기 힘들다는 분석이 나오고 있다. 2021년 통계에서 해외 취업 인구가
32만여 명이었는데, 이 중 중국(홍콩 포함)은 약 16만 명으로 51.1% 절반
이상의 비중을 차지하였다. 하지만 이 숫자는 코로나 팬데믹 이전이었던
2019년의 39만 명에서 7만 명이나 감소한 것이다.

　대만의 신빙룽(辛炳隆)교수는 코로나 이후 중국경제 전망이 낙관적이
지 않고, 타이샹 또는 외자기업의 투자의욕의 감소가 취업을 준비하는 대
학생들에게도 부정적인 영향을 미치고 있다고 분석했다. 한편 대만자본의
대륙중국에서의 탈출이 이루어지는 것과 동시에 대만으로 돌아가지 않고
대륙에 남아서 생활하는 이른바 대만인 유랑인(台流)의 존재는 대만 내에
서 사회적 문제를 지닌 현상으로 소개되기도 한다.

　다음으로 인적교류 측면에서 한국은 이산가족상봉이 가장 큰 인적교류
통로였으나, 최근에는 탈북민들이 급증하면서 탈북민에 의한 여러 상황들
이 나타나고 있다. 여기서도 대만의 교류경험이 더욱 다양하고 구체적인
사례를 보이는가를 알 수 있다. 즉 중국 대륙에는 대만경제인 뿐만 아니라
대만학생(台生), 대만인 배우자(台配) 등이 있으며, 대만에는 대륙배우자
(陸配), 대륙학생(陸生) 등이 존재한다.

III. 한국과 대만 대학생의 통일 인식 비교

앞에서 한국과 대만은 근현대를 이어오는 동안 유사한 역사적 경로를 거쳐왔으며, 비슷한 지정학적 환경에 적응해 오는 과정에서 사회적 경험에서도 유사성과 차별성을 갖고 있음을 고찰했다. 분단국가 대학생으로서 통일에 대한 이해와 분단 상대방에 대한 인식에서도 유사성을 보여주고 있다. 통계자료는 한국의 경우 서울대 사회발전연구소가 2022년 11월 발표한 '청년 2030 세대에 대한 통일인식' 설문조사와 고강섭이 2017년 실시한 '청년세대의 통일인식 조사'이며, 대만의 통계자료는 대만 정치대학 선거연구센터의 통계자료와 공공TV에서 2019년 6월 실시한 고등학생과 직업학교 학생의 국족정체성 조사(高中職生國族認同調査)를 분석자료로 활용했다.

1. 통일 인식 비교

한국과 대만의 대학생 모두 분단 상대국과의 통일의 필요성에 대해서는 부정적이거나 거부하는 인식이 강해지면서 통일 관심도 역시 감소 추세에 있음을 통계적으로 보여주고 있다.

먼저 한국 청년세대의 통일인식 조사에 의하면 62.6%가 통일에 대한 관심이 없다고 하였으며, 56.4%의 응답자는 통일의 필요성에 대해서 느끼지 못한다고 답하였다. 반면, 통일에 관심이 있다고 한 응답자는 37.4%이며 통일은 반드시 이루어지기를 바란다는 응답자는 8.6%에 불과하였다. (서울대, 2022) 배경으로는 남북한 정권의 이해관계 33.4%, 북한의 군사적 도발 및 전쟁위협 18.1%, 통일비용의 부담 14.6%, 강대국의 이해관계 10.1% 라고 대답하였는데, 북한의 책임을 강조하는 비율이 절반 이상으로 나타났다.(고강섭, 2017) 한편 대만의 경우에 중국과의 통일을 희망하는 비율이 감소하는 추세에 있다. 2002년에는 통일 찬성 비율이 56%이고, 통일에 반대하는 비율이 31%로 반대보다 찬성이 더 많이 대답하였지만, 20년이 흐른 2020년 조사에서는 통일에 찬성하는 비율이 26%이고 오히려 반대가 64%로 정반대의 결과가 나왔다.(정치대, 2020) 이러한 결과는 대만과 중국의 체제와 제도의 차이, 대만인 본토의식의 강화, 대만 중심 역사교육의 강화 등의 요인으로 인해, 대만인 정체성이 강화되면서 나타난 결과로 보인다. 한국과 대만의 대학생 모두 분단체제의 장기화, 상대의 사회주의 체제에 대한 거부감, 군사적 도발이나 위협 등이 통일에 대한 부정적인 인식이 높은 요인으로 된 것을 알 수 있다.

2. 분단 상대방 인식

민족적 공감대도 감소 추세를 보이고 있다. 우선 한국의 경우에는 북한을 '적' 또는 타자로 인식하는 경우가 49.9% 절반에 이른다. 특히 정부 차원에서 느끼는 인식은 더욱 부정적으로 나타나는데, 김정은 정권과 집권세력에 대해 반감을 느낀다고 답한 비율이 70% 에 근접한 응답 결과가 나타났다. 이 비율은 남북한 사이에 민족적 공감대가 점차 약화되고 있음을 보여준다.(서울대, 2022) 북한에 대한 부정적인 인식은 협력과 지원 대상이라고 보는 시각보다는 경계와 적대 대상이라고 보는 시각이 더 높이 나타난데서 명확하게 드러난다. "북한이 남한에게 어떤 대상이라고 생각하느냐?"라는 질문에 협력대상38.9%, 경계대상30.9%, 적대대상15.7%, 지원대상11.7%. 으로 긍정적 답변이50.6%, 부정적 답변이46.6%으로 나타난데서 알 수 있다. 한국 대학생들의 인식에는 보다 특징적인 현상이 나타나는데, 바로 통일, 북한에 대한 부정적 인식이 점차 연소화되는 경향을 보여주고 있다. 즉 북한을 협력대상으로 생각한다는 응답이 20대 초반이 33%에 불과하며, 20대 후반은 45%로 나타났다. 또한 북한을 경계 상대,

적대적인 상대로 인식한다고 대답한 결과에서 20대 초반의 비율이 20대
후반보다 더 많다는 통계 결과가 바로 부정적 인식의 연소화 경향의 대표
적 예시다.(고강섭, 2017) 북한에 대한 부정적인 인식은 민족적 공감대 의
식도 점차 감소하는 것을 보여주고 있다. "북한 주민을 한민족이라고 생
각하는가?"라는 질문에 대해서 한민족이라고 생각한다고 답한 응답자가
41.9%, 한민족이라고 생각하지 않는다로 답한 비율이19.6%로 같은 민족
이라고 생각한 비율이 높기는 하지만 절반에 미치지 못한 비율로 나타난
것이다. 이러한 인식은 "북한주민들에게 연민을 느끼는가?"라는 질문에
대해서, 느낀다. 49.3%. 느끼지 않는다. 17.4%로 절반에 미치지 못한 응답
자가 긍정적인 답변을 한 것을 보면 알 수 있다.

대만의 경우에는 민족적 공감대가 더욱 약화되고, 분단 상대방에 대한
이탈 정도가 높아지는 추세를 보여주고 있다. 우선 자신을 중국인이 아닌
대만인으로 인식하는 독자적인 민족정체성이 높아지는 추세이다. 민족정
체성을 조사한 첫 해인 1992년에는 자신을 대만인이라고 답한 비율이18%
에 머물렀지만, 2002년에는 41%로 증가했고, 2023년에는 62%로 증가하여
인구의 절반 이상이 자신을 중국인이 아닌 대만인으로 인식하는 민족정체
성이 높아지는 추세를 보였다. 반면에 자신을 중국인이라고 인식한 응답
자는 1992년 26%에서 2023년에는 3%로 감소하였는데 매우 적은 비율만
이 자신을 중국인으로만 인식하고 있음을 보여주었다. 한편 자신을 대만
인이기도 하고, 중국인이기도 하다는 이중정체성도 1992년 46%에서 2023
년 30%로 감소하였다.(정치대, 2023) 이 역시 자신을 대만인이라는 인식
이 높아진 추세를 입증하는 통계수치이다.

대만인 정체성의 증가 추세는 대만에 대한 국가관이 확립되고 높아지는
경향을 보여주는 요인으로 작용하고 있다. '우리나라(我們的國家)'는 어
디를 말하는가? 라는 질문에 대해서, 대만 91.3%, 대륙과 대만 3.4%, 중화
민국 2.7%, 대팽금마 1.4%, 대륙 0.3% 순으로 답하였는데, 96% 정도가

중국보다는 대만을 이미 자신의 국가로 인식하고 있음을 보여주는 통계다. 조사는 구체적으로 '우리나라(我們的國家)'의 명칭으로 적합한 것을 묻는 질문에 대해서 대만 56.6%, 중화민국 28.3%, 중화민국대만 12.1%, 중국 1.1%, ROC 0.7%, 대만공화국 0.5%로 중국을 선택한 비율은 1%정도에 불과하다. 대만 대학생의 인식은 대만을 국가로 인식하고, 국가관념에 관련하여서는 중국을 선택사항에까지 포함시키지 않음을 보여준 결과이다.

3. 실용주의적 인식

통일과 북한에 대한 소극적, 부정적 인식의 배경에는 대학생 세대의 실용주의적 인식이 작용하고 있다.

한국 대학생에게 "통일 이후 북한 지역에 거주할 의사가 있는가?"라고 묻는 질문에 대해서, 60%에 가까운 응답자의 57.7%가 거주의사가 없다고 답하였고, 반면에 불과13%의 응답자만 거주 의사가 있다고 답하였다. 특히 여성의 경우에는 없다가 69.6%로 70%에 이르는 응답자가 부정적인 응답을 하였다. 실제적인 질문에 대해서 보다 분명하게 자신의 의사를 표명하는 실용적인 경향을 보여주었다고 볼 수 있다.

이러한 실용주의적 경향은 "통일이 된다면 북한 주민과 결혼 의향이 있는가?"라는 질문에 대해서도, 의향이 없다가 43.3%로 나타났는데, 의향이 있다는 21%의 응답에 비해 두 배 이상의 답변을 보인 것이다.

한국보다 교류의 역사가 장구하며, 교류 분야도 다양하면서 많은 성과를 축적하고 있는 대만의 경우에는 한국에 비교해 보다 실용적인 접근을 하는 경향을 보여주고 있다. 대만 젊은이가 중국에 취업하거나 유학을 가는 행위가 대만의 발전에 미치는 영향에 대해 어떻게 생각하는가? 라는 질문에 대해서, 78% 정도의 응답자가 절반은 긍정적으로 보고, 절반은 부정적으로 보는 '반반' 즉 좋고 나쁨을 말하기 쉽지 않다고 답하였다.

또한 취업과 유학가는 행위가 매우 긍정이라고 볼 수 있는 '좋다'라고 답한 비율이6.6%로써 85% 가까운 응답자가 중국과의 관계에서 실용적으로 생각하고 있음을 보여준 것으로 분석할 수 있다. 이 질문에 대해서 부정적으로 답변한 경우, 즉 좋지 않다고 답한 비율은 15%에 불과하다. 또한 중국으로 유학을 갈 생각이 있는가라는 질문에도 있다고 답한 비율이 12.9%이고, 없다라고 답한 응답자가 86.9%로 아직 조심스러운 접근을 하고 있지만, 전체 유학 선호 국가 중에서 미국에 이은 두 번째 국가로 중국을 고려하고 있다는 결과다. 대만 대학생의 실용주의적 태도의 하나로 볼 수 있다. 양안관계의 불확실성으로 인한 긴장과 초조는 절반 이상 느끼고 있음을 알 수 있다. 또한 대만 대학생은 대만이 현재 성취해낸 경제번영과 민주주의 체제에 대해 만족하고 있으며 지속적으로 유지하기를 희망하고 있음을 알 수 있다. 이러한 대만 대학생의 인식은 "대만의 미래모델에 대한 질문으로, 통일, 독립, 현상유지에 대한 선택에 있어서, 가장 많은 응답자가 현상유지를 현실적 대안으로 선택한 부분에서 이해할 수 있다.

IV. 결론

한국과 대만 사이에는 분단 국가라는 공통점 이외에 역사적 경로, 지정학적 환경, 사회적 경험 등 다방면에 있어서 유사성과 함께 일정한 차이가 있다. 양안간의 거리는 바다로 분리되고, 남북간은 육지로 연결되어 있다. 대만의 상대로는 중국이라는 안정된 통치체제와 강대한 국가규모를 지닌 상대방이 있는 반면에 한국의 상대에는 경제적 약세와 군사력에만 의존하는 불안한 김정은이 있다. 대만은 본토화 추세에 따른 독자적인 국가의식이 생성되고, 한국은 상대방의 벼랑끝 외교에 따른 혐오와 긴장국면에 지친 피로증세가 심화되어간다.

한국과 대만의 대학생 세대는 다음 몇 가지 유사성이 존재한다. 첫째, 1980~90년대 이후 출생하였고, 민주 쟁취와경제 성장을 이룩하면서 풍족한 물질문명과 함께 신속한 정보혁명을 경험한 세대들이다. 따라서 이들은 Digital Native로서 디지털문화(SNS, FB, IG, Youtube활용)에 능숙하다. 둘째, 70여 년의 분단과 대립, 교류와 단절을 경험했다. 이들 세대는 전쟁에 대한 공포와 평화를 추구하는 심리가 강하다. 셋째, 분단과 대결의 장기화로 인해 분단 상대방에 대한 부정적인 감정이 증가하였다. 넷째, 이념적으로 사회주의에 대한 거부감이 강하다. 다섯째, 분단문제의 해결방법으로 통일보다 독립자주, 실용적 관계를 선호한다.

또한 한국과 대만의 대학생은 다음 차별성이 있다. 대만대학생은 민족정체성 고양의식이 강하고, 국가관념도 선명하며, 따라서 중국과의 통일을 거부하는 심리도 강하게 나타난다. 반면에 한국대학생은 민족정체성을 강조하는 분위기가 선명하지 않다. 북한과의 통일에 대해서도 불필요하다는 생각이 강하게 나타난다.

오늘날 한국사회가 있기까지, 우리의 전세대는 일제의 통치를 겪었으며, 6.25 전쟁을 겪었다. 그리고 민주주의의 쟁취를 위해 피를 흘려 싸워야 했다. 독일은 어느 날 갑자기 베를린 장벽이 무너졌는데, 우리에게 통일은 먼 것처럼 보인다. 한국 분단의 역사는 어느덧 70년을 넘어섰다.

어느 때보다 '균형외교'가 필요한 시기이다. 이에 한국의 청년세대는 북한을 어떻게 생각하고 있는지, 그 의식의 흐름을 연구하여 한반도의 미래와 동아시아 및 국제 질서의 향방을 일정 부분 예측하고자 한다.

이 글은 분단과 대립, 교류와 단절이라는 사회적 경험을 공유하는 대만과 한국의 대학생 세대의 인식을 비교한다. 두 지역의 대학생은 분단의 장기화에 따른 상대국 즉 북한, 중국과의 일체감이 희박해지고, 군사적 압박에 대한 거부감이 증가하고 있다. 민족적 연대감이나 하나된 국가로서의 통일 추구보다는 독립적이고 자주적이며, 실용적인 교류 관계를 선호한다. 한국의 대학생은 북한의 비민주적 권력세습, 폐쇄적인 대외관계와 핵무기 개발 등의 군사력 강화 일변도에 부정적인 인식이 강화되었다. 대만의 대학생은 공산당 영도로 대표되는 권위주의 체제에 대한 비호감과 강압적인 통일 방안에 대한 거부감이 더욱 심화되고 있다. 한국과 대만대학생의 인식변화는 분단 상대방에 대한 부정적인 평가가 증가하면서, 분단 체제의 극복 방안으로서 통일을 지향하기보다는 각자 독자적인 형태를 유지하면서 평화와 교류를 통한 이익을 공유하는 실용주의적 우호관계를 선호하는 것으로 보여진다.

| 참고문헌 |

강유림·김문영. MZ세대의 라이프스타일 특성에 대한 탐색적 연구. 한국의류산업학회지 제24권 제1호. 2022.

김한나·박원호. 청년 세대의 통일 및 북한에 대한 인식과 탈북자 수용에 관한 태도. 한국정치학회보. 57집 4호. 2023 겨울. 59-89

오기성. MZ세대 통일의식 제고 방안 연구, 평화학연구 제23권 제2호, 2022

우석훈·박권일. 88만원 세대 - 절망의 시대에 쓰는 희망의 경제학. 레디앙. 2007.

이광수. 중국의 통일정책에 대한 대만인의 인식. 지식융합연구. 통권 10호. 글로벌지식융합학회. 2022, pp. 285-309.

정수열, 정연형, 국내 북한이탈주민의 모빌리티 역량과 이주 실천, 대한지리학회지 제56권 제6호, 2021. 567~584

홍백의 외. 세대 차이인가. 계층 차이인가 - 한일 가족 가치관 차이. 2017

황쥔제 저. 정선모 역. 대만의 역사와 정체성을 찾아서 - 대만의식과 대만문화. 성균관대학교출판부. 2021

Mannheim. K. (1952). The Problem of Generations' in Mannheim. K. Essays onthe Sociology of Knowledge (First Published 1923). London: RKP.

카를 만하임 저. 이남석 역. 세대 문제. 책세상. 2020

KateADMIN. The 7 Generations and Why They Matter in Marketing. Posted on. 2023. 11. 7. https://pieceofcakemarketing.co.uk/the-7-generations-and-why-they-matter-in-marketing

MZ세대가 사는 법. 대한민국 정책브리핑. https://www.korea.kr/multi/visual NewsView.do?newsId=148903228

서울대 사회발전연구소. '청년 2030 세대에 대한 통일인식' 설문조사. 2022년 11월. http://webzine.puac.go.kr/tongil/sub.php?number=3320

고강섭. 청년세대의 통일의식 조사 연구. 서울시. 2017

KBS_2023년 국민 통일의식 조사 kbs. 20230815

KINU_통일의식조사_통일연구원. 2022 연구총서_22-20

대만 정치대학 선거연구센터의 통계자료

https://esc.nccu.edu.tw/PageDoc/Detail?fid=7805&id=6962

「高中職生國族認同調查」. 公共電視. 2019.

台灣人的民族認同與統獨傾向. 台灣民意基金會. 2021年7月

林宗弘等.『崩世代：財團化、貧窮化與少子女化的危機』(台北: 台灣勞工陣線, 2011)

郝明義, 臺灣的未來在海洋：探索新時代的挑戰與希望(台北: 網路與書出版, 2023)

陳志柔·於德林. 台灣民眾對外來配偶移民政策的態度. 2005

王瀚陈超. 台湾地区选民政党认同的世代差异. 台灣研究. 2019年 第1期。

林宗弘. 台灣青年世代的政治認同(1995-2015). 香港社會科學學報 第19期 2017 年春夏季

저자소개

박영순

중국 푸단(復旦)대학에서 박사학위를 받았다. 현재 국민대학교 중국인문사회연구소 HK교수이다. 주요 관심 분야는 고대 문인집단과 문학유파, 문인결사와 지역문학, 유배문학과 유민(遺民)문학, 지식의 전파와 수용 등이다. 최근에는 고대 문인결사의 시대별·지역별·유형별·창작별 분류 연구에 중점을 두고 있다. 최근 주요 논문으로는 「송대 은사(隱士) 집단과 은일 문화:『송사·은일전』을 중심으로」(2023.10), 「명말 고학(古學)의 부흥과 경세(經世) 사조의 형성: 복사(復社)의 활동을 중심으로」(2022.04), 「명대 문사(文社)의 활동과 과거 문풍(文風)의 상관성: 제도·활동·권력을 중심으로」(2021.12) 등이 있다. 주요 역서로는『중국 고대 문인집단과 문학풍모』(2018), 『현대 중국의 학술운동사』(2013) 등이 있다.

장영덕

중국 베이징(北京)대학 국제관계학원에서 박사학위를 받았다. 현재 인하대학교 국제관계연구소 연구교수와 연세대학교 국제대학원 객원교수로 재직하고 있으며, 중국의 주변외교와 지역 및 세계질서, 변강의 확장성 등을 연구하고 있다. 최근에는 중국의 동아시아 지역질서 구상을 연구하는데 집중하고 있다. 주요 논문으로「중국 변강 담론의 확산과 의미: 시진핑 시기를 중심으로」(2023), 「American Discourses on China's Motivations for Naval Development under Xi Jinping」(2023), 「시진핑 시기 중국 민족주의의 강화와 그 요인」(2022), 「중국 주변외교의 진화와 변강의 확장: 중국의 서아시아 전략을 중심으로」(2021), 「중국의 변강(邊疆)인식 전환과 확장적 대외정책」(2020), 「Sino-DPRK Geopolitical Curse behind Kim Jong-un's Olive Branch」(2020) 등이 있다.

박찬근

연세대학교에서 박사학위를 받았다. 현재 숭실대학교, 연세대학교에서 강의를 하고 있다. 주요 관심 분야는 근세 중국의 화폐 정책과 경제, 중국 서남지역 소수민족 사회와 경제 등이다. 주요 논문으로「18-19세기 청대 전량(錢糧)의 전납(錢納)과 지방재정」(2020), 「청조 도광 연간의 은전병용론(銀錢並用論)에 대해」(2021), 「19세기 전후 제전(制錢) 주조 정책의 변화와 지속」(2022), 「청조 도광 연간의 양전(洋錢)과 방주양은(倣鑄洋銀)에 대해」(2022) 등이 있다.

정중석

한국외국어대학교 중국어과를 졸업하고 동 대학교에서 문학박사 학위를 받았다. 현재 한국외국어대학교와 건국대학교 강사이다. 주요 관심 분야는 중국 현당대 소설, 현대 도시소설과 도시공간, 일본제국주의 시기 중국식민지 문학, 만주국 문학과 문학담론 등이다. 최근에는 중국문학담론이 중국의 신천하주의(新天下主義) 체제 하에서 내셔널리즘의 이데올로기를 구축하는 방향으로 변형되고 신제국 담론의 일환으로 확장되는 것에 관심을 갖고 만주국과 식민지 문학을 연구하는 데 중점을 두고 있다. 주요 논문으로 「수팅 舒婷 시가의 이성부족 비판에 대한 견해」(2018), 「비페이위(畢飛宇) 『마사지사(推拿)』의 장애인 서사」(2018), 「류이창(劉以鬯) 『술꾼(酒徒)』에 나타난 홍콩 도시 공간 인식」(2019), 「쑤퉁(蘇童) 『참새이야기(黃雀記)』와 시대 비판 공간」(2019), 「만주 향토문학 논쟁에 대한 어떤 다른 관점」(2020), 「만주국의 줴칭(爵青) 문학」(2022) 등이 있고, 옮긴 책으로 『만주국 시기 중국소설 : 중국작가 12명이 그려낸 만주국의 풍경과 사람 (공역)』(산지니, 2023)이 있다.

서상민

고려대학교 정치외교학과를 졸업하고 고려대학교 대학원에서 중국정치로 석·박사학위를 취득하였다. 동아시아연구원(EAI) 중국연구센타 부소장을 거쳐 현재 국민대학교 중국인문사회연구소 HK연구교수로 재직 중이다. 주요 관심 연구영역은 중국정치과정 중 권력관계, 정치엘리트, 관료제와 관료정치 그리고 외교안보 분야 정책결정과정 분석 등과 관련된 주제들이며, 최근에는 사회연결망분석(SNA) 방법을 활용한 중국의 정책지식과 정책행위자 네트워크 분석하고 관련 데이터를 구축하여 중국의 정치사회 구조와 행위자 간 다양한 다이나믹스를 추적하고 분석하고 있다. 주요 논문으로는 「중국 동북지역의 '신지정학'」(2024.6), 「수교 이후 한국의 대중국 의회외교 특징 분석」(2023.8), 「사회연결망분석(SNA)을 활용한 중국정치학계의 지식생산 분석」(2022.8), 「시진핑집권 초기 중국외교담화 생산메카니즘과 내용분석」(2021)이 있으며, 저역서로는 『정치네트워론 I, II』(2022, 공역), 『시민과 함께하는 중국인문학』(2021, 공저), 『中国梦 : 中国追求的强国像』(2019, 공저), 『현대중국정치와 경제계획관료』(2019), 『애들아 이젠 중국이야』(2016, 공저) 등이 있다.

문정진

고려대학교에서 박사학위를 받았다. 현재 성결대학교 중어중문학과 부교수이다. 중국 근대 소설, 화보와 삽화, 도시문화 등을 연구하고 있다. 최근 과학적 인식과 실용적 지식이 근대 아편 무역과 관계 맺는 지점들에 관심을 가지고 중국 근대 중서 의학

담론 관련 자료를 살펴보고 있다. 주요 논문으로「변혁의 시대, 의(醫)문화의 재구성 - 청말(淸末)『의림개착(醫林改錯)』의 언표(言表)를 중심으로」(2023),「중국 근대 초기 질병으로서의 아편 중독 -「아편문제에 관한 비판적 제언」연구」(2022),「욕망, 기괴함, 그리고 기운생동(氣韻生動) - 진홍수(陳洪綬)와『수호엽자(水滸葉子)』를 중심으로」(2014),「중국 근대 매체와 지식으로서의 조선(朝鮮) -『신보(申報)』,『점석재화보(點石齋畵報)』,『시무보(時務報)』,『청의보(淸議報)』,『신민총보(新民叢報)』,『절강조(浙江潮)』,『민보(民報)』,『동방잡지(東方雜誌)』를 중심으로」(2012) 등과 주요 저서로『중국 근대의 풍경』(2008, 공저),『안중근 연구의 기초』(2009, 공저),『상하이 차관-모던 찻집에서 스타벅스를 보다』(2011),『西方文明的衝擊與近代東亞的轉型』(2013, 공저),『新世紀韓國的中國現當代文學硏究』(2013, 공저),『기술로 본 근대 상하이의 공간과 문화』(2016) 등이 있다.

정세련

서울대학교에서 박사학위를 받았다. 현재 서울대학교, 제주대학교, 총신대학교 등에서 강사로 재직하고 있다. 주로 중국 동북지역 변경사, 만주국사, 청말 이후 만주족 사회, 동아시아 민족주의, 근대 중국 역사교육 등에 관심을 두고 연구하고 있다. 주요 논문으로「봉천군벌의 실질 지배권 확대 과정과 대외 정책: 1920년대를 중심으로」(2024),「淸末民初 "歷史敎授" 개념의 도입과 변용: 1904~1921」(2023),「신해혁명 이후 일본 언론의 宣統帝 관련 보도 경향: 1912-1924」(2023),「신해혁명 이후 중국 東北地域 토지 문제를 둘러싼 갈등, 1911~1932」(2023),「中國 國體變革期 滿洲族 團體의 政治活動, 1901-1924」(2017), 역서로『21세기 동아시아와 역사문제』(2018, 공역)이 있다.

최은진

이화여대에서 역사학으로 박사학위를 받았으며, 현재 국민대학교 중국인문사회연구소 HK교수로 재직하고 있다. 전공분야는 중국현대사이며 현재는 중국 지식인의 사상지형, 담론 및 네트워크를 구체적인 교육, 사회활동에서 역사적으로 고찰하는데 관심을 갖고 연구하고 있다. 주요 논문으로는「중국국립중앙연구원 역사어언연구소(1928~49)와 근대역사학의 제도화」(2010),「중국 역사지리학 지적구조와 연구자 네트워크」(2012),「언론매체를 통해 형성된 공자학원Confucius Institutes 이미지와 중국의 소프트 파워 확산」(2015),「중국의 '중국학'연구의 지적구조와 네트워크: 텍스트 마이닝 기법을 활용한 새로운 분석방법의 모색」(2016),「중국 푸쓰녠傅斯年연구의 지적 네트워크와 그 함의」(2017),「중화민국시기『교육잡지敎育雜誌』와 서구교육지식의 수용과 확산」(2019),「중국 향촌건설운동의 확산과정과 향촌교육의 함의」(2020),「중국 마르크스주의 역사학의 민족담론 분석— 뤼전위(呂振羽)의 민족사 연구를 중심으로 —」
(2023)등과 최은진 옮김『중국 근현대사의 지식인』, 학고방(2021)등이 있다.

박철현

서울대학교 동양사학과를 졸업하고, 서울대학교 국제대학원에서 중국지역연구로 문
학석사학위를 받고, 중국 선양(瀋陽) 테시구(鐵西區) 공간변화와 노동자 계급의식의
관계에 대한 연구로 중국런민대학(中國人民大學) 사회학과에서 박사학위를 받았다.
현재 국민대학교 중국인문사회연구소 HK연구교수로 재직중이다. 관심분야는 중국
동베이(東北) 지역의 공간생산과 지방정부의 역할, 국유기업 노동자, 도시, 동베이
지역의 "역사적 사회주의", 만주국, 동아시아 근대국가 등이다. 논문으로는 「중국 개
혁기 공장체제 연구를 위한 시론(試論): 동북 선양(瀋陽)과 동남 선전(深圳)의 역사
적 비교」(한국학연구, 2015), 「關於改革期階級意識與空間-文化研究: 瀋陽市鐵西
區國有企業勞動者的事例」(박사학위 논문, 2012) 외 다수가 있다. 공저로『투자 권
하는 사회(역사비평사, 2023)』,『동아시아 도시 이야기(서해문집, 2022)』,『팬데믹, 도
시의 대응(서울연구원, 2022)』,『북중러 접경지대를 둘러싼 소지역주의 전략과 초국경
이동(이조, 2020)』,『세계의 지속가능한 도시재생(국토연구원, 2018)』,『특구: 국가의
영토성과 동아시아의 예외공간』(알트, 2017),『다롄연구: 초국적 이동과 지배, 교류의
유산을 찾아서』(진인진, 2016)가 있다. 편저서로『도시로 읽는 현대중국 1, 2』(역사비
평사, 2017)이 있고, 역서로는『중국 정책변화와 전문가 참여(공역)』(학고방, 2014)가
있다.

유은하

이화여대에서 지역학으로 박사학위를 받았으며, 현재 한신대학교 평화교양대학 부교
수로 재직 중이다. 주요 관심 분야는 중국 지역격차-도농격차-빈부격차의 3대 격차
문제를 비롯한 지역발전전략, 사회 변동 등이다. 최근에는 중국의 엘리트 정치와 정치
엘리트, 그 중에서도 특히 지방 엘리트와 여성 엘리트에 관심을 갖고 연구하고 있다.
최근 주요 논문으로는 <중국 엘리트 정치의 여성 대표성 연구>(2024), <중국 시진핑
시기 엘리트 정치와 중앙-지방 관계>(2023), <中国经济新常态下的 '新东北现象' :
特征与含意>(2022), <중국 지역발전전략 성과에 관한 비교 연구-'동북진흥(振兴东
北)'과 '중부굴기(中部崛起)'를 중심으로>(2022) 등이 있다. 주요 저서로는 <엘리트
로 보는 유라시아2>(공저, 2024), <유라시아 엘리트 정치의 변동>(공저, 2023), <중국
의 꿈과 민주주의>(공저, 2021), <중국의 민주주의: 민주 관념의 생성과 변천>(공역,
2019) 등이 있다.

김주아

베이징어언대학(北京語言大學)에서 『漢語"來/去"和韓國語"ota/kada"的句法, 語義對比研究(중국어 '來·去'와 한국어 '오다·가다'의 통사 및 의미론적 비교연구)』로 응용언어학 박사학위를 받았다. 현재 국민대학교 중국인문사회연구소 HK연구교수로 재직 중이다. 연구 관심 분야는 중국어학과 중국문화 및 화교·화인 사회이다. 주요 논문으로는 「화인 민족공동체의 형성과 발전-동남아시아 화인사단(社團)을 중심으로」(2018), 「말레이시아 화인기업(華商)의 네트워크 활용 실태 조사」(2019), 「싱가포르 화인의 다문화 수용성 조사」(2019), 「중일 번역문화와 번역어의 탄생 과정」(2020), 「언어로 보는 중국의 '코로나19'-2020년 10대 신조어를 중심으로」(2021), 「국내 학계의 '화교·화인' 관련 연구성과-지식지형도와 시각화를 중심으로-」(2022)등이 있다. 역서로는 『지혜-바다에서 배우는 경영이야기』가 있다.

이광수

중국인민대학에서 중국정치 전공으로 박사학위를 취득한 이후, 숭실대, 국민대에서 동아시아 국제정치와 중국정치에 대해서 강의해오고 있다, 국민대학교 중국인문사회연구소에서 HK연구교수로 재직하면서 중국정치와 대만정치 그리고 양안관계에 대해서 연구하고 있다. 연구 성과로 「대만 신문의 정치 양극화 연구」(2022), 「중국의 통일정책에 대한 대만인의 인식」(2022), 「대만의 소셜미디어와 온라인군대 연구」(2023)등이 있으며, 그외에 단행본으로 『중국정책결정: 지도자, 구조, 기제, 과정』(공역, 2018), 『시민과 함께 하는 중국 인문학』(공저, 2021)등이 있다.

국민대학교 중국인문사회연구소 총서 ● 16권

중국지역지식의 재구성과 로컬리티

초판 인쇄   2024년 6월 20일
초판 발행   2024년 6월 30일

공 저 자 | 박영순·장영덕·박찬근·정중석·서상민·문정진
          정세련·최은진·박철현·유은하·김주아·이광수
펴 낸 이 | 하운근
펴 낸 곳 | 學古房

주   소 | 경기도 고양시 덕양구 통일로 140 삼송테크노밸리 A동 B224
전   화 | (02)353-9908 편집부 (02)356-9903
팩   스 | (02)6959-8234
홈페이지 | www.hakgobang.co.kr
전자우편 | hakgobang@naver.com, hakgobang@chol.com
등록번호 | 제311-1994-000001호

ISBN 979-11-6995-506-5 94300
     978-89-6071-406-9 (세트)

값 : 35,000원

■ 파본은 교환해 드립니다.